渝金课 下

重庆市高校线下、社会实践一流本科课程示范案例集

姚友明　郑州　主编

西南大学出版社

国家一级出版社　全国百佳图书出版单位

图书在版编目(CIP)数据

渝金课. 下, 重庆市高校线下、社会实践一流本科课程示范案例集 / 姚友明, 郑州主编. -- 重庆 : 西南大学出版社, 2023.10
ISBN 978-7-5697-1945-1

Ⅰ. ①渝… Ⅱ. ①姚… ②郑… Ⅲ. ①高等学校 – 本科 – 课程建设 – 研究 – 重庆 Ⅳ. ①G642.3

中国国家版本馆CIP数据核字(2023)第186928号

渝金课(下)
重庆市高校线下、社会实践一流本科课程示范案例集
YU JINKE (XIA)
CHONGQING SHI GAOXIAO XIANXIA、SHEHUI SHIJIAN YILIU BENKE KECHENG SHIFAN ANLI JI

姚友明　郑州　主编

责任编辑：徐庆兰　邓　慧
责任校对：曹园妹
装帧设计：夊十堂_未泯
排　　版：张　艳
出版发行：西南大学出版社
　　　　　地址：重庆市北碚区天生路2号
　　　　　邮编：400715
印　　刷：重庆新金雅迪艺术印刷有限公司
成品尺寸：185 mm×260 mm
印　　张：28
字　　数：582千字
版　　次：2024年5月第1版
印　　次：2024年5月第1次印刷
书　　号：ISBN 978-7-5697-1945-1
定　　价：398.00元(上、中、下三册)

编委会

主　任　陈　瑜　姚友明
副主任　郑　州　刘革平
成　员　李　翔　张　琦　曹　星

主　编　姚友明　郑　州
副主编　张　琦　蒋　凯　曹　星
编　者　赵永兰　余　鑫　谭培亮　杨　霞
　　　　　罗　超　石利翔　肖焕菊

（说明：本书各案例署名作者也在编者之列，限于篇幅，不一一罗列）

重庆市高等教育教学改革研究重点项目"高校一流课程'建、用、学、管'创新实践与策略研究"(项目编号:212174)阶段性成果

重庆市2023年度教育综合改革研究课题"数字课程公共服务体系建设赋能高等教育高质量发展研究"(项目编号:23JGZ13)阶段性成果

重庆市高等教育教学改革研究数字化转型专项项目"在线课程公共服务体系支撑高等教育数字资源共建与应用研究"(项目编号:234150)阶段性成果

序 言

◎ 杨宗凯[①]

当今世界,教育处于百年未有之大变局,"教育何为、教育应该往何处去"成为世界各国共同思考的命题。教育是国之大计、党之大计。党的二十大报告将"建成教育强国、科技强国、人才强国"纳入2035年国家发展的总体目标,吹响了教育高质量发展的号角。

"致天下之治者在人才,成天下之才者在教化。"本书稿之"重",其"重"有三。一是重高度。高质量教育是高质量发展整体布局下的应有之义,也是满足人民群众对美好生活之盼的应有之责。"百年大计,教育为本",教育高质量发展就体现了教育为了人民、依靠人民,成果由人民共享,始终将追求质量作为核心主线,是落实"以民为本"的务实举措。二是重深度。习近平总书记指出,"办好中国的世界一流大学,必须有中国特色"。这就是说,要办好人民满意的世界一流大学,必须扎根中国大地,体现中国特色。此次上百个优秀课程示范案例从做好"金课"出发,既立足当今社会,又放眼未来,聚焦新兴科技与产业发展,服务"国之大者",响应"强国建设、教育何为"这一时代之问。三是重温度。时代是思想之母,实践是理论之源。这种"拉练式"磨课,老师们肯定付出了非常多的心血和精力,能让人感受到老师们所特有的"行远自迩,笃行不怠"的教育情怀,以及躬身实干的职业素养,这是老师生涯中难得的精神财富。

[①] 杨宗凯,教授,博士生导师,现任武汉理工大学校长,曾任华中师范大学、西安电子科技大学校长,教育部高等学校教学信息化与教学方法创新指导委员会主任委员,教育部虚拟教研室专家组组长,国家数字化学习工程技术研究中心和教育大数据应用技术国家工程实验室主任。

"文章合为时而著,歌诗合为事而作。"今天中国发展进入新时代,恰逢世界教育再一次面临百年未有之大变局,这是中国教育的重要发展机遇。当代中国教育必须以高度的使命感和责任感把握机遇,用好机遇。《中共中央关于制定国民经济和社会发展第十四个五年规划和二〇三五年远景目标的建议》中,明确了"建设高质量教育体系"的任务要求,教育部在2019年启动一流课程建设"双万计划",也就是"金课建设"计划。"金课"目标提出以来,"因发展谋改革",在促进教育转型升级、更新教育理念、变革教育实践方面打造了很多标杆。优秀课程示范案例所呈现的新元素,集中地反映了这种变革趋势。

本书收集了重庆市本科高校210篇优秀课程示范案例,深入总结和立体地呈现了重庆市一流本科课程的建设经验与成效,紧密围绕建设高质量课堂和提高课堂育人效果等任务,既有实践内容,又有理论剖析;既从方法上启发思路,又从模式上提供借鉴;还从实践上引导创新,达到了怀进鹏部长提出的"让优质资源可复制、可传播、可分享"的目标。希望本书能够为后续一流本科课程建设提供参照样本,并以此为契机,吸引更多高校优秀教师更加关注和进一步参与课程建设,为我国教育高质量发展、推动高校"双一流"建设奠定更加坚实的基础。

杨宗凯

前　言

　　发展高等教育,核心是提高教学质量,基础是一流课程建设。2019年《教育部关于一流本科课程建设的实施意见》(教高〔2019〕8号)发布以来,我国一流本科课程坚持高阶性、创新性、挑战度的标准,取得了快速发展,课程质量逐步提升,课程类型更为丰富,参与范围不断扩大,示范作用逐步彰显。我国高质量"双一流"建设体系初步形成,为全面建设社会主义现代化强国提供了有力支撑。按照重庆市高等教育教学改革研究重点项目"高校一流课程'建、用、学、管'创新实践与策略研究"、重庆市2023年度教育综合改革研究课题"数字课程公共服务体系建设赋能高等教育高质量发展研究"、重庆市高等教育教学改革研究数字化转型专项项目"在线课程公共服务体系支撑高等教育数字资源共建与应用研究"等3个研究的计划安排,本书是这些研究项目的阶段性成果之一。

　　为加快推动重庆市高校"双一流"建设,在重庆市委、市政府的坚强领导和重庆市教委的精心指导下,重庆市高校在线课程资源中心(重庆市教育信息技术与装备中心)近年来共推出1600余门市级一流本科课程,重庆市一流本科课程建设跃上新台阶。此次一流本科课程案例评选,我们精选出210篇具有代表性的案例汇编成册,并组织相关课程团队对案例进行修改完善,得到各单位的高度重视和大力支持,并按照出版要求修改定稿。从内容上来看,本次精选出的210篇一流本科课程示范案例,深刻展现了重庆市各高校先进的课堂教学理念与方法、优秀的教学成果,既有特色,又有亮点;既有鲜活的实践做法,又有经验的提炼升华;既能体现重庆市高校一流课程的发展特点,又能突出教学改革创新举措；既能从教学模式上提供借鉴，又能从发展实践上引导创新，为重庆市各高校加快探索一流课程"建、用、学、管"应用模式、助推"双一流"建设提供了丰富的实践样本，不断实现以"学习革命"推动高等教育人才培养的"质量革命"。

本次一流课程优秀示范案例的汇编出版是在区域高校内涵式发展要求下，"金课"建设实现"变轨超车"的一次有益尝试。在今后的工作中，我们将会继续遴选不断涌现出的一流课程优秀示范案例，供各教育部门及高校一线教师参考、借鉴，并期望通过这项工作为地方高校继续开展和改进"双一流"建设工作提供重要参考。

全书共分上、中、下三册：上册为重庆市高校线上、虚拟仿真一流本科课程示范案例集，中册为重庆市高校线上线下混合式一流本科课程示范案例集，下册为重庆市高校线下、社会实践一流本科课程示范案例集。

本书案例共210篇，囿于涉及篇目多，内容涵盖丰富，各篇目完稿时间不一，书稿中"截至目前""最近五年""最近三年"等说法均以各篇目完稿时间为基点，无法逐一修改注明，特此说明，请读者谅解。

目　录

001　｜　第四章　线下一流本科课程示范案例

003　｜　基于现代工程软件的机械原理教学新模式

011　｜　工程经济学课程示范案例

017　｜　可视化教学助力数学物理方法的学习
　　　　　——重庆大学"数学物理方法"教学案例

024　｜　中国传统音乐课程与教学的双元融合创新

032　｜　新文科背景下"新闻编辑"课程的"新融转"探索

039　｜　新文化运动的兴起
　　　　　——西南大学"中国近代史"课程示范案例

045　｜　立足中国实际的刑法学基本立场与学习方法

053　｜　"三全育人"视域下法官职业伦理的中国范式

058　｜　企业利益与员工权益的衡平
　　　　　——"企业法务管理"教学案例

065　｜　优设计、强教师、建平台、重实践、统知行
　　　　　——课程思政育人新模式

072　｜　"以学生为中心"的多元化教学模式在妇产科学教学中的应用

079　｜　"双师引领,立德树人,融合创新,研学贯通"
　　　　　——新医科引领下的儿科护理卓越人才培养

084　｜　"铸魂育师、问题驱动、学生中心"
　　　　　——高等几何教学案例

| 090 | "课程主导—融会贯通—价值提升"的融合式教学设计
——"微观经济学"课程案例

| 097 | 情理双线并进　理实一体交融
——"思想道德与法治"课程教学案例

| 104 | "伦理学概论"课程"13433"立体化教学模式建构与实践

| 113 | "一中心、二驱动、三融合"的"液压传动"课程案例

| 120 | 基于高阶能力培养的给排水管道工程教学创新与实践

| 128 | 注重科学伦理融入，构建四维渐进思政教育新模式
——"电工与电子技术"课程建设

| 135 | 混凝土拱桥拱圈构造设计

| 142 | 突出价值引领，强化知识内化

| 151 | "Learning by Doing"
——"英文经典选读"课程"项目式学习"教学实践

| 157 | "农村社会学"课程思政案例

| 165 | "俄语视听说"
——虚拟现实的实践场域

| 172 | "服装设计基础"课程案例

| 180 | 重塑历史，再塑生活
——"场景雕塑"课程案例

| 187 | 树立正确的艺术观，掌握科学的创作方法
——"构思与构图"课程案例

| 192 | "古典素描体验"课程案例
——基础绘画教学的审美介入

| 198 | 像工程师一样思考和实践
——"程序设计基础"课程案例

| 207 | 架起化工专业与企业需求的桥梁
——"化工工艺学"教学案例

| 214 | 基于OBE理念的"人力资源管理"课程建设探索与实践

| 222 | 理论与实践结合，知识与能力并重
　　　——"数字电子技术"课程示范案例
| 228 | "五融合四联动三阶段双侧"高等数学示范教学案例
| 235 | 基于"一核心、两对接、三融合"的"道路与桥梁工程"教学案例
| 241 | 基于"知—实—创"一体化训练的嵌套进阶式BOPPPS教学模式的研究与实践
　　　——"机械设计基础"课程示范案例
| 249 | "逆向设计—问题驱动—多维混合"的技能教学模式创新与实践
　　　——以"小学教师教学技能"为例
| 255 | "公安学基础"课程思政
| 260 | 守初心·凝特色·强品牌
　　　——"电视纪录片制作"课程示范案例
| 266 | 奋进新时代　把握科技金融脉搏
| 272 | 基于PBL的三维立体式教学法在"信号与系统"课程中的探索与实践
| 278 | "生物化学与分子生物学"课程的全维创新与实践成效
| 283 | 目标导向思政引领"消化系统疾病"课程教学
| 290 | 医学遗传学"三位一体"课程教学体系的构建与实施
　　　——陆军军医大学线下课程建设与应用案例
| 297 | 中西方比较视角下的管理类课程"一核双环三链"案例建设与教学实践
| 303 | "军事后勤概论"课程建设与教学实践
| 308 | 以语言实践为核心的"大学语文"课程建设

317 | 第五章　社会实践一流本科课程示范案例

| 319 | 师生躬行践履　服务大国"三农"
　　　——首批国家级社会实践一流本科课程"农村经济发展调查"示范案例
| 324 | 法技融合，匠心育人
　　　——证据技术训赛营助力新法科建设
| 330 | 服务为魂，能力为基，五步教学法育新人
　　　——社会实践课程新模式

| 337 | 新时代心理育人"5P"生态教学模式创新与实践

| 344 | 社会实践类课程"道术兼修"教学设计探索

| 350 | "课赛融合"品牌教学活动
——思想政治理论课实践教学模块建设与改革

| 356 | "耕筑巴渝"工作坊
——重庆交通大学社会实践课程案例

| 366 | 思政课"三环四化"综合实践教学模式

| 373 | 开展红色口述史研究,在"四史"中体会中国力量

| 381 | 基于ACT实践教学模式的"中外儿童绘本赏析与创作"课程建设创新与展望

| 389 | 课程思政视阈"创新创业导论"铸魂育才的砥砺实践

| 394 | 行走田野·设计赋能
——"设计与社会创新"课程案例

| 401 | "生态环境景观设计"课程案例

| 409 | 社会保障调查:养老服务的"最后一公里"

| 417 | "公共关系与礼仪""三化"社会实践教学的构建与实施

| 424 | 典型案例类型:社会实践
——就业能力孵化的"快学"实践

| 431 | "三个课堂联动"高校思政课实践育人案例
——重庆财经学院实践教学课程建设与应用案例

第四章

线下一流本科课程示范案例

基于现代工程软件的机械原理教学新模式

陈永洪　杜静　许立新　孙园喜　罗洋

重庆大学

一、案例介绍

针对当前学生团队协作意识强、自学能力与口头及书面表达能力强、自主学习的效率较高，但将碎片知识整合为知识体系的能力不够、将知识应用于解决工程问题能力弱等问题，在机械原理这一机械基础课程的教学过程中，摒弃原有的图解法内容，充分利用现代工程软件ADAMS进行授课和实操。宏观上采用翻转课堂策略，将以学为中心的理念落到实处，学生课前网上学习+网下学习相关知识点，课堂上，梳理知识点使知识结构化+将知识应用于解决复杂工程案例；中观上采用OBE策略，关注学生的学习结果，针对教学目标设计参与式教学活动；微观上采用BOPPPS策略，促进有效教学和有效学习，遵循导入(B)→目标(O)→前测(P)→参与式学习(P)→后侧(P)→总结(S)有效教学流程。采用学生组内协作学习、组间争先分享、学生互评、师生互动、生生互动参与式学习以及教师积极有效反馈策略，促进有效学习。进而促进学生知识结构化以及培养将知识转化为解决工程问题的能力，并潜移默化地实施课程思政、影响学生的专业价值认同和科学精神。

二、案例详述

（一）工程案例引入

首先以机器人步行机构视频导入。(图1)

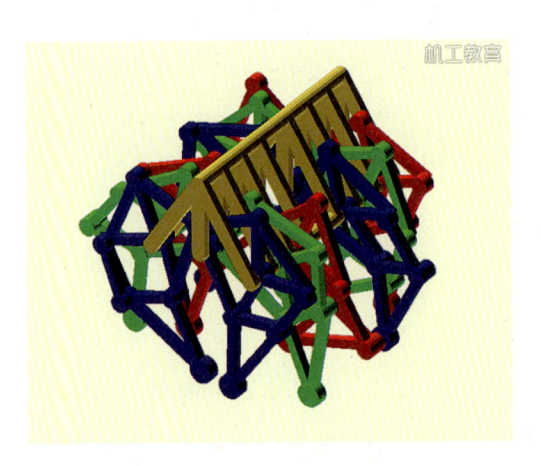

图 1 机器人步行机构视频截图

这是课程导入环节的第一步,呈现案例:案例为机器人步行机构,体现学科前沿和新工科建设;案例为视频形式、视觉冲击性强,最大限度地激发了学生对本次课的学习兴趣;案例是本课程的出发点,即提出要解决的问题,也是落脚点,即最终解决该案例的问题。

而后,教师提问:你能否正确分析这个机构的运动?(图2)

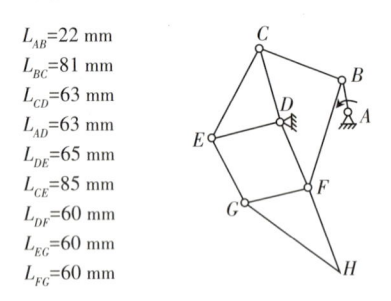

L_{AB}=22 mm
L_{BC}=81 mm
L_{CD}=63 mm
L_{AD}=63 mm
L_{DE}=65 mm
L_{CE}=85 mm
L_{DF}=60 mm
L_{EG}=60 mm
L_{FG}=60 mm

图 2 机器人步行机构示意图

这是课程导入环节的第二步:首先,交代清楚前提条件;其次,提出与本课程目标高度相关的问题;最后,引发学生思考,驱动学生"跃跃欲试"。

(二)明确学习目标

向学生明确本次课程的教学目标,包括:

(1)完整叙述平面连杆机构运动分析的两种方法、正确区别两种方法的特点和适用范围(知识目标);

(2)能够正确建立机器人行走机构运动分析数学模型(能力目标);

(3)能够用现代工程软件ADAMS分析机器人行走机构的运动(能力目标);

(4)专业价值认同和科学精神(思政育人目标)。

教师强调:这些是机械类学生需必备的知识和能力,是职业生涯中的看家本领。

(三)课前网上学习检测和知识梳理

1.针对目标(1)

完整叙述平面连杆机构运动分析的两种方法、正确区别两种方法的特点和适用范围(知识目标),由第一组分享自主学习成果(PPT)(图3),教师重点关注学生能否区分两种方法的适用范围,区分的理由是什么。请其他小组纠正、补充。

图3 第一组学生分享自主学习成果

教师归纳两种方法的特点和适用范围(表1):

表1 两种方法的特点和适用范围

方法	特点	适用范围
数学建模	知其然,知其所以然	分析运动,控制模型
虚拟样机	知其然	分析运动

进而实现:(1)检测学生课前学习情况;(2)梳理出结构化知识体系,目的是帮助学生将碎片知识结构化;(3)此处是学生分享学习成果+小组互评+教师点评+教师归纳;(4)归纳总结后,"目标(1)"就达成,再无针对"目标(1)"的教学活动。

2.针对目标(2)

能够正确建立机器人行走机构运动分析数学模型(能力目标),由第二组分享自主学习成果(PPT)(图4),教师重点关注学生能否建立机构的数学模型。请其他小组纠正、补充。

图4 第二组学生分享自主学习成果

教师归纳数学建模的框架:杆组建模+机构建模。

(1)杆组建模。(图5)

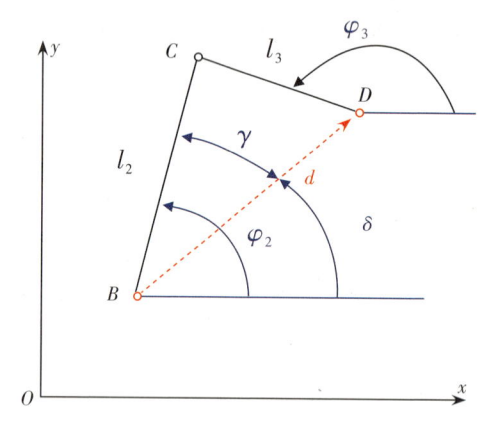

$$d = \sqrt{(x_D - x_B)^2 + (y_D - y_B)^2}$$

$$\delta = \arctan \frac{y_D - y_B}{x_D - x_B}$$

$$\gamma = \arccos \frac{d^2 + l_2^2 - l_3^2}{2dl_2}$$

$$\varphi_2 = \delta \pm \gamma$$

$$x_C = x_B + l_2 \cos \varphi_2$$

$$y_C = y_B + l_2 \sin \varphi_2$$

$$\varphi_3 = \arctan \frac{y_C - y_D}{x_C - x_D}$$

图5 杆组建模分析过程

(2)机构建模。(图6)

【教师例2-6】已知图示机构尺寸,曲柄AB以ω_1逆时针方向匀速转动。试用解析法运动分析。
【解】
1.建立坐标系
2.程序结构
(1)输入已知参数:
● 模式系数;
● 原动件ω_1, ε_1;
● 固铰A、D坐标;
● 各杆长。

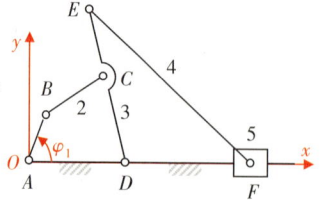

(2)以φ_1为循环变量:在循环体内依次调用:
曲柄子函数
(求点B的运动);
RRR子函数
(求点C和构件2、3的运动);
构件子函数
(求点E的运动);
RRP子函数
(求点F和构件4的运动)
输出结果;循环结束。

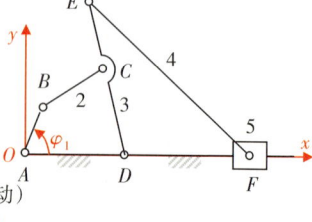

图6 机构建模分析过程

进而实现:(1)检测学生课前学习情况,判断其是否掌握该能力所对应的知识结构;(2)梳理出结构化知识体系,目的是帮助学生将碎片知识结构化;(3)此处是学生分享学习成果+小组互评+教师点评+教师归纳。

3.针对目标(3)

能够用现代工程软件ADAMS分析机器人行走机构的运动(能力目标),由第三组分享自主学习成果(PPT),教师重点关注学生能否建立机构的虚拟样机。这个环节要慢一点。请其他小组纠正、补充。

教师归纳虚拟样机技术。教师归纳数学建模的框架:分析步骤+注意事项。

(1)ADAMS运动分析步骤。(图7)

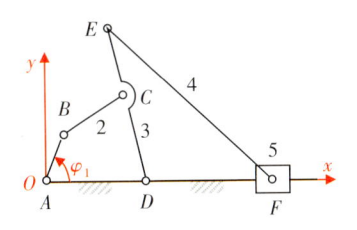

图7 运动分析示意图

建构件→施加几何约束→施加运动约束→运动仿真→后处理(导出运动线图→导出仿真视频)。

(2)注意事项。

设计点:POINT-A、POINT-D参数化。构件:1、2、3、4设置规定宽度。几何约束:JOINT_A、JOINT_B、JOINT_C、JOINT_D1是两构件一位置设置;其余是两构件两位置设置;需要测试曲柄角位置,作为运动线图的自变量;输出视频要设置帧数。

进而实现:①检测学生课前学习情况,判断是否掌握该能力所对应的知识;②梳理出结构化知识体系,目的是帮助学生将碎片知识结构化;③此处是学生分享学习成果+小组互评+教师点评+教师归纳。

(四)现代工程软件的课堂实操

用两种方法分析机器人步行机构的运动,用ADAMS建模时,要画出足部运行轨迹曲线。

教师先介绍机器人步行机构三大类型:轮式机器人、履带式机器人、足式机器人。(图8)

图8 轮式机器人、履带式机器人、足式机器人视频截图

针对目标(2):能够正确建立机器人行走机构运动分析数学模型(能力目标),开展教学活动。具体教学活动步骤如下:

第一步:每个小组建立机器人行走机构运动分析数学模型、编写计算程序并运行。引入竞争机制:看看哪个小组先完成任务,再看看哪些小组任务完成的质量高(正确率)。(图9)

图9 学生小组编程

第二步:学生分享学习成果+小组互评+教师点评(反馈)。

针对目标(3):能够用现代工程软件ADAMS分析机器人行走机构的运动(能力目标)开展教学活动。具体教学活动步骤如下:

第一步:每个小组建立虚拟样机并仿真,导出运动线图和仿真视频。引入竞争机制:看看哪个小组先完成任务,再看看哪些小组任务完成的质量高(正确率)。

第二步:学生分享学习成果+小组互评+教师点评(反馈)。(图10—图12)

图10 教师指导学生建模 　　图11 学生小组建模 　　图12 学生展示ADAMS运动仿真

(五)回顾两个能力

第一小组总结概述步行机构运动分析数学建模方法。

第二小组总结概述步行机构运动分析虚拟样机技术。

教师向第三小组提问：为什么步行机构的轨迹是直线+弧线，并且两段的运行时间一样？

（六）总结

目标(1)：见表1。

目标(2)：杆组建模+机构建模。

目标(3)：建构件→施加几何约束→施加运动约束→运动仿真→后处理（导出运动线图→导出仿真视频）。(图13)

图 13 教师总结

三、案例成效

实施效果显著。每年面向全校约600人次开展教学实践，取得良好效果。教学模式辐射到近机类、非机类20个专业机械设计基础课，在高素质人才培养中取得实效，在近三届全国大学生机械创新设计大赛中，取得10项一等奖和7项二等奖的佳绩。

取得一批有推广价值的教改成果。主持完成国家级教改项目4项，省部级教改项目12项，获国家级教学成果奖二等奖2项，省部级教学成果奖一等奖3项。承担完成国家级、省部级和企业合作项目100余项，发表教改论文80余篇、SCI学术论文100余篇。

提升了课程团队教学学术水平。课程团队先后3人担任教育部机械基础教学指导委员会委员，获重庆大学讲课比赛一等奖5人次，最受学生欢迎教师3人次，重庆大学优秀教师5人次，唐立新奖教金1人次。

四、未来计划或启示

服务国家重大战略，主动应对新一轮科技革命和产业革命挑战，加强基于现代工程软件的科教融合、学研融合，加大最新科学技术和最新工程软件（如Romax、Masta、KISS-soft等）的引入，进一步促进优质科研资源向优质教育资源的转化，推进课程内容全面持续更新。

开发优质课件及工程案例与课程思政案例，推进学生自学、在线测试、在线答疑和网上讨论等方式，形成浓烈的在线自学氛围；优化混合式教学的内容安排，强化研究、工程和创新案例的教学。

围绕5C核心目标，在课程教学中进一步加强学生创新与创造能力的培养，加大信息技术与教育教学深度融合的课程教学改革，推进机械原理课程优质教学资源的共享与共建。

工程经济学课程示范案例

向鹏成　张仕廉　叶贵　李兴苏　唐建立

重庆大学

一、案例介绍

工程经济学课程是工程管理类本科专业必修的一门核心专业基础课程。本课程旨在帮助学生构建系统、全面的工程经济学知识体系，培养学生的综合能力与创新能力。本课程紧跟行业发展步伐和人才培养需求，经过近40年的不断发展，教学内容和教学资源日益丰富，引入案例教学、线上研讨和课程实践等多种教学形式以创新教学模式，目前已建成一支结构合理、治学严谨、理念先进、成果丰富的教学团队，具有良好的可持续发展基础。课程自开设以来，教学团队不断总结经验教训，持续提升教学质量，已发展成为教学内容体系成熟、教学质量优良的精品课程。

二、案例详述

（一）课程团队建设与能力提升详述

1.课程团队建设

本课程是从1983年我国工程管理领域知名专家何万钟教授讲授的"建筑技术经济学"基础上建设而来，在任宏教授、张仕廉教授等知名学者的不断开拓中成熟，于2000年更名为"工程经济学"。2010年，为加强基层教学，组建了"工程经济学"课程组。目前，向鹏成教授为课程组负责人，其先后主持教育部学位与研究生教育发展中心主题案例研究、优秀案例教师项目各1项，重庆市教育委员会高等教育教学改革研究项目1项，重庆市研究生教育教学改革研究项目2项，重庆市专业学位研究生教学案例库项目1项；主持重庆大学研究生案例建设项目3项,研究生重点课程1门,教育部学位与研究生教育发展中心2019年优秀案例教师。团队成员共主持教育部学位中心项目2项和重庆市校级教改项目6项,主编重庆市重点建设教材《建设工程经济学》1部,获重庆大学教学成果奖4人次,重庆市教学成果奖3人次,国家教学成果二等奖1人次。

2. 课程团队能力提升

课程组实施集体课程教案设计研讨和教学经验总结与分享,定期开展教学研讨;每学期末开展"教学回头看"活动,针对教学效果、教学问题、学生反馈进行探讨,集思广益优化课程方案;结合工程发展前沿,不断优化教学资源库,结合雨课堂、可重组智慧教室等创新教学方式,打破传统书本式教学模式,提高团队成员的教学创新能力。

(二)教学设计创新

1. 引导学生课前独立思考

课前,教师会将相关案例资料、教学视频分享到线上教学群,引导学生开展课前教学案例阅读以及对案例问题的独立思考,有助于实现学生个性化思考和独立性深入思考,课程教授以案例背景作为开场,学生能够通过案例情景很快进入学习状态。

2. 采取课中研讨式教学法

设计课程教学中的研讨环节,以"导"为主,基于教学案例实际情境,提出研讨问题,让学生开展小组讨论,促进学生深入思考,让学生占据课堂教学主体地位,不仅能使学生增长知识、开阔视野,提高学生的综合能力,还有助于师生共同探索、发现和研究,促进教学相长。(图1、图2)

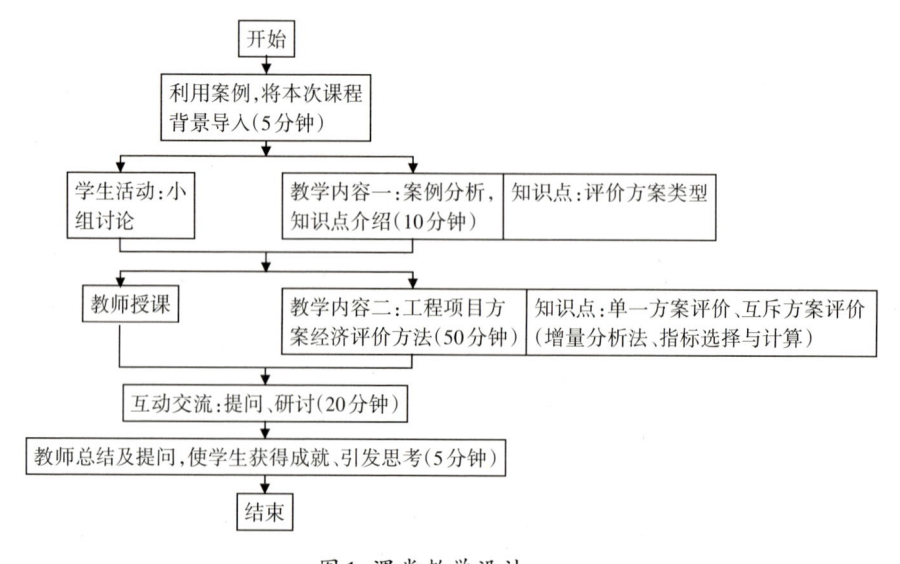

图1 课堂教学设计

图 2　团队教师课堂教学活动

(三)课程内容与资源建设及应用

1. 教学资源建设及应用

由张仕廉教授主编的《建设工程经济学》被广泛用于本课程的教学。由团队负责人向鹏成教授为主编、成员李兴苏和唐建立为副主编的《工程经济学》获得科学出版社"十四五"普通高等教育本科规划教材立项。

2. 教学案例库的建设

已建立包括30余项教学案例的课程案例库,如《凤凰涅槃,终成九龙之首——YJZ项目从开盘遇冷到月度销售额破8亿》《掘金商业蓝海,诠释创新价值——探究龙湖天街系列运营模式》等多项案例成功入库中国管理案例共享中心、中国专业学位案例中心,保障了优质的教学资源。教学团队也持续对项目案例进行更新和优化,实现教学资源与时俱进。基于工程案例,引导学生完成对工程项目的自然、社会、经济、技术等多维度的项目指标的分析、运算和比较,强调工程学、经济学和管理学等多学科思维和知识的综合应用。

(四)教学方法改革

1. 以项目为驱动的案例情景教学

根据各个章节的教学核心知识点,选取适合的案例进行全过程的案例教学,以实际案例问题引入课程主题,全面传授课程知识,再回到案例深入研讨并解决问题。

2. 设计实践环节提升课程的高阶性和挑战性

本着"学以致用"的教学理念，学生在完成基础知识学习和研讨后，将制定单独的课程实验环节，要求学生独立进行工程项目可行性研究并编制工程项目可行性研究报告书。

3. 在竞赛与研究中学以致用

在课堂教学之外，鼓励学生参与工程管理创新、房地产策划等各类竞赛，提高工程经济学知识应用和团队协作能力；强调教学研融合，鼓励学生参加国创、市创以及SRTP等各类科研训练项目，提升学生的综合能力与创新能力，将相关的研究成果转化成教学资源。(图3)

图3 参加专业比赛

4. 思政教育贯穿课程教学

将"可持续发展"和"创新型人才培养"融入课程，引导学生建立将经济、社会和环境多目标协调的思维导向，分享行业领军人物的真实事迹，培养学生的社会责任感和行业奉献精神。

（五）课程教学内容及组织实施

课程教学内容包括现金流量与资金时间价值、现金流量构成要素、工程项目经济效果评价方法、工程项目风险与不确定性分析、工程项目投资估算与融资方案、工程项目财务评价、工程项目可行性研究、价值工程等。以能力培养为目标，以工程实践问题为导向，以理论知识为基础，以分析方法为工具，结合与时俱进的教学案例资源开展课程教学。

（六）成绩评定考核

采取"柔性"与"刚性"相结合的考核方式。"柔性"考核安排于教学过程中，结合雨课堂等智慧教学平台，基于课堂问答交流、思考题、课后作业、课程设计等，全面考查学生的学习态度、实践能力、沟通与团队协作能力，并保障考核过程可回溯，且诊断改进及时有效。"刚性"考核安排在期末，采用闭卷形式。主要考查学生对理论知识的掌握水平及对实际工程项目问题的思考、分析和解决等综合能力。

三、案例成效

(一)案例特色与创新点

秉承以"创新驱动、技术先导、通专融合、德行兼备、国际视野"为核心的人才培养理念,逐步建立具有综合性、创新性、高阶性的工程经济学课程教学模式,以满足培养工程与经济、管理复合人才的需求。课程特色与创新如下:

1. 理念创新

教学团队坚守"立德树人,科教融合,创新驱动"的教学思想,打破传统教学模式,遵循"以学生为中心、以产出为导向、以创新为动力"的育人理念,坚持理论与实践相结合,突出课程的高阶性和挑战度,全面提升学生的综合能力。

2. 内容创新

采用理论与实践相结合的方式,通过"案例教学"让学生将课本基础理论知识与实践案例相结合,从而牢牢掌握基本知识、理论和分析方法。学生通过独立编制实际项目的可行性研究报告,将理论与实践深度融合,培养学生的综合应用能力。

3. 模式创新

采用案例教学、研讨教学、项目式学习等多种教学模式,激发学生的学习热情和创新能力;通过科研育人和课外育人,提升学生综合实践与创新能力,推动学生全面发展。

4. 形式创新

开展了"工程经济学"课程异地课堂同步直播,是重庆大学和新疆财经大学在教育部"慕课西行"框架下首次开展异地课堂同步直播,通过同步课堂的新颖教学模式,让新疆学子得到向高阶推进的收获。此次课堂异地同步直播教学受到了《重庆日报》《中国新闻网》《中国科技网》《环球网》等媒体的报道。(图4)

图4 异地课堂同步直播及相关报道

(二)教学改革成效及解决的重难点问题

1.教学改革成效

本课程受到了学生和专家的高度评价。近5年来,本课程的学生评教显示学生的获得感有所提升,综合应用能力显著提高。工程管理知名专家刘晓君教授、方东平教授、王雪青教授等组成的专家组给予了高度评价,认为本课程注重将理论与实践相结合,以学生的全面发展为目标,案例教学等教学方式独具特色。课程团队为提升教学效果,在每学期末进行教学总结分析,结合国家发展战略和工程管理发展前沿,不断优化教学资源库,改进授课方式,结合可重组智慧教室等创新教学方式,打破传统书本式教学,结合课程实践真正提升学生能力,具有一定推广价值。

2.解决的重难点问题

(1)解决理论与实践结合不足的问题。将工程经济学的理论、方法与实际项目相结合,有效提升学生的知识应用能力,全面提升学生的实践能力是教学改革的重点问题。

(2)解决了传统教学模式难以满足新时代发展的需求这一问题。在工程项目管理日趋复杂的背景下,探索多种新型教学方式的综合应用,激发学生内驱力。

四、未来计划或启示

未来将持续提高本课程的学习挑战度,使教学内容和教学要求突出实践性并兼顾学术性,使本课程的教学效果和质量在现有基础上显著提高,使本课程的学生学习成效在现有基础上显著增强。结合行业发展需求,持续完善和及时更新本课程的教学资源、案例库;将可行性研究报告编制、习题集编制等进行标准化处理,结合平台建设,实现教学资源推广与共享;持续完善课程教学体系,形成理论与实践相结合、产学研相结合的创新模式。

可视化教学助力数学物理方法的学习
——重庆大学"数学物理方法"教学案例[①]

吴小志 王少明 谢航

重庆大学

一、案例介绍

"数学物理方法"课程是重庆大学物理类专业本科生的一门核心专业基础课。数学物理方法将数学理论和物理理论相结合,为物理学研究提供了强有力的数学工具。本课程在物理学的学习中扮演着重要的角色,为后续开设的"四大力学"等专业课程提供必需的数学理论知识和计算工具,为实际应用和科学研究提供初步的解决思路和手段。

随着科学技术的不断发展,数学物理方法的应用范围也在不断拓展。在这个背景下,团队一直致力于教学内容的更新和教学方法的创新,坚持以学生为中心,进行了一系列积极的改革探索:2014年课程获批教育部高等学校数学物理方法研究会项目"中外数学物理方法教材比较研究",2020年获批重庆大学全英文授课课程,2021年成为重庆市一流本科课程,2023年成为重庆大学荣誉课程。团队不断完善和优化课程体系,以保持课程的前沿性和实用性。

在课程建设和实践中,团队也积极借鉴了近年来可视化学习理论的研究成果,以及国内外一流高校先进的教学经验,逐渐形成了一套结合新技术和软件,将学习目标、课程内容可视化,学习空间作沉浸式设计,兼具创新性和挑战度的教学模式。这种教学模式有效地提高了学生的学习效率和学习能力,使学生在感受到学习乐趣的同时,能更好地掌握理论知识和进行实际应用,能更好地服务于国家的强基计划和新工科建设目标。

---

① 本案例为重庆市高等教育教学改革研究重点项目"培养拔尖本科生的CUPT教学模式探索与实践"(项目编号:202046)阶段性成果。

二、案例详述

(一)教学内容的可视化设计

1.知识图谱把握知识体系

团队在发放教学大纲的同时,会以知识图谱的形式将所有的课程知识点联系起来,向学生直观地展示这些知识点之间的关系。学生可以更好地从大量复杂的知识点中总结规律,理解各个知识点之间的逻辑关系,更好地掌握学习重点,避免陷入琐碎的知识点而忽视了物理图像的重要性。(图1)

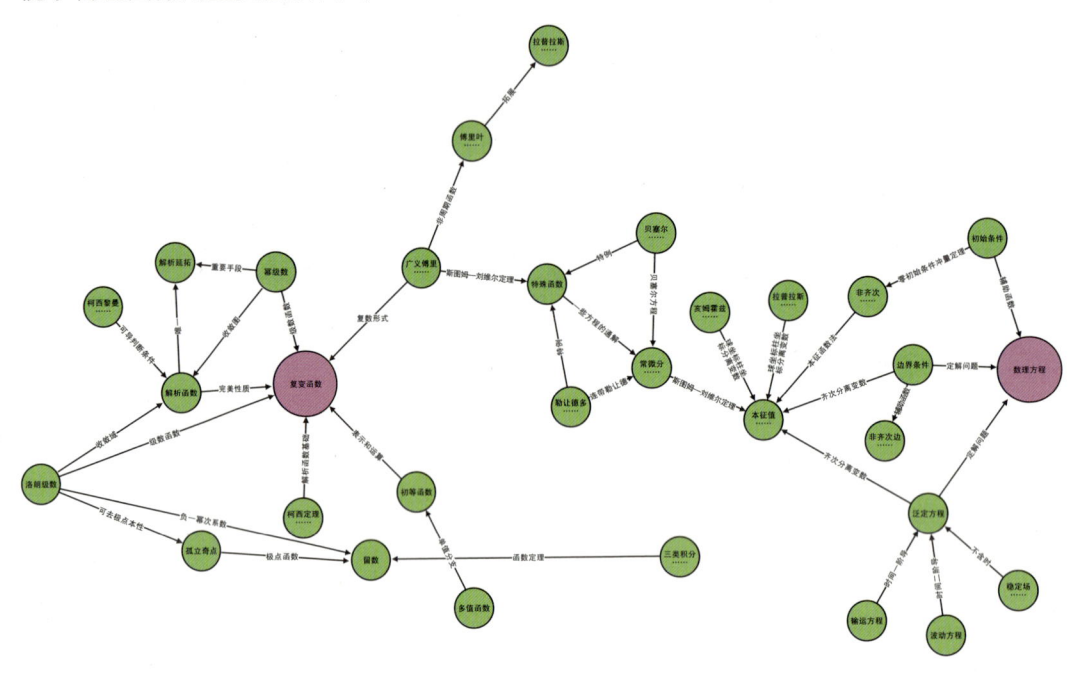

图1 课程知识图谱样例

2.教学目标可评可测

教学目标是教学设计的核心,团队根据布鲁姆教学目标分类原则,考虑学生的知识背景和水平,结合课程主题和内容,将教学目标分为认知、情感和技能三个方面,具备明确的描述和操作性,能够被测量和评价。确立可评可测的教学目标可以帮助学生更好地理解和预习课程内容,同时也让教师更容易进行教学评估,确保学生能够达到预期的学习效果。

3.课程案例形象化

团队使用具体而贴近生活的案例,并制作和搜寻相关的视频与动画来展示;对于复杂的推导和计算结果,使用运算软件辅助进行可视化展示。通过将抽象概念形象化、物理概

念生活化,帮助学生正确建立物理概念的图像,从而使他们对课程内容有更加直观和深入的认识。(图2)

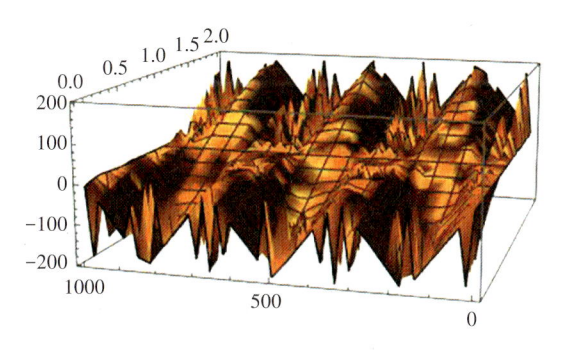

图2 杆振动的演化

4.思政建设的可视化融入

在课程教学中,团队还介绍了科学家们的研究过程及科学方法论,让学生能更好地理解科学创新的本质。团队将课程内容在历史上的创造过程用图画或思维导图的形式展示出来,让学生能更清晰地了解科学家们的发现历程,引导学生思考和讨论这些发现背后的科学原理与方法。团队也将我国科学家对课程相关领域的研究贡献和应用实例作为教学案例,让学生能够了解我国在这一领域的发展历程;将我国各行业爱国知名人士作为例题背景,引导学生了解他们在国家建设方面做出的杰出贡献,激发学生的爱国情感和荣誉感。

(二)学习空间的沉浸式设计

1.学习小组组内互学

针对学生的个体差异,根据学生的不同基础,在课程中设立数学物理方法学习小组。为了让小组学习讨论的组织变得更有效率、更生动、更有参与度,达到沉浸式学习的效果,除了组内采用对分课堂"亮考帮"的方式互学,还在小组之间结合了CUPT(中国大学生物理学术竞赛)模式,增加了小组对抗。针对具体问题各组分为正方、反方、评论方,仿照CUPT模式进行讨论交流,并以讨论记录作为评价平时成绩的依据之一,让学生学习以科研的模式解决问题,提升科研创新能力。小组的研究成果和学习心得也会收集到课程资源库中。(图3)

图3 小组组内讨论

2. BOPPPS教学设计模型结合对分课堂

BOPPPS是一种在全球广泛推广的教学设计模型,包含六个教学环节,各个教学环节衔接流畅,能有效地吸引学生沉浸到课程内容。对分课堂是复旦大学张学新老师提出的一种课堂教学改革新模式,特点是把一部分课堂时间分配给学生,并以讨论的方式进行交互式学习。团队结合BOPPPS教学设计模型和对分课堂的教学方式,将课程内容按照知识点划分为相对独立的模块,满足不同程度学生的学习需求。同时,借助雨课堂等多媒体平台,为学生提供更加丰富的学习资源,提高课堂教学效果。通过不断探索,团队能够在课堂教学中发挥BOPPPS和对分课堂的优势,更好地实现教育教学的目标。

3. 评定方式透明化

团队探索建立一种能挑战学生创新思维过程、提高学生学习能力的多元化评定方式。目前成绩评定方式分为三部分:过程性评价、总结性评价和创新能力评价。过程性评价为平时成绩,总结性评价为期末考试成绩,创新能力评价主要针对小组对研究型题目的完成情况。在学期初发布若干结合科研和生活的与数学物理方法相关的研究型题目供小组自由选择,期末以答辩的形式评定,结果加到平时成绩上,但不超过平时成绩的总分。通过这种评定方式,不仅考查了学生对知识的掌握情况,还考查了学生运用知识的能力,即把知识考试和能力测试结合起来,引导学生重视学习过程,重视问题解决的思考过程,这有利于他们的学习能力和素质的发展。

(三)结合新技术和软件的可视化工具

1.推导过程程序化

利用MATHEMATICA和MATLAB等计算软件,将课程中烦琐且复杂的计算推导过程用程序实现,有效减轻大学二年级本科生的学习负担,更好地培养学生的创造性思维能力和实际问题解决能力。学生能够将更多的时间和精力投入物理图像的把握和实际问题的解决上,进一步提高学习效率和学术水平。此外,还能够帮助学生更好地应对未来的学术研究和工作挑战,使得他们能够更加独立地解决实际问题,并具备更强的创新能力。

2.课程资源库的建设

团队在授课过程中,注重培养学生的动手实践能力和独立思考能力。针对每个知识点,团队会设计一些代表性的例题和习题,鼓励学生利用所学知识和计算软件进行练习和演示。还鼓励学生在此基础上,自主设计更加具有挑战性的题目。这些详细解答会收录到课程资源库中,不仅可以供下届学生使用,更重要的是为学生理解抽象的数学物理概念提供了良好的平台。学生参与课程资源库的建设,可以深入了解各个知识点的内涵和外延,加深对课程内容的理解和记忆。

三、案例成效

(一)学生培养

1.学习能力提高

实施上述措施后,学生的学习动力和学习能力均有显著的提高。从调查问卷的结果来看,与课程开始时相比,"主动寻找并完成学习任务"和"主动完成学习任务"的同学比例均有大幅提高。以2019年为例,共有30位同学参与了研究性题目的探究并参加了最终答辩,其中一半的同学获得了90分以上的优异成绩。

2.创新能力提高

参加研究性题目探究的同学均在CUPT校选拔赛上有优异的表现,多位同学代表学校参加了地区赛和国赛,并取得良好的成绩。近3年来,获国家级一等奖3项、二等奖1项、三等奖3项,省部级一等奖16项、二等奖5项。

有些同学把创新能力评价发布的题目继续深化形成了SRTP和国创项目,并以优秀的成果结题,获批了国家专利;很多在学习小组接受训练的同学在本科期间进入实验室工作,并发表了高水平的学术论文,包括物理方向的顶级期刊 *Physical Review Letters* 和天文方向的顶级期刊 Monthly Notices of the Royal Astronomical Society；以及参加相关学术会议并做报告。（图4）

图4 何剑锋同学在全国会议上做报告

（二）教师培养

在近几年的课程建设中，团队成员也获得了长足的发展，获得了多项国家、省部级、校级荣誉：吴小志老师获中国物理学术竞赛教育教学改革先进个人、中国大学生物理学术竞赛先进个人，担任全国数学物理方法研究会理事、西南地区物理实验教学委员会副主任委员和西南地区大学生物理学术竞赛执委会秘书长；王少明老师获第六届全国高等学校物理基础课程青年教师讲课比赛一等奖（图5），实现了重庆市该竞赛一等奖零的突破；共4人次荣获国家级或省部级竞赛相关荣誉称号；获重庆大学教学成果奖1项。

图5 王少明获讲课比赛一等奖

(三)成果推广

团队成员积极参加教学会议,在第十届全国高等学校物理实验教学研讨会、物理学术竞赛十周年研讨会、西南地区大学生物理学术竞赛研讨会和重庆市物理学会年会等大会或分会报告分享教改创新成果。澳门大学、南方科技大学、西南大学、贵州民族大学、重庆育才中学等单位来校交流与学习共计60余人次。吴小志老师受澳门大学、华南师范大学、西南大学、重庆邮电大学、贵州民族大学、西华师范大学等邀请做相关报告。成果推广发挥了有效辐射作用,在西南地区乃至全国的影响力得到了显著提升。

中国传统音乐课程与教学的双元融合创新[①]

颜芬

西南大学

一、案例介绍

"中国传统音乐"是音乐学院本科生的基础必修课程,2021年被评为重庆市一流本科课程、西南大学专业核心课程,课程案例获评教育部主办的全国第六届大学生艺术展演优秀案例一等奖,获评重庆市教委主办的重庆市第六届大学生艺术展演优秀案例一等奖。本课程坚持理论与实践相结合,突出立德树人,树立文化自信,重视课程思政,深入挖掘优秀传统文化的内涵,着力于连接课堂与田野,发挥各种资源和手段方法的优势,形成传承和培育民族精神的教学合力,带领学生走出"象牙塔",走进田间地头,在实践中探求中国传统音乐课程创新课堂的文化坚守。师生们怀揣着热忱、梦想、情怀去用双脚丈量大地,维护民族文化的传承,守望民族精神的堡垒。这也成为一项重要而有效的高校专业艺术人才培养模式改革创新的探索。

二、案例详述

(一)背景及现状

1. 国家教育政策方针的引领

国家对学校美育课程的高度重视是本课程创新探索的根本保障。2019年3月29日,教育部发布《关于切实加强新时代高等学校美育工作的意见》,明确提出"学校美育是培根

[①] 本案例为2022年重庆市研究生教育教学改革研究项目(项目编号:yjg223025)、西南大学2022年研究生教育高质量发展项目(项目编号:SWUYJS226204)、2022年重庆市教委科学技术研究计划项目(项目编号:KJZD-M202200201)阶段性成果。

铸魂的工作,提高学生的审美和人文素养,全面加强和改进美育是高等教育当前和今后一个时期的重要任务"。2020年10月15日,中共中央办公厅、国务院办公厅印发《关于全面加强和改进新时代学校美育工作的意见》,明确提出:"加快艺术学科创新发展。专业艺术教育坚持以一流为目标,进一步优化学科专业布局,构建多元化、特色化、高水平的中国特色艺术学科专业体系,加强国家级一流艺术类专业点建设,创新艺术人才培养机制,提高艺术人才培养能力。艺术师范教育以培养高素质专业化创新型教师队伍为根本,坚定办学方向、坚守师范特质、坚持服务需求、强化实践环节,构建协同育人机制,鼓励艺术教师互聘和双向交流。鼓励有条件的地区建设一批高水平艺术学科创新团队和平台,整合美学、艺术学、教育学等学科资源,加强美育基础理论建设,建设一批美育高端智库。"

2. 文化自信政策指向:文化传承发展被提到战略高度

从党的十六大到党的十九大,党中央多次强调民族精神与弘扬中华优秀传统文化是时代的需要,为进一步加强文化资源保护提供了有力的政策支持。党的十九大报告指出要"推动中华优秀传统文化创造性转化、创新性发展,继承革命文化,发展社会主义先进文化",文化传承发展被提到战略高度。"加强文化遗产保护传承"也被提到了新的历史高度。2021年12月14日,习近平出席中国文学艺术界联合会第十一次全国代表大会、中国作家协会第十次全国代表大会并发表重要讲话,强调"文艺承担着成风化人的职责。立德树人的人,必先立己;铸魂培根的人,必先铸己"。

3. 教育教学改革的要求

纵观中外教育变革,无不把课程改革放在最核心的位置,把课程建设作为提高人才培养质量的关键环节。课程改革不仅受到社会政治、经济、科技和文化等因素的影响,更要遵循教育内部自身的发展规律。正如中国传统音乐必须扎根中华优秀传统文化的沃土,以多元化推动课程改革探索的新模式进程。应增强文化传承力,推进文化体制机制创新,增强文化内动力,推动优秀传统文化创造性转化、创新性发展。应加强文化建设,增进历史认同,探索课程与教学创新,落实高校人才培养实践创新举措,具有极其重要的现实意义和深远的历史意义。

高校课堂教学特别是音乐专业的教育教学更应"与时俱进、推陈出新,推动中华文明创造性转化、创新性发展"。但目前高校音乐类专业的教学中,普遍存在理论与实践脱节、技能课程与理论课程两张皮的情况。如何在音乐专业课程中将理论与实践相结合,深入挖掘优秀传统文化的内涵?本课程着力于连接起课堂与田野,发挥各级各类资源和手段方法的优势,形成传承和培育民族精神的教学合力,带领学生走出"象牙塔",走进田间地头,在实践中探求中国传统音乐课程创新课堂的文化坚守。师生们怀揣着热忱、梦想、情怀去用双脚丈量大地,维护民族文化的传承,守望民族精神的堡垒,这也成为一项重要而有效的高校专业艺术人才培养模式改革创新的探索。(图1)

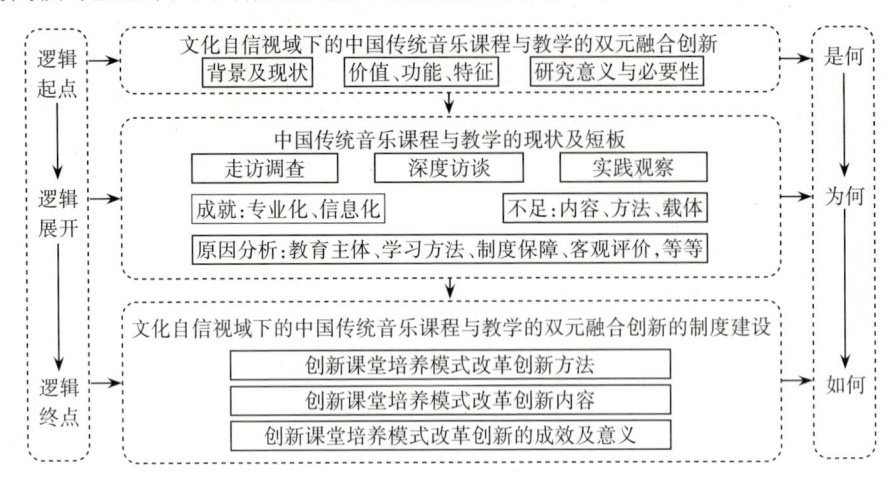

图 1 文化自信视域下的中国传统音乐课程与教学的双元融合创新思路图

(二)课程教学

1.教学目标

本课程着力科学设定教学目标:一是注重夯实知识基础,强调课程的知识性;二是提升文化传承能力,强调课程的实践性;三是加强学术能力训练,强调课程的学术性。

2.课程方面

本课程围绕教师、学生、课程、教学四个维度开展教学。教师方面,创新性地实行双轨、双导师制。课程团队有一名教授、博士生导师和一名副教授、硕士生导师,还有一名思政专业的副研究员,以及六位国家级传承人,为教学设计提供了坚实的师资保障。学生方面,对师范生和非师范生进行分类培养。本课程一是坚持知识本位,注重系统性,全面讲授中国传统音乐的基本知识;二是坚持理论指导实践,注重实践性,让学生切实感受中国传统音乐文化的魅力;三是坚持学术引领,注重学术性,针对学术热点和学术前沿进行专题讨论;四是采用讲授式、研讨式、情景式、项目式的多元一体化教学模式。

3.教学环境

本课程为线下课程,强调打造严谨活泼、师生良好互动的教学环境。一是将课堂与田野连接起来,创设良好的学习氛围,构建连接田野、舞台、讲台、平台、展台、擂台的多维路径。二是营造以学生为中心的教学环境,通过翻转课堂、小组讨论、专题学习、项目研究等方式,完善师生互动、教学相长的教学环境,加强课程的学术性、研究性、实践性。三是突

破传统课堂教学模式,引领学生走出教室,延展和补充课堂教学。(图2)

图2 课程的多维路径

(三)创新课堂培养模式改革创新方法及内容

1.创新课堂培养模式改革创新方法

(1)目标层次:"三位一体"人才培养同向同行协调育人。

中国传统音乐课程创新课堂,无疑是价值塑造、知识传授、能力培养"三位一体"的人才培养目标的重要抓手,也是寓价值观引导于知识传授和能力培养之中,帮助学生塑造正确的世界观、人生观、价值观的课程载体。通过文献综述法、案例分析法、田野调查法,研究民族音乐教育学的相关理论和方法,将育人与育才紧密结合并贯穿人才培养始终,结合音乐教育的自身特点,充分发挥美育在人的全面发展中担当的培养人高尚情操的崇高职责。

(2)制度层次:双轨、双导师制的双元融合创新。

在"课堂与田野、师生与师徒"双轨、双导师制的双元融合创新中将课堂内外连接起来,将价值塑造、知识传授、能力培养"三位一体"的人才培养目标贯穿始终,形成育人合力,发挥出课程育人的功能,实现育人和育才的统一,形成了中国传统音乐课程与教学立足专业、拓宽视野、树立自信、传承文化的多维度、多层次的立体化创新教学模式。

(3)要素层次:以课堂教学为切入点,促进学生"知行合一"。

中国传统音乐课程创新课堂,以促进学生发展为根本,以课堂教学为切入点,着力打通课堂内外。将理论与实践有机统一,强化实践环节,构建协同育人机制,引导学生运用

"发现法"实现在做中学,运用"实践法"在课堂教学和田野实践中,在文化交流与碰撞中体悟传统音乐文化的独特魅力,以教育促进民族文化传承,实现"知行合一"。(图3)

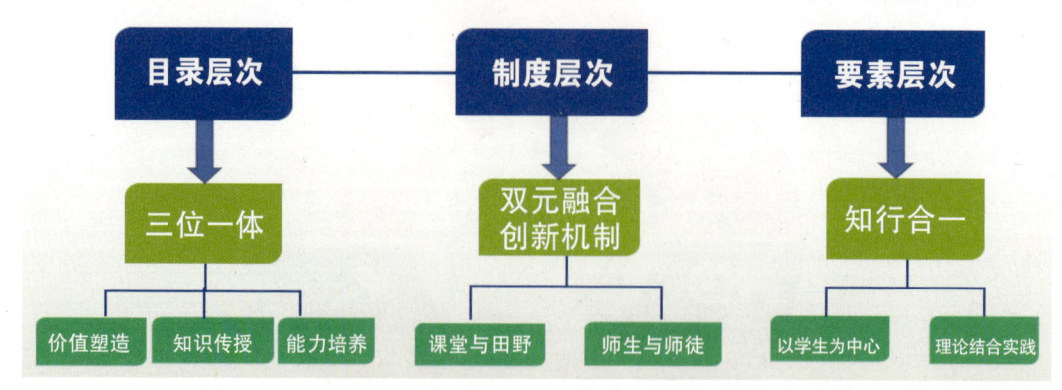

图3 创新课堂培养模式改革创新方法

2. 创新课堂培养模式改革创新内容

(1)重视音乐专业学生的民族音乐文化素养培养,实现多维度、多层次、多角度的立体化教学。(图4)

图4 中国传统音乐课程立体化教学

本课程探索中国民族音乐课程人才培养新模式,实行"课堂与田野、师生与师徒"双轨、双导师制。双轨即课堂与田野的双轨道平行教学,双导师制即专业教师与学生的学校教学模式、艺人师父与徒弟口传心授的传统传承模式。创新课堂中将课堂内外连接起来,将国家级及省市级非物质文化遗产传承人、民间艺术家、民间艺人等教学资源"请进来",请到课堂,担任学生的艺术授业师父。同时,引导学生"走出去",走进"田野"(走进田间地头、走进社会、走进生活),去感知、体悟孕育出悠久灿烂的传统音乐文化的土地和灵魂,触摸文脉。这种改革实践进一步深化了课堂、丰富了教学,让学生能够体验多维度、多层次、多角度的立体化教学,形成育人合力,发挥出课程授业、育人的功能,实现育人和育才的统一。

(2)汲取养分,"田野"反哺深化教学和舞台实践。

本课程引导学生深入田野,将理论学习与实践学习相结合,充分汲取民族音乐的养分,并将实践过程中的学习转换为实践成果,实现田野对深化教学和舞台实践的反哺,积极地将成果绽放于舞台。用作品传承中华优秀传统文化,结合时代要求继承创新,让中华文化展现出永久魅力和时代风采。传承是"本",创新是"魂",学生在舞台上唱响中国民歌,奏响穿越千年的乐音,用作品放歌时代,呼应时代,与时代同频共振。

(3)扎下去——教研相长。

作为高校音乐专业教师,我们必须将立德树人的根本任务贯彻落实在教育教学的全过程,引导学生坚定文化自信,弘扬优良传统,坚持守正创新,在教、学、研相长中探寻艺术真谛;引导学生坚持理论与实践相统一,实践舞台的同时深化理论学习,体悟音乐文化内涵,不断丰富和提升综合能力、学识修养。(图5)

图5 师生参加中国传媒大学主办的学术论坛

三、案例成效

(一)制度探索成效:探索出"四点一线牵"的多维度、多层次的立体化创新教学模式

在中国传统音乐"课堂与田野、师生与师徒"双轨、双导师制的创新课堂中,由点到面全员参与,坚持面向人人,建立了常态化学生全员参与课堂与田野实践的双轨学习模式,获得课堂教师及田野师父的双导师合作指导,开展体验式学习,并且形成了线上线下联动学习,师生线上线下互动、学生学习小组内及小组之间线上线下互动常态化,逐步完善"艺术基础知识+艺术审美体验+探究式深化学习"学习模式,形成了中国传统音乐课程与教学紧紧围绕立德树人的根本任务,请进来、走出去、亮出来、扎下去"四点一线牵",立足专业、拓宽视野、树立自信、传承文化的多维度、多层次的立体化创新教学模式。

(二)价值成效：课堂与田野，显性与隐性教育相结合

扎根田野，深挖民间音乐的价值。民间音乐是中国传统音乐的一部分，也是传统音乐中最基本、最丰富、最富有生命力的部分，既具有口头性、集体性、变异性，又具有传承性和演变性，也具有人民性和民俗性。民间音乐蕴含人文价值、学术研究价值和审美价值，亦是音乐创作的宝贵素材。本课程探索如何在音乐专业课程中将理论与实践相结合，深入挖掘优秀传统文化的内涵，连接起课堂与田野，发挥各种资源和手段方法的优势，形成传承和培育民族精神的教学合力，带领学生走出"象牙塔"，走进田间地头，在实践中探求中国传统音乐课程创新课堂的文化坚守。

从推动教育文化资源供给侧结构性改革看，教育行政决策依靠真实有效的教育数据和教育实践状况。通过深入挖掘优秀传统文化资源，为课程改革、课堂教学提供有效文化供给，助力高校专业艺术人才培养模式改革创新。对重庆传统文化资源等进行系统挖掘和开发利用，结合艺术形式的有效途径，为学校传统优秀文化传承发展提供具有感召力、富有感染力的有效音乐文化供给，丰富文化活动内涵，创新传播渠道和载体，激发音乐专业学生的文化创新创造活力。

从推动中华文明创造性转化、创新性发展看，民间音乐作为民族音乐的基础，曾哺育了历代的文人音乐家和宫廷音乐家，同样也哺育着中国新音乐的专业创作和通俗音乐创作。作为音乐专业学生，只有扎根民族音乐的沃土，挖掘宝藏、汲取营养，为现实题材创作及推出讴歌党、讴歌祖国、讴歌人民、讴歌英雄的精品力作提供丰富资源，才能实现音乐学习的升华。

四、未来计划或启示

(一)树立学科融合理念，不断完善课程和教材体系建设

立足传承弘扬中国传统音乐文化，加强学科融合，充分挖掘和运用各学科蕴含的体现中华传统美育精神与民族审美特质的因素，激发各方内在活力，充分整合自身优势。围绕课程目标，精选教学素材，丰富教学资源，不断完善课程和教材体系建设。

(二)深挖文化内涵，地域性与跨地域性有机统一

中国传统音乐丰富多彩，也同样体现在多民族、多地域和多体裁、多形式上，可谓繁花似锦，异彩纷呈。我们的学生来自全国各地的不同民族，我们将进一步引导并坚持关注学

生对本地域、本民族的传统音乐文化的学习和发展,促进学生学习和了解其他地域、其他民族的优秀传统音乐文化,深挖文化内涵,深刻理解优秀传统音乐文化中的审美蕴养和时代价值,坚定文化自信,树立"理解和尊重多元音乐文化"的观念,知行合一,更好地落实在专业人才培养环节中,落脚在课堂教学上,实现育人和育才的统一。

新文科背景下"新闻编辑"课程的"新融转"探索[①]

刘丹凌　王敏　杨绍婷

西南大学

一、案例介绍

为回应新文科背景下全媒体人才培养新诉求,加强对其社会认知、创新策划、采写沟通、编辑制作和传播互动等核心能力的培养,课程团队提出"新融转"教学模式,即创新课程理念、课程目标、教学过程,融合多元学科、前沿知识、分化模态,翻转教学方式、教学方法、教学空间,通过媒体策划与运营、新闻作品采编等实践项目的驱动,训练学生对马克思主义新闻观的践行,对全媒体编辑能力的掌握。打造课程实践平台,近年来,推送学生原创新闻作品400余件;与上游新闻、重庆日报联合推出专栏作品60余期,阅读量突破350万次;课程实践被新华网、人民网等主流媒体报道。课程负责人获重庆市教学成果奖一、二等奖。课程获批重庆市一流本科课程、西南大学一流本科核心建设课程。(图1、图2)

图1 重庆市教学成果奖获奖证书 　　图2 重庆市一流本科课程证书

[①] 本案例为重庆市高等教育教学改革研究重点项目"三新、三融、三转:新文科背景下全媒体人才培养体系研究"(项目编号:212025)阶段性成果。

二、案例详述

(一)课程团队建设与能力提升

课程以国家级精品课程、重庆市教改重点项目、国家社科基金、规划教材等锤炼课程团队,建设了一支学缘、年龄、知识结构合理,教学经验丰富,理论素养扎实,教学技能突出的全博士团队。课程负责人刘丹凌是教授、博导、新闻系主任;复旦大学博士后,加拿大西门菲沙大学、香港城市大学访问学者;国家及重庆市一流专业、重庆市特色专业负责人,入选全国广播电视和网络视听行业青年创新人才,重庆英才·名家名师、"巴渝学者"(青年学者)、重庆市学术技术带头人及后备人选、国家万名创新创业优秀导师、重庆市社科专家;主持重庆市教改重点项目、一般项目3项;获重庆市社会科学优秀成果一等奖,重庆市教学成果奖一、二等奖,西南大学教学成果奖一等奖,唐立新优秀学者奖等。团队成员王敏是教授、硕导,澳大利亚格里菲斯大学访问学者,主持重庆市教改项目,获重庆市教学成果奖二等奖。团队成员杨绍婷是讲师、博士,获重庆市社会科学优秀成果奖三等奖、重庆市教学成果奖二等奖。

团队将集体备课、课程研讨、相互听课机制化、长效化,积极参加相关工作坊、培训班,加强与实践基地的交流合作,通过媒体挂职锻炼等方式提升教学能力,并邀请业界精英进课堂。

(二)教学设计创新

课程在教学设计方面有四个创新:

第一,将课程教学目标分解为知识目标、能力目标、情感态度及价值观目标三个层次,并细化每一章节的具体知识点,明确教学效果。

第二,针对不同层次的教学目标,调用一种或多种教学方式展开教学,包括理论讲授、案例分析、主题研讨、分组讨论、课堂展演等,变以教师为中心的教学模态为以学生为中心的教学模态。

第三,在教学过程中,注重基础性知识、高阶性知识的合理安排及衔接,注重理论性知识和实践性知识的融合及转化,注重讲授和自主学习引导的糅合。

第四,在教学手段上,强调多媒体技术的应用,通过PPT、超星学习通等教学辅助手段活化课堂,以声画并茂的教学资源营造沉浸式课堂,提高学生的参与度和互动性。

(三)课程内容与资源建设及应用

课程立足全媒体时代新闻编辑流程再造,结合最新的理论和案例,从媒介产品策划、报道策划、数据新闻与视觉呈现、新闻产品编辑、编排设计等方面教授新闻编辑的方法和技巧,突出融合新闻编辑和全媒体实战思维,强化选题策划、新闻标题拟定、新闻稿件修改、版式设计等具体编辑能力的训练。形成了丰富的课程资源库,可应用于教学素材、教学案例、教学参考,以及学生拓展和自主学习材料,具体包括:

①新闻编辑相关研究论文100余篇;

②新闻编辑相关论著10余部;

③中国大学MOOC"融合新闻:走向未来新闻之路""新闻编辑学";

④媒体策划、新闻报道策划、优秀新闻作品(含深度报道、数据新闻、聚合新闻、视频新闻等)、优秀报纸版面、优秀新闻网页设计、优秀H5、优秀微信版式、优秀新闻标题等100余例。

⑤学生原创作品400余例。

(四)教学方法改革

课程强调教学方法的革新与优化,致力于探索以能力培养为核心的翻转课堂。

一方面,延展课堂教学,联通课上课下、线上线下,引导学生自主学习和消化基础知识,养成拓展学习和锻炼的习惯,将更多的课堂时间用于解决关键理论和实际问题,通过选题策划会、作品展演会、产品评介会、研究工作坊、专题讨论会等形式丰富课堂教学,强化学生主体地位,激发学生的参与、互动和创新意识。

另一方面,采用情景教学法、项目驱动法等前沿方法翻转课堂、活化教学,黏合理论与实际、课堂与传媒现场,激发学生的学习兴趣,培养学生的实践能力。近年来,课程以"西大快点"公众号为依托,组织学生推送原创新闻作品400余期;联合上游新闻推出"庆祝建党100周年·最美寻访"深度报道大型专题41期,总阅读量突破381万次;联合上游新闻推出"最美寻访·追光逐梦 砥砺前行"专题报道10期,总阅读量超54万次;联合《重庆日报》打造《重报快点·文艺范》专栏,刊发原创融合作品11期;组织学生制作"抗疫"专题视频26期、"最美寻访"专题视频31期。教学实践被新华网、人民网、《重庆日报》等主流媒体报道。(图3、图4)

(五)课程教学内容及组织实施

课程强调五种新闻编辑核心能力的培养。第一,社会认知能力,指对重大现实问题的认知、辨别和理解能力,并能将其应用于选题策划、编辑把关等具体工作。第二,创新策划能力,指对融合新闻产品的创新设计、选题与内容策划等。第三,采写沟通能力,指聚焦转型期的重大公共议题,进行深入调研、采访并将其转化为优质新闻故事的能力。第四,编辑制作能力,指根据不同选题、不同类型、不同渠道进行作品优化、精化处理的能力。第五,传播互动能力,指拓展新闻产品传播渠道,增强互动性的能力。

图3 与上游新闻联合推出的《最美寻访》专栏

图4 与《重庆日报》联合推出的《重报快点·文艺范》专栏

围绕五种核心能力,课程设计了新闻编辑概述、媒介产品策划、新闻报道策划、数据新闻与视觉呈现、新闻稿件编辑、新闻标题拟定、产品编排设计等主要知识板块,除了基础性知识,还融入了新闻生产、新闻策展、新-新闻探索等一系列高阶性知识,立足传媒发展前沿,将融合新闻编辑的最新案例、最新经验和最新理论纳入课堂教学。

主要教学组织实施包含如下环节:

第一,课堂教学环节。综合运用理论讲授、案例分析、主题研讨、分组讨论、课堂展演等多种方式打造有料、有趣、有互动的沉浸式课堂。

第二,课程实践环节。组织以媒体策划与实施、报道策划与实施、全媒体产品编发为主的项目驱动式实践训练,提升学生的新闻编辑核心能力。

第三,课外自主学习及拓展实践环节。通过引导线下阅读、线上学习、参与"西大快点"拓展训练营等,提升学生的自主学习能力、科研能力、实战能力和创新能力。

(六)考核与成绩评定

优化考核与成绩评价机制,将过程评价与考试评价有机结合,加大过程评价在成绩评定中的占比,强化成果导向、实绩导向、能力导向的成绩评定机制。具体如下:

1. 过程评价(占总成绩的60%)

(1)实践作业(70%):考查学生对知识的理解和应用情况(包括实践作品质量,网络点击率、转发量和评论,专家评价等)。

(2)课堂表现(30%):考查学生的学习态度和学习成果。

2. 考试评价(占总成绩的40%)

(1)含标准答案试题(知识型,50%)。

(2)无标准答案试题(能力型,50%)。

三、案例成效

(一)案例特色与创新点

课程思政全景化。坚持立德树人的基本理念,将马克思主义新闻观、习近平新时代中国特色社会主义思想融入教学全环节,注重理论讲解、案例分析、实践指导,强化政治信念、社会责任、职业道德、审美趣味的综合培养。

课程内容前沿化。将新闻生产流程再造、传播移动优先、多渠道分发等前沿动态融入教学;打破类别化的媒体知识体系和技能训练模态,培养全媒体新闻编辑理念。

课堂实践项目化。探索以学生为中心的项目驱动式教学,让学生策划媒介产品、策划报道、采写新闻,编发全媒体产品。

课堂空间延展化。邀请业界精英参与选题策划、学生作品点评、采编经验分享等现场教学,拓展课堂空间。

(二)教学改革解决的重难点问题

革新教育理念,落实课程思政。针对专业性质、课程特色将知识技能培养与思想政治教育有机融合。

革新教学内容,紧跟传媒前沿。立足传媒技术发展,将新闻编辑的流程再造、技术创新、实践转向融入课程内容。

革新教学方式,强化实战训练。以效果为导向,以项目驱动为抓手,以实践作品为核心,将全媒体编辑实务纳入实践教学。

(三)取得的主要成效及成果

创建"西大快点"公众号,近5年编发学生原创作品400余件,70余位学生的作品被人民网、中青在线、澎湃网、中国大学生在线、《重庆日报》等主流媒体刊载。

2020年,策划"抗疫"专题视频26期。2021年,与上游新闻联合推出"庆祝建党100周年·最美寻访"系列报道41期,阅读量超381万次,其中,《震后13年,笑敬重生》《山城扫街人》被《重庆晚报》整版刊用。2022年,与上游新闻联合策划"最美寻访·追光逐梦 砥砺前行"专题报道10期,阅读量超54万次。2021—2022年,与《重庆日报》联合打造《重报快点·文艺范》专栏,刊发原创作品11期。2022年,策划"最美寻访"专题视频31期。

教学实践被人民网、新华网、《重庆日报》、华龙网、上游新闻、《重庆晚报》等主流媒体报道。(图5)

图5 人民网对课程实践的报道

基于课堂教学,指导本科生创新实践。刘鑫、黄静等10余人获批国家级、省级和校级创新创业项目;刘金燕等4人获大学生"讲好中国故事"创意传播大赛奖项;吴映璇获重庆新闻奖二等奖。(图6)

图6 课程实践作品获奖证书

四、未来计划和启示

(一)未来计划

第一,回应新文科背景下全媒体新闻编辑的诉求,推进"新融转"教学模式,实现课程建设精品化、特色化,强化知识的高阶性和前沿性,丰富讲义、案例和其他教育教学资源。

第二,拓展实践教学平台,以"西大快点"为依托,打造学生实践品牌活动,积极探索与主流媒体的长效合作机制,拓展实训空间,将业界精英进课堂制度化,将现场教学、项目驱动式教学常态化,将策划会、作品竞赛与点评等专业化。

第三,以核心课程及在线课程建设项目为基础,推动课堂翻转;促进课程社会化,服务更广泛的需要。

(二)启示

第一,活化、细化、优化课程思政,基于马克思主义新闻观、习近平新时代中国特色社会主义思想,探索"理论阐释+案例分析+实践应用"结合的思政教育模式,培养学生的舆论引导能力。

第二,立足全媒体时代,探索融合新闻编辑的新规律、新技能,尤其是短视频、H5、数据新闻、新闻游戏等新-新闻形态的策划、编辑制作和推广技巧,丰富教学内容。

新文化运动的兴起
——西南大学"中国近代史"课程示范案例

赵国壮　谭刚　陈志刚　马振波

西南大学

一、案例介绍

本课程主要面向大学二年级历史学(公费师范)专业学生。新文化运动的兴起是"中国近代史"课程中有关"新文化运动与国民革命"的重点内容,也是整个中国近代史课程的重点内容之一。通过学习新文化运动,使学生充分掌握新文化运动发展的整体过程、重要事件及其代表人物、观点等,具备系统的历史专业基础知识、思想和方法;能够充分了解国内外关于新文化运动研究的最新动态,深化对该历史问题的认识,并通过课前查阅史料、课堂分组讨论等形式,培养学生掌握中国近代史有关资料的分类、检索、甄别的基本技能,培养提出问题及分析问题的能力。

本课程主要从新文化运动兴起的时代背景、《新青年》杂志与新文化运动的代表人物、新文化运动的主要内容及其评价三个方面展开讲述。重点讲述陈独秀、胡适、李大钊、鲁迅等代表性人物的活动、观点,以及新文化运动的主要内容,特别是文学革命的主要观点、社会实践及其实质。

二、案例详述

(一)课程团队建设与能力提升

课程团队根据最新课程要求,全面修订课程大纲、优化课程内容,同时,着力提升团队建设。其一,人员构成合理。整个"中国近代史"课程团队共12人,其中教授5人、副教授3人、讲师4人。本案例的4位作者是12人团队中的骨干成员,他们深入教学一线,拥有实际的教学经验,懂技术、知教学。其二,梯队建设有序。课程团队现已形成了以教学负责人为引领,中青年教学骨干为中坚,新进青年教师为后备的梯队布局。其三,教学资源汇聚多样。课程团队力推建设专业文献数据库、视频资源库、优秀历史课件资源库、精品课程资源库等,汇聚精品阅读资源与学习资源,通过设立本科生科研项目、师范生讲课比赛、组织创新创业大赛等,汇聚实践资源。其四,平台搭建有力。课程团队以西南大学中国抗战大后方研究协同创新中心、中国共产党革命精神与文化资源中心等研究单位为依托,充分调动各平台师资力量与研究资源,在强化教师教学交流的同时,充分发挥平台优势,通过举办学术沙龙等方式,强化学生对历史的认知。

能力提升方面,课程团队重视团队成员教学能力、知识能力的培养和提升。其一,团队成员积极参加学校组织的以提升教师教学能力为主题的院长说人才培养、系主任说专业建设、教学团队说课程建设的"三说"活动。其二,组织每月一次的教学沙龙、集体备课、交流观摩等教研活动,着力提升教师努力教学的思想自觉与行动自觉。其三,组织任课教师期末说新课活动,集体研讨任课教师下学期教案、课件,切实提升团队成员的教学能力。

(二)教学设计与教学方法的创新

本案例在教学设计上充分把握民主与科学这一新文化运动的象征,突出展现陈独秀等知识分子在宣传过程中所展现出来的历史担当与革命精神,凸显其思政性。此外,通过旧文学与新文学的差异性,引导学生反思中国传统文化对中国近代发展的影响,厚植家国情怀。

教学方法上,本案例主要采用问题研讨式教学,通过集体研讨、多媒体展现、学生分组讨论、史料研读等方式加以展开。

1.探究新文化运动兴起的时代背景

问题研讨法。教师引导学生回顾之前的历史学习,思考自1840年至1949年间,中国经历的几次重要的思想变革,以及其所面临的时代环境,进行对比分析。继而结合前节关于民国初年袁世凯执政以及北洋军阀统治的讲述,明晰新文化运动兴起的特殊时代背景。

2.讲述《新青年》杂志创刊及新文化运动的主要代表人物

多媒体展现与小组讨论。通过多媒体、视频展现《新青年》杂志创刊的整体过程,继而引出《新青年》的撰稿群体;通过小组讨论介绍新文化运动的主要代表人物。

3.新文化运动的主要内容及其评价

多媒体展示及史料研读。提前让学生研读陈独秀的《本志罪案之答辩书》《文学革命论》,胡适的《文学改良刍议》等文章,课中讲述阅读心得。

(三)课程教学内容及组织实施

1.教学内容

(1)探究新文化运动兴起的时代背景;(2)讲述《新青年》杂志创刊的经过及其主要撰稿人,探讨新文化运动的主要代表人物;(3)讲述新文化运动的主要内容,特别是文学革命的相关情况,并进行简要评价。

2.教学设计

(1)课前安排。

其一,提前布置学生研读马工程重点教材《中国近代史》(高等教育出版社,2020年版),同时利用大成老旧刊全文数据库、晚清民国期刊全文数据库查阅《新青年》杂志并查看该杂志发表的文章。

其二,授课教师准备《觉醒年代》等影视资源,认真备课。

(2)新课讲授。

通过播放《觉醒年代》相关片段导入新课,具体讲授过程中采用教师讲授与学生分组研讨相结合的方式进行。

(3)课堂总结与反思。

(4)布置课程作业。

3.教学组织

采用班级授课与分组研讨相结合的方式,遵循小班化教学原则,40名学生每10人一组,分成4组,根据教师事先布置的任务,分别研讨、协调进行。

4.教学实施

(1)课堂导入:播放《觉醒年代》相关片段。

(2)新文化运动的兴起:新文化运动兴起的时代背景,包括政治环境、社会环境、社会阶层的变动。

(3)《新青年》杂志与新文化运动的主要代表人物。

通过多媒体展示《新青年》杂志创刊的大体过程,撰稿群体;通过分组讨论的形式,介绍新文化运动的主要代表人物。

(4)新文化运动的主要内容及其评价。

学生通过课前阅读相关史料,梳理新文化运动的主要内容,培养学生史料搜集与自主探究的能力。

通过集体探究的方式对新文化运动进行客观评价。

(5)思考与作业。

问题思考:对比分析陈独秀与胡适在思想论说上的不同,分析其中的原因。

课程作业:以小组为单位,阅读《四川省重庆共产主义组织的报告》,讨论如何正确认识重庆共产主义组织,为下节课做好准备。

(四)成绩评定考核

1.总成绩评定

总成绩=过程成绩(30%)+期末成绩(70%)。

2.过程成绩评定

课堂表现(15%),参考出勤情况,主要通过学生课堂发言与提问情况来评价学生相关的能力;课程作业(15%),围绕课堂讨论,形成书面的读书心得或读书报告,来评价学生对课程内容的掌握程度及发现问题与解决问题的能力。

3.期末成绩评定

闭卷考试(70%),考查学生对中国近代史基本史料的了解程度和解读史料的能力,对近代以来重大争议性问题的认识能力和思辨能力。

三、案例成效

(一)案例特色与创新点

1.案例特色鲜明

其一,传统文化作为反映中华民族特质和风貌的文化,优劣兼具。而新文化运动不仅是一部分先进知识分子在思想文化领域的开拓,更是对中国传统文化的深层变革,其改变了中国千百年来的书面文字、口头语言,更深刻影响了中国的家庭伦理、大众文化,乃至哲学思想,具有鲜明的时代性。其二,新文化运动作为中国文化史上承上启下的重要事件,涤荡了中国传统文化中的腐朽落后因子,对新文化运动的内容及意义进行讲述与探讨,有助于学生更好地辨析传统文化的内涵,去伪存真,助力文化强国战略的顺利实施。

2.案例创新点

其一,多元资源汇聚,课堂教学实施过程中,注重原始影视材料与文字史料的结合,专家讲座视频播放与教师讲解的结合;其二,现场与课堂教学的结合,通过展示原始影视材料还原当时的历史场景;其三,教学研讨与课堂讨论的结合,注重教师讲授、学生探究讨论相结合,构建以教师为主导、学生为主体的教学模式。

(二)教学改革成效及解决的重难点

新文化运动的兴起是本章的重点内容,也是整个中国近代史课程的重点内容之一。自2020年课程团队主持的"中国近代史"课程获评国家一流线下课程后,团队成员持续优化教学理念、充实教学资源、磨炼教学技能,本案例正是该课程建设、课堂改革的重要体现。

1. 案例重点

第一,讲述新文化运动的主要代表人物,如陈独秀、胡适、李大钊、鲁迅、周作人等,使学生了解他们之间的联系、他们的基本观点及其历史贡献。第二,引导学生通过研读史料、分组讨论的方式认识和掌握新文化运动的主要内容,并进行简要评价,培养学生搜集史料、研读史料、解读史料的能力。

2. 案例难点

第一,如何让学生深刻理解新文化运动发生的时代背景、主要代表人物的人际关系、观点,以及新文学的新在哪里。第二,如何充分调动学生的积极性,而非满足于以往教师填鸭式的教学,培养其自主学习、自主分析问题的能力。

四、未来计划或启示

(一)坚持打造精品教学案例

教学案例是对教学过程中的实际情境的描述,充分展现了教学的全过程,具有非常重要的教学参考价值。课程团队拟充分发挥自身科研优长,利用平台资源优势,选取典型案例,精雕细琢。

(二)深化课堂教学改革

课程团队持续深化教学改革,优化教学理念,积极探索课堂教学的新方式、新方法。鼓励教师以多媒体等现代教育技术手段服务课堂教学,探索同一课堂教学空间中,线下教师授课与线上知名学者讲授释疑的新路径。

(三)持续推进"中国近代史"课程建设,坚持打造一流课程的改革方向

着力突破传统文科的思维模式,贯彻新文科理念要求,严格对标师范专业三级认证体系和国家专业标准,优化课程培养方案,严把教学质量关,推动全方位课程教学改革,倡导并拓展研究性教学、参与式教学、实践教学及现场教学等方式。

立足中国实际的刑法学基本立场与学习方法

石经海　陈应琴　刘湘廉　骆多　唐韵

西南政法大学

一、案例介绍

本案例为法学本科核心专业主干课程"刑法学总论"中的基础性与方向性内容,是2020年教育部"首批国家(线下)一流课程"、2021年"重庆市高校一流课程"和2022年"重庆市本科高校课程思政示范项目"所重点探索的方面。

本案例的探索,以马克思主义和习近平新时代中国特色社会主义思想为指导,将新文科视野下法治人才培养的"立德树人""制度自信""家国情怀"等课程思政元素与知识学习、能力培养予以紧密融合,以构建、塑造和培养法科生符合中国实际、坚守中国自信、解决中国问题的刑法学知识体系、思维方式与应用能力,为整个刑法学课程学习奠定基础、确定方向。经过2019年的学院试点运行和2020—2022年的全校推广应用,本案例取得了良好探索效果,于2022年5月获"西南政法大学立德树人优秀本科教育教学案例"一等奖。

二、案例详述

针对刑法学教学的西方化等问题,本案例以立足中国实际的刑法学基本立场和学习方法为顶层设计与方向主线,在教学团队、教学设计、教学内容、课程资源、教学方法和成绩评定等方面,进行基于"刑法学总论""国家一流课程"建设的改革创新。

(一)课程团队建设与能力提升

本案例的课程团队,包括授课团队和助教团队。授课团队的5名成员,由4名"刑法学总论""国家一流课程"团队成员和1名思政、教学培训专家组成。成员学历、职称、年龄结构合理,既可进行教学"传帮带",又利于课程思政元素的深入挖掘和现代教育教学理念、教育教学技术的提升运用。另外,还组建有课程助教团队,以辅助授课团队进行教学运行管理,确保各教学环节方案的实施到位。(图1)

图1 团队召开教学助理培训会

(二)教学设计创新

本案例所在的"刑法学总论"课程,基于"国家级(线下)一流本科课程"建设目标,其教学模式的创新设计,主要是针对新时期本科教学较为普遍存在的课程思政未能充分融合、学生学习不够投入、教师教学不够敬业、考核方式不够科学等问题,基于立德树人、课程育人、有效过程学习等教育目标与理念,将课程思政、专业思维、能力培养等人才培养核心要素融入全部教学内容和任务中,通过课前自主学习—课中交流解惑—课后总结提升,贯通课前—课中—课后三个阶段,并以集体备课、团队管理、扣分制考核措施保障其有效实施。

在以上模式中,践行了"学生学习主体、教师主导"理念,并使教学互动贯穿课前—课中—课后整个教学过程中:在课前,学生需将基础性内容消化吸收掉;在课上,师生主要交流学生有疑惑和重难点、需拓展的内容;在课后,学生需就每次课进行总结,梳理收获,提出尚存疑惑和教学意见建议,教师据此评估自己的教学效果和进行集体课外答疑。为保障以上要求的有效实现,课程教学采取了强有力的"全过程集体备课""多层级教学管理""扣分制过程考核"等措施。

(三)课程内容

本案例包括新中国刑法学的基本立场与基本学习方法,这两个部分相互关联且一脉相承。

1. 新中国刑法学的基本立场

(1)必须"立足于中国实际"。任何国家的刑法,都是服务于本国的治理模式、融合于本国的文化传统、存在于本国的法律体系之中的。这就决定了刑法必定有它的本土性。国外刑法及其学说,纵然在其发源地是先进的、好用的,但难以直接对接我国的法律体系、法治体系。虽然在学习上,要求我们要有国际视野,但脱离中国实际的法律学习,会带来法律适用的无所适从。

(2)必须"坚持中国自信"。我国的建设与发展充分表明,包括刑法在内的中国特色社会主义法律体系,在总体上是适应我国治理模式与经济社会发展需要的。这是我们几十年探索和实践逐步形成的"自信"所在,必须坚持。

(3)必须"形成中国信念"。包括法律制度在内的所有新中国社会制度都是在马克思主义指导下,一步一步构建和发展起来的。这意味着,刑法制度及其理论不可游离于基于马克思主义逐步建立和发展起来的社会制度体系而另行存在,新中国刑法学必须基于马克思主义形成中国信念。

2. 新中国刑法学的基本学习方法

基于以上立场的刑法学的教与学,需立足于马克思主义基本原理的学习方法来实现。主要表现有三:

(1)处理好刑法总论和分论的关系。刑法中的任何一个规定,都无独立评价某个行为是什么和如何处罚的能力。只有基于体系思维和案件事实,形成由刑法总分则的所有相关规定组成的规范评价体系,才能作出既合理又合法的定罪与量刑判决。否则,就会带来适用的法律不完整而定罪、量刑的片面甚至错误。

(2)处理好法条和法理的关系。学习刑法时,既要结合法条,也要借助法理,否则就会囫囵吞枣或死记硬背。

(3)处理好规范与案例的关系。刑法规范作为评价定罪或量刑的规范评价体系,与刑法条文并非一一对应关系。因此,进行刑法学习,应当结合案例,训练法律适用能力。

(四)课程资源建设

第一,指定使用马工程《刑法学》教材;第二,自编以课程思政为主导的《刑法总论导学教程》(图2)和《刑事疑难案例实务教程》等配套用书;第三,在中国大学MOOC平台开设"刑法学总论"在线课程;第四,自建拥有1000多道课前自主学习思考题的题库;第五,精选5个相关网络平台;第六,形成10多万字的答疑资料库。

图2 《刑法总论导学教程》

(五)教学方法改革

本案例及"刑法学总论"课程,探索和应用了课前—课中—课后三位一体教学法:将教学任务贯穿到学生课前自主学习、师生课中交流解惑和学生课后总结巩固的全过程,以有效解决线下教学较为普遍存在的课程思政融合不充分、教学互动不畅、学生学习不投入、考核不能促进教学、教师教学不投入等问题。具体做法如下(图3):

(1)在课前,学生通过中国大学MOOC等平台,结合团队精选的课前自主学习思考题等导学材料,展开自主学习,消化吸收自己可以把握的内容。

(2)在课中,师生主要交流课前自主学习疑惑和重难点内容。这既利于提高课堂学习效率,解决课时不足问题,也可以避免无针对性的低层次教学,更可避免出现课堂学习容量过大和听不懂而带来的教学恶性循环。

(3)在课后,学生及时做学习总结(收获与存在的疑惑),教师据此及时进行集体答疑。这既提升了学习效果,又延伸了教学互动,还创新了评教方式。

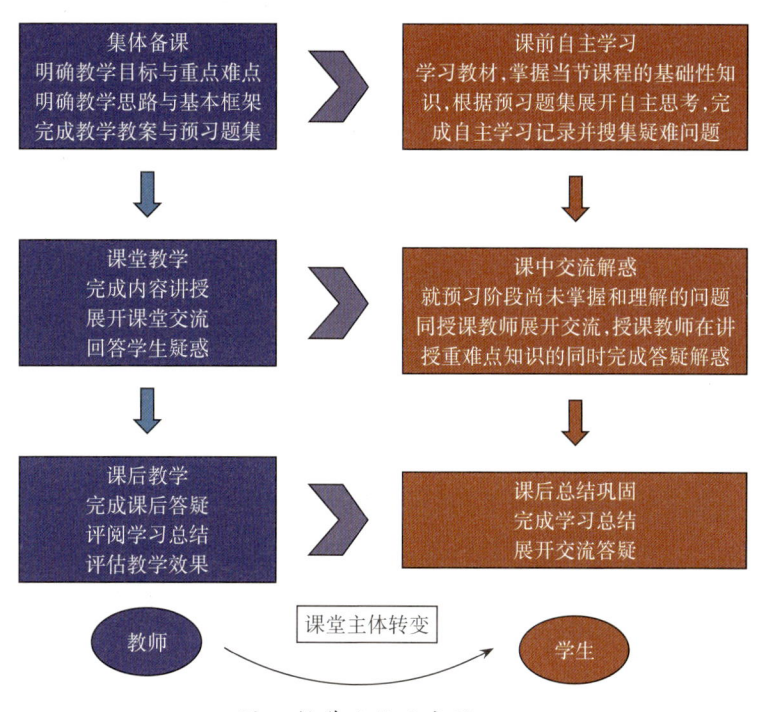

集体备课 明确教学目标与重点难点 明确教学思路与基本框架 完成教学教案与预习题集	课前自主学习 学习教材,掌握当节课程的基础性知识,根据预习题集展开自主思考,完成自主学习记录并搜集疑难问题
课堂教学 完成内容讲授 展开课堂交流 回答学生疑惑	课中交流解惑 就预习阶段尚未掌握和理解的问题同授课教师展开交流,授课教师在讲授重难点知识的同时完成答疑解惑
课后教学 完成课后答疑 评阅学习总结 评估教学效果	课后总结巩固 完成学习总结 展开交流答疑

教师 —课堂主体转变→ 学生

图3 教学流程示意图

为保证以上教学方法的有效施行,采取了一些措施:①集体备课(图4)、团队管理和扣分制考核等保障措施;②教师发展中心支持的现代教育信息技术平台与设备(如学习通)以及教学成果"三全三化一标一平台"学业成绩形成性评价体系。

图4 集体备课

(六)成绩评定考核的亮点及特色

本案例及其课程,探索和应用了能促进教与学互动及良性循环的扣分制与加分制相结合的形成性成绩评定考核制度。具体针对传统考核制度不能带来教与学良性互动等突出问题,对课前自主学习—课中交流解惑—课后总结提升全过程予以形成性考核,包括平时考核(分项考核,占比为40%)和期末考核(综合考核,占比为60%)。

其中,平时考核事项包括课前预习效果、课堂表现、到课次数、学习总结等,既有基于诚信和心理学原理的扣分,又有基于激励机制和成绩正态分布的加分,以及予以调节的平时成绩基准分(通常为80分)。对于不认真完成各平时考核要求和缺课的学生,实行严格的累进扣分制,并在达红线时直接按挂科处理。

三、案例成效

(一)案例的特色与创新点

教学运行模式的重塑:将教学任务分解在课前、课中、课后三个阶段分步完成。这可使难易程度不同的内容在相应学习阶段得以分流落实,提高课堂教学效率,真正实现从教师主体向学生主体的转变。

形成性考核方式的重塑:对教学过程推行严格的扣分制度考核。针对线下教学"低头族"、学生不愿投入学习等问题与症结,基于诚信和心理机理施以严厉的扣分制,使学生在全教学过程中都能投入学习。(图5)

图5 课堂教学

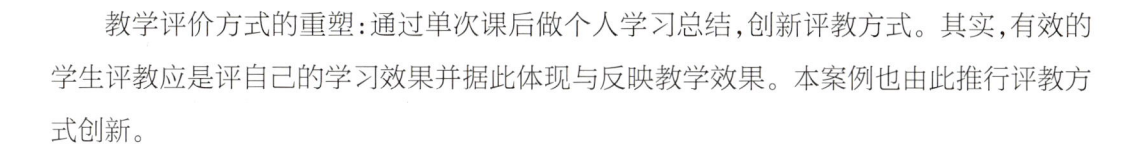

教学评价方式的重塑:通过单次课后做个人学习总结,创新评教方式。其实,有效的学生评教应是评自己的学习效果并据此体现与反映教学效果。本案例也由此推行评教方式创新。

(二)教学改革成效及解决的重难点问题

1.教学改革成效

一是学生培养质量提高。学生表示,本教学提高了他们的学习积极性、主动性、投入度、学习能力、思维能力和法律应用能力。

二是课程团队成长显著。课程团队也由此获"校优秀教学团队",成员石经海、刘湘廉、丁胜明等获"西政好老师""优秀共产党员"称号。

三是教材建设成效卓著。团队总结提炼基于本案例的改革与实践经验,编写了《刑法总论导学教程》(法律出版社,2021年版)并将其用作马工程教材配套用书,在全国产生了广泛影响。

2.解决的重难点问题

(1)教学效率问题:采用教学任务分流,课中只需交流重难点及需拓展的内容,既提高了课堂效率与深度,也解决了课时不足的问题。

(2)教学互动问题:因有课前学习基础,学生课上有能力、兴趣互动,也是课前和课后的学习与反馈,更是互动延伸。

(3)学习主动性问题:因有课前基础和扣分考核,学生课上能听懂、喜交流、有压力,各班很难见到"低头族""逃课"等现象。

(4)课程思政剥离问题:通过"集体备课",实现了师资"传帮带",统一了教学内容等,较好地解决了"课程思政"游离于教学外的问题。

(三)取得的主要成果

本课程分别获评国家级、重庆市级、西南政法大学校级一流本科课程(线下);本课程教育教学案例获评西南政法大学"以德树人"优秀教育教学案例一等奖;本课程获评重庆市本科高校课程思政示范项目、西南政法大学首批课程思政示范课程。

四、未来计划或启示

(一)有效的教学改革需要借助团队力量立体推进

本案例表明,有效的教学改革,需从团队建设、教学设计、配套教学资源、课程平台、课程管理等维度,通过团队力量进行立体推进。

(二)良好的课程建设需要不断总结提炼、提档升级

本案例表明,良好的课程建设,需不断总结探索中的经验与教训,不断提档升级整体规划与实现路线,并予以集体攻关与分步实施。

(三)新时代课程建设需要借力融合力量优化团队

本案例表明,引入思政专业教师和教学专家,是深入挖掘课程思政元素和提升教育教学理念、现代教育技术等的有效手段。

"三全育人"视域下法官职业伦理的中国范式[①]

铁燕

西南政法大学

一、案例介绍

习近平总书记强调,全面推进依法治国是一项长期而重大的历史任务,要坚持中国特色社会主义法治道路,坚持以马克思主义法学思想和中国特色社会主义法治理论为指导,立德树人,德法兼修,培养大批高素质法治人才。开设"法律职业伦理"课程,不仅可以塑造法律人的职业伦理修养,也可以培育法律人以人为本、爱国为民的家国情怀。"三全育人"以新思政观引领教育改革,构建一体化育人体系,打通育人"最后一公里"。宏观上,"三全育人"构筑了思政育人大格局;微观上,"三全育人"可以作为具体课程思政的教学指南。

"法律职业伦理"的课程德育目标,要求学生充分了解和掌握我国法官职业伦理根植的中国文化土壤和历史发展路径,认识法官职业伦理规范建设的中国方案、中国智慧、中国优势和中国贡献,深刻领悟当代法官的忠诚、公正、廉洁、为民等职业伦理。

教学设计采用"课前'预热式'—课堂'浸入式'—课后'输出式'"的"三式一体"沉浸式教学,将社会主义核心价值观无痕融入"法律职业伦理"课程的理论教学和实践教学全过程。课前观摩被尊为法治"燃灯者"的模范法官邹碧华的相关电影进行预热;课堂上通过主题演讲、讨论领略新时期公正为民好法官、敢于担当好干部应有的风范,沉浸式学习"法官职业伦理"理论知识,在学生心目中树立法官恪守职业伦理的正面典型;课后尝试改革

[①] 本案例为重庆市高等教育教学改革研究项目"新时代法治人才法律技能培养机制研究"(项目编号:21SKJD017)、西南政法大学新文科研究与改革实践重点项目"人工智能时代法学专业改造提升的改革与实践"(项目编号:116042200075)阶段性成果。

平时考核方式,强化"输出",指导学生分组自编自导自演自剪辑制作5分钟以内的小视频。引导学生崇法尚德,践行社会主义法治理念,捍卫社会公平正义,在今后的法律职业生涯和法治工作中,敢于啃硬骨头,甘当"燃灯者",树立崇高远大的法治事业理想信念。

"法律职业伦理"的教学设计采用理论与实践相融合的"三式一体"沉浸式教学,充分贯彻落实"三全育人"理念,践行立德树人的育人任务,努力探索培养德法兼修、知行合一的高素质法律人才的有效路径。

二、案例详述

习近平总书记在全国高校思想政治工作会议上指出,要坚持把立德树人作为中心环节,把思想政治工作贯穿教育教学全过程,实现全程育人、全方位育人,努力开创我国高等教育事业发展新局面。社会主义核心价值观的养成绝非一日之功,要坚持由易到难、由近及远,努力把社会主义核心价值观的要求变成日常的行为准则,进而形成自觉奉行的信念理念。

"法律职业伦理"教学要不断融入思想政治理论的教学内容,使专业课与思政课同向而行,系统构建"大思政"育人格局,坚定践行立德树人的教学理念;理论和实践相融合的"三式一体"沉浸式全过程教学设计,充分贯彻落实全员育人、全程育人、全方位育人,努力培养德法兼修、知行合一的高素质法律人才,解决好法学教育"培养什么样的法律人""为谁培养法律人""如何培养法律人"等基础性问题。

(一)"三全育人"视域下章节德育目标设置

教学目标:要求学生熟悉我国法官职业伦理的概念与基本特点,理解我国法官职业伦理的基本准则与深刻内涵,进而掌握法官职业伦理的中国范式。

德育目标:引导学生建立文化自信,充分了解和掌握我国法官职业伦理构建的中国模式。纵向挖掘我国法官制度的历史发展,认识法官职业伦理规范建设的中国方案、中国智慧、中国优势和中国贡献;横向进行国别比较,深刻领悟我国当代法官的独立性、忠诚、公正、廉洁、为民等职业伦理。重点提示学生把握法律人所遭遇的角色道德困境,与一般人相比,更为特殊:他的职业本身就是要解决价值冲突和利益矛盾"。

(二)"三式一体"沉浸式教学设计

在课程教学方法上采用"三式一体"的沉浸式教学,将社会主义核心价值观无痕融入"法律职业伦理"教学的课前、课堂、课后三个阶段。

1.课前"预热式"

以优秀法官的事迹作为课前热身。要求课前观看电影《邹碧华》并尝试撰写影评。(图1)

图1 "法律职业伦理"课程负责人铁燕副教授进行示范公开课

2.课堂"浸入式"

介绍模范法官邹碧华的先进事迹,随后切入课程主题。(表1)

表1 法治"燃灯者"邹碧华法官先进事迹

	法治"燃灯者"
邹碧华同志是新时期公正为民的好法官、敢于担当的好干部。他崇法尚德,践行党的宗旨、捍卫公平正义,特别是在司法改革中,敢啃硬骨头,甘当"燃灯者",生动诠释了一名共产党员对党和人民事业的忠诚。 ——2015年习近平对邹碧华先进事迹作出批示	模范法官邹碧华(1967—2014),被尊称为庭前独角兽、法治"燃灯者"。邹碧华生前是上海市高级人民法院副院长,他投身司法事业26年,尽心尽职,爱岗敬业。作为上海法院司法改革方案的设计者和实践者,邹碧华展现了法院管理人员的高素质品格和无私无畏的亮剑精神。2014年12月,他突发心脏病经抢救无效因公殉职,终年47岁。2018年,党中央、国务院授予其"改革先锋"称号,颁授"改革先锋"奖章。

(1)结合法官职业发展与角色定位知识点开展2分钟主题演讲。如:我的法律职业理想、以人为本的人民法官等;

(2)结合法官职业道德的核心"公正、廉洁、为民",基本要求"忠诚司法事业、保证司法公正、确保司法廉洁、坚持司法为民、维护司法形象"等知识点开展课堂分组讨论:法官素质的要素有哪些?法官的形象公正的内涵是什么?党的十九大报告提出加强对法治中国建设统一领导有什么重要意义?

3.课后"输出式"

融合数字教育教学的教育理念,改革平时的考核方式,制定翔实的考核方案,指导学生分组自编自导自演自剪辑制作5分钟以内的法律职业伦理小视频,取得非常良好的教学效果和教学反馈。组织学生通过中国庭审公开网在线观摩庭审活动等。

采用"三式一体"的沉浸式教学设计，坚定学生对中国特色社会主义法治理论的意识认同，增强学生对中国法治道路的心理自信，激发学生投身新时代法治中国建设的爱国热情，使其牢固树立成为一名中国特色社会主义法治道路合格建设者和可靠接班人的坚定理想信念。

三、案例成效

"法律职业伦理"作为一门法学专业核心课程，以习近平新时代中国特色社会主义思想为重要指导，承载着培育法学人才"重德行"的重要教学使命。发挥好法律职业伦理特有的课程优势，深度挖掘课程思政知识融合点，可以较好地统合其他法学专业课程的"合道德性"，还可以把社会主义核心价值观融入法律的立、改、废、释和法律实践中，并且能够较好地培养学生的思维能力、表达能力、实践能力、组织能力等综合素质，使道德价值理念内化于心、外化于行。

（一）"三全育人"大格局有效融合法律职业伦理教育与法治人才培养

法律职业伦理教育教学中始终贯穿社会主义核心价值观，始终以"德法兼修、以德为先"为法治人才培养目标，强调高素质法治人才既要掌握扎实的法学专业知识与能力，又要有社会主义的家国情怀与德行修养。"法律职业伦理"的教学目标，较好地体现了培育社会主义法治人才要忠于党、忠于国家、忠于人民、忠于法律的具体目标。法律职业伦理的养成与法律专业知识的学习是同步进行的关系，在"三全育人"的大思政育人格局下实现专业学习与思想政治教育的同向同行，润物无声，德法兼修。

（二）"三式一体"沉浸式教学可以塑造学生终身学习职业伦理的意识

法学教育是法律职业发展的基本前提，也是法治社会实现的基础要件之一。法治的理论预设往往以人性恶为起点，但良好的法学教育是要培养德法兼备的法律人，这一方面有助于提高法律人的职业形象，另一方面也有助于提高社会对法治本身的认同。如何最大限度地发挥法律职业伦理教育的功能，提高法律人的德行素养并为实现法治中国贡献力量是法学教育所必需回应与反思的。法律职业伦理教育的根本目的不在于知识传授而在于知识运用。

沉浸式的教学方法不仅让学生课前课后行动起来，而且让学生课内课外思想活泛起来。课前的"预热式"学习，通过生动的视频或音频资料可以激发学生的法律职业尊崇感和职业荣誉感；再持续通过课堂的"浸入式"演讲、讨论等学习活动，能够将社会主义核心价值观、家国情怀等理想信念教育潜移默化地植入学生的思想;最后,观测学生自编自导自演自剪辑完成微视频作业的过程,则能较好地检测学生的多项综合素质,如:团队合作能力、组织能力、写作能力、表达能力、语言能力、学习能力等等。同时,能够反映出学生对个人道德、公民道德、职业道德和政治道德的认知水平,能够有效地坚持价值性和知识性的统一,能够有效地塑造学生自觉求知、主动学习的意识和终身学习的能力。

四、未来计划或启示

"理想指引人生方向,信念决定事业成败。没有理想信念,就会导致精神上'缺钙'。"习近平总书记的这段论述,强调了理想信念教育对于立德树人的重要意义,为高校培养担当民族复兴大任的时代新人提供了行动指引。因此,法治人才培养的底色应当是法律职业伦理教育。

"三全育人"中心在"育","法律职业伦理"课程思政的建设要符合时代特征,遵循学生成长规律,更加聚焦因材施教。以研促教,以教促学;在引导学生提升综合能力上下功夫,帮助学生把知识激活,转化为思想智慧、外化为行动能力。

"三全育人"重心在"全",今后"法律职业伦理"课程思政的建设要重视吸纳德才兼备的实务专家参与"全员育人",重视延展课程教学的链长"全程育人",将职业理想信念教育、家国情怀等贯穿教育教学全过程和学生成长成才全过程,实现育人无时不有。重视扩展课程教学的广度"全方位育人",将思想政治教育与知识体系教育深度融合,覆盖到课上课下、网上网下、校内校外,实现育人无处不在。

企业利益与员工权益的衡平
——"企业法务管理"教学案例

李雨洁　曾德国　蒋卫艳　伏红勇　秦杰

西南政法大学

一、案例介绍

"企业法务管理"是教育部首批新文科研究与改革实践项目的落地课程,是2022年重庆市"课程思政"示范课程,是西南政法大学工商管理专业的必修课。本课程因应"法商融合"创新人才培养的需要,围绕依法治企、规范经营的要求,树立学生的规则意识,培养学生的创新思维,同时厚植社会主义核心价值观和企业家精神。

所选教学案例是本课程的第三章"企业劳动用工法务"中关于"员工离职管理与企业风险防范"的内容。通过案例式教学使学生掌握企业裁员的情形及应遵循的程序要求,能够分析、评估和防控企业裁员的风险,具备应对、处理复杂环境下企业利益与员工权益衡平的能力。

二、案例详述

（一）课程团队建设与能力提升

1. 构建跨学科、跨界师资队伍

"企业法务管理"课程需要教师兼备法学与管理学的跨学科知识背景,为此,在课程团队构建时,需搭建一支兼具"法学+工商管理"跨学科、"理论+实务"跨界的师资队伍。团队中包括两名管理学博士、一名法学博士和一名具有商、法交叉学科背景的法学博士后,两名兼有企业法务实务经验的专任教师。"法商融合"的师资团队能够具备且传授商、法融合思维与知识,能多层次、多维度、全方位地对课程案例进行解构与分析。

2. 提高团队教师课程思政的育人能力

为了破解思政教育与专业教育两张皮现象,课程团队多次开展研讨,剖析学生特点,发现政法院校商学院的学生存在"重法轻商"、规则意识较强、企业家精神不足的问题,进而凝练本课程的育人目标——培养学生的创新思维,同时厚植社会主义核心价值观和企业家精神。将思政育人目标进一步拆解,与专业课程内容融合,设计教学案例,利用案例教学增强课程思政的实效性。

3. 提高团队教师"法商融合"人才培养的教学能力

团队的构建与课程内容的设计,是为了提高学生的"法商融合"能力,关键是提高教师的"法商融合"人才培养的教学能力。通过组织集体教研,凝练教学经验,组织团队积极参与培训,并做成果汇报分享,切实提升教师的教学能力。

(二)教学设计创新

本课程教学设计创新主要体现在教学内容设计的创新,具体体现在对"法商融合"案例的设计。传统的"企业法务管理"课程内容设计多以法学视角为主,侧重规则的解读。本课程将企业法务管理的内容模块化,设计"法商融合"式案例,将案例以项目实践的方式植入课程教学中,秉持规则与商业价值并重的原则,帮助学生在"知规"的同时,学会如何把法律的规定转化成企业的行为,并创造商业价值。

法商案例模块化的设计尝试解决"法"和"商"两张皮的现象,解决专业知识与思政元素两张皮的现象,解决理论与实践相脱节的问题,切实提高学生企业法务的实践操作能力。

(三)课程内容与资源建设及应用

1. 秉持规则与商业价值并重的原则,设计"法商融合"案例

知规是合规的前提,但企业法务更重要的是把法律规定转化成企业的行为并被企业成员理解、接受和执行。因此在设计"法商融合"案例时,既要考虑帮助学生熟悉和掌握规则,又要考虑如何引导学生将规则嵌入业务领域并创造商业价值。

2. 融合课程思政育人目标与专业知识,优化"法商融合"案例

将课程思政育人目标进行拆解,并与企业法务的专业知识进行融合,按照"顶层设计+底层逻辑"的思路设置思政育人目标:以爱国情怀、社会责任、国际视野作为思政目标的顶层设计。将创新和诚信守法作为课程思政的底层逻辑融入课程建设的总体设计中。课程内容的每一环节都应将创新和诚信守法作为课程思政的底层逻辑,贯穿于劳动用工管理、

知识产权管理、企业税务管理以及合同风险和诉讼管理的具体案例中,使学生立足于中国社会主义制度与企业创新实践,树立"习商为富国"的强烈责任意识。

3. 依托"法商融合"教赛学中心,逐步打造"法商融合"案例库的数字资源

本课程主要依托西南政法大学商学院"法商融合"教赛学中心和企业法务软件平台,将案例按照不同的行业进行分类,引导学生在理清案例的法律逻辑的同时,剖析案例的商业逻辑,形成解决方案。目前,本课程已完成互联网行业、消费行业、房地产行业、咨询行业、通信行业等六个行业,十五家公司的案例分析的初稿,计划在此基础上对案例进一步丰富和优化,逐步形成"法商融合"案例集的数字资源。

(四)教学方法改革

本课程主要以项目式案例教学为主,将案例以项目实践的方式植入教学过程。(图1)例如:引入案例,设置项目实践任务——"互联网企业的裁员方案",对学生分组,设置组内角色分工,并引导学生思考:(1)裁员如何做到合法合规?(2)员工的离职管理如何开展?(3)"双减"政策下互联网在线教育如何转型?转型前后员工如何配置?

以此开展以学生讨论为主的体系,针对学生的汇报,教师对其进行点评分析和总结,并将课程思政元素(爱国情怀、社会责任、国际视野)融入对学生项目任务的点评中。(图2)

图1 学习通课前导入案例　　　　图2 学生的案例项目汇报

(五)课程教学内容及组织实施

本教学案例针对"员工离职管理与企业风险防范"的教学内容,设计了"法商融合"案例——《"双减"政策下互联网大厂的责任担当——好未来公司员工安置》。本课程教学内容及组织实施情况参见表1:

表1 教学安排

授课内容	课程重难点	教学过程和方法
员工离职管理	1.员工离职的类型 2.不同类型的员工离职企业所面临的风险分析 3.裁员对企业的影响及企业合法辞退员工的途径	一、教学过程 知识传授:劳动关系解除的情形,企业违法解除劳动关系的法律后果及风险。 能力培养:理解企业法务在员工劳动关系管理当中的地位和作用。 价值升华:领悟企业的社会责任,企业的创新与合法合规经营的必要性。 二、教学方法 1.任务驱动式教学: 采取雨课堂弹题的方式检验学生对相关基础知识的掌握情况,并针对学生错误较多的知识点进行评讲与分析。 重点分析企业违法解除劳动关系的法律后果及面临的风险。 2.启发式教学:采取启发式方式引导学生结合案例以及相关理论知识,立足国情分析问题: (1)"双减"政策下,公司对相关人员的安置问题,如何做到合法合规? (2)如何评价"双减"政策对企业的影响? (3)"双减"政策下,好未来等互联网在线教育企业应如何转型?如何配置人员?如何做到企业利益与员工权益的衡平? 3.项目实践式教学: 根据案例及上述启发式问题,设置项目实践任务——《好未来公司的裁员方案》 (1)学生分组讨论并完成方案设计。 (2)方案设计要求回应上述问题。 [板书] ①好未来公司现行员工安置方案的风险有哪些?如何正确理解裁员对企业的影响? ②企业利益和员工权益的衡平。 ③企业法务在员工离职管理中的角色定位。 (3)每一小组推选一位同学汇报。依此,思政内容是由学生讨论后体悟的,而非教师灌输; (4)教师点评,根据学生的讨论和感悟,对企业创新商业模式与合法合规经营的必要性进行总结阐述。 4.价值升华 (1)创新与诚信守法——引导学生分别从"法商融合"视角来分析和解决员工离职和企业裁员的问题,让学生认识到商业模式创新与合法合规经营之间的平衡。 (2)社会责任——通过讨论离职员工的管理问题,学生可以充分认识和理解中国劳动关系运行与调整的主要做法,意识到企业社会责任的重要性。 (3)爱国情怀——引导学生思考互联网教育行业的本质是教育,领悟教育的核心与初心。通过讨论,增强学生对中国特色社会主义制度优越性的认识,厚植爱国主义情怀。 (4)国际视野——通过对好未来公司未来转型的讨论,引导学生思考上市公司应如何把握国际市场,调整战略定位,把握国际规则,拓宽国际视野。

(六)成绩评定考核

1.基于OBE理念的课程考核评价体系

本课程从知识、能力、素质三方面入手,构建多元化、立体化的考核评价体系。不只局限于对知识的考核,还扩充为知识+能力+素养的全面考核,尤其在素养考核中增加了思政素养的考核。

2.实施多维度、多元化、多主体的考核方式

本课程主要采用过程性考核与结果性考核相结合、教师评价与学生评价相结合、线上评价与线下评价相结合的多维度、多元化、多主体的考核方式。其中过程性考核主要侧重学生能力和素养的考核,结果性考核主要侧重学生知识要点的掌握。教师评价不仅针对学生个体维度,同时还包括对小组的评价。学生评价包括学生自评和组间互评。为了提高评价的效率,学生评价借助学习通平台在线上开展,教师评价主要在线下开展。具体参见表2:

表2 本课程的评价主体及方式

评价主体	评价层次	评价对象	评价方式	评价权重
教师评价	知识	学生个体	线下	60%
	能力	学生小组		20%
	素养			
学生评价	综合评价	学生自评	线上	5%
	素养评价	组间互评		15%

3.制定课程考核评价的PDCA循环机制

本课程借鉴质量管理体系中的PDCA理论,制定课程考核评价的循环机制。基于学生的知识结构、学习习惯、关切点进行学情分析并制定教学计划(Plan),结合专业知识和思政要素执行教学方案(Do);根据学生在线学习数据以及雨课堂的课程报告检查学生学习过程的掌握情况(Check);根据学生每学期对课程的评价、督导评价,综合个人反思及时修正课程教学计划及课程设计方案(Act),提高教学效果。

三、案例成效

(一)案例特色与创新点

1.培养政法院校商科学生的企业家精神,凸显"法商融合"特色

政法院校商学院的学生往往"重法轻商",具体表现为规则意识较强,企业家精神不

足。为此,本课程立足于专业特色和"法商融合"人才培养的要求,将培养学生的企业家精神作为本课程思政建设的方向和重点。为此,本课程重构教学内容,将习近平总书记对企业家精神的高度概括融合进教学案例中,进课程、进课堂、进头脑。

2.重构教材内容,设计"法商融合"案例

企业法务管理尚未有较成熟的教材,教学案例更缺乏融合性元素。因此,本课程对教材内容进行了重构,将充分彰显社会主义核心价值观念、企业家精神的材料纳入教学,秉持规则与商业价值并重的原则,结合企业法务管理的内容,设计"法商融合"案例。

3.依据教学内容,灵活采用项目实践式教学方法

将课堂内容涉及的知识点与企业法务的实务工作相结合,分解为项目任务。组织学生针对任务进行项目分工,在学生完成任务之后与学生总结关键点,并进行思政素养的价值提升。

(二)教学改革成效及解决的重难点问题

1.教学改革成效

(1)教学思政元素丰富。因应法治企业的建设要求以及习近平总书记对企业家精神的殷切希望,学生对中国特色社会主义制度的优越性有更加深刻的认识和理解。

(2)破解了"法商融合"两张皮的困境。通过"法商融合"案例的设计,在教学内容上实现了法商融合的深入探讨,使学生不但能认识到企业违规经营的严重后果,而且更加懂得如何在商业模式创新中树立规则意识。

2.解决的重难点问题

通过"法商融合"案例的设计与优化,解决了融合式课程两张皮的问题,解决了课程思政育人与专业课程两张皮的问题。通过以项目实践式教学为依托的案例引入,解决了学生理论与实践脱节的问题。

(三)取得的主要成效与成果

本课程获批2022年重庆市"课程思政"示范项目。

本课程案例的设计可以拓展到"企业合规管理""企业风险管理"等相关课程,具有一定的借鉴价值。

基于本课程的教学改革,构建了法商融合课程群,已获得学校的教改立项。

四、未来计划或启示

通过转变教学理念,设计教学内容,优化教学模式,本课程取得了一定成效,未来仍需思考如何更进一步提升团队教师法商融合的能力,以及如何深度融合法商教学内容。未来仍然需要探索出更深入的融合手段和更多样的融合方式,更好地助力跨学科人才培养。

优设计、强教师、建平台、重实践、统知行
——课程思政育人新模式①

杨坤蓉　殷樱　虞乐华　谭波涛　牛陵川

重庆医科大学

一、案例介绍

神经康复学是康复治疗学重要的专业核心课程，但存在教师课程思政教学能力不足，专业教学与课程思政联系不紧密、不连贯，学生学思用贯通薄弱、知信行统一较难等问题。近年来，团队依托重庆医科大学"三全育人"综合改革试点学院项目、第二临床学院全国首批"大思政课"实践教学基地，秉持神经康复帮助患者改善生活质量的宗旨，坚持教师队伍"主力军"、课程建设"主战场"、课堂教学"主渠道"三要素，注重培养学生技能、实践和创新三能力，探索"优设计、强教师、建平台、重实践、统知行"的课程思政建设模式，构建学生价值观塑造由内化于心到外化于行的"课程思政金字塔模型"，促进专业教育与课程思政"学习认知—实践感悟—创新升华—服务社会"的螺旋式融合，培养了一批课程思政师资队伍，提高了康复治疗高素质创新型应用人才的培养。2022年神经康复学获批重庆市本科高校课程思政示范项目。

二、案例详述

（一）教学设计创新——优设计

在探索课程思政与专业课程的融合中，团队立足培养学生的科学伦理素养和主动服务意识，创新性地构建了课程思政金字塔模型（图1），将育人渠道丰富到多种课堂形式，逐

---

① 本案例为重庆医科大学"三全育人"综合改革试点学院项目（重医大党委发〔2020〕24号）和全国"大思政课"实践教学基地（教社科厅函〔2022〕31号）阶段性成果。该成果《课程思政与专业教学的融合与探索——以神经康复学为例》已发表在2022年第3期《医学教育管理》杂志。

步形成了教书育人的阶梯路径。即在第一课堂中教师充分挖掘思政元素并与专业课程有机融合,对学生进行价值塑造;在第二课堂中以问题为导向,让学生主动思考康复流程和辅具的不足,鼓励学生勇于创新,实现内化于心,再通过社会实践,让学生将知识、技能及创新发明服务于患者、服务于社会,最终实现外化于行。

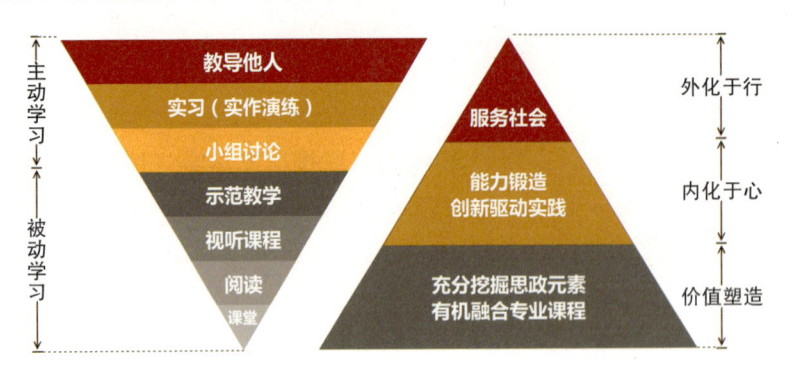

图1 课程思政金字塔模型

(二)课程团队建设与能力提升——强教师

我校康复治疗学专业于2012年创建招生,现已成为市级一流专业建设点。近年来,我院依托学校"三全育人"综合改革工作,依据教学需求,着力打造教学名师和团队。

1. 强化管理考评,激励教学内生动力

团队调整课程思政激励政策和考评环节,引导教师做好课程思政和专业课程的融合教学,激励教师潜心教书育人。

2. 依托学院的教师教学发展中心进行强师赋能,提升课程思政和专业课程融合的能力

近五年,团队教师共参加线上线下教学培训30余次、学院组织的教师教学研讨会20余次,部分教师在课程思政教学比赛中获奖。

3. 注重教学传帮带,提升课程思政示范教学质量

依托学院教学督导制度,团队青年教师在老教师的"传帮带"下,学方法,练技能,修师德,逐步提高课程思政教学能力和教学技巧。

(三)课程内容的重构与资源建设——建平台

1. 充分挖掘课程思政元素,重构课程内容

教学团队由专业教师、辅导员、兼职班主任和临床导师组成,通过集体备课等教研活动确立课程思政建设目标——培养学生良好的职业素养、人文关怀和科学精神。在课程

建设过程中对课程思政内容进行重新梳理和再造，深入挖掘并提炼了包括伟大的医者精神、家国情怀、创新创业榜样示范、人文关怀召唤初心等课程思政内容供给，培养学生至诚报国的理想追求、敢为人先的科学精神、开拓创新的进取意识和严谨求实的治学态度，运用课程思政金字塔模型实现知识传授、价值塑造和能力培养的有机融合，以课程思政赋能专业教学的学术提升，实现广度、深度和温度的"三度融合"，确保知识目标与思政目标相统一。(图2)

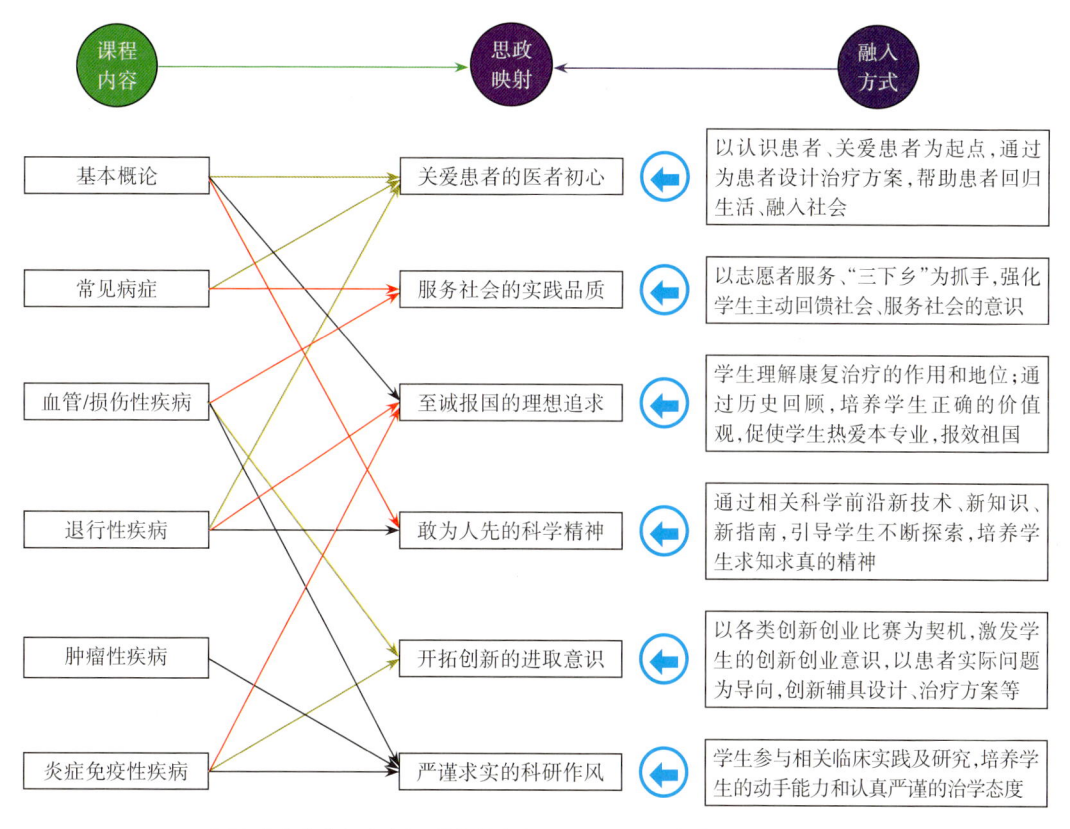

（黑色代表价值塑造阶段；黄色代表内化于心阶段；红色代表外化于行阶段）

图2 课程思政教学设计

2.不断丰富教学资源和学习平台

已有1200余份多媒体教学素材，从学生参与的真实实践教学中，挖掘、提炼思政元素，撰写课程思政经典案例。如"如果你痛，请告诉我"，通过脊髓损伤患者并发的严重神经病理性疼痛典型案例，让学生切身体会病痛对患者及家庭的影响，学会开展医学人文关怀，进一步提高学生职业素养，培养医者仁心。利用优慕课、超星等网络教学平台，实现学生学习方式和评价体系的转变。

3. 开拓社会实践基地

依托附属医院、社区构建多层次实践教学资源，开拓了康复养老、社区康复、残疾人管理、康复设备研发转化等10余个社会实践基地。

（四）教学方法改革——重实践

1. 灵活运用各种现代化教学方法

教师由单一"讲"思政到运用多元化教学方法（BOPPPS、CBL、TBL等），春风化雨般地将课程思政与专业教育融合，始终保持专业教学的高阶性、创新性、挑战度以及课程思政的高度、润度和温度。

2. 重视实践教学育人关键环节

本课程的实践教学由原来的12学时增加到36学时（总学时数由48增加到72）。团队将理论课和实践课相结合、课内和课外相结合、校内和校外相结合，实现育人理念和行为的时空延展，达成全过程、全方位育人。教学中注重问题导向，激发学生创新活力，提升实践育人内涵。组织参观抗疫主题展，激发学生的使命感；党建带团建，组织学生开展康复志愿者社会实践；学生走出教室，深入社会实践基地、进行暑期"三下乡"、探访康复研发企业，开展科普宣教、康复流行病学调查等系列活动，充分认识、理解和服务社会。（图3）

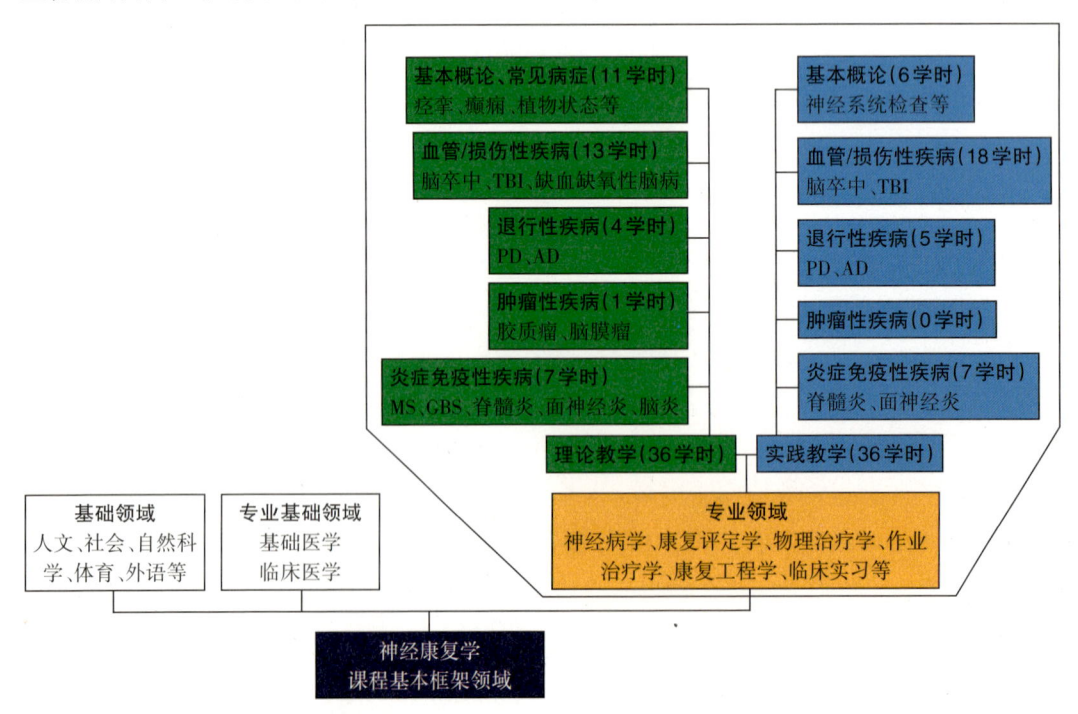

图3 增加实践教学时间，重构教学内容

(五)课程教学内容及组织实施——统知行

教学团队针对每个章节的教学内容开展课前—课中—实践—拓展全环节的课程思政设计。(图4)

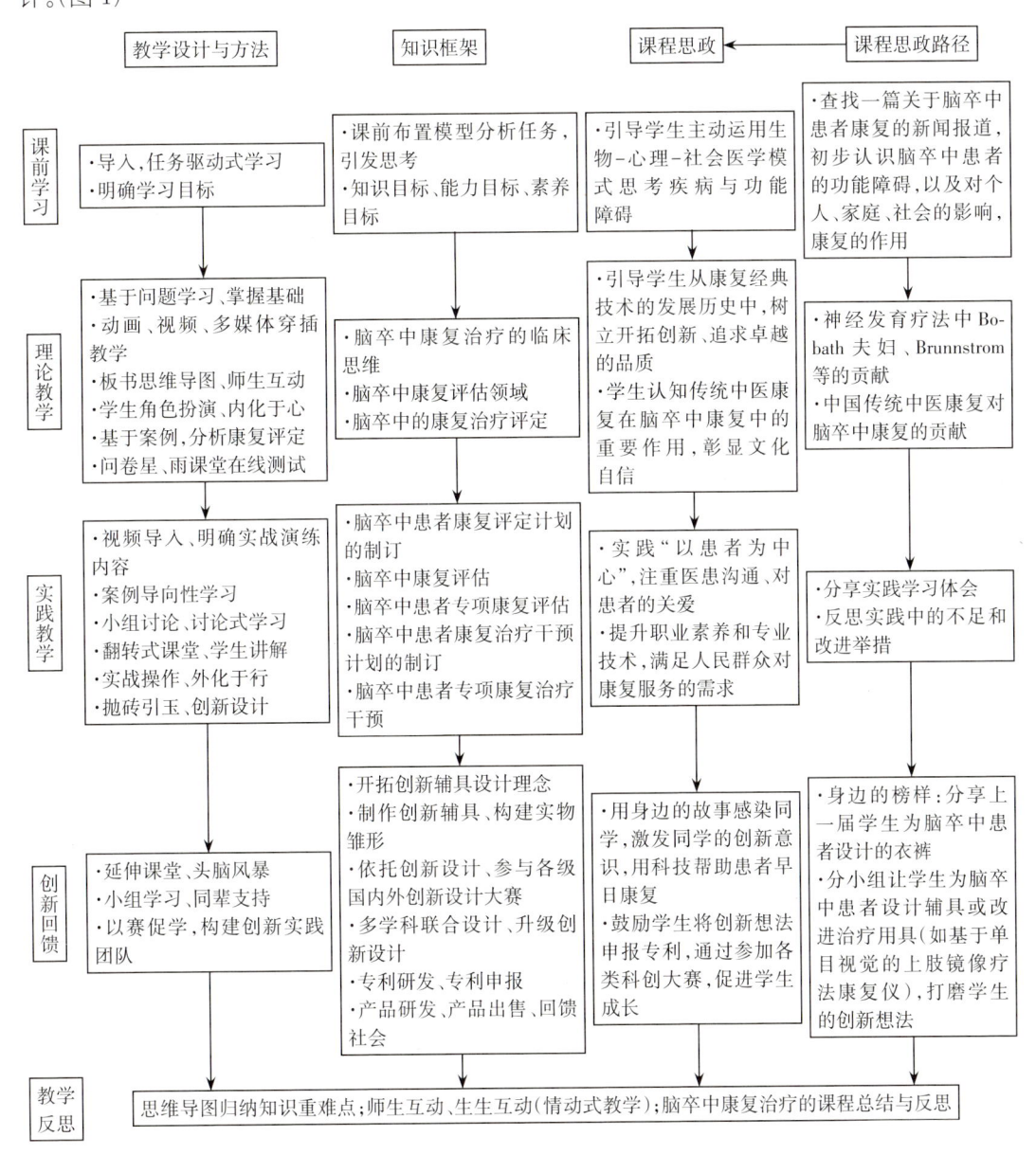

	教学设计与方法	知识框架	课程思政	课程思政路径
课前学习	·导入,任务驱动式学习 ·明确学习目标	·课前布置模型分析任务,引发思考 ·知识目标、能力目标、素养目标	·引导学生主动运用生物-心理-社会医学模式思考疾病与功能障碍	·查找一篇关于脑卒中患者康复的新闻报道,初步认识脑卒中患者的功能障碍,以及对个人、家庭、社会的影响,康复的作用
理论教学	·基于问题学习、掌握基础 ·动画、视频、多媒体穿插教学 ·板书思维导图、师生互动 ·学生角色扮演、内化于心 ·基于案例、分析康复评定 ·问卷星、雨课堂在线测试	·脑卒中康复治疗的临床思维 ·脑卒中康复评估领域 ·脑卒中的康复治疗评定	·引导学生从康复经典技术的发展历史中,树立开拓创新、追求卓越的品质 ·学生认知传统中医康复在脑卒中康复中的重要作用,彰显文化自信	·神经发育疗法中Bobath夫妇、Brunnstrom等的贡献 ·中国传统中医康复对脑卒中康复的贡献
实践教学	·视频导入、明确实战演练内容 ·案例导向性学习 ·小组讨论、讨论式学习 ·翻转式课堂、学生讲解 ·实战操作、外化于行 ·抛砖引玉、创新设计	·脑卒中患者康复评定计划的制订 ·脑卒中康复评估 ·脑卒中患者专项康复评估 ·脑卒中患者康复治疗干预计划的制订 ·脑卒中患者专项康复治疗干预	·实践"以患者为中心",注重医患沟通、对患者的关爱 ·提升职业素养和专业技术,满足人民群众对康复服务的需求	·分享实践学习体会 ·反思实践中的不足和改进举措
创新回馈	·延伸课堂、头脑风暴 ·小组学习、同辈支持 ·以赛促学、构建创新实践团队	·开拓创新辅具设计理念 ·制作创新辅具、构建实物雏形 ·依托创新设计、参与各级国内外创新设计大赛 ·多学科联合设计、升级创新设计 ·专利研发、专利申报 ·产品研发、产品出售、回馈社会	·用身边的故事感染同学,激发同学的创新意识,用科技帮助患者早日康复 ·鼓励学生将创新想法申报专利,通过参加各类科创大赛,促进学生成长	·身边的榜样:分享上一届学生为脑卒中患者设计的衣裤 ·分小组让学生为脑卒中患者设计辅具或改进治疗用具(如基于单目视觉的上肢镜像疗法康复仪),打磨学生的创新想法
教学反思	思维导图归纳知识重难点;师生互动、生生互动(情动式教学);脑卒中康复治疗的课程总结与反思			

图4 课程思政全环节设计案例

通过组织开展社会实践等第二课堂,提升学生的创新创业能力,引导学生探索未知,鼓励学生亲手为患者设计模型辅具等,培养其科研精神和创新能力,让学生将知识、技能及创新发明服务于患者、服务于社会,最终外化于行,实现课程思政的全环节目标。如学生在给脑卒中患者运用镜像疗法后指出了老式镜子的弊端,创新设计了新型镜像疗法用镜,作品获全国第三届手功能创新案例第二名。还与重庆理工大学合作,直观体会康复机器人设计、AI等前沿科技带来的知识冲击力,提高了课程的高阶性和挑战度,其核心技术"基于单目视觉的上肢镜像疗法康复仪",已获批实用新型专利,参加中国国际"互联网+"大学生创新创业大赛。目前师生已成功获批十余项实用新型专利,如研发的良肢位摆放垫,向黔江扶贫工厂转让,助力乡村振兴,实现服务社会外化于行的转化。

同时,本课程采用以终结性评价(70%)为主、以过程性评价(30%)为辅的多元化教学评价体系。过程性评价重点评估学生的个人品质、团队协作能力、创新能力及自我学习管理能力等内容;期末终结性评价考试中率先增加思政考题,例如"应对人口老龄化,作为康复治疗师应该有怎样的责任和担当?""本课程的学习是否强化了你对康复治疗师的职业认同?"等问题考核学生的思想政治素养。

三、案例成效

(一)案例特色与创新点

创新性地提出"课程思政金字塔模型"。加深"学习认知—实践感悟—创新升华—服务社会"的螺旋式课程思政内涵认识和感悟。

探索出"优设计、强教师、建平台、重实践、统知行"的课程思政建设模式。注重学生技能和创新能力的培养,促进了学生价值观塑造由内化于心到外化于行。

实现了"三结合"的课程思政建设路径。将理论和实践相结合、课内和课外相结合、校内和校外相结合,紧紧围绕立德树人宗旨,采用双向激励师生机制,使学生树立了要注重社会及人民群众康复需求的认识,践行了课程思政与专业教育的创新融合,培养了兼具预防、治疗、康养的全周期新医科"五术"康复治疗学人才。

(二)教学改革的主要成效

1.学生评价

本课程教学形式新颖,内容丰富有趣,重难点突出,学生表示"多实践的学习方式,让我觉得康复治疗师也能像医生那样去帮助病人"。

2.师资建设

将课程思政纳入教师教学质量评价指标并对教师采取全覆盖的教学评价,学生满意度达到95%以上,教师团队优秀率达100%。

3.学生成绩及综合素质

本课程过程性评分、服务患者的满意度(97.5%)不断提升,用人单位满意度为96.7%,2022届毕业生就业率为92%。学生参与10余项新型实用专利研发,在"挑战杯"中国大学生创业计划大赛等多个比赛中获奖,部分同学获"重庆市向上向善好青年"等称号。

4.课程建设

本课程参加学院教学综合质量评比名列前茅,在2020年、2021年两个学年中获得院教评第一名,获批重庆市本科高校课程思政示范项目。

5.应用推广

本课程教学改革经验被多次在教师教学发展中心的师资培训及基地医院教学培训中进行经验分享,向重庆市各类住培师资培训班进行推广。在中华医学会第二十二次全国物理医学与康复学学术会议上向全国康复治疗学教学领域推广,并获得业内教育组专家的高度认可。

四、课程建设规划举措

(一)持续建设举措

探讨不同教学方法以及VR、AR、AI等信息技术与课程思政的融合。

提升教师课程思政教学的意识和能力。引导康复专业教育教学在理论实践教学和临床实习等全过程,专业教师、辅导员、临床导师等全员,以及课堂、社会实践、科创竞赛、志愿者活动等全场景中都能紧紧围绕立德树人这一根本任务,培养合格的中国特色社会主义康复事业的建设者和接班人。

(二)建设成果的进一步推广运用

依托学院的教师教学发展中心和课程思政示范项目,加大创新课程思政的经验总结和成果推广。

课程思政建设成效与中国国际"互联网+"大学生创新创业大赛"青年红色筑梦之旅"活动进一步融合,提升学生敢闯会创的能力。

开展暑期"三下乡"等社会实践活动,更好地为康复患者服务,助力乡村振兴和健康中国建设。

"以学生为中心"的多元化教学模式在妇产科学教学中的应用

凌丽　董晓静　常淑芳　朱宏涛　何帆

重庆医科大学

一、案例介绍

妇产科学是临床医学专业的主干课程,而传统妇产科学教学存在理论知识与临床应用分离、实现综合能力培养目标较困难、临床示教"不方便"、大班授课存在缺陷(如对学生点对点指导不足及过程学习激励不足)等亟待解决的重难点问题。为适应新一轮科技革命和产业变革的要求,我院妇产科立足于新医科建设,致力于培养"五术"医学人才,创新建立了"以学生为中心"的多元化教学模式。这一创新模式主要体现在:第一,在教学内容上,采用器官系统整合教学模式,对妇产科学教学内容进行了优化重构,将医学基础与临床、理论与实践有机整合,前后贯通,有效实现知识向临床能力的转化;与此同时,课程思政教育"如盐溶汤",贯穿课程教学始终,使知识、能力、素质培养同向同行,实现了妇产科学教学内涵式发展。第二,在教学方法上,本课程在原有教授、名师领衔进行课堂引导精讲的基础上,以学生为中心,引入"翻转课堂"联合标准化病人、模拟教具、雨课堂、CBL或虚拟仿真课程等各种现代化教学模式,通过信息化、互动式教学方式,多方式、多途径激发学生的学习兴趣,培养学生的自主学习能力,提升课程教学质量,帮助学生在掌握好专业知识的同时建立临床思维,培养和提高学生综合运用知识解决临床问题的能力。第三,在考核评价方式上,采用"过程性评价+形成性评价+终结性评价"的多元化、可视化考核方式,注重学生全过程学习,研究生助理团队对学生的学习动机、态度、过程和效果等进行点对点的及时反馈,助力学生创新教学模式下的综合能力培养。第四,在课程管理模式上,通过妇产科特色化的"课程负责人+脱产教师+教学秘书+研究生助理"的管理模式,为学生提供多层次、全方位、点对点的精准指导,多重保障课程教学质量。通过"以学生为中心"的多元化教学模式在妇产科学教学中的应用,达成了课程的素质、能力和知识目标,实现了医学生综合能力的培养,满足了新时代人才的培养要求。(图1)

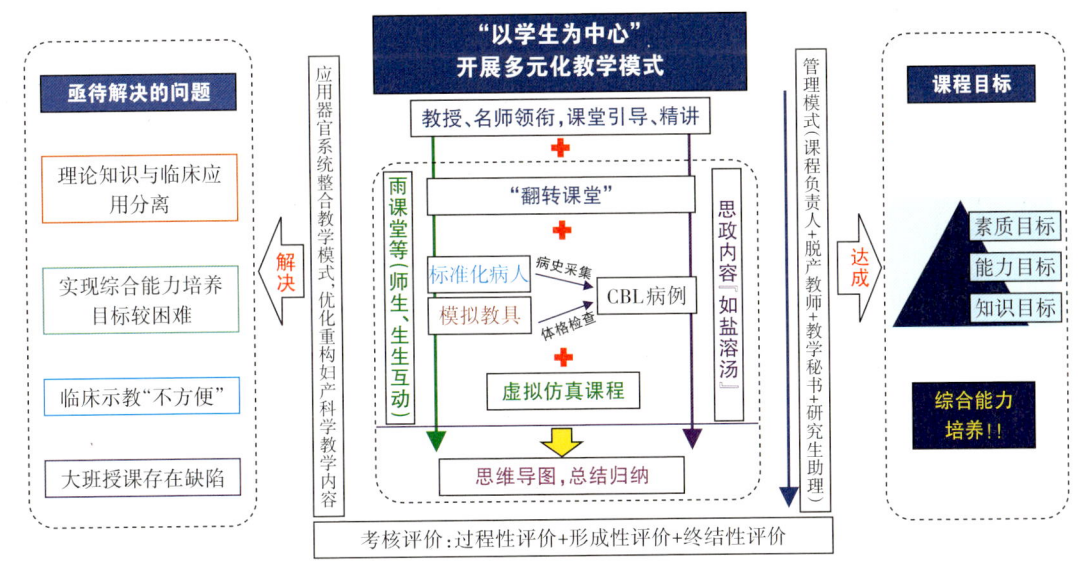

图1 案例框架

二、案例详述

(一)课程团队建设

1956年,全国著名妇产科专家凌萝达、顾美礼教授等响应国家号召"西迁来渝",建立起我院妇产科学教学团队。团队历经60多年发展,通过不断改革、创新,现已形成独具特色的妇产科多元化教学模式。

(二)课程能力提升

重庆医科大学临床医学专业人才培养立足西部、面向全国。妇产科学是临床医学专业的主干课程,教学以培养学生的综合能力为目标,坚持知识、能力、素质有机融合。课程致力于使学生具备分析及解决妇产科常见疾病的临床思维及操作能力;帮助学生树立正确的人生观、价值观,培育优秀的品格;培养学生自主学习能力、自我控制与管理能力、团队协作能力、医患沟通能力等。

(三)教学设计创新

采用器官系统整合教学模式,对妇产科学教学内容进行优化重构,将医学基础与临床、理论与实践有机整合，前后贯通，有效实现知识向临床能力的转化。应用翻转课堂、CBL、引入标准化病人、模拟教具及虚拟仿真课程，模拟真实临床情境，激发学生学习兴趣，通过虚实结合、模拟演练的方式来强化实践教学环节人才培养；运用雨课堂等信息化互动教学方式实现师生互动、生生互动，了解学生对知识的掌握情况；最后应用思维导图梳理知识点。与此同时，将课程思政教育"如盐溶汤"般贯穿课程教学始终，使得知识、能力、素质培养同向同行。在妇产科学基本知识、理论和技能教学的基础上，关注国内外妇产科学领域的发展，设置拓展学习板块，将新知识和新技术引入教学内容，有助于学生了解妇产科学的前沿。

（四）课程资源建设及应用

1. 持续更新网络教学资源

重庆医科大学网络教学平台不仅有课堂实录，还提供教学大纲、微课、授课PPT、随堂练习、课后作业等。本课程网络教学平台现拥有课程资源553个，课程视频资源100个，课程讨论区主题370个，课程试题库试卷套题20套。

2. 教学资源不断丰富

结合重庆市专业型研究生教学案例库项目建设经验，进一步建立了针对教师的教学案例库、典型图片资源库、思政教学素材库，以及针对学生的综合病例试题库、微课合集库等。

3. 教学场地充足，设备先进

教研室拥有3间专有示教室，配备了系统的现代化教学设备和多套教学模具；依托第二临床学院3600 m²国家级临床技能中心，可以对学生进行针对性技能训练。（图2）

图2 临床示教及技能训练

4. 医教协同，将临床资源用于教学

妇产科室是重庆市临床重点专科、重庆市科普基地，为学生开展社会实践提供平台支撑；主办的"宽仁妇产"等微信公众号，持续更新妇产科相关知识，图文并茂，帮助学生拓展学习。

（五）教学方法改革

1.重构妇产科学教学内容，对基础与临床、专业知识与思政进行有机融合

整合课程教学经验并将之引入妇产科学教学，引导学生按照"临床症状到诊断，再追溯生理变化到病理改变、提出治疗策略"这一主线进行学习，建构知识体系，同时紧跟最新指南及研究进展，巧妙融入人文关怀、共情、科学探索等思政元素，将知识传授与价值育人有机融合。

2.建立"以学生为中心"的多元化教学模式

打破传统"填鸭式"教学，由教授、名师领衔开展课堂精讲，帮助学生建立初步的知识结构体系，同时注重对学生进行专业英语能力的培养；在小班示教中采用翻转课堂、CBL、模拟教学等多元化教学方式，激发学生学习兴趣，增强学生的自主学习能力和团队协作能力，强化实践教学环节人才培养；运用雨课堂等信息化互动教学方式实现师生互动、生生互动，及时了解学生对知识的掌握情况；引入思维导图引导学生梳理知识点，助力学生内化所学知识。

3.采取"课程负责人+脱产教师+教学秘书+研究生助理"的管理模式

坚持以学生为中心的理念，力求克服困难保障教学质量，采取"课程负责人+脱产教师+教学秘书+研究生助理"的管理模式，强化课程质量监控，加强对学生进行针对性辅导，全方位帮助学生提升学业成绩。（图3）

图3 研究生助理进行"一对一"针对性辅导

4.引入"过程性评价+形成性评价+终结性评价"的课程考核方式

课程采用"过程性评价+形成性评价+终结性评价"相结合的综合考核评价方式。除对课程评价联合应用过程性评价和终结性评价方式外，在教学过程中，还创新采用了形成

性评价方式,注重学生全过程学习。在整个教学过程中,通过运行管理团队中的研究生助理团队对学生的学习动机、态度、过程和效果进行点对点的反馈,帮助教师及时对教学内容和方法进行调整与改进,持续提升教学质量。

(六)课程教学内容及组织实施

采用以学生为中心,以课堂精讲为主、以小组探讨为辅的多元教学模式。

由教授、名师领衔,开展课堂精讲,引导学生按照"临床症状到诊断,再追溯生理变化到病理改变、提出治疗策略"这一主线进行学习,建构知识体系,教学中突出专业特色,紧跟最新指南及研究进展,巧妙融入人文关怀、共情、科学探索等思政元素,实现知识传授与价值育人有机融合,深度学习与临床运用相结合。

在小班示教中,采用CBL、BOPPPS、翻转课堂等多元化教学方式,运用雨课堂、智慧教室等信息手段进行师生互动、生生互动,广泛应用思维导图引导学生梳理知识点(临床表现与机制,体现基础与临床的整合并落地),鼓励学生用已梳理出的思维导图进行图与图比较,进而强化疾病鉴别诊断,帮助学生逐步建立临床思维体系,在自我梳理、归纳知识点的过程中培养学生终身学习的能力。

在示教中引入标准化病人、模拟教具及虚拟仿真课程,模拟真实临床情境,激发学生学习兴趣,通过虚实结合、模拟演练的方式来强化实践教学环节的人才培养。

课程组织中采取"课程负责人+脱产教师+教学秘书+研究生助理"的管理模式,形成大课环境下的小组指导,课程负责人确保课程知识点、教学理念和方法的先进性,脱产教师把控课程质量,教学秘书协助运行管理,研究生助理协助进行学情管理,对学生知识掌握、网上作业、课后作业进行及时的反馈及课后辅导,全方位帮助学生提升学业成绩,解决大课教学师生沟通不足和针对性辅导缺失的问题。

(七)成绩评定考核

对学生采取"过程性评价+形成性评价+终结性评价"的学业评价模式。课程强调关注学生全过程学习,在教学过程中,通过研究生助理团队对学生的学习动机、态度、过程和效果进行点对点的反馈(形成性评价),以助于教学内容和方法的调整与改进,提升教学质量。将过程性评价(课前预习效果测试、随堂测试、课堂表现、课后作业等)与终结性评价(期末考试成绩)相结合,进行最后成绩评定,从多个方面对学生进行评价,充分反映学生的综合能力。

三、案例成效

课程坚持以立德树人为根本任务,坚持知识、能力、素质培养有机融合,以培养德才兼备的医生为最终目标,教学成效如下:

(一)解决传统妇产科学教学中存在的重难点问题

本案例重构妇产科学教学内容,将医学基础与临床、理论与实践有机整合,有效实现知识向临床能力的转化;课程体现"以学生为中心"的教学理念,将多种教学模式相结合,推进妇产科学教育现代化,有望解决妇产科学传统教学中亟待解决的重难点问题,实现医学生综合能力培养目标。

本案例注重培养学生的自主学习能力,以多方式、多途径激发学生的学习兴趣,将理论知识与临床应用相结合,帮助学生建立临床思维,为将来的临床工作奠定基础,实现妇产科学教学内涵式发展。

在教学中以"如盐溶汤"的方式开展课程思政,使得知识、能力、素质培养同向同行,培养有温度的医生。

坚持"以学生为中心"的理念,课程组织中采取"课程负责人+脱产教师+教学秘书+研究生助理"的管理模式,为学生提供多层次、全方位、点对点针对性的指导。

采取"过程性评价+形成性评价+终结性评价"的学业评价模式,使得对学生学习成绩的评价及对其临床能力的评价更为及时、客观、准确。

(二)取得的主要成果

课程激发了学生的学习兴趣,提高了学生自主学习和协作学习的能力,学生课堂评价优良率连续五学期达100%。

近5年在学院理论教学质量评比中,获得一等奖3次、二等奖4次、三等奖3次;获得重庆医科大学"优秀教学团队"称号、学院优秀教学集体和优秀教学组织奖。

四、未来计划或启示

(一)建立全国性虚拟教研室,整合优质教学资源

延续教研室优良教学传统,以高素质的教师团队为支撑,充分利用现代化教学手段,与国内高水平妇产科教研室合作,建立虚拟教研室,借助信息技术开展教研活动,建立体

现以学生为中心的活动设计，实施高阶化、多元化、可视化的教学评价与分析过程，进一步提升课程教学质量。

(二)借鉴学习先进教学模式，提高临床教学质量

以中英联合办学为契机，借鉴英国莱斯特大学的整合教学经验，优化整合教学，提高课程高阶性。此外，采取分散教学模式，尽可能地提高临床教学质量。

(三)进一步完善教学资源

完善并优化教学素材库、思政素材库、教学案例库、试题库等，并引入人民卫生出版社人教助手以进一步丰富课程资源。完善线上课程，并逐步面向社会开放，为高校医学专业学生提供妇产科学教学服务。

(四)持续推动评价方式改革

逐步加大过程性评价比例，增设课堂测试、病例分析、学生互评、口试等，引入答辩式考核、专题报告、社会实践任务等考核内容以评价学生的综合能力。

"双师引领,立德树人,融合创新,研学贯通"
——新医科引领下的儿科护理卓越人才培养

郑显兰　蒋小平　吴利平　崔璀　王君君

重庆医科大学

一、案例介绍

"儿科护理学"是重庆医科大学护理学专业必修课程。本课程秉持"以学生为主体、以教师为引导"的教学理念,坚持立德树人,强化素质目标,采用讲授、临床思维训练及测评系统(DxR)、虚拟现实技术(VR)、PBL、双语、高仿真模拟、反思日记、工作坊等多种教学形式和手段,依托丰富的临床案例、先进的临床实训中心,辅以多样化的现代教育技术,创新实践教学模式,并以科研反哺、教学促研的教学方式,搭建"两性一度"的儿科护理学课程,明显改善传统教学模式中学生探究性和互动性不足的问题,使学生在掌握基础知识和基本技能的同时,能用评判性思维发现临床护理问题,以循证护理方法来分析和解决问题,以国际化视野主动探索未知领域。本课程有效提高了学生的儿科护理能力,深受学生、校内外同行、教学督导专家及用人单位好评。

二、案例详述

(一)双师型教学队伍引领

本课程负责人郑显兰,教授、主任护师(二级岗),中华护理学会儿科专业委员会副主任委员,博士生导师,重庆医科大学附属儿童医院护理部主任,重庆医科大学护理学院副院长(兼),重庆市护理学会副会长,重庆市学术技术带头人(护理),重庆英才·创新创业领军人才。主编/副主编教材及专著9部,国家发明专利1项,国家版权局计算机软件著作权1项。带领教学团队荣获重庆市教学成果奖二等奖1项,获批重庆市线下一流课程"儿科护理学"、重庆市研究生教育优质课程"质性研究"、重庆市研究生导师团队、重庆市研究生联合培养基地。个人连续四届获得重庆医科大学优秀教师称号,另获首届全国优秀护理部主任,中华护理学会"杰出护理工作者"等荣誉。本课程教学团队5名成员均为双师型教师,其中博士生导师1名,硕士生导师3名;重庆市首批学术技术带头人及后备人才各1名,重庆市中青年医学高端人才工作室负责人1名。

(二)教学设计融合创新

1.围绕立德树人,制定知识目标、能力目标及素质目标

针对儿科护理学基本理论和基础知识、儿童各专科疾病护理知识、学科最新进展设立知识目标;采用高仿真模拟、工作坊、示错法等多种教学手段,帮助学生熟练掌握儿科常用护理操作技能,用临床思维模式和循证护理方法分析、解决问题,提高学生儿科护理实践能力来实现能力目标;坚持课程思政,将其贯穿理论教学和临床实践全过程,培养具有家国情怀、探索精神、创新思维和健康服务意识的儿科护理专业复合型人才,达到素质培养目标。

2.基于循证,以临床需求为导向设置课程内容

本课程是护理专业核心课之一,包括理论、实践两部分,其中理论教学包括儿童成长发育、营养与喂养、身心保健等基础知识及儿童常见疾病的防治与护理;实践教学包括儿科常用、常见疾病护理技术及见习。共72学时,包括理论课54学时,PBL课6学时,CBL课9学时及见习3学时。

双师型教学队伍以知信行理论模式为指导,结合儿科护理临床实践性、服务性、应用性及儿科护理对象的特点,重构教学内容,将课程分解为儿科护理学基础知识、疾病患儿的护理和儿科常用护理技术三大模块,使课程内容化繁为简,重点突出,解决课程难、内容多的问题。课程设置紧跟护理发展需求,基于循证,将儿科护理前沿信息、临床护理标准、指南等有效融入教学内容,实时更新、优化课程内容,较好地体现课程的高阶性和创新性。

(三)教学资源丰富,学习应用广泛

1.实训基地资源雄厚

重庆医科大学附属儿童医院是国家级护理人才培训基地,是全国儿科唯一获医、教、研三大国家级平台的单位,有充足的临床教学典型、疑难、危重病例。具备先进的临床技能实训中心,拥有包括虚拟现实技术、多站式考核平台、模拟重症监护病房、模拟手术室及儿童保健测量、体格检查、急救复苏等多个训练室供护理教学使用。

2.网络平台资源丰富

为配合课堂教学,更好地发挥课堂教学的主战场作用,活跃课堂氛围,本课程打造了丰富的教学资源,包括教学视频89个、课件62个、试题1454道、案例库1个、文献资源50余篇等,为更好地开展课堂教学提供了充足的教学资源。同时搭建院级临床教学技能培训平台,实现基地带教师资同质化培训、带教资料同质化管理。录制儿童操作技术教学视频57个,为实习同学开展婴幼儿心肺复苏(示错法)及动、静脉采血(拼图法)技能培训,深受学生好评。同时面向社会开放,扩大了教学辐射面。

(四)教学方法改革成效初显

改革混合式教学和探究式教学的教学方法。强化"以学生为主体、以教师为引导"的教学理念,优化教学资源,围绕高效课堂BOPPPS创新设计,使用学习通、雨课堂等方式助推混合式教学模式。全课程综合应用讲授、CBL、PBL、双语教学、高仿真模拟、工作坊、翻转教学、虚拟仿真等多种教学手段,促进理论与实践的结合。儿科护理学授课中始终坚持以问题为导向,以案例为切入点,充分融合信息技术,调动了学生主动学习的积极性,提升了课堂参与度和活跃度。充分运用现代教育技术,实现教学内容分流。提前通过网络教学平台发布基础知识,线上自学结合重难点知识线下强化,突出重难点。凝练典型临床案例,分享叙事护理,培养学生儿科人文素养。

(五)课程教学实施过程中研学贯通

1.以科研反哺、教学促研的教学方式,搭建"两性一度"的儿科护理学课堂

科研成果转化为优质教学资源。团队带头人郑显兰教授依托国家自然科学基金新生儿疼痛管理的研究内容,编写我国儿童疼痛管理循证指南,将其中的核心内容作为新生儿护理前沿知识介绍,丰富了新知识,提高了学生的学习兴趣,激发了学生创新探索的勇气。团队成员蒋小平教授以重庆市科卫联合医学科研项目"基于家庭管理框架的恶性肿瘤生存患儿延续照护模式构建与应用研究"向学生展示对身患特殊疾病儿童实施"以家庭为中心的护理"的重要性。(图1、图2)

图1 郑显兰老师授课场景　　图2 蒋小平老师授课场景

科研内容转化为教学前沿知识。团队成员吴利平副教授在重庆市科学委员会项目"融合'互联网+'的儿童内分泌标本采集技术项目"中,制作了性早熟"促性腺释放激素激发试验"MOOC视频,模拟临床真实场景,以临床教师及学生的对话引入问题并形象生动地演示如何解决问题,启发学生思考;在儿童糖尿病护理教学中,设计"唐七七"小朋友动画短片,以角色故事引入儿童糖尿病课程,激发学生的学习兴趣,提高学生对儿童糖尿病的认识。

2. 理论紧密联系临床,培养临床需求的高层次人才

授课教师在课堂教学中注重将知识、能力和素质培养有机结合起来,充分体现儿科课堂的高阶性,通过优化教学内容体现课程的创新性。同时,加强研究型、项目式学习,丰富论文式、报告答辩式等作业评价方式,适当体现了课程深度。在教学中紧密结合儿科临床护理工作的特点和服务对象的特殊性,借助三大国家级平台,将临床真实案例、行业标准、指南规范等融入教学中,实现教学与临床护理有效衔接。为突出以学生为中心,通过双语、PBL、CBL、工作坊等,提高学生的批判性思维以及分析和解决实际问题的能力,同时,增强师生和生生的互动。实习期间,定期开展带教教师沟通会,就实习基地管理、优秀带教教师经验分享、实习期间突发情况处理等议题进行专题讨论。

(六)多维度开展教学评价

考核成绩评定以过程性评价与终结性评价相结合,辅以非标准化评价,客观评价学生理论、技能、临床思维等综合能力。

过程性评价(40%)=线上学习(8%)+线上签到与互动讨论(12%)+随堂测试与课后作业(12%)+实验报告(4%)+阶段测试(4%)。

终结性评价(60%),即期末理论笔试考试。(图3)

"儿科护理学"考核成绩评定

学时:72学时(理论54+实验18)
学分:4.5分
成绩:100分[过程性评价(40%)+终结性评价(60%)]

考核方式及占比	考核细则说明	分值
过程性评价(40%)	①线上学习:包括微视频、课件、文本、图片及音频等内容。	20分
	②线上签到与互动讨论:包括教学平台自动统计签到情况、课上发言、参与小组讨论表现等。	30分
	③随堂测验与课后作业:随堂测试、课后作业(每章节后提供的线上练习题)。	30分
	④实验报告:针对儿童医院参观"临床示教病例"提交学习报告。	10分
	⑤阶段测试:学期上半段学习完毕后进行一次线上半期测试。	10分
终结性评价(60%)	期末理论笔试考试	100分

图3 考核成绩评定

三、案例成效

1. 培养了一代信念坚定、爱国奉献、专业核心能力强的优秀学子

团队成员通过对学生职业素养的培养及专业引领,提升了学生的综合能力,助力了学生的职业生涯发展。学生多次获得国家级、市级知识竞赛、技能操作比赛一等奖、"中国大学生自强之星"标兵(全国仅10人)等奖项。多人获"好护士""最美护士""中国优秀护理工作者"荣誉称号,并在抗击新冠疫情、援助巴巴多斯、扶贫援藏中发挥了重要作用。

2. 锻造了一支师德高尚、专业精湛的优秀教师队伍

团队成员通过开展反思日记、工作坊、高仿真模拟、基于费茨动作技能形成理论的混合式教学等教研教改项目,提高了教研能力,促进了教学成果产出。"儿科护理学"2010年获校级优质课程,2011年获校级精品课程;课程组近5年获得各级教改课题15项,发表教学论文46篇,出版专著及教材15部,获市级、校级教学研究成果奖3项,多名教师成为校级优秀教师,在国家级教学比赛中获一等奖。2020年"儿科护理学"获重庆市线下一流课程,2021年申报国家级线下一流课程。

3. 服务国家战略需求,培养了大量儿科护理人才

每年向全国输送100名左右儿科专科护士。站在高端,扎根西南,部分儿科护士奔赴西藏、巴巴多斯等地,为西南地区的人民及国际友人健康做出了卓越贡献。

4. 深受学生喜爱,并获得校内外同行及用人单位一致好评

校内外多名专家学者、校级督导专家给予课程高度评价。在全校2921门课程中,本课程质量排名第7。共996名学生参加了课程评价,教师平均得分90.5分,80%以上骨干教师得分高于90分,学生表示:老师们课讲得很清晰、很有趣、很励志、很有亲和力。学生近5年就业率达98.6%,单位普遍反映学生综合能力强、素质高,能很好地适应临床环境。

"铸魂育师、问题驱动、学生中心"
——高等几何教学案例①

罗萍　赵克全　汪定国　曾春娜　李体耀

重庆师范大学

一、案例介绍

高等几何课程是重庆师范大学数学与应用数学专业的核心课程。本课程是首批国家级课程思政示范课程、首批重庆市课程思政示范课程、首批重庆市线下一流课程、数学与应用数学专业"以学生为中心"课堂教学改革试点和重点建设的优质课程。(图1)

图1 全国课程思政示范课程证书

高等几何课程以铸魂育师培养基础教育优秀数学师资为引领,教育教学过程中坚持问题驱动,持续深化"以学生为中心"的教学改革,以克莱因(F.Klein)的关于几何学的群论观点的"Erlangen 纲领"以及现代线性几何学的线性观点为指导,通过平面射影几何学并辅以平面仿射几何学的学习,培养学生的抽象思维能力、逻辑推理能力和空间想象能力,

---

① 本案例为重庆市教委教改重点项目(项目编号:NO202050)阶段性成果。

并用于指导中学数学教学,提高师范生的教育教学能力与水平。

课程团队积极承担高等几何课程的教学与改革工作,包括课程思政、课堂教学、教材编写、教研教改、评价改革等。课程团队入选教育部课程思政教学团队。团队中拥有重庆市五一劳动奖章获得者1人,重庆英才·创新创业领军人才1人,重庆英才计划青年拔尖人才1人。

二、案例详述

(一)课程教学目标

1.知识目标

以克莱因观点为线索,通过对正交、仿射、射影等变换群知识的学习,将各种近代几何学统一起来。掌握射影平面、射影变换、二次曲线的射影理论等核心知识,了解学科前沿动态,拓宽学生的专业视野和跨学科前沿交叉知识。

2.能力目标

领会变换、公理化、数形结合等思想,通过探究式和个性化学习,提升学生逻辑推理、抽象思维和空间想象能力,促进学生运用高观点解决初等几何问题的能力发展,提升学生运用专业知识解决复杂问题的专业综合能力和从事中学数学教育教学的能力。

3.素质目标

通过数学史、数学家、数学美、数学的思想和方法等课程思政教育培养学生深厚的家国情怀和求真务实的精神。立足学科与基础教育领域,培养具有教育情怀、扎实基础、创新意识、开放视野和使命担当的优秀人才。

(二)课程内容与资源建设

1.课程内容融入思政元素,体现铸魂育师

通过课程组的深入研讨,在课程内容中深度融入主题贴切、内涵丰富的课程思政育人元素,强化课程思政的铸魂育师。实现价值塑造、能力培养、知识传授的一体化推进,确保"三全育人"目标的有效实现,提升数学与应用数学专业本科人才培养质量。

2.以学生为中心,以问题为驱动,及时动态更新课程教学内容

通过集体备课、教研和教培等多种方式对课程内容的科学性、创新性和高阶性等进行深入研讨,通过设计系列针对性问题,激发学生的求知欲,体会科学研究的思路与方法。

3. 将专业教育与教师教育深度融合，契合基础教育需求

对课程教学内容进行了全面更新与修订，出版了普通高等教育数学基础课系列"十三五"规划教材《高等几何》（图2）。该教材融入了现代数学思想和方法，体系严谨且易教易学；穿插了数学史和数学家生平，注重探索数学文化与数学美，提升学生数学审美能力；突出高等几何对中学数学教学的指导作用；引入前沿研究成果和交叉知识作为课程内容。

图2 《高等几何》封面

4. 丰富教学资源，大力推进课程资源建设及应用

高等几何课程除自编教材外，研发设计融入课程思政的教学案例，录制核心知识点微视频课程、"以学生为中心"课堂教学模式实践教学案例视频，建设课程考核试题库等，课程资源建设及应用成效显著。

（三）课程教学方法

运用智慧教学工具雨课堂进行教学。充分利用线下和线上资源，运用混合式教学方法，让学生深度参与，强化学生的主体地位。通过课程思维训练、课后信息反馈与数据分析统计对教学进行持续改进。

1. 课前预习，主动思考

让学生养成课前预习的习惯，提前了解资料，观看相关视频，完成预习测试题。将问题及时反馈给教师，教师再根据问题进行有针对性的备课。

2. 课中学习，深入吸收

教师结合实际情况组织教学，以学生为主导，解答学生的疑问，给予更多学生参与的机会，让学生忙起来。

3. 课后反思，总结拓展

课后要求学生对本节课内容用思维导图等形式进行总结反思，完成作业题，增加延伸阅读模块，便于学有余力的学生开展研究性学习。

（四）成绩评定考核

进一步完善了课程成绩考核评价模式与制度，通过过程性考核强化对学生学习的过程性评价。课程成绩评定中大幅提升了课程的考核难度，引入了对课堂出勤、课堂活跃度、平时作业、单元检测、学科竞赛、论文报告等环节的评价。目前本课程已完全采用平时学习过程的过程性考核评价与期末终结性考核评价相结合的课程成绩评定方式。(图3)

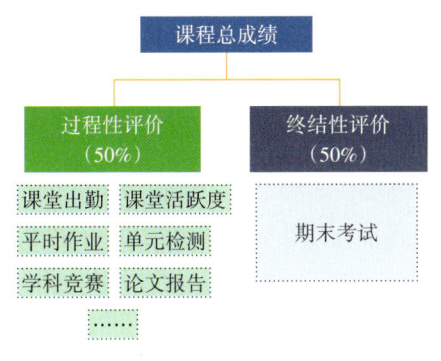

图 3 课程成绩评定方式

对课程成绩评定方式的制定和审核已成为学院教学管理的日常工作之一。学期前由课程团队根据实际情况制定课程的具体考核方式，由教研室主任和学院专家组审核通过后执行，任课教师须将课程成绩评定方式和要求作为课程说课的重要内容，并在学期第一次课堂教学中对学生公开。为了强化过程性考核的科学性，所有学生的过程性考核评价结果须在期末终结性考核之前公布。

三、案例成效

（一）案例特色与创新点

课程团队成员结构与分工合理、教育教学经验丰富，教学内容科学，模式、方法和手段先进，教学资源丰富，课程评价体系完善，形成了比较鲜明的课程特色与创新。

1. 强化了课程思政对人才培养的指导作用

遴选数学文化、前沿交叉知识和现代科技前沿等内容，恰当引入了课程思政元素，形成了更加科学的课程目标、大纲和教学设计，激发了学生的爱国热情、教育情怀和学习的积极性、主动性与协作性。

2. 自编教材突出了专业的师范性特征

融入了现代数学思想和方法，注重探索数学文化与数学美，提升学生数学审美能力，突出高等几何对中学几何教学的指导作用。

3. 借助雨课堂，形成了"以学生为中心"的课堂教学模式

充分利用现代信息技术，采用启发式、讨论式、引导式和探究式教学方法，让学生深度参与到教学过程中，积极贯彻"学生中心"和"以生为本"的现代教学理念。

4. 课程成绩评定与目标达成度评价合理

提升了课程考核难度，采取了过程性评价和终结性评价相结合的评价方式，根据课程对专业人才培养目标和毕业要求的支撑定位，形成了比较完善的课程目标达成度评价机制与方法，并定期进行评价和持续改进。

（二）解决的重难点问题

高等几何在专业课程体系中是抽象化与逻辑化程度较高的课程，很多观点与经典欧氏几何体系不一致，这对已形成固定欧氏几何思维模式的学生来说具有较大挑战性。

高等几何课程学时数由108学时减少为72学时，这也对教学改革提出了挑战。

传统课堂教学往往采用"填鸭式"和"满堂灌"等教学模式，现代信息技术在课堂教学过程中的运用很不足，学生在教学过程中的积极性、主动性与协作性不足。

课程教学内容的前沿性、创新性、挑战度和高阶性等方面体现不足。

课程的教学视频、教学案例和试题库等资源建设不能有效满足人才培养需要。

（三）取得的主要成效、成果

课程组定期开展专家评价和学生评价。组织同行召开课程建设研讨会，总结课程建设改革成果与经验；组织学生代表召开课程建设成效评价与意见反馈座谈会，课程改革成效显著。课程组成员受邀到北京航空航天大学、长江师范学院等学校交流分享。本课程取得的主要成效、成果如下：

本课程获批全国课程思政示范课程；

本课程获批重庆市一流本科课程；

自编《高等几何》教材；

团队成员2人入选重庆英才计划；

团队成员获市级重点教改项目4项；

团队成员3人被评为重庆师范大学师德标兵；

学生参加各种竞赛获国家级奖项40余项。

四、未来计划或启示

（一）进一步提升课程团队的教育教学能力和水平

持续提升课程团队的课程思政教育教学能力和教育教学改革研究水平，特别是实施现代先进教育教学工作的能力和开展教育教学改革研究的水平，通过送培、配备青年教师助教和研究生助教等方式，优化师资队伍结构，提升课程团队的综合实力。

（二）进一步加强课程资源建设

进一步完善课程大纲、教学案例、微课视频、课堂教学随录视频、习题讲义教辅出版、试题库等课程资源，推进课程资源的在线开放和充分运用。根据自编教材的实际使用情况，进一步对其开展修订，实现教学内容的持续整合与更新，特别是课程思政内容的持续更新与完善。优化教学设计，特别是将教研教改成果贯穿于课程教学的全过程。

（三）进一步深化"学生中心"教育理念

强化以学生为主体，设计问题串，让学生成为课堂的主角，学生带着问题学习，体验探索真理的乐趣与成就感。使"以学生为中心"的教学模式成为常态，"以生为本"理念更加深入。强化铸魂育师，加强课程思政建设。进一步加强雨课堂、课程在线开放平台等信息技术对教学的辅助作用。

（四）进一步深化课程目标达成度评价与成绩考核评价改革

进一步完善课程目标达成度评价机制设计，深化课程目标达成度评价内涵，提升课程教学内容的创新性和高阶性，丰富过程性考核环节，持续更新融入课程思政元素的教学设计，进一步完善持续改进的闭环质量监控体系，提升课程育人能力与水平。

"课程主导—融会贯通—价值提升"的融合式教学设计
——"微观经济学"课程案例

任缙[1]　董景荣[1]　郑景丽[1]　杜家廷[1]　史乐峰[2]

1.重庆师范大学　2.重庆国家应用数学中心

一、案例介绍

"微观经济学"是经济管理类所有专业学生必修的基础理论课程,共64学时,面向大学本科一年级学生展开。作为重要的基础理论课程,"微观经济学"既有内容复杂、理论抽象、应用理解较难的特点,又在奠定学生的专业基础、培养学生的经济学思维方式、增强学生的人格素养等方面发挥着不可替代的作用。

作为国家一流专业——重庆师范大学经济学专业的核心课程,经过教研团队不断的探索和创新,"微观经济学"课程建设成果显著:

2020年经济学专业被确立为国家级一流本科专业建设点;

2021年被确立为重庆市一流本科课程;

2022年被确立为重庆市课程思政示范项目;

2022年被确立为重庆市高校一流本科课程示范案例。

"微观经济学"通过"课程主导—融会贯通—价值提升"的融合式教学设计创新,用微观经济学理论讲好中国故事,有效融入师范特色和大思政格局的价值观,充分体现新文科的融合性,有效实现课堂效果和立德树人的育人目标。

二、案例详述

(一)教学设计创新

本课程教学设计创新点包含方法创新、内容创新、价值提升三个方面:

1. "课程主导—融会贯通—价值提升"的融合式教学设计

通过融合式教学、案例教学、双向互动式教学等教学方法,贯彻"课程主导—融会贯通—价值提升"的融合式教学设计。课堂内强调知识点理解,并注重本课程知识和相关课程知识的衔接和关联性;尝试把课堂向外搬到田间地头,把经济学实验和科研做到祖国大地,实现"学深悟透—学以致用—立德树人"的多层次教学目标。

2. 教学内容充分体现新文科的融合性

本课程除了教授规范的微观经济学理论,还融入历史、管理学、数字经济前沿等内容,用微观经济学理论讲好中国故事,充分体现新文科的融合性,引导学生理解中国经济快速发展的理论逻辑和实践规律。教学内容的拓展与融合,不仅有助于提升学生的学习兴趣,还可有效解决理论与实践脱节的问题;而多学科、多角度的解析,也提升了课程内容的难度。此外,中国故事的讲述,使课堂从探讨微观经济学所涉对象的规律性,转向对学生价值观的塑造。

3. 师范特色和大思政格局的价值融入

重庆师范大学是新中国最早创办的高等师范院校之一,文脉深厚,教泽流长。我们培养的不仅是经济管理类的专业人才,相当一部分同学也会从事教育管理相关的工作。因此充分利用师范大学学科门类齐全、文化底蕴丰富的特点,在"微观经济学"的教学中注重职业道德引领,把先进教师人物事迹作为案例分析,把师范院校的人文特色、大思政格局融入专业课教学中,实现课堂价值提升。

(二)课程内容与资源建设及应用

1. 课程内容

在课程体系的设置上,提炼出微观课程中蕴含的文化基因与现实价值,培养学生用微观经济理论和方法来分析中国实际经济问题的能力。课程内容建设体现"两性一度",即高阶性、创新性和挑战度。设置均衡价格理论、消费者行为理论等9个章节的教学内容,通过理论解析、数学推导和几何图形分析,培养学生解决复杂问题的综合能力和高级思维;通过在教学中引入具有前沿性和时代性的案例分析和政策解析,使课程内容呈现先进性和互动性;通过理论联系实际的思考、丰富多样的课后练习和考核形式的创新,提升课程内容的难度和挑战度。

2. 课程资源建设及应用情况

"微观经济学"课程资源建设成效显著。一是题库和案例资源,经过多年的积累和补充,已形成完整的"微观经济学题库",各种例题和几何图像分析题超过10000道。二是实习实践资源。学院和部分企事业单位签订了实习实践基地合同,如重庆长安集团等。三是经济学实验基地建设。学校和学院先后购买了经济学模拟沙盘实验系统、智盛商业银行软件、证券投资软件等,求是楼经济学实验基地建设初具规模。

(三)教学方法改革

传统的"微观经济学"教学以理论讲授为主,知识内容过于理论化和抽象化,不利于学生直观地感受微观经济学的"奇妙之处"和"逻辑魅力"。因此,微观经济学教学方法改革的重点问题是:

1. 学深悟透,强化基础

"微观经济学"课程学习中既有理论文字描述,又有几何图像、数字表、函数方程等;又是对现实经济问题的高度抽象,学生学习难度较大。因此,教学首先要解决学懂、学好微观经济学基本理论的问题,并引导学生通过现实经济问题加以验证。教学中注重总结本课程知识与相关课程知识的衔接和关联性,为其学习、整合其他相关课程知识打好基础,并将其融会贯通。

2. 融会贯通,知行并进

即把理论运用于实践,解决理论学习与实践脱节的问题。通过具有经济学和管理学背景的教师新文科融合式教学,打通经济学、管理学和其他学科的思维壁垒。通过案例教学,将抽象的经济学理论聚焦到真实运行的市场经济中,提升学生以经济学基本理论为指导,结合其他学科相关体系和方法指导现实生活和未来工作的实际能力。并通过课堂内外联动,鼓励和帮助学生走出课堂,把微观经济学课堂开在田间地头,把经济学实验和科研做在祖国大地。

3. 立德树人,价值提升

即将思政元素融入"微观经济学"教学中。立足微观经济学原理的合理视角,融入中国经济史和适合的商业应用案例,一方面让学生深刻理解如何"取其精华去其糟粕",另一方面从专业课角度进行正确引导,为大学生确立科学的世界观、人生观和价值观打下必需的思想和理论根基。

(四)课程教学内容及组织实施

教学内容及组织实施主要围绕"课程主导—融会贯通—思政融入"有效展开。(图1)

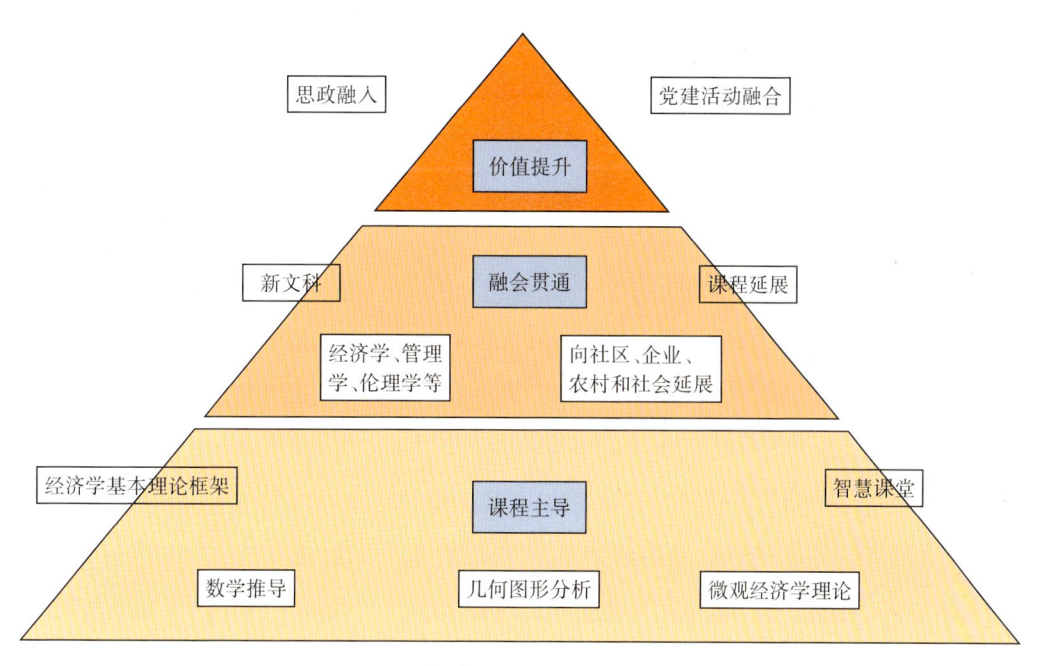

图1 "微观经济学"课程教学内容及组织实施

1. 课程主导——解决课程"难"的问题

具体而言，数学推导部分以教师板书为主，教师引导学生理解每一条线、每一个点的代数定义和经济学含义，通过板书让学生清晰地看到数学模型的推理步骤，有助于学生更好地理解经济学背后的数学逻辑。在此基础上总结微观经济学理论，并通过学生熟悉的浅显案例加以验证。

在课堂教学中引入智慧课堂，利用现代信息技术实现线上线下有机结合。通过课前在线上发布预习任务，线下课堂评讲和案例分析讨论，课后调研的线上展示和问题反馈，使有关知识能得到及时的练习和巩固，实现课堂内外的全程互动和实践延伸，形成"课前、课中和课后三阶段"的闭环教学管理模式。

2. 融会贯通——解决理论和实践脱节的问题

第一，通过课程延展，体现新文科的综合性。为打通经济学和其他学科的思维壁垒，增强学生理论联系实际的能力，教师教学时对某些内容采用经济学和管理学背景的"双讲师"模式进行。在教学内容中适当融入历史、管理学、数字经济前沿问题等相关知识，增强课程的"延展性"，并在增强学生对微观经济学抽象概念、理论理解深度的同时，增强学生日后分析实际问题的理论深度。（图2）

图2 融合式教学：经济学和管理学"双讲师"模式

第二，通过课堂内和课堂外两种途径实现新文科的实践和价值创造。其中，讲授法和讨论法通过课堂内来实现，教师课堂主讲基本原理，进行情景假设，组织学生进行角色扮演和案例分析。团队法和任务法则通过课堂外来实现，学生要走出去，完成教师布置的任务，进行新闻分析、实地记录等，培养他们用经济学思维方式去发现、分析和解决实际问题的能力。师生共同将课堂向农村和社区拓展，将科研做在田间地头、祖国大地。(图3)

图3 在城口县修齐镇东河村开展的主题党日活动暨课堂社会实践活动

3.价值提升——实现立德树人的育人目标

在课程思政的有效融入上，依托国家一流专业(经济学)和国家样板支部(经济学支部)的建设，结合专业特色，开展寓教于乐的课堂外实践活动，把责任和担当在课堂内外传递给学生。比如，组织了经济学专业的师生向城口县修齐镇东河村小学捐赠书包；在东河村担任驻村第一书记的冯佺光教授把党的重大经济政策以亲身经历的形式讲给大家。(图4)

图4 依托国家样板支部开展的课程思政

(五)成绩评定考核等方面亮点及特色

优化考评机制,坚持德育、智育并重。课程成绩评定对标OBE要求,以形成性课程评价(30%)和期末闭卷笔试(70%)构成。其中,形成性课程评价包括随堂小练习(10%)、课堂回答问题(10%)、课后作业(10%)等,其中,课后作业包括计算题练习、理论总结练习、案例分析小论文、课外调研小论文等,鼓励学生在田间地头、社区和企业完成课外任务,真实感受中国经济的变化和发展。期末考试则采用智慧化考试,除了涵盖必要知识点外,通过开放性的论述题,考查学生从解决有固定答案问题的能力拓展到解决开放问题的能力。

课程评价体系采用自评、学评和他评的三方评价体系。自评,任课教师自己有阶段性反思,每月通过教学组教研活动集体反思;学评,通过问卷调查和学生谈话等了解学生对知识的掌握情况,以及对教师教学的满意度等;他评,教学团队互相听课,学校和学院教学督导组指导。

三、案例成效

"微观经济学"课程在教学改革、教学团队教师成果、示范辐射效应和推广应用方面取得显著成效。

(一)教学改革成效

1.学生学习效果提升

2019、2020和2021级三届"微观经济学"学生成绩评定"优秀"的平均占比为29%,较改革以前三届提升了5个百分点;此外,"不及格"占比亦下降了3个百分点。

2. 立德树人的培养目标得以体现

就用人单位的反馈而言,经济学专业学生学习能力强,思维活跃,责任心强。近3年来学生获得各类竞赛奖励700余项,获得市级以上荣誉称号100余人次,其中包括大学生就业创业优秀人物,重庆市"最美巴渝感动重庆"年度人物等,学生先进事迹被新华社、《人民日报》、人民网等主流媒体争相报道。在抗击新冠疫情的过程中,经济学专业学生争当防疫志愿者,充分体现了青年人的责任与担当。

(二)教学团队教师成果

"微观经济学"课程教学团队近5年学生网络评教成绩均为"优秀",教学团队授课方式得到学生的高度认可。近3年来获市级教学竞赛奖6人次,师德标兵1人次,校级教学竞赛奖10人次,校级优秀教师5人次,优秀教育工作者2人次,最受毕业生欢迎教师4人次,教学优秀奖12人次等。

(三)示范辐射效应和推广应用

任缙老师将"微观经济学"一流课程作为教学示范课在全院作了汇报,得到领导和同事的高度认可。该模式在经济与管理学院其他基础理论课程的教学活动中得到推广和应用。此外,在数学科学学院、地理与旅游学院等开设了"微观经济学"课程的学院也进行了推广和应用,得到兄弟院系师生的高度肯定。

情理双线并进 理实一体交融
——"思想道德与法治"课程教学案例①

兰桂萍　阮李全　刘寿堂　张晓庆　何勇

重庆师范大学

一、案例介绍

"思想道德与法治"课程遵循习近平总书记关于思政课改革创新"八个相统一"的要求，秉持"以学生为中心"教学理念，按照"情理双线并进、理实一体交融"教学思路，构建"两基点、两坚持"教学模式，"两基点"即以关注社会热点和学生困惑点、突出教学重点和突破教学难点为教学基点；"两坚持"指以问题为导向，坚持以"小切口呈现大主题"、坚持用"小故事讲大道理"，贯通远与近、围绕知与信、立足情与行，以强思明辨。按照"三阶六环六段"教学流程实施教学，实现从教材体系到教学体系、从教学体系到价值体系、从价值体系到行为体系的"三个转化"，把思政课的道理讲深讲透讲活，使"思想道德与法治"课程成为学生真心喜欢、终身受益的思政课。（图1）

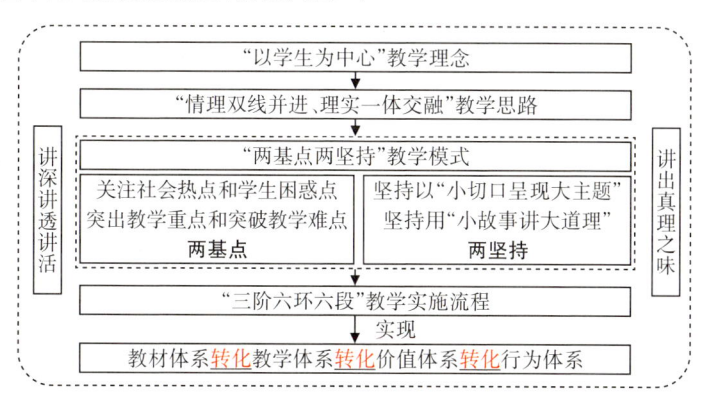

图1 整体教学设计

---

① 本案例为重庆市社会科学规划一般项目"习近平关于新时代高校思想政治教育的重要论述研究"（项目编号：2019YBMK005）阶段性成果。

二、案例详述

（一）课程团队建设与能力提升

通过"三个加强"拓宽团队的课程建设视野、提升课程建设能力。一是加强集体磨课，力求备课精心、内容精准、课件精致、课堂精彩；二是加强教学研究，团队近年主持重庆市教改课题3项，国家级、省部级研究课题20余项，发表学术论文50余篇；三是加强交流学习，团队参与马工程教材编写、教育部"思想道德与法治"数字课程建设等教学研讨与示范活动。

（二）教学设计创新

基于"以学生为中心"的教学理念，按照"情理双线并进、理实一体交融"的教学思路，设计"三阶六环六段"教学实施步骤。

1."情理双线并进"增强教学实效

教学设计以贴近学生、贴近生活、贴近社会的现实热点和学生困惑问题为导向，以"小切口呈现大主题"，用"小故事讲大道理"，讲透讲活理论，真正把道理讲进学生心里，在形成情感共鸣、增强情感认同的同时增进理论认同，从而达成以情动人、以理服人的教学实效。

2."理实一体交融"实现知行合一

落实理论性和实践性相统一。在课内理论学习实现认知自觉的基础上，创设情景式、体验式教学环境，师生双方边教、边学、边做，共同完成教学任务，将理论与实践融于一体，形成理论中有实践、实践中有理论的课堂教学模式。

3."三阶六环六段"展开教学过程（图2）

按照"课前探究、课中提升、课后拓展"三个阶段，教师"导、创、析、促、凝、督"六环，学生"探、学、思、悟、行、拓"六段展开教学过程，形成"三阶六环六段"教学实施流程。实现主导性和主体性相统一。

同时，充分利用至善网平台及国家精品资源共享课教学资源，以线下为主，线上线下相结合，课前线上学习基础知识内容，课后线上资源补充拓展，巩固学习内容，拓展学习时间和空间。

"三阶六环六段"教学流程图

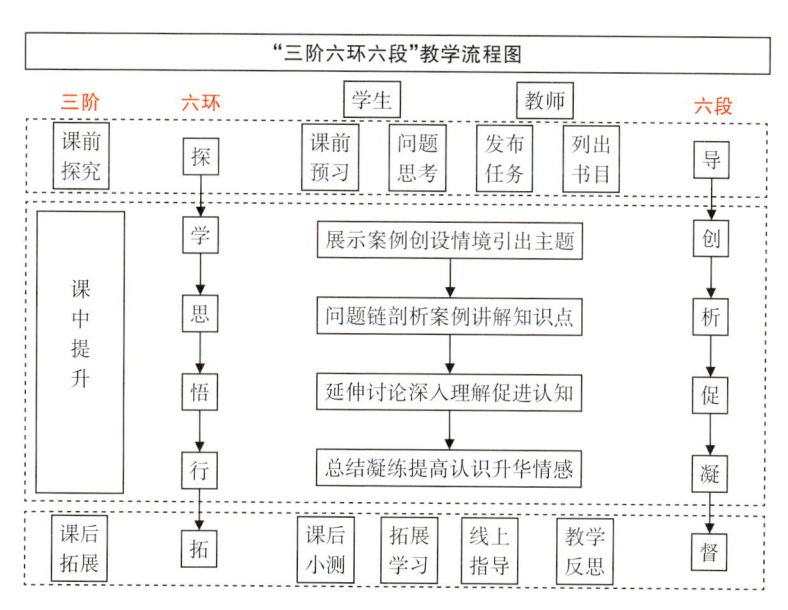

图 2 "三阶六环六段"教学流程图

(三)教学方法改革

教学有法、教无定法、贵在得法,为了提升思政课的"三性一力"和"两性一度",课程团队采用多种教学方法和信息化教学手段丰富教学活动,推进教学过程。

1.理论讲授与情景实践教学相结合

思政课的本质是讲道理,思想性和理论性是高校思政的灵魂和根脉。教学中以理论讲授为主,运用学术讲道理、直面问题讲道理、善用故事讲道理,把理论讲深、讲透、讲活,展现思想政治理论课的逻辑魅力。在理论讲授的过程中,设计课堂情景实践教学,通过课堂辩论、分组展示、知识竞赛、情景演绎等方法,让学生在实践中加深对理论的理解。

2.案例教学重在引导学生分析研讨

教师精心甄选案例、讲解分析案例并展示案例材料,组织学生结合材料,围绕教师所提问题展开深入研讨,引导学生在案例分析研讨过程中水到渠成地得出答案,教师在此基础上再对案例进行科学点评,以案论理,总结升华。让学生通过案例材料的"小切口""小故事"理解"大主题""大道理",实现价值性和知识性相统一。

3.PBL主题教学法问题驱动导引教学

教学过程中课前教师结合教学内容提出思考问题,学生提前思考。课中以问导入,突出问题意识,整个教学过程以解决问题驱动学生主动探究学习,以问题为导向,设计环环相扣、层层递进的问题链,通过课堂讨论分析,激发学生学习兴趣与主动性,着力解决学生的思想困惑和认识误区,破立并举,提升学生自主分析问题的能力,以理论的逻辑力量攻克难点,澄清困惑,实现价值引领。

(四)课程教学内容及组织实施

1.科学设置专题教学内容

设置12个必讲教学专题和2个选讲专题,注重将党和国家最新的精神融入教学,变教材体系为教学体系,变教学体系为价值体系,变价值体系为行为体系,促进学生知行合一,观世敏行。实践课设置8学时,将实践环节菜单化、规范化、综合化。(图3)

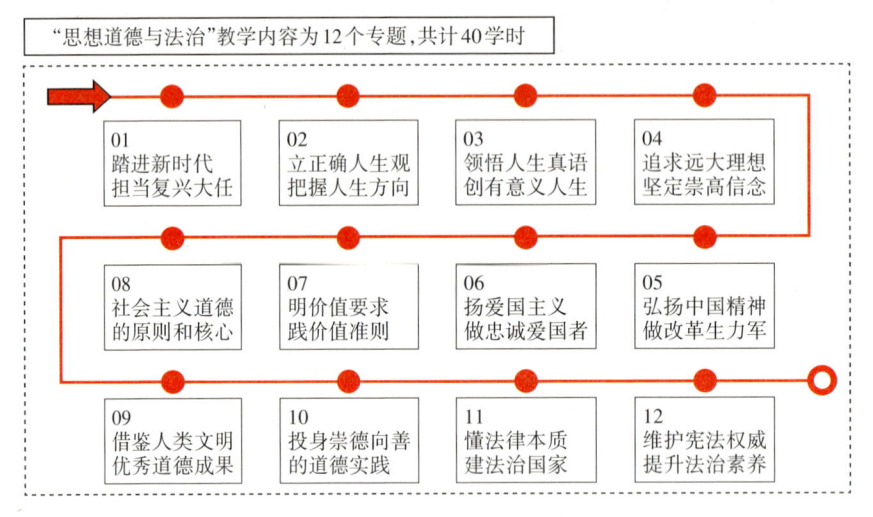

"思想道德与法治"教学内容为12个专题,共计40学时

01 踏进新时代 担当复兴大任	02 立正确人生观 把握人生方向	03 领悟人生真谛 创有意义人生	04 追求远大理想 坚定崇高信念
08 社会主义道德 的原则和核心	07 明价值要求 践价值准则	06 扬爱国主义 做忠诚爱国者	05 弘扬中国精神 做改革生力军
09 借鉴人类文明 优秀道德成果	10 投身崇德向善 的道德实践	11 懂法律本质 建法治国家	12 维护宪法权威 提升法治素养

图3 教学专题内容设置

2."三阶六环六段"组织理论教学实施

课前教师导学,发布学习任务和阅读书目,学生初探内容思考问题。课中教师通过"创、析、促、凝"推进课堂教学,以剖析案例引出主题,通过问题链层层递进,深化教学。学生在教师主导下发挥主体作用,"学、思、悟、行"实现明理、笃信、力行。课后教师布置阅读任务、时政述评、答疑等,加强与学生交流沟通和持续指导,推荐阅读书目进行拓展学习。(图4)

教师主导			
创	析	促	凝
学	思	悟	行
学生主体			

图4 课堂教学过程

3. 专题实践教学实现"理实一体交融"

在课内理论学习实现认知自觉的基础上通过"课内小实践+课外大实践"构建起"专题化"实践教学环节,将理论教学与实践教学相融合。

理论+课内专题小实践。一方面,结合课程内容通过观读、讨论、辩论、讲演、播报等形式开展课堂实践活动。如"党史故事我来讲""爱国诗歌我来颂""道德故事我来演""法治案例我来评"等课堂专题实践活动;另一方面,转变课堂教学场景,结合课程教学内容组织学生到校内外思政课实践教学基地开展教学,如"校园文明我来拍""创新创造我践行""劳动精神我传承"等专题实践活动。

理论+课外专题大实践。一方面,与专业学院联合开展多类型与专业相结合的实践教学活动;另一方面,组织学生参与周边社会服务等实践活动,开展"志愿服务我响应""革命精神我传承"等主题实践教学活动,将思政小课堂与社会大课堂相结合,落实理论性和实践性相统一。

(五)成绩评定考核

学生的价值观念、价值认同等隐性内容并不能通过单纯的知识测评得出,因而团队强化过程性评价,提高学习的挑战度,采用"线上+线下""结果+过程""理论+实践"等多元多主体动态考评方式,注重对学生学习态度、合作意识、探究能力、认知水平、创新能力等进行综合考评。

三、案例成效

(一)案例特色与创新点

1. 秉持"一个中心、两个基点、两个坚持"提升教学实效

以学生为中心,既关注社会热点和学生困惑点、又突出教学重点和突破教学难点,坚持问题导向,坚持以"小切口呈现大主题",坚持贯通远与近强思明辨,围绕知与信立志铸魂、立足情与行矢志奋进。

2. 运用"三阶六环六段"教学模式讲好思政道理

形成"三阶六环六段"教学模式,实现从教材体系向教学体系、从教学体系到价值体系、从价值体系到行为体系的转化,情理双线并进、理论实践交融,破立结合,讲深讲透讲活了思政课的道理。

3.开展动态多元考核提升学习效果评价效度

采用"线上+线下""结果+过程""理论+实践"等动态多元多主体考评方式，注重对学生的发展度评价和综合考量。

(二)教学改革解决的重难点问题

1.解决了教学内容吸引力不足的问题，情理双线展现教学内容

以教材内容为基本遵循，将教学的重难点与社会热点、学生困惑点紧密结合起来，注重教学内容的政治性、理论性、思想性、针对性和生动性，形成从世界观、人生观、价值观到道德观再到法治观的专题教学内容逻辑进路。各专题以小切口呈现大主题，以小故事讲大道理，情理双线并进展现教学内容，提升了教学吸引力。

2.解决了教学互动不足问题，"三阶六环六段"实现师生良性互动

传统课堂以单向的教师理论讲授为主，教学互动不足。教学过程采用"三阶六环六段"实施步骤，在"三阶"的教学过程中，教师"六环"对应学生"六段"，每个教学环节都注重学生主体作用的发挥，关注学生课堂活动参与度。营造出教师认真"教好"，学生积极"学好"的良好氛围，落实主导性和主体性相统一、灌输性和启发性相统一。

3.解决了教学形式单一问题，理论与实践结合促进知行合一

课程将理论讲授与实践活动相结合，同时教学内容设置专题实践任务，通过在课堂授课中加入实践教学环节，课后布置实践教学任务，理论与实践相辅相成，让学生在实践中悟出真理、道理、事理。

(三)取得的主要成果成效

1.教育教学水平提升，教学教研成果显著

课程负责人获评全国高校思政课教学标兵、第二届全国高校思想政治理论课教学展示特等奖、重庆市高校思想政治理论课教学比赛一等奖等，主持主研省部级教研教改项目5项，课程团队成员多次荣获最受毕业生欢迎教师、教学优秀奖、师德标兵等荣誉称号，多名教师入选学校教学名师培育计划。

2.课程教学效果突出，思政育人成效明显

其一是知识目标达成度高，实现明理；其二是情感态度变化显著，学生认为课程既有意义又有意思，实现笃信；其三是践行能力持续提升，实现力行。学生能够运用马克思主义的立场、观点和方法认识、分析、解决问题，看问题不偏激，行动不盲从。由知到行，积极参与志

愿服务，奉献社会，涌现出了全国"时代楷模"王红旭、感动中国十大小人物李露等优秀学子。(图5)

图5 学生参与志愿服务、奉献社会

四、未来计划或启示

探索分众教学，打造"专属思政课"。采用"思政+专业"分众式教学，用核心价值引领专业能力，挖掘专业、行业中典型的人和事，使学生结合自己专业增强家国情怀和使命担当。

实施"互联网+思政"，推进教学改革。在精耕细作传统线下课堂教学的同时，实施"互联网+思政"，建设集成式思想政治理论课教学辅助系统，多角度、全方位呈现教学资源，以积分制开展网上自主学习、在线交流讨论，拓宽教学时空。

持续拓展"大思政"育人格局。营造育人新生态，强化"思政课教师+专业课教师+辅导员"互通联动，实现师生之间、生生之间的朋辈引领教育功效，实现学校全员、全程、全方位的"三全育人"大思政格局，助力人才培养。

"伦理学概论"课程"13433"立体化教学模式建构与实践[①]

吴涯　田方林　姜土生　苏俊杰

重庆师范大学

一、案例介绍

"伦理学概论"课程是国家级一流本科专业思想政治教育的核心课程和线下一流本科课程,面向大二学生开设。系统建构与实践的"13433"立体化教学模式可复制、可推广。即坚持"以学生为中心",通过重塑教学内容、聚焦四新建设和信息技术的合理使用,打造突出"两性一度"和"课程思政"深度融合的专业金课。

"1"即一个核心目标:立德树人。

"3"即"三生化"课程资源建设:打造生态化"专业+"资源、建构生趣化网络资源和探究生活化案例资源。

"4"即"四课堂"教学方法改革:立足理论课堂、开展翻转课堂、辅以线上课堂、创建荣誉课堂。

"3"即"三路"教学实施:一条教学流程、多样教学方法、三种教学创新做法。

"3"即"三结合"课程考核:动态化考核,凸显过程性评价;差异化考核,凸显个性化评价;高阶性考核,凸显增值性评价。

[①] 本案例为重庆市高等教育教学改革一般项目"融合与创新:新文科背景下高校思政课破壁路径研究与实践"(项目编号:223141)和重庆市教委人文社会科学研究项目"疫情常态下爱国主义思政课改革与创新研究"(项目编号:21SKJD045)阶段性成果。

二、案例详述

(一)着力课程团队建设,努力实现团队合力最大化

负责人自2005年起担任课程授课教师,历经10多年躬耕,和团队成员一道致力于课程课堂开发与建设。近年来,遵循课程思政、教学评价、智慧教育、四新建设总要求,推进课程改革。2020年被认定为校级一流课程以来,进一步凝聚团队力量,秉持学生中心、产出导向、持续改进的理念加大课程创新;以"深耕专业、学科融合、优势互补、梯队共建"为原则,着力团队建设,努力实现团队合力最大化。(表1)

表1 课程团队成员简介

团队成员	特点和优势	承担任务
吴涯(女) 伦理学 副教授	深耕课程17年,专业扎实、学术造诣深厚,教学能力强、教学经验丰富,擅长教育教学研究与实践。系中国青少年研究会会员,重庆市伦理学学会会员,重庆共青团青年讲师团和市家庭教育讲师团成员。获重庆市教学成果奖特等奖,立项重庆市重点建设教材(副主编),入选重庆市高校优秀中青年思想政治理论课教师择优资助计划。连续11年获评重庆师范大学"师德标兵""最受毕业生欢迎教师""优秀教师"等。在《光明日报》《中国教育报》等发表关于"四种课堂"等主题课程论文10余篇,主持市社科重大项目、市教改项目等10多项有关教学研究的课题,与多校交流教学经验。所授课程多次获重庆市高校思政课"精彩一课",入选重庆市"十佳微课",获重庆市国培案例评比一等奖	组建团队,负责课程管理、课程思政;统领大纲教案的制定;线上建课、资源整合;授课、课程研究和教学研究
田方林(男) 哲学 教授	1.学术造诣深厚,注重科学研究,主持国家社科、教育部社科等多项有关"次道德"等主题的伦理课题;2.致力教学改革,主持重庆市田方林名师工作室,获教育部"精彩一课",获评重庆师范大学"师德标兵"等	课程协管,课程思政;大纲教案共同制定;参与课程设计与课程研究
姜士生(男) 思想政治教育 教授	1.擅长团队领导,作为管理学院副院长,擅长团队建设与管理。2.熟悉学生,擅长思想政治教育工作,长期从事学生工作,曾获全国高校辅导员年度人物提名;3.理论夯实,获教育部高等学校科学研究优秀成果(人文社会科学)二等奖,重庆市教学成果奖三等奖等	课程协管,着力团队建设、学生学情和课程考核反馈;课程研究
苏俊杰(男) 伦理学 讲师	伦理学博士,从事伦理学教学工作近10年,专业理论夯实,致力课程建设,教学经验丰富	协助线上建课、资源整合,授课与教学研究

(二)围绕"立德树人"核心目标进行教学设计创新,聚焦"以学生为中心"

1.遵循"目标导向"进行教学设计(图1)

素养目标:增强家庭美德、职业道德和社会公德及家国情怀,坚定马克思主义伦理信仰,实现伦理知情意信行统一,成为合格的社会公民,堪当民族复兴重任 —— 01

能力目标:增强对道德理论和伦理研究的思辨力,解决复杂伦理问题,实现伦理自主的实践力和高级思维 —— 02

知识目标:掌握伦理、道德等核心范畴,系统掌握马克思主义伦理学关于道德本质功能、选择评价、教育修养等基础理论和学科前沿 —— 03

以学生为中心　聚焦课程思政

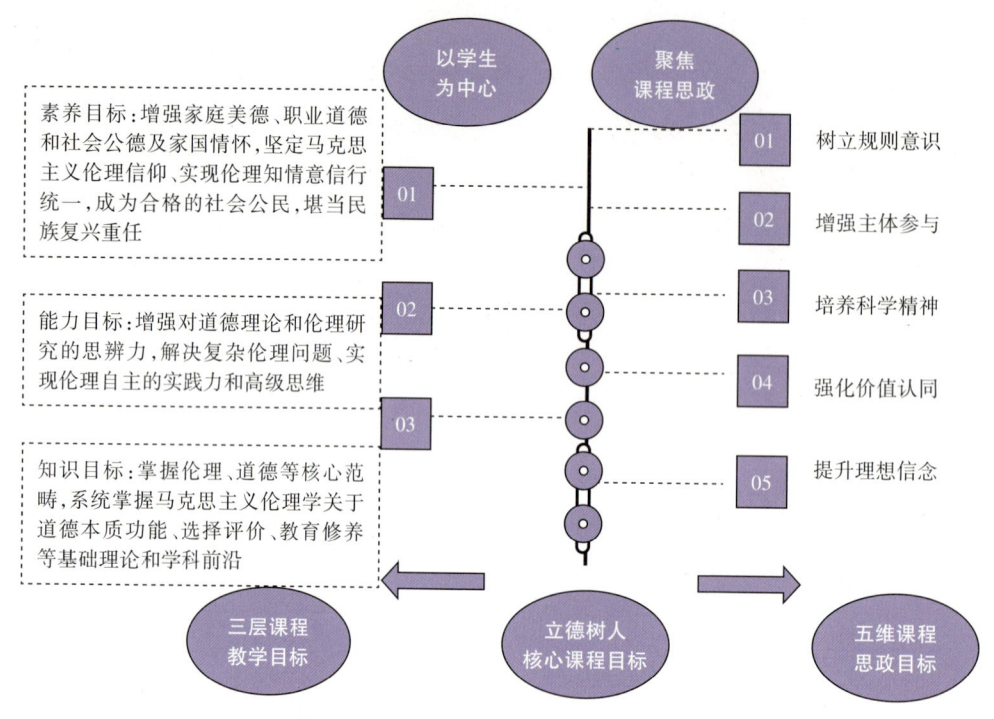

01 树立规则意识
02 增强主体参与
03 培养科学精神
04 强化价值认同
05 提升理想信念

三层课程教学目标 ← 立德树人核心课程目标 → 五维课程思政目标

图1 "一体三层五维"课程目标

2.凸显"以学生为中心"进行教学设计(图2)

以学生为中心 → 课程核心目标立德树人

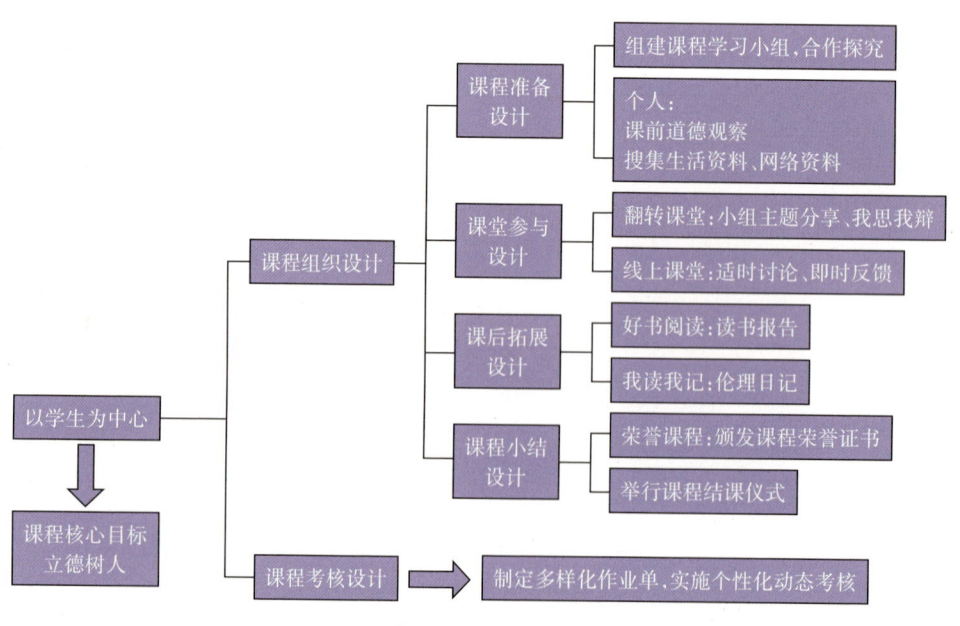

课程组织设计:
- 课程准备设计
  - 组建课程学习小组,合作探究
  - 个人:课前道德观察 搜集生活资料、网络资料
- 课堂参与设计
  - 翻转课堂:小组主题分享、我思我辩
  - 线上课堂:适时讨论、即时反馈
- 课后拓展设计
  - 好书阅读:读书报告
  - 我读我记:伦理日记
- 课程小结设计
  - 荣誉课程:颁发课程荣誉证书
  - 举行课程结课仪式

课程考核设计 → 制定多样化作业单、实施个性化动态考核

图2 "以学生为中心"的教学设计

(三)基于"三生原则"进行课程内容和资源建设,助力课程思政和四新建设

1.打造生态化"专业+"资源

在充分利用马工程重点教材和专业资料的基础上,以国家、省市课程思政示范课程中蕴含的与本课程相关联的思政元素和伦理元素组成学科资料库和课程思政资料库,通过课程内容重塑及运用,实现"专业+学科"和"专业+思政"的深度融合。

2.建构生趣化网络资源

依托超星在线网络平台建立"伦理学概论"网络课程资源。包括国家精品课程廖申白"伦理学概论"(教学视频78个);专业书籍20本;课程视频(如哈佛大学最受新生喜爱公共课——"公平与正义");综艺节目、时政报道等数字资源80个(如道德类全日播栏目《道德观察》)及其他。激情增趣,提升课程吸引力。

3.探究生活化案例资源

关注生活与现实,聚焦师生自身、学校、社会有关道德与伦理的人与事和国内国际相关联的伦理新闻与道德报道。(表2)

表2 "道德与社会诸要素的关联"课程内容设计及课程资源建构

资源类型	案例:课程内容"道德与社会诸要素的关联"				
	教学内容				
	道德与政治	道德与法律	道德与文艺	道德与宗教	道德与科技
题库资源	西方:普世价值 习近平总书记:全人类共同价值	《唐律疏议》"十恶目"	艺术家艺术成就中的道德瑕疵——以毕加索为例	摩西十诫	公共决策的AI应用及其伦理风险
网络资源	纪录片《零容忍》	电影《我不是药神》	综艺节目《经典咏流传》	学习强国:《习近平论民族和宗教工作》(2012—2022)	名师课堂:克隆羊多莉的身世之谜
案例资源	"钻石公主号"邮轮事件	江歌案	2022冬奥会开幕式体现的伦理文化和道德精神	乌鲁木齐"5·22"爆炸事件	大数据下的个人隐私危机
聚焦四新建设	与哲学、政治学融合	与历史学、法学融合	与美学、文学、体育学科融合	与宗教学、政治学融合	与管理学、生命科学、计算机科学融合
聚焦课程思政	强化政治认同和价值认同,坚定马克思主义伦理信仰	树立法律精神,树立遵纪守法的规则意识	增强文化自信,提高公共参与,传承和发扬中华优秀传统文化	提高复杂问题的思辨力和实践力,加强马克思主义宗教观培养	增强科学研究和探索,培养科学精神

(四)"四课堂"同频共振推动教学方法改革,增强课程"高阶性""创新性"及"挑战度"

1. 立足理论课堂,凸显学科前沿

坚持内容为王,以"教学科研相结合""本硕一体相结合"为原则,深化知识目标,打牢基础理论,紧扣学科前沿问题和时代问题,创设具有挑战度的问题,以"讲深讲透讲活"为抓手,展开课程教学,着力培养学生钻研学术、勇于挑战的科学精神。

2. 开展翻转课堂,彰显学生主体

翻转课堂即学生讲老师听,是充分体现学生自我体验、探究和感悟的活力课堂。一是通过"小组主题分享"集中实施。通过"主题研究与分享",小组探究,个人展示,实现同主题多维建构,着力培养学生解决复杂问题的综合能力和高级思维。二是随机课堂互动。通过创设探究问题、开展课堂辩论、进行头脑风暴等措施,增强师生、生生互动,助力教与学发生改变。

3. 辅以线上课堂,探索混合式教学

合理利用现代信息技术,课前超星建课,提供完整章节内容、丰富的课程资源等;课堂通过学习任务发布等实时互动、全员参与、即时评价;课后自主深化,作业探讨,过程可溯。截至目前,负责人最近两期超星网络课程学习浏览量达311862次,互动次数达3810次。

4. 创建荣誉课堂,升华课程思政

学生成立"伦理学课程评委会",开展课程颁奖典礼暨结课仪式。为每个同学颁发课程证书,寄语个性化颁奖词,大幅提升学生的荣誉感、获得感和幸福感,升华价值认同。(图3)

图 3 课程颁奖典礼

(五)通过"三路径"组织实施课程教学,重塑课程内容,着力课程提质增效

1. 课程教学内容

本课程根据"知行统一,学以致用"的总思路,以伦理理论和道德现象作为研究对象,

围绕道德和伦理两大核心概念,遵循理论逻辑到实践逻辑进行内容设置,形成"总论—三大道德构成—三德建设"的内容框架。从伦理学的初步说明到道德的起源发展、本质功能的总论探究;通过道德实践、道德关系、道德意识三大道德构成进行道德选择与道德评价、道德教育与道德修养,内化于心,外显于行,落地三德建设。围绕课程目标有机融入课程思政、专业前沿、相关学科、社会现实和学情要求,重塑与时俱进的教学内容。(表3)

表3 重塑教学内容

案例:课程内容第四章第一节《道德选择》			
资源类型	教学内容		
	道德选择含义	道德选择条件	道德选择基本原则
立足课程高阶性	明晰何谓"道德行为"学习通课堂线上同步阶梯型问题链追问:判断五类不同性质的道德行为	条件1:意志自由是重要因素逻辑推导:基于"是什么—为什么—怎么样—反对与坚持什么"探究"意志自由"	最大功利原则辨析:伦理利己主义是伦理还是利己
课程思政融合(聚焦课程思政)	自知自决、自主自愿行为提高学生伦理自主的实践,树立选择与责任紧密相连,培养学生的责任意识和担当精神	条件2:客观可能性是首要前提学习习近平总书记在纪念马克思诞辰200周年大会讲话中引用的马克思《青年在选择职业时的考虑》摘录,引导学生树立正确的择业观,正确认识自我和社会,正确认识个人价值与社会价值	德性原则引导以德立身,以德立学,德性优先
专业前沿融合	道德选择遵循价值标准链接:价值问题与事实问题,提出"所应然"价值讨论	自由与道德关系链接:康德"自由是道德的前提,道德是自由的保障"	生存原则链接:应用伦理学之生命伦理学
社会现实融合	道德选择与利益内在联系结合学生生活实际,讨论:自愿捐款与被迫捐款之道德绑架	条件3:主观能力是决定条件2022年重庆山火自愿者群体选择,倡导同学们通过提升道德认识能力提升自我践行能力,关注社会,积极参与志愿者行动	自我优先原则辨证看待自我,确定的我和不确定的我,现实的我和未来的我,单个的我和社会关系中的我等
相关学科融合(聚焦新文科)	道德与律学融合电影《我不是药神》节选	道德与政治学融合剖析列宁对奴隶基于客观环境的三种不同选择的论述	道德与经济学融合选择成为道德人还是经济人
学生需求融合(以学生为中心)	好书推荐:《电车难题》,满足学生课后拓展,教学内容纵深解读	慕课链接:哈佛大学"公平与正义"课程视频,满足学生课后探究	伦理日志:基于选择原则进行伦理难题的自主抉择

2. 组织实施

（1）一条教学流程。通过情境设置、问题悬置，引导学生进入课堂，导入新课；通过设"疑"境、布"动"境、置"议"境三部曲展开新课；通过伦理感悟达至情感态度价值观升华，引领学生观照内心，走出课堂，知行合一。

（2）多样化的教学方法。采用逻辑推导、阶梯型问题链探究、理论辨析、案例分析等多样化教学方法，建构以生活为基础、以学科知识为支撑的案例模块，引导学生合作探究，彰显课程的理论性、时代性、实践性和开放性。

（3）三大教学创新做法。

一是我思我辩。聚焦学科焦点，通过开展课堂即兴辩论和课前有准备的专题辩论，增强道德理解力和思辨力。

二是我学我记。鼓励大家多思多想多学多写，养成写"伦理日志"的好习惯。

三是我读我荐。通过与书为友、阅读感悟，拓展课程的厚度与深度，"我读我荐"成为每次课堂讲授的重要一环。

（六）以五维课程思政目标为导向，实施"三结合"成绩考核，构建立体化评价体系，彰显课程思政

1. 实施动态化考核，凸显过程性评价

从开学初学习团队组建到期中论文写作，再到期末课程考试；从课前道德观察到课堂主体参与，再到课后伦理日志，都围绕课程思政目标，着力动态、持续、过程性评价。

2. 实施差异化考核，凸显个性化评价

提供多样态作业，通过自选清单充分给予学生选择权，使学习结果具有探究性和个性化。

3. 实施高阶性考核，凸显增值性评价

通过"伦理主题分享"着力价值认同，通过"伦理感悟"提升理想信念，通过综合型材料题考核培养学生解决复杂问题的综合能力和高级思维。（图4）

内容	评价类型	
贯穿课堂始终 课前道德观察—课堂主体参与—课后伦理日志、好书阅读、慕课学习 **贯穿课程始终** 学期初组建学习团队—期中多样态作业、个人主题分享—期末课程考试	过程性评价	立体化评价体系
提供多样态作业清单，自主选择个性化作业 学科论文、读书笔记、伦理日记和调研报告任选其一	个性化评价	
"主题研究与分享"，着力价值认同 **"伦理感悟"，提升理想信念** 综合式开发式期末考核，培养学生解决复杂问题的综合能力和高级思维	增值性评价	

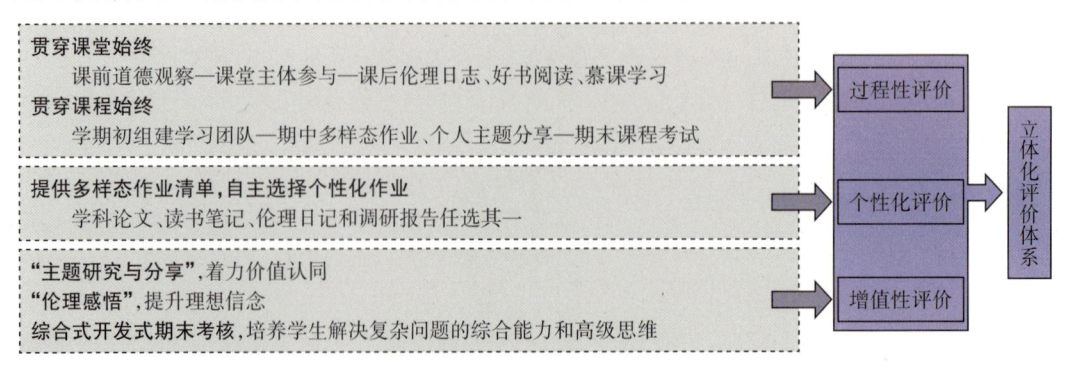

图4 立体化评价体系构建

三、案例成效

（一）案例特色与创新点

彰显"以学生为中心"课程理念，使伦理学成为学生真心喜欢的课。从学生需求出发制定教学目标，基于学生参与最大化进行教学设计和方法创新，围绕学生真实获得进行教学评价，收获学生真心真爱。

凸显"课程思政"教学目标，使伦理学成为让学生终身受益的课。本课程建设始终把课程思政、立德树人放在首要位置，强化价值认同，增强理想信念，以课程思政目标导向开展课程评价，以评促建，助力学生进步成长，实现"真知真学真懂真信"一以贯之。

建构"立体化"教学模式，使伦理学成为具有"两性一度"的金课。基于课程资源、课程设计、教学方法、教学组织、教学评价多维立体化建构，通过学科专业深入融合和信息技术充分使用，"讲深讲透讲活"课程，打造具有高阶性、创新性和挑战度的专业金课。

（二）课程成效成果

课程思政入脑入心，助力学生成长与改变。邱世琨说："相信许多同学与我一样，每周最期待周一和周三，因为那天有我们最喜欢的伦理学课程。"杨妮说："听你的课我在慢慢进步，我不再想玩手机，我害怕错过精神的内容。带上你的鼓励，我会变得有实力与自信。"陈娟说："伦理学课程与生活息息相关，与自我息息相关，也许这是我期待的、真正的、像个大学的课堂。"

教师团队成长迅速，成绩显著。课程团队获教育部高等学校科学研究优秀成果（人文社会科学）二等奖，重庆市教学成果奖特等奖，获国家社科、省级教改、重点教材立项，在《人民日报》《光明日报》《求实》等平台发表50余篇文章。多人次获教育部、重庆市"精彩一课"，指导学生多人次在各级比赛中获奖，获教学优秀奖、优秀教师等各项奖励50余项。

课程日渐成熟完善，深受好评。课程评教均为优秀，一直稳居学院课程评教前列。督导组：吴老师的授课将伦理学的魅力淋漓尽致地展示给广大学生，学生颁发了"敬业无涯奖"，实现了教师与学生在教与学方面的真实改变，打造了活力课堂，充分发挥了课堂教学主阵地、主渠道、主战场作用，已形成可复制的课程特色与创新点。（图5、图6）

图5 师生同成长　　　　　　　图6 学生获得的"敬业无涯奖"

四、未来计划或启示

本课程将继续遵循智慧教育、四新建设等一流本科课程建设要求,进一步加大课程改革创新力度,致力于使教与学、教师与学生、课程与团队获得最大限度的成长与进步。

(一)纵深持续推进课程建设,进一步打造特色化、品牌化,学生真心喜欢、真实受益的专业金课

建立更加系统完善的"学科+"课程资料库,实现各学科深度融合。

更加充分利用现代教育技术,加大线上线下混合式教学力度。

更加深化课程思政和学生中心,创建研学团队,创设行走课堂,实现课上课下教育教学无边界。

(二)坚持合力共建、开放共享,加大课程应用与推广,增强课程服务与辐射

打破单一课程建设定势,依托并致力于市重点马院和国家一流专业建设点,推进专业课程群集成建设,力争实现"哲学通史""社会学概论"等课程立项市级课程思政或一流本科课程。

加大"引进来""走出去"力度,围绕课程改革创新进行学术交流或专题研讨。

打破学校壁垒,开展"手拉手"课程共建,力争建立伦理学课程友好共建联盟。

"一中心、二驱动、三融合"的"液压传动"课程案例[①]

赵双[1]　任文举[1]　孙天健[2]　郑太雄[1]　袁威[1]

1.重庆邮电大学　2.中冶赛迪工程技术股份有限公司

一、案例介绍

液压传动是机械类专业的一门必修基础课程,旨在培养学生拟订液压系统设计方案、数字化建模仿真、系统设计和实验验证等能力,增强创新精神和工程素养,为从事液压产品开发和技术研究等工作奠定良好基础。

课程教学遵循重庆邮电大学人才培养定位和新工科人才培养目标,构建以学生发展为中心,以根本任务驱动教学创新、以案例教学驱动能力培养,思政与专业相融合、学校与企业相融合、线上与线下相融合的"一中心、二驱动、三融合"人才培养模式。

二、案例详述

（一）课程团队建设与能力提升

1.打造结构优化的课程团队

从专业、职称、年龄、来源等方面关注课程团队构成结构。团队成员既包括一线理论/实验任课教师、竞赛/项目指导教师、教学副院长、教学督导,也包括校外企业专家、技术带头人,致力打造校企协同、理实一体、学科交融的教学团队。团队成员不仅有教学经验丰富的年长教师,也有思维活跃的中青年教师,且专业知识结构合理,符合长足发展需求。

[①] 本案例为重庆邮电大学教育教学改革研究项目"基于项目教学法的液压传动课程改革与实践"（项目编号：XJG20235）和校级课程思政示范课程"液压传动"（项目编号：XKCSZ2208）阶段性成果。

2. 打造凝心聚力的课程团队

教师与团队形成命运共同体，达成共识，资源共享，协同创新。团队教师共同备课、共同研讨、共同分享、共建课程，共同制定发展目标，营造团结协作、齐心协力、共同发展进步的良好氛围。

3. 打造积极奋进的课程团队

建立健全工作机制，为教师的教学、科研能力提升和发展提供保障和平台，和企业共同建设教师培训基地，提升教师实践技能和技术研发、创新能力。大力支持团队教师参加教育教学培训，鼓励教师参加教学竞赛，提升教学能力和思政育人能力。

4. 课程团队教育教学情况

团队成员教研成果丰富，发表SCI/EI论文30余篇，授权发明专利20余项，主持10余项国家级、省部级科研项目，并将科研成果转化为教学资源，以科研引领教研。

（二）教学设计创新

课程教学遵循"以学生发展为中心"的理念，面向新工科人才培养目标，科学分析教学对象、内容、痛点，从教学内容、课程资源、教学方法和手段、考核评价、校企合作、课程思政等方面进行创新实践，并从多个维度对课程实施效果进行调研和总结，不断改进教学设计，落实立德树人根本任务。

（三）课程内容与资源建设及应用

1. 课程学习资源建设及应用

建设有液压元件及液压回路动画资源库、试题习题资源库、课程学习网站，依托雨课堂建设课程学习平台，方便学生预习、复习、自测、自学、拓展等，培养学生的自主学习能力和探究能力。

2. 实践教学资源建设及应用

液压技术具有较强的实践性和可操作性，课程建设了实践平台并开发了实验项目，具备液压仿真实验室、种类丰富的液压元件、液压开发系统、液压信号采集控制系统、液压创新实验平台等，鼓励学生融合多学科知识创新挑战，在实践中培养学生的科学素养和工匠精神。（图1）

图1 学生实践液压实验台

3.工程案例资源建设及应用

与中冶赛迪工程技术股份有限公司开展产学研合作,开发工程案例教学,提升学生对专业和职业的认知、认可,增强专业使命感和责任感,实现专业教育与思想政治教育的有机融合。(图2)

图2 液压阀台工程案例

4.课程思政资源建设及应用

注重课程思政,从学科基础、学科精神和学科情怀等方面深度挖掘思政育人元素,建设有丰富的大国重器、超级工程、领先人物、先进技术等课程思政案例资源,并将思政案例制作成文档、图片、视频、课件等形式融入教学中。

（四）教学方法的改革与创新

课堂教学坚持以学生发展为中心，落实学生的主体地位，采用讲、查、练、演、论、辩、赛等多元化教学方法创新课堂教学活动，激活课堂气氛，促进学生主体发展。课程教学中注重学生的反馈，与学生及时交流并听取学生对课程学习的意见建议，促进教学改革。发挥"传帮带"作用，形成由研究生、学长学姐、成绩优异学生等组成的课程交流组，以切身经历分享学习经验。(图3)

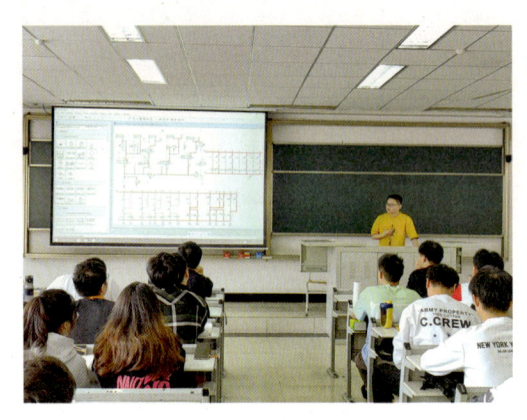

图3 学习经验分享交流会

（五）课程教学内容及组织实施

1. 提升课程教学内容的"两性一度"

完善课程内容体系，通过持续改进授课内容，建立了基础与前沿连接、理论与实践融合的新课程体系。在有限学时内，提升课程含金量，夯实基本理论和基础知识。把抽象问题形象化，案例生活化。将计算机建模仿真软件和课程传统内容深入融合，使液压传动的基本原理和方法与现代产品设计理念深度融合。设计逐层认知的学习梯度，提高课程的高阶性、创新性、挑战度。

2. 思政元素与专业知识相融合的教学设计

深入挖掘课程蕴含的传统文化、哲学思想、科学精神、工程思维和民族自豪感与使命感以及爱国主义情怀等思政教育元素，并将其实事求是、与时俱进地融入课程教学。设计具有现代性、先进性、发展性的教学内容和工程案例，形成以专业知识为载体、以课程思政为抓手、以学生发展为中心的教学模式，实现寓价值塑造于专业知识传授和能力培养之中的目的。

3.学校与企业相融合的育人机制

聘请行业标杆企业中冶赛迪的专家共建共讲课程,研制课程标准、确定培养目标、开发工程案例。企业专家进行工程案例教学,开阔学生视野,明确社会需求,激发学习动力。让学生在学习过程中感受到专业知识与思政内容相辅相成的乐趣,提升对专业和职业的认知、认可,树立正确的世界观、人生观、价值观和职业观,从而实现专业教育与思想政治教育的有机融合。(图4)

图4 企业专家课堂

4.面向学习全过程的线上与线下相融合的教学模式

课程渗透"互联网+"思维,促进教学互动软件、雨课堂、MOOC等信息技术与教育教学的深入融合,延伸学生"第二课堂",打造线上线下、课内课外一体化的混合教学模式。完善课前任务导学、课中深化提升、课后拓展应用的学习过程,满足学生个性化学习需求。

(六)成绩评定考核

课程从知识、能力、素质三个方面进行考核评价,实现过程性考核与期末考核相融合。依托雨课堂完成考勤、作业、课堂互动等考核,保证了数据的客观性。考核内容包括线上学习、线下学习以及作业、项目等,有文稿、演示、汇报等不同形式。既有教师评价,也有学生互评,还邀请企业专家进行高阶能力评价,对体现了高阶能力的小组及个人予以奖励积分。最终达到以评促学、以评促教、以评促改的目的,提升学习效果。

三、案例成效

（一）案例特色

课程教学坚持"以学生发展为中心"的理念，从学生的角度对课程进行设计，以"融合"促学生全面发展：线上学习和线下学习相融合、理论知识和实验实践相融合、模块内容和项目案例相融合、学校和企业相融合、思政与专业相融合、虚拟和实物相融合、液压技术与其他技术相融合、教师讲和学生讲相融合、主动听和主动学相融合。

（二）取得的主要成效

1. 学生对课程教学满意度高

改革创新的课程，受到了学生的喜爱，学生不仅对课程满意度高，也增强了学习兴趣。

2. 学生科技兴趣浓、求知欲强

学生创新思维和创新能力增强，参与科技竞赛、创新项目人次多且范围广。学生深入探究知识意愿强，考研人数增多且录取率提高。

3. 学生对专业认可度提高

学生能认识到液压行业在工程机械及装备制造业中的重要地位，增强了行业责任感和使命感，积极投身液压技术相关岗位。

4. 教师教育教学能力提升

教学团队不断研讨并总结教学创新经验，参与培训进修，提升教育教学能力，积极参加教学创新大赛、讲课比赛、技能大赛，并获得多项国家级、市级奖励。

四、未来计划或启示

持续开展课程思政教学研讨、示范课、优秀案例、讲课比赛、教案评比等教学活动；持续支持课程建设、课程思政、教研能力、科学研究等提升的交流学习和培训进修；持续加大院校两级政策支持力度和专项经费保障，促进教师的全面发展，打造高水平、结构化教师队伍。

立足新时代，聚焦新工科建设，培养面向未来的卓越工程创新人才。持续提升课程的"两性一度"，持续开发项目化教学案例，培养学生的大工程观，开展工程伦理教育；鼓励学生积极参加学科竞赛、创新创业，强化学生的实践创新能力和解决复杂工程问题的能力。

深入推进校企合作协同育人机制，在教学、科研、人才培养等方面加大合作力度，共同探索"请进来、走出去"的产教融合模式。学生和教师"走"向基地开展参观、学习、调研、培训、实习等实践活动,"请"企业专家到一线课堂开展工程实际案例教学,共同制定人才培养方案,联合开发教学案例,共同提升学生实践应用能力和工程素养。

继续完善课程体系,创新教学设计,提升教学实效。推动信息技术与教育教学深度融合,推进优质教学资源建设。

基于高阶能力培养的给排水管道工程教学创新与实践[①]

陈垚　袁绍春　秦宇　刘非　赵德强

重庆交通大学

一、案例介绍

为应对国家经济转型对创新工程人才的迫切需求,课程团队以新工科建设为指导,以学生为中心,以高阶能力培养为目标进行课程重建:一是围绕职业岗位能力要求,构建适应社会和行业需求,注重能力培养的课程教学体系,挖掘"工程安全价值观"思政元素,并搭建满足差异性、多样性、高阶性需求的网络教学资源;二是创建基于"工作室(坊)"制度的工程体验教学情境,实现工程思维的培养;三是建立以能力考核为主,注重形成性评价的全过程评价体系,实现以评促学;四是建构以工程能力为导向的"知识—能力—技能"教学全过程,实施科教融合,深化能力培养。

二、案例详述

(一)课程团队建设与能力提升

本课程于2021年被认定为重庆市一流课程(线下课程),课程团队已成为一支能够驾驭现代教育技术手段、特色鲜明、教研活跃的教学团队,获批重庆市优秀基层教学组织典型案例。目前教学团队共有5人,其中教授2人、副教授1人,主持(完成)各类教改项目8项、课程建设项目3项,发表教改论文10篇,并荣获全国给排水专业优秀教改论文1篇。

课程负责人受聘于中国城镇供水排水协会工程教育专业委员会、重庆市勘察设计协

[①] 本案例为重庆市高等教育教学改革一般项目"OBE理念下核心价值引领的工科类专业'三全育人'体系构建与实施途径研究——以给排水专业为例"(项目编号:223192)、重庆交通大学教育教学改革研究课题"以'学'为中心的课堂教学模式研究与实践"(课题编号:1903026)阶段性成果。

会专家委员会等学术组织。主讲教师均为全国注册公用设备工程师(给水排水),具有丰富的工程实践经验,深受学生喜爱,连续2年教学网评位列学校前20%,分别荣获2021年重庆市高校教师教学创新大赛正高组三等奖、重庆交通大学第六届青年教师教学劳动和技能竞赛理工组一等奖。同时,课程组成员秦宇老师的优秀教学事迹被《重庆日报》等媒体广泛报道,并荣获重庆市"最美教师""2020成渝双城高校最受学生喜爱老师最佳人气魅力奖"等称号。(图1)

图1 团队教学竞赛获奖证书

(二)课程教学目标与思政育人

1.课程教学目标

(1)激发学生自主学习内驱力,掌握给排水管网基本原理和设计方法,并了解发展趋势、学术前沿和行业需求;

(2)深化教学内涵,突破既有课程内容窠臼,在有限学时内提升学生创新意识、实践能力和工程素养;

(3)培养具有家国情怀、较强社会责任感,且具备职业道德、沟通交流和终身学习能力的工程创新人才。

2.课程思政育人理念

注重工程思维方法的训练和工程师素养的教育,将家国情怀、社会责任、工程安全等思政要素融入课堂教学,寓社会主义核心价值观引导和思辨能力于知识传授和能力培养之中;通过工程体验的实践方式内化工程安全价值观,激发服务国家需求而奋斗的志向,培养良好的社会责任感,筑牢工程职业道德底线,塑造终身学习意识,养成批判性思维能力,促进学生全面成长成才,实现立德树人的终极目标。

3.课程思政融入模式

将"课程知识要点+工程案例+思政元素"的教学设计模式融入以学为主的教学环节,并将政治认同、国家意识、社会安全、科学素养、人格养成等思政教育导向与工程伦理意识培养有机结合。

(三)课程资源建设及应用

课程按"知识—能力—技能"学习层次建成了丰富的教学资源,包括用于知识层级的教学指导文件、电子课件、教学视频等资源;用于能力层级的工程案例库、标准规范与图集、软件工具等资源;用于技能层级的鸿业软件实操培训视频、专家学术报告视频等资源。

同时,为强化高阶思维能力考核要求,满足教学产出评价,建成了用于知识层级(如课堂讨论、测验等)、能力层级(如课后作业库、课堂考试库等)和技能层级(如PBL小组学习任务、课程设计任务等)的考核评价反馈资源。

2018级和2019级学生充分运用课程网站上的教学资源(访问量已达549525余次)进行反复学习,掌握课程知识,提高高阶思维能力,并逐步达到岗位技能要求,实现自我学习和自身的可持续教育。

(四)课程教学创新举措

1.重构教学环节,优化教学内容

(1)积极开拓创新,结合新工科要求,在全国率先开设供水管网运行模拟实验、供水管网漏损测定实验2个实验项目。

(2)基于工程设计任务,将课程内容按照管网工程设计步骤进行知识体系重构,并构建"取—输—配—排"的教学体系,满足课程教学产出目标要求。(图2)

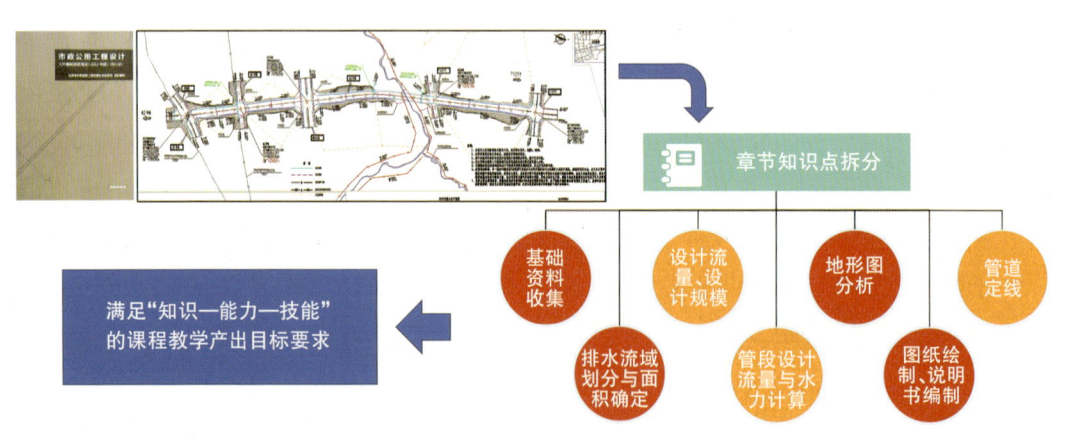

图2 课程内容知识体系

(3)将课程设计内容分割成若干个小任务,用于课程能力层级训练,提高课程设计的实效性。同时,基于实际工程将设计任务转变为含取水方案设计的给水排水综合管网设计,提升设计难度和挑战性。(图3)

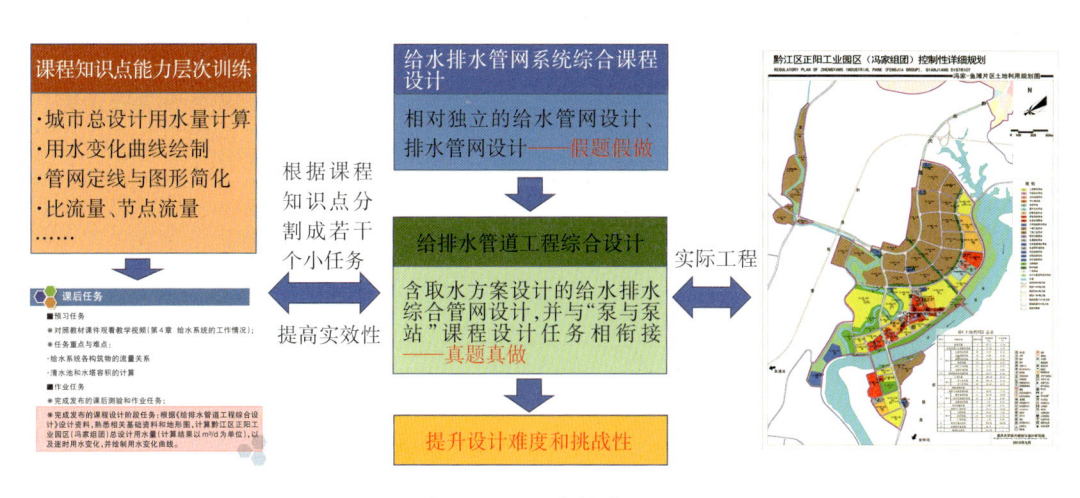

图3 课程设计教学组织

(4)瞄准学科前沿动态与社会发展需求,及时融入新标准规范,以及海绵城市、综合管廊等行业热点更新知识体系,使教学面向行业主战场,与时俱进。(图4)

图4 课程知识体系更新

2.构建教学情境,以学生为中心

通过构建以"学"为主的教学情境,设计基于项目的实施过程,解决理论知识、问题分析能力、岗位技能之间的匹配问题,形成"知识—能力—技能"的教学全过程,实现工程思维的培养。

(1)采用研讨式、任务式等多元教学模式,践行翻转课堂,构建"课前前置性学习—课堂教学活动深化—课堂强化学习—课后强化巩固"的教学模式,激发学生的学习热情和主动性;提炼课程思政元素,强调工程师素养,培育学生养成正确的职业道德和工程价值观。

(2)融入学科前沿,强化学生工程实践和创新能力,促使学生结合学科发展的新思想、新进展和新成果形成能力发展与创新思维,实现能力的发展。

(3)探索"工作室(坊)"制度,构建"学习—实习—任务"工程体验式教学情境,实现知识、能力、素质有机融合,满足工程能力和职业素质的全过程培养,提升学生解决复杂问题的综合能力和高阶思维。(图5)

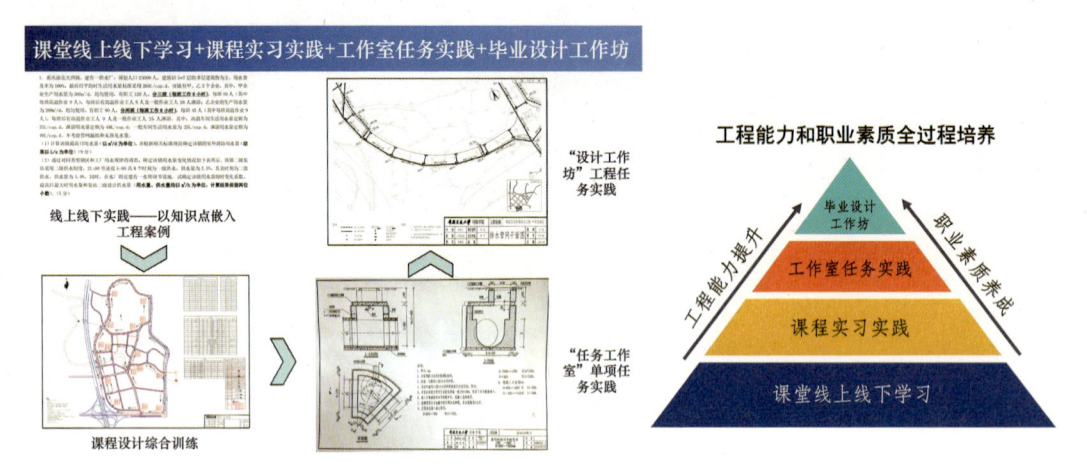

图5 "工作室(坊)"制度

3.强化能力考核,注重形成性评价

(1)为体现对学生高阶思维能力的考核要求,客观反映学生学习成效,注重过程性和阶段性考核,并引入学生自评和互评,使评价主体、方式、内容多元化。

(2)期末考核通过设计场景化、探究式、案例式的综合应用试题(占比90%以上),增加挑战性,培养学生独立思考与处理复杂问题的能力。

(3)创新性地提出了"课前测验—课中测验—课后作业"的过程性考核评价体系,以帮助学生培养自主学习习惯,促进学生对知识的掌握。

(4)课程设计考核采用"子任务—分组任务—设计成果"全过程考核,以评价学生对工作岗位技能(组织、协调、沟通、绘图等)要求的匹配度。

三、案例成效

(一)案例特色与创新点

(1)从工程思维培养出发,提出了以工程现象、问题为教学情境,形成边学边设计的教学模式,建立"工作室(坊)"制度,有效提高了学生的工程设计能力。(图6)

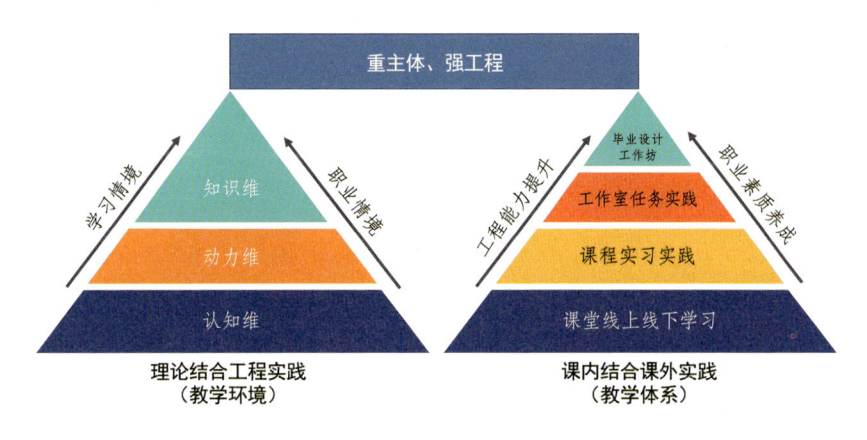

图6 工程思维培养体系

(2)围绕职业岗位能力要求,构建了适应社会和行业需求,注重能力培养的课程教学体系。

(3)重视科研成果向教学的转化工作,将课程组科研成果及时融入教学内容中,培养学生学术思维和科研方法。(图7)

图7 创新思维培养体系

(二)教学改革成效及解决的重难点问题

1.急需解决的重难点问题

(1)如何从"知识学习"型的被动学习模式转变为"高阶思维能力"型的主动学习模式。

(2)如何将"知识考核"型的传统单一考核方式转变为"知识—能力—应用"结合的多元化、多维度的全链条考核方式。

2.教学改革成效

(1)针对学习模式,通过构建以"学"为主的教学情境,设计基于项目教学的实施过程,解决理论知识、工程问题分析与解决能力、岗位技能之间的匹配问题,形成"知识—能力—技能"的教学全过程,实现工程思维的培养。

(2)针对考核模式,围绕课程教学产出评价要求,为体现对学生高阶思维能力的考核要求,客观反映学生学习成效,注重过程性和阶段性考核,引入学生自评和互评,使评价主体、方式、内容多元化,并形成多维度全链条考核过程。

(三)取得的主要成效、成果

通过校内改革实践,有效提高了课程高阶学习达成度并达到预期目标,编写的课程教案获我校优秀教案第一名。同时,从2016级学生毕业设计与入职岗位工作反馈来看,通过本课程的学习,能较好匹配给排水管网工程设计能力、岗位工作技能要求,用人单位反映学生二次培养成本较低,深受设计企业的青睐。多数学生毕业2—3年后可具备参与大型工程项目的能力,甚至被委以项目副总工程师重任。(图8)

图8 毕业生质量评价结果

通过"研教相长"有效提高了学生创新能力,学生创新成果突出。近年来,学生依托本课程学习,荣获全国大学生水利创新设计大赛二等奖、"深水杯"全国大学生给排水科技创新大赛二等奖、中国"互联网+"大学生创新创业大赛重庆赛区铜奖等奖项,发表学术论文20余篇,获批大创项目20余项,授权专利近20项,成绩显著。学生考研深造率逐年增加,并于2021年突破50%;其中,10余名学生还被美国南加州大学等世界名校录取。

四、未来计划或启示

(一)挖掘"思政元素",培育工程师素质

在课程教学和实践中,将知识、技能传授与理想信念教育有机结合。例如,在讲授管网发展史时,以典型工程引导学生为国家、为真理奋斗;在分析管网建设的社会问题时,通过横、纵向的对立,让学生全面客观认识当代中国的发展道路和全球化的变化趋势。

(二)深化"引企入教",增强学生工程能力

将大量具有丰富工程实践经验的企业高工从一线请到课堂并形成制度化,通过定期开展工程案例学术讲座、课程讲座等方式学习企业最前沿的技术与经验,并将企业新需求引入学生课程大作业训练,组织学生参与企业工程项目现场调研等相关专业实践和工程训练,营造工程训练营、设计工作坊等实践平台,切实提高学生工程实践能力。

(三)健全"产出导向",实现课程闭环评价

建立专家评价、同行评价、学生评价和社会评价的综合立体评价系统,健全"产出导向"课程评估体系,对课程教学产出过程进行闭环监控、评价反馈和持续改进,不断提高课程教学质量。

注重科学伦理融入，构建四维渐进思政教育新模式
——"电工与电子技术"课程建设[①]

孙世政　何泽银　董绍江　陈仁祥

重庆交通大学

一、案例介绍

"电工与电子技术"作为机械工程学科的专业基础课程，服务于重庆交通大学机械设计制造及其自动化和车辆工程两个国家级一流本科专业建设点及机械电子工程重庆市一流本科专业建设点。课程以培养具备家国情怀和科学素养、协同解决实际工程问题的高素质复合型新工科人才为方向，要求学生在知识、能力、素质和德育层面达成如下目标：理解电工与电子技术领域的基本概念与基本思路、方法，并能分析、解决工程实际问题，具备一定的知识迁移创新能力、工程思想、科学素养以及爱国报国的志向、积极向上的价值观。

二、案例详述

（一）教学设计创新

在课堂教学中融入科学史实和精神，通过典型案例厚植家国情怀和民族自豪感；结合课程实践和学科竞赛等教学方法，助力学生养成科学态度和伦理意识，培养学生专业能力和工匠精神，达到知识传授、能力培养与价值塑造的有机融合。（图1）

---

①本案例为重庆市高等教育教学改革研究重点项目"'创新项目+学科竞赛'双轮驱动下的交通装备类人才实践创新能力培养模式探索与实践研究"（项目编号：222093）阶段性成果。

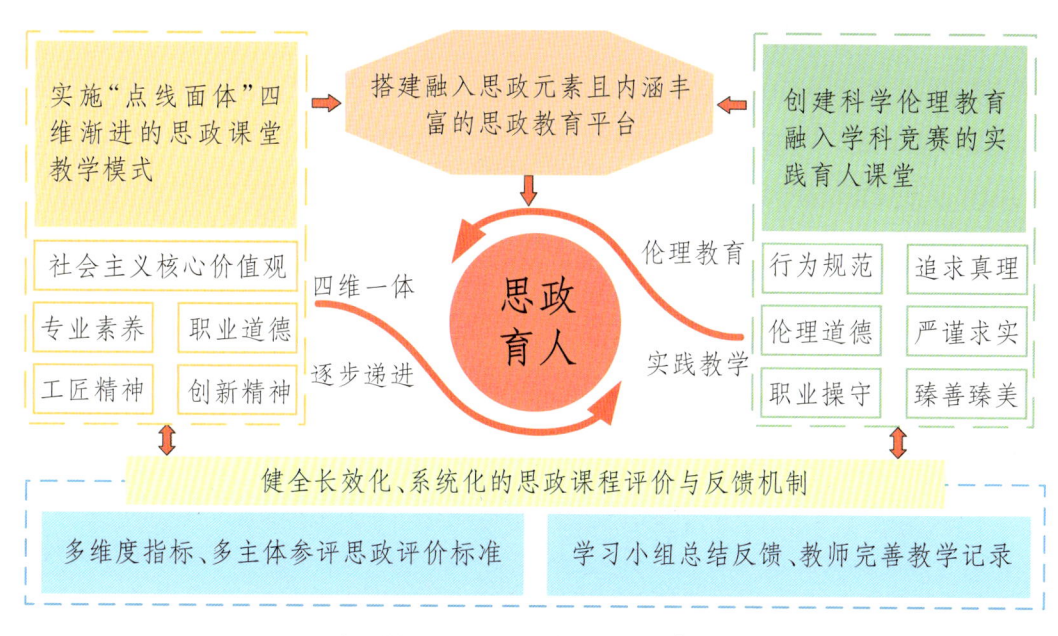

图1 "电工与电子技术"课程教学体系

1. 实施了"点线面体"四维渐进的思政课堂教学模式

将思政教育元素融入课程各章节知识点中,即"思政教育点";将分散且相同的"思政教育点"梳理成"思政教育线";将社会主义核心价值观、专业素养、职业道德等"思政教育线"编织为"思政教育面";通过递进式教学、翻转课堂等教学方法和教学手段实施设计构想,将爱国主义思想、科学伦理道德和工匠精神三大"思政教育面"整合成"思政教育体",构建"点线面体"四维渐进的思政课堂教学模式。

2. 创建了科学伦理教育融入学科竞赛的实践育人课堂

积极开展电子制作大赛、全国大学生电子设计竞赛等学科竞赛,将其作为思政教育外延拓展的育人渠道,将工程科学中的伦理问题、行为规范等融入以学科竞赛为基础的实践育人课堂,引导学生深入思考科学技术与伦理道德之间的辩证关系,树立正确的科学伦理意识,理解人文理性对机械工程学科的重要意义,养成良好的职业伦理操守和追求真理的责任感,培养踏实肯干、严谨求实的工作作风和臻善臻美的精神品质。

3. 搭建了融入思政元素且内涵丰富的思政教育平台

以课程思政"点线面体"四维渐进的思政课堂教学模式为基础,系统梳理融入思政教育元素的教学日历、教案和科学伦理案例等课程资源,提高教学观念与教学政策导向的契合度,确保课程思政建设落地、落实、落细。总结提炼教学经验,将其转化为教育成果典型案例,生成课程现场示范教学视频,并结合网络学习平台在线开放课程建设推广应用。

4. 健全了长效化、系统化的思政课程评价与反馈机制

将学生政治素养、伦理操守、职业发展纳入考核指标中以检验思政育人成效，采用多维度指标设计和多主体（学生、专业教师）参评的课程评价系统与反馈机制。结合问卷分析，为课程思政建设提供定量依据，通过班级学习委员、小组进行课程总结并提供反馈，为课程思政建设提供定性依据。授课教师逐步完善教学记录，加强行为学观察，做到课程与学生的思维模式、行为逻辑等自然贴合，实现与学生心灵的"同频共振"。

综上，本课程作为机械工程学科专业基础核心课程，围绕学科办学定位和专业特色，结合课程特点，探索了一套以"思政课堂—实践教学—教学资源—评价反馈"为主线的课程思政教学模式，通过实践检验课程思政教学成果，效果优异。

（二）课程内容与资源建设及应用

推动课程教材建设、线下课堂、线上课程平台、微信群等课程资源共享，以竞赛激发学生科技热情，通过搭建"课内、校内、校外"三级竞赛实现"课程普及、能力发展、专业提升"人才培养课程全覆盖。

根据课程的教学目标和内容，通过理论讲解结合实际电路仿真使学生更直观理解教学内容。注重发挥学生的主体性，采用引导式教学方法，由易到难、由简到繁、由表及里、逐层深入、循序渐进地引导学生掌握本节的教学内容。

（三）教学改革典型案例

本课程以"思政课堂—实践教学—教学资源—评价反馈"为课程思政建设思路，教学改革典型案例如下：

1. 课程构建了以"点线面体"四维渐进的思政课堂教学模式

将思政教育融入课堂教学中，以"基本放大电路"知识点讲解为典型案例，在"集成运算放大电路"课程中，将电路分析作为思政建设的出发点，培养学生严谨、专注的科学素养（"思政教育点"）；结合放大电路芯片，引申出集成运放芯片研发技术，以华为、中兴等企业研发集成芯片的技术难点为切入点，引导学生追求精益求精的"工匠精神"（"思政教育线"）；以集成芯片制造难点深度挖掘我国大规模集成电路制造的"卡脖子"问题，使学生树立建设科技强国理想（"思政教育面"）；通过翻转课堂的方式，让学生讨论现阶段电路领域的其他瓶颈问题，结合国内外经济贸易格局，深刻体会瓶颈问题对我国经济发展的重大影响，激发学生的爱国主义情怀（"思政教育体"）。

2. 课程将科学伦理教育融入实践教学，依托学科竞赛搭建第二课堂

将科学伦理教育融入实践教学中，以电子制作大赛为典型案例，在竞赛过程中，学生自行组队并完成整体设计，引导学生树立大局意识，发扬团队协作精神，提升家国情怀；结合课程中"电流分析基础""基本放大电路"等相关章节内容搭建硬件电路，在电路调试过程中会出现短路、断路、电流放大倍数不够等问题，引导学生结合课程知识点进行有效分析，培养学生实践创新能力，增强科学伦理素养。同时，鼓励学生以现有知识为基础进行电路设计的自主创新，电路设计和调试过程中，注重增强学生在不断失败中砥砺前行的决心，培养学生推陈出新、执着专注的"工匠精神"，学生接受度高，效果显著。

（四）课程教学内容及组织实施

教学方法主要采用讲授法，即对重要理论知识的教学采用直接讲授的教学方法。根据教学目标和教学内容，采用多媒体课件讲解与板书相结合的教学手段，通过理论讲解结合实际电路仿真使学生更直观地了解教学内容。注重发挥学生的主体性，采用引导式教学的方法，由易到难、由简到繁、由表及里、逐层深入、循序渐进地引导学生掌握教学内容。

构建基于作品创作的项目式教学模式，作品主要指设计方案、微课、课件。教学流程分为三个阶段：一是知识初识阶段，主要是基本概念、原理与方法，以及基本技能的理解与应用，属于识记、理解、应用的低阶学习；二是知识内化阶段，开展作品的创作、交流、展示、汇报与评价等活动，属于综合应用、评价与创新的高阶学习；三是知识升华阶段，要求修改与完善第二阶段创作的作品，为组织学生参加专业的学科竞赛做准备，也属于高创学习。（图2、图3）

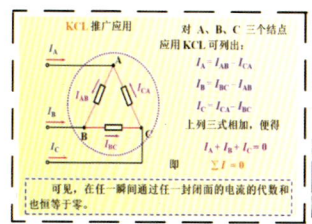

图2 理论课堂讲授

图3 指导学生竞赛

(五)成绩评定考核等方面的亮点及特色

为了进一步激发学生潜能,帮助学生认识自我、建立自信;强化综合实践能力考核,充分反映学生不同智能类型和水平;建立以能力为本位、评价主体和方式多元的课程评价体系,激发学生学习积极性,增强学习责任心以及质量意识,推进创新人才培养,全方位提升教学质量。

考核采取考试、考查、技术等级鉴定等方式,把终结性评价与形成性评价有机结合。根据各课程内容特点以及相关要求,考试可分别采取闭卷和开卷笔试、实际操作、案例分析、成果演示等形式。

三、案例成效

(一)课程评价

课程思政建设的重要环节是评价与反馈,课程围绕"爱国情怀—科学伦理—工匠精神"三个维度的思政教育目标,将思政元素融入课程的各个环节,采用"诊断性评价—形成性评价—终结性评价"三类评价相结合的评价方法,构建了学生网评、校内同行课上旁听、班级学习小组互评等评价与反馈机制,形成了长效化、系统化的课程评价体系。(图4)

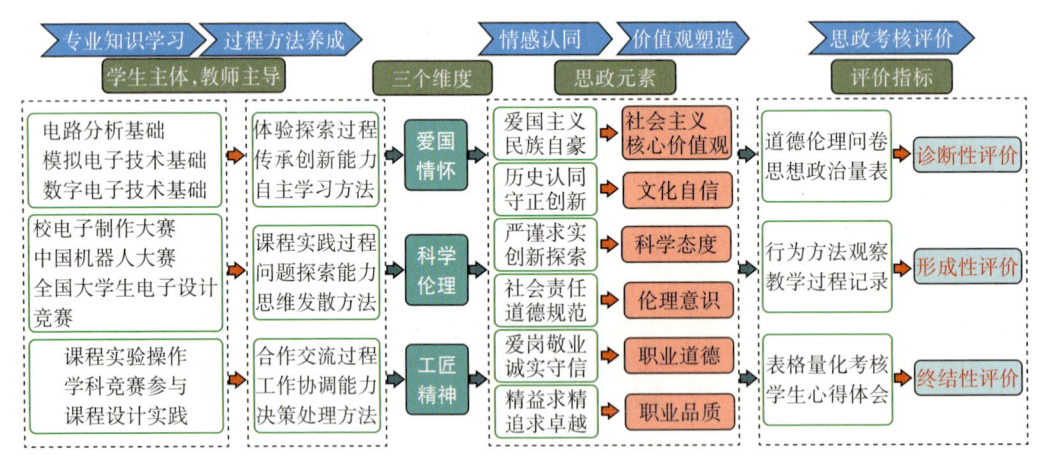

图4 课程评价体系

(二)教学改革效果显著

通过课程思政改革实施,学生在厚植家国情怀、追求卓越工匠精神等方面进步明显。授课班级学风端正,出勤率100%,课堂互动参与度达到95.3%,作业完成度达到97%;依托学科竞赛的实践育人课堂参与度高,其中电子制作大赛参赛率高达90%,班级学生参加教育部高水平学科竞赛获省部级及以上奖达83项(国家级奖39项),多项竞赛成绩取得我校历史性突破;获批大学生创新创业训练项目16项(国家级4项,省部级5项);依托省部级科研平台,学生创新能力得到稳步提升,发表高水平学术论文26篇(SCI/EI收录11篇),授权专利和软件著作权53项,获得"重庆市创新能力提升先进个人"省部级荣誉称号12人次。

(三)同行评价高,学生评价好

校内外专家一致认为本课程思政目标准确,知识体系科学,资源配置丰富,考核评价方式合理,依据《重庆交通大学本科教学质量报告》,在课堂教学巡查中本课程获得优秀课堂8次。任课教师育人意识显著增强,思政能力提升明显。学生对课程的满意度达到95%以上,网络评教位列全校前5%,学生的家国情怀修养、科学伦理素养和工匠精神涵养显著提高。

(四)示范辐射广,社会影响大

"电工与电子技术"课程思政教学改革的实施,建立了知识、技能、素质三位一体的课程标准,为其他专业课程的改革提供了样板,在重庆理工大学、安徽工业大学等院校中得到推广应用,示范引领性强,起到了很好的借鉴和指导作用。(图5)

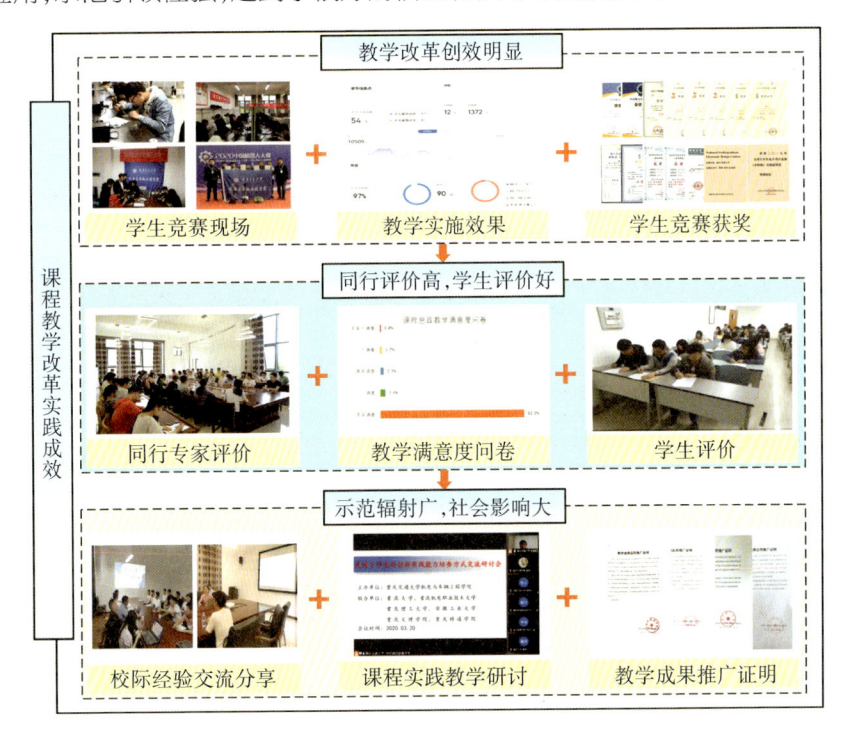

图5 课程教学改革实践成效

四、未来计划或启示

未来5年,本课程持续建设计划如下:

(一)丰富思政案例,完善资源平台

根据思政教育的最新政策,密切关注高校思想政治理论发展和要求,联系新工科背景下交通装备类人才的培养方案,不断修订课程思政教学案例,完善与时俱进且集知识、技能、素质三位一体的线上教学资源平台。

(二)拓宽第二课堂,促进实践思政

进一步与企业开展产学研深度合作,促进校内外实习实训基地建设,结合企业和行业需求增设实践创新项目,加强校外导师团队建设,通过项目的锻炼,培养学生的家国情怀和工匠精神。

(三)健全评价机制,保障思政建设

制定课程思政建设的评价性文件,将课程思政建设成效纳入考核评价体系,形成宏观掌控、相互监督的双层组织架构,对思政课堂、实践教学、教学资源、评价反馈等课程思政建设环节进行严格的过程管理与质量监控。

混凝土拱桥拱圈构造设计

周水兴　高燕梅　钱骥　徐略勤　孙测世

重庆交通大学

一、案例介绍

拱桥是土木工程中出现最早、至今仍被广泛应用并不断发展的桥梁。混凝土拱桥以其承载力高、工程造价低、维护费用低、截面可塑性强等特点，得到国内外工程师的青睐，如建成于1997年的重庆万州长江大桥，净跨420米，成为20世纪末跨度最大的混凝土拱桥，广西天峨龙滩特大桥是迄今为止世界上唯一一座跨度超600米的拱桥。拱圈是混凝土拱桥的主要承重结构，按其截面形式，分为板拱、肋拱、箱形拱和双曲拱。拱圈截面形式不仅与拱桥跨度有关，还与拱圈施工密切相关，拱圈截面尺寸既与承载力有关，也与结构稳定有关，涉及构造、受力、施工。这些内容被分散在教材的多个章节中。

传统教学方式是根据教材内容，按照截面、构造、计算、施工依次进行，由于学生尚未接触实际工程，缺乏工程经验，学习的主动性和参与性低，教学难度大、教学效果差、教学用时长的问题一直较为突出。本案例通过教学设计和教学内容重组，针对混凝土拱桥拱圈构造设计，从简单、易于理解的实体矩形截面起，围绕减轻重量—增大跨径—结构受力—施工技术一条主线，将混凝土拱圈构造、受力、施工糅合于一张图片中，课堂上重点讲解要点，将拱圈具体构造和施工方法留给课后学习。

二、案例详述

（一）课程团队建设与能力提升

本团队由5名教师组成，其中教授2名，副教授3名，均拥有博士学位，分别来自同济大学、湖南大学、重庆大学和重庆交通大学,学缘结构合理。近5年来,承担国家自然科学基金项目1项、青年基金项目2项,重庆市教委重点科研项目1项,其他层次科研项目22项,其中服务工程项目9项,累计科研经费960万元,发表学术论文40余篇,获得国家发明专利12项,参与了世界最大跨径钢管混凝土拱桥——广西平南三桥、世界最大跨度悬臂浇筑混凝土拱桥——四川水落河特大桥的建设。

(二)教学设计创新

1.重组教学内容

本教学案例中,将混凝土拱圈的截面形式、构造、受力、施工等教学内容,糅合在一张图片中,如图1所示。然而,这些教学内容分布在教材的几个章节中。本教学案例从工程中最简单的实心矩形截面起,围绕构造的难易性、材料利用、跨越能力、稳定性能、施工方法,逐渐拓展出箱形截面(单箱单室、单箱多室)、肋拱、构造作用、施工方法、未来发展等内容,使学生能够先从宏观上建立起构造、受力、施工之间的关系的认识。

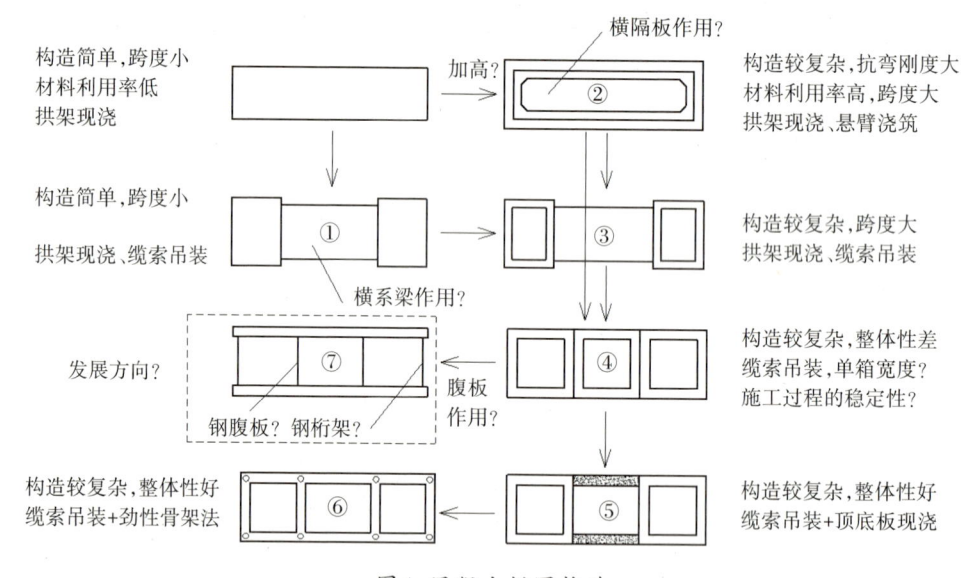

图1 混凝土拱圈构造

2.引入了混凝土拱桥发展内容

混凝土拱桥具有承载力高、后期养护费用低等诸多优点,近年来国内混凝土拱桥施工技术得到发展,如悬臂浇筑法、悬臂浇筑与劲性骨架组合法、强劲性骨架法。此外,钢桁—砼拱桥也已在国内开始发展。然而,由于教材更新的滞后性,这些内容尚未修订到教材中。本团队参与了国内多座混凝土拱桥建设和科研工作,于是及时将混凝土拱桥发展内容引入教学中。

3. 突出重点，课后学习

课堂教学中，教师重点围绕图1知识点展开教学，同时配合施工照片（图2）、设计图纸等，加深学生理解。把课堂上未讲的或通过看书就能理解的内容，留给学生自学。

图2 拱圈悬臂施工照片

通过本教学设计，教学课时显著缩短，从传统的6学时缩减到2学时，尽管如此，教学效果反而更为明显。

（三）课程内容与资源建设及应用

1. 课程内容

(1) 混凝土拱圈截面形式。

(2) 混凝土拱圈构造、截面尺寸拟定与配筋。

(3) 混凝土拱圈施工方法。

(4) 混凝土拱桥发展。

2. 思政教学内容

我国在混凝土拱桥方面做出了许多贡献和智慧。

双曲拱桥是我国建桥工人于20世纪60年代提出的一种拱桥（图3、图4），是基于当时国内技术水平低、施工装备差的实际，提出的"化整为零、集零为整"的建桥方法。由于解决了当时的起吊问题，到20世纪80年代，80%以上的公路桥都为双曲拱桥，为国家的交通建设做出了贡献。

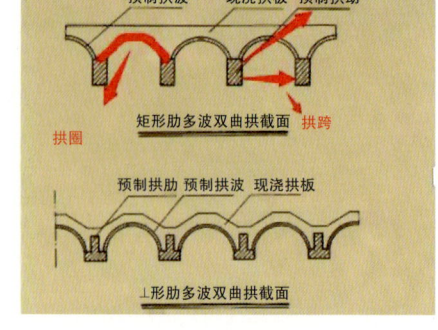

图3 双曲拱桥　　　　　　　图4 双曲拱桥横断面

另外一种桥型预应力混凝土桁式组合拱桥,也是由中国桥梁工程师提出的,最大跨径达到390米。

3. 资源建设及应用

桥梁工程是实践性非常强的专业课程,构造复杂、施工方法繁多,要提高教学质量和教学效果,必须拥有丰富的技术资料。为此,课程教学团队收集了混凝土拱桥施工照片2000余张,施工动画5个,设计图纸20余套,施工组织设计12个。

有了上述教学资源,能够根据教学内容,合理选取资源进行教学。

(四)教学方法改革

本教学案例涉及构造、受力、施工方法等内容,主要采取以下几种教学方法:

1. 问题式教学

围绕矩形截面构造简单但跨越能力有限、材料利用率偏低的问题,思考如何通过改变截面构造来解决问题?拱圈腹板的作用是什么?如何减轻腹板重量,引入波形钢腹板、钢混桁式拱桥等近年来发展的新型拱桥结构?通过引导—讨论—总结,把拱圈构造总结出来。

2. 探讨式教学

围绕重庆万州长江大桥如何在劲性骨架上浇筑拱圈混凝土这一问题,逐渐引出知识点:(1)是在什么场合下提出了分环分段浇筑方法,以往采用了什么方法,有什么不足?(2)对设计和施工提出了什么新问题?(3)如何确定分段长度和浇筑顺序?(引出课题组最新研究成果)(4)未来发展的方向是什么?引出强劲性骨架的设计方法。

3. 案例式教学

以国内第一座采用悬臂浇筑法施工的四川白沙沟1号大桥为例,从最初设计的拱圈截面出发,围绕悬臂浇筑施工要求,思考如何在保证施工安全和受力要求的情况下,逐渐改变拱圈截面构造,以适用于一种新施工方法。

(五)课程教学内容及组织实施

1.课程教学内容

(1)混凝土拱圈横截面形式。

①板拱、肋拱、箱形拱、双曲拱。

②双曲拱桥的发展、现状。

(2)箱形截面的优缺点、箱形截面顶底板和腹板的作用与受力。

①箱形截面的组成。

②箱形截面顶底板和腹板的作用与受力。

③箱型截面板厚与局部失稳。

④箱形截面优缺点。

(3)拱圈高度与宽度拟定、拱圈构造与连接、横系梁。

①影响拱圈高度的因素。

②拱圈宽度的确定方法。

③拱圈钢筋构造与接头连接。

④横系梁的作用、截面形式。

(4)混凝土拱圈施工方法。

①支架现浇法。

②悬臂拼装法。

③悬臂浇筑法。

④劲性骨架法。

⑤转体施工法。

(5)混凝土拱桥发展。

2.组织实施

(1)团队共同开展教学设计。

一个优秀的工程作品都是基于设计团队的共同讨论、反复修改。教学设计也是如此,为了做好混凝土拱圈构造设计的教学设计工作,教学团队采取集体讨论、分工合作、反复修磨的方式,开展了本教学设计工作。

(2)课堂教学。

课堂教学侧重混凝土拱圈构造、施工的宏观内容,通过问题式、案例式、探讨式教学,使学生能够较为全面系统地将构造与施工关联起来，并将教材中缺失的内容，如拱桥发展遇到的问题等引入课堂教学中。

(3) 课前、课后学习。

由于将混凝土拱圈构造、施工串联在一起教学，完全打散了教材的内容组织形式，因此，需要学生提前预习相关内容（教师课前交代章节内容），把通过课外学习就能理解的内容，留给学生自学，这样在保证课时数不变的情况下，既能完成教学工作，又能提高学生自我获取知识的能力。

（六）成绩评定考核等方面的亮点及特色

评定考核多样化。增加小论文、文献综述等考核内容，丰富考核方式。

增加平时成绩的占比，将平时成绩提升到40%，期末考试只占40%，其余20%用于平时考核、作业质量等。

如果学生能够发表高质量论文或提出高质量的想法，经教学团队共同认定且学校同意后，给予期末免考奖励。

三、案例成效

（一）案例特色与创新点

1. 打破教材内容，重组教学内容

桥梁工程构造与施工密不可分，历年教学均表明，离开构造讲施工、离开施工讲构造，都不能起到良好的教学效果。本案例将混凝土构造、受力、施工串联在一起，克服了构造与施工教学脱节问题，使学生在构造中学习施工，在施工中学习构造，从中发现拱圈各种截面的特点、适用场合，也掌握了拱桥施工方法。

2. 将桥梁发展引入教学中

随着交通事业的不断发展，尤其是西部高速公路和铁路的建设，需要建造大量大跨度混凝土拱桥，及时将近年来国内外混凝土拱桥发展引入教学中，使学生能够及时了解发展现状、存在的问题及未来发展趋势，为学生今后升学、工作积累知识。

3. 将思政元素引入课程教学中

桥梁工程中充满了优秀的思政元素，从古代的赵州桥，到现代的钱塘江大桥、南京长江大桥、港珠澳大桥、杭州湾跨海大桥、重庆朝天门长江大桥、广西平南三桥等，不仅展现了我国国力的日趋强大，更反映了中国桥梁工程师的奉献和智慧，值得每位青年人自豪和追随。

4.培养学生自主学习和自主获取知识的能力

本教学案例打破了传统专业课程以教师为主、学生为辅的格局,引导学生从教材中学知识、从课外学本领,培养学生自主获取知识的能力。

(二)教学改革成效及解决的重难点问题

桥梁工程构造与施工教学一直以来都是困扰课程教学的难题,本团队利用丰富的理论知识和工程经验,深入挖掘知识内在联系,通过拱圈截面,将混凝土构造、受力、施工有机串联在一起,较好解决了构造与施工脱节的问题。

提升学生学习主动性。通过问题式、案例式、探讨式教学,充分利用教学团队拥有的动画、照片、图纸等教学资源,课堂内容形式多样,学生能够主动融入教学,积极思考,克服了学生被动听、知识难理解的难题。

在保障教学质量的同时,有效压缩教学用时。利用本教学案例,可以将教学用时由原来的6学时压缩为2学时。

四、未来计划或启示

"桥梁工程"是土木工程、道路桥梁与渡河工程专业的一门必修课程,也是工程管理、工程造价、材料科学与工程等专业的专业基础课。然而"桥梁工程"专业性强,要求学生不仅要有深厚的专业基础知识,也要了解桥梁工程的施工技术,这对教师、学生而言都是一种考验。

为了提升教学质量和教学水平,教师不仅要有深厚的理论基础和专业知识,更要主动接触实际工程,了解工程、学习工程,从工程中提升专业能力和工程经验。专业教师必须具有2年及以上的工程经历,才有可能胜任专业课程的教学。

近年来桥梁工程的发展表明,企业(设计、施工)已经成为桥梁的发展主导单位(包括装备研发、新技术出现),高校虽然参与了部分桥梁的建设和科研工作,但已经显现出被动、滞后的局面。然而,高校又承担了为企业培养人才的重任,如何培养有创新能力、了解桥梁发展的优秀人才,已成为高校及教师的迫切任务。

本团队后续将主动与设计、施工单位联系,广泛收集资料,开展"桥梁工程"其他教学内容案例设计,为国家培养交通建设人才。

突出价值引领,强化知识内化[1]

骆东奇　陈帅　王兆林　邓文静　龚杰

重庆工商大学

一、案例介绍

"土地资源学"是土地资源管理专业的基础课程,在专业课程体系中起到龙头作用,同时,由于其与国情教育具有天然的密切联系,也是思政教育的重要支点。本课程坚持以习近平新时代中国特色社会主义思想统领课程建设,深度挖掘思政元素并融入教学过程,培育学生学习土地科学的兴趣。教学内容方面,教学团队以绿色发展引领本课程相关的土地调查、规划与管理、保护与合理利用等各环节教学,旨在使学生充分意识到国土资源和科技创新是绿色发展的重要载体和持续动力;教学方法方面,充分贯彻"以学生为中心"和"三全育人"的理念,重构课程体系,将"思想政治、文化知识、实践能力"全方位育人贯穿于"课前、课中、课后"的全过程之中,使学生对知识点的掌握以"启蒙—学习—巩固"为一个周期循序渐进;教学评价方面,构建多元评价机制,对学生进行全方位、全过程的考核,最终确定其综合人文素养及本课程的成绩。

二、案例详述

(一)课程团队建设与能力提升

"土地资源学"是土地资源管理专业的基础课程,是后续土地资源调查、土地评价、土地管理、土地规划等多门专业课的先导课程,在土地科学领域的知识体系中占据重要地

---

[1] 本案例为重庆市教育科学"十四五"规划2021年度重点课题"基于质量功能展开理论和Kano模型的财经类高校课程思政教学评价体系研究"(课题批准号:2021-GX-122)阶段性成果。

位。而"土地资源学"的专业知识与国家政策、经济发展以及社会现状等方面紧密相关,因此其专业知识的更新速度较快,对于授课团队的专业性有极高的要求,同时在课程建设的过程中对于团队成员的教学能力具有极大的提升作用,主要表现在:

1. 教学设计能力提升

教学团队成员集体分析教材,明确教学目标、重点及难点,首先,结合团队成员个人擅长方向进行统筹安排授课,如教学经验丰富的教师可着重介绍绪论、土地与土地资源、土地类型及土地资源类型等章节,技术能力更高的教师可着重介绍土地资源调查与制图、土地资源评价与核算等章节,项目经验较多的教师可着重介绍土地资源利用与规划、土地资源开发与整治等章节,具有生态学背景的教师可着重介绍土地资源定位与功能、土地资源胁迫与安全等章节;其次,团队成员通过收集学生的知识背景及课堂反馈,对授课方案进行实时的优化;最后,团队成员协调教学实施与学科培养计划,以保证课程的顺利开展。

2. 教学经验能力提升

教学团队通过相互协作,可对自己教学过程中出现的问题进行反思,并吸收团队的集体经验,将一些零星的教学经验逐步沉淀为稳定的教学行为和策略。

3. 教学交往能力提升

教学团队在日常教育教学实践的过程中,可与学生、同事、专家以及管理者进行经常性的专业学习和交流,对于团队成员的授课经验传授、教学工具传递、教学方法扩展、知识结构完善、交流能力提升等方面均有促进作用。

(二)课程内容与资源建设及应用

"土地资源学"课程主要包括土地资源类型、土地资源调查制图、土地资源评价与核算、土地资源利用与规划、土地资源开发与整治、土地资源胁迫与安全等内容。本课程具有丰富的课程资源:

一是课程要件齐全,包括教学大纲、课程讲义、课程教学计划;二是每章节均有丰富的课程作业;三是建有课程习题库;四是建有课程案例库,包括每章节的课程思政案例库;五是建有土地利用规划等虚拟仿真网络课程3门。(表1)

表1　课程教学计划表(部分)

教学内容	思政元素	思政内容	学时
第1章　绪论	爱国主义情怀 整体系统观	将爱国主义情怀融入"土地"的概念辨析;将"山水林田湖草"生命共同体的理念融入"土地综合体"的讲解	5
作业1　我国土地资源状况宣传海报	爱国使命感	提升学生对当前我国土地资源的形成、发展、利用、保护的认知水平,激发其保护土地资源的使命感	1
第2章　土地类型与土地资源类型	深邃历史观 科学自然观	思考在人类文明史上如何更好地理解土地资源的属性及科学利用;将尊重自然的"天人合一"理念引入土地资源的发生及发展规律中	6
第3章　土地资源调查与制图	吃苦耐劳精神 精益求精工匠精神	引入测量世界屋脊珠峰高度的实例,说明土地资源调查是艰苦行业,需要不惧艰险,精确地调查好每一寸土地的情况,培养学生的吃苦耐劳精神;制图是需要学生掌握的一门技术技能,使学生理解技能报国是解决高技能人才短缺问题的有效途径,培养其工匠精神	6
第4章　土地资源评价与核算	深邃历史观 科学自然观	理解我国古代关于土地分等著作中提到的"凡草土到,各有谷造",即土壤、植被、作物的生长均有其自然规律,同时增进学生对于中华文明的了解;明确对土地资源进行评价时,需遵守遵循自然、顺应自然的原则	6

本课程所有课程资源已经被广泛地应用到历届的本科教学中,取得了良好的人才培养效果。此外,本课程案例库和虚拟仿真课程,已经多次被贵州财经大学、重庆财经学院、重庆理工大学等土地资源管理专业使用。

(三)教学方法改革(图1)

1.课前:专题化教案——启蒙

本课程按照教学大纲的基本要求,结合生态文明绿色发展观,对本课程的教学内容和课程体系进行更新,构建一套适用于当前专业发展的课程教学方案。在课前初步培养学生的专业兴趣和基本的生态文明价值观。

2.课中:项目化教学——学习

本课程采用项目化教学方法,依据课程知识点,挖掘相关思政元素,设计课程思政的实施路径,将"习近平生态文明思想""人地协调观"等融入本课程授课内容中,同时,以我国传统文化、思政新闻和家国情怀为辅助,对"土地资源学"的教学内容进行全面更新。

3. 课后：系统化作业——巩固

本课程作业的设置遵循系统化原则，学生根据所给出的主题自行组建小组，进行材料收集、文字整理、思路梳理、文本撰写、PPT汇报、小组互评、最终完善等步骤，使得作业完成得有逻辑、有过程、有结局，培养学生的良好学习习惯、专业思维和实践能力。

图1 课程教学方法

（四）课程教学内容及组织实施

课程教材共8个章节，可分为"是什么""在哪里"以及"怎么用"三个部分。"是什么"部分包括第1章"绪论"（4学时），第2章"土地类型与土地资源类型"（5学时）和第6章"土地资源定位与功能"（6学时），在第1章结束后增加作业1的布置和评讲（1学时）；"在哪里"部分主要是第3章"土地资源调查与制图"（7学时），包括土地资源调查、土地利用现状调查、土地资源制图、现代技术在土地资源调查中的应用；"怎么用"部分包括第4章"土地资源评价与核算"（7学时），第7章"土地资源开发与整治"（4学时），第8章"土地资源胁迫与安全"（2学时），其中，在第4章结束后安排作业2（2学时），在第8章结束后安排作业3（2学时）。此外，在所有教学和作业评讲结束后安排总复习（2学时）。（图2）

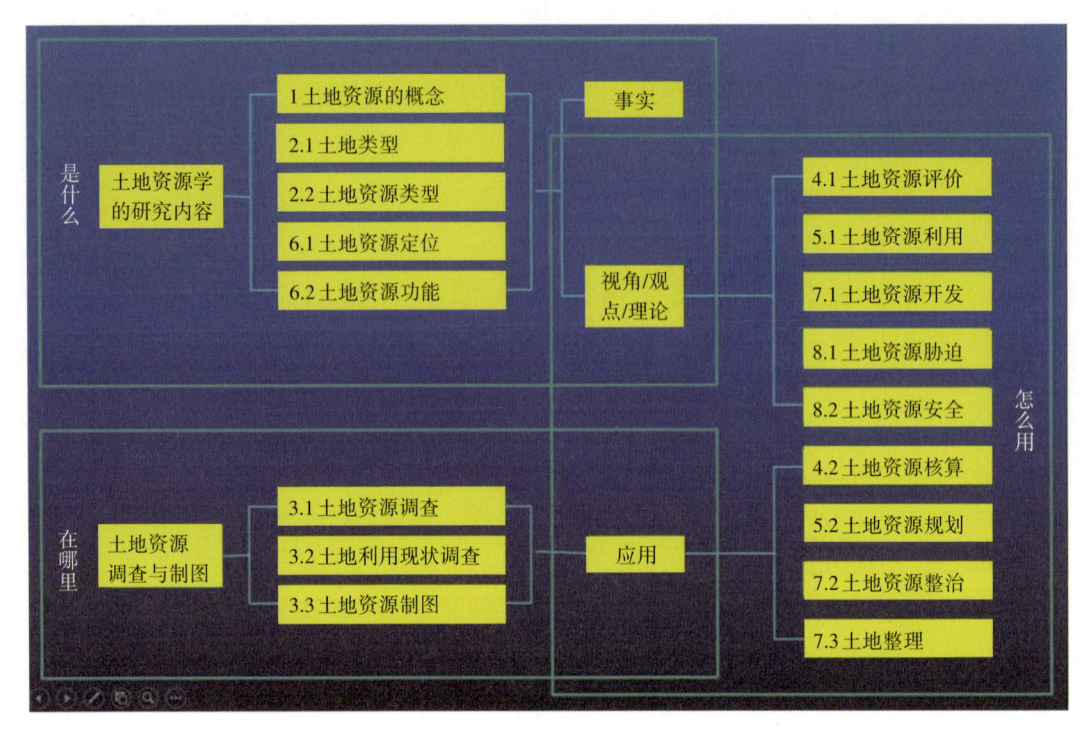

```
┌─────────────────────────────────────────────────────────────────────┐
│        ┌──────────────┐  ┌─1土地资源的概念─┐    ┌─事实─┐              │
│        │              │  │2.1 土地类型    │    │      │              │
│  是什么│土地资源学    │  │2.2 土地资源类型│    │      │  4.1 土地资源评价│
│        │的研究内容    │  │6.1 土地资源定位│    │视角/观│5.1 土地资源利用│
│        │              │  │6.2 土地资源功能│    │点/理论│7.1 土地资源开发│
│        └──────────────┘  └────────────────┘    │      │8.1 土地资源胁迫│ 怎么用
│                                                │      │8.2 土地资源安全│
│        ┌──────────────┐  ┌─3.1 土地资源调查───┐┌─应用─┐4.2 土地资源核算│
│  在哪里│土地资源      │  │3.2 土地利用现状调查│ │      │5.2 土地资源规划│
│        │调查与制图    │  │3.3 土地资源制图    │ │      │7.2 土地资源整治│
│        └──────────────┘  └────────────────────┘ │      │7.3 土地整理   │
└─────────────────────────────────────────────────────────────────────┘
```

图2 课程教学的知识逻辑

在整个课程的讲解过程中,结合专业知识将生态文明思想融入其中。在讲解第1章、第2章的内容时,将生态文明思想中的深邃历史观、科学自然观以及整体系统观融入教学内容;讲解第3章、第4章、第5章、第6章的内容时,将生态文明思想中的绿色发展观融入教学内容;讲解第7章、第8章的内容时,将生态文明思想中的严密法治观和基本民生观融入教学内容。充分挖掘思政元素并与本课程的各章节融合,使得学生掌握有关土地资源的基础知识,熟悉对土地资源进行调查、评价、规划、利用、保护、整治等工作带来的主要伦理问题及其原因,提高"人与自然和谐共生"的科学自然观,强化对资源的平等性对待意识,深入领会"绿水青山就是金山银山"的绿色发展观。准确把握本课程的特点,深入挖掘思政元素,做到课程思政融入润物无声。

课堂教学环节主要包括:

(1)"案例引入"环节(5分钟)——复习前课内容,介绍本次课的导入案例。

(2)"知识讲解"环节(20分钟)——讲授本章节重点内容,加深学生理解。

(3)"知识运用"环节(10分钟)——引导学生分组讨论并汇报讨论结果,进行思辨能力培养。

(4)"知识链接"环节(5分钟)——讲解或讨论与其他知识点之间的关系影响、发展趋势等,建立网状的知识体系。

（五）成绩评定考核

本课程构建教师、学生、企业共同参与的多元评价机制，通过教师制定的含知识（40%）、技能（30%）和素质（30%）三方面内容的课程考核方案进行全方位教学评价，采用线上线下相结合的方式进行全过程评价，最终确定学生的综合人文素养及本课程的成绩。（图3）

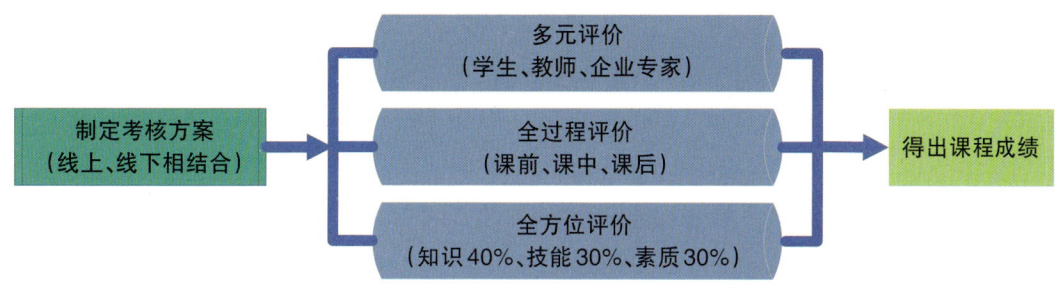

图3 课程成绩考核机制

三、案例成效

（一）案例特色及创新点

1.案例设计逻辑严谨

本课程的授课内容设计以"提出问题—展示现状—寻找原因—自我反省"为逻辑线，通过丰富的案例，培养学生自主探究问题和进行实践的能力，可充分发挥学生的主观能动性。

2.思政元素融入多样

本课程通过采用案例分析法、思政新闻讨论法、主题辩论法等教学方法将思政元素融入教学内容，便于学生对我国国情问题进行深入探索，同时领悟到国土意识、生态保护以及人类命运共同体等思政元素，逐渐树立正确的资源观和浓烈的家国情怀。

3.教学内容由浅及深

本课程以启发式问题主导整个教学过程，推动学生围绕问题进行分组讨论和现场观点演示，使学生参与课程的建设过程，不断增加学生的课程参与感和获得感。

（二）教学改革成效及解决的重难点问题

1.教学内容的更新

教材是相对固定的内容，而课堂则是进行教学内容更新的前沿阵地。本课程在理论教学的过程中,结合国家新政策和社会热点问题,不断更新教学内容,如当前国家为解决耕地"非粮化、非农化"的问题而提出的一系列政策;西部边陲地区战士事迹的讨论;金砖国家联盟的意义探讨,等等。

2.教学模式的改革

从传统的传递—接受式教学向多种方法结合授课的教学模式转变。如本案例中运用到的任务驱动法和问题讨论法,通过调动学生的学习积极性,为学生建立系统的知识体系,同时借助概念罗列、资料综述等技能训练,实现对学生探索精神及创新思维的初步培养。

(三)取得的主要成效及成果

1.课程教学

(1)学生层面。

本案例所采用的教学方法、教学模式均为市级一流课程"土地资源学"建设的具体内容体现,学生学习本课程,可增强其自身的思辨能力、家国情怀以及自主学习能力。近些年,学生在团队教师的带领下,积极参加国家级、省部级大学生专业竞赛并获得优异成绩。(图4)

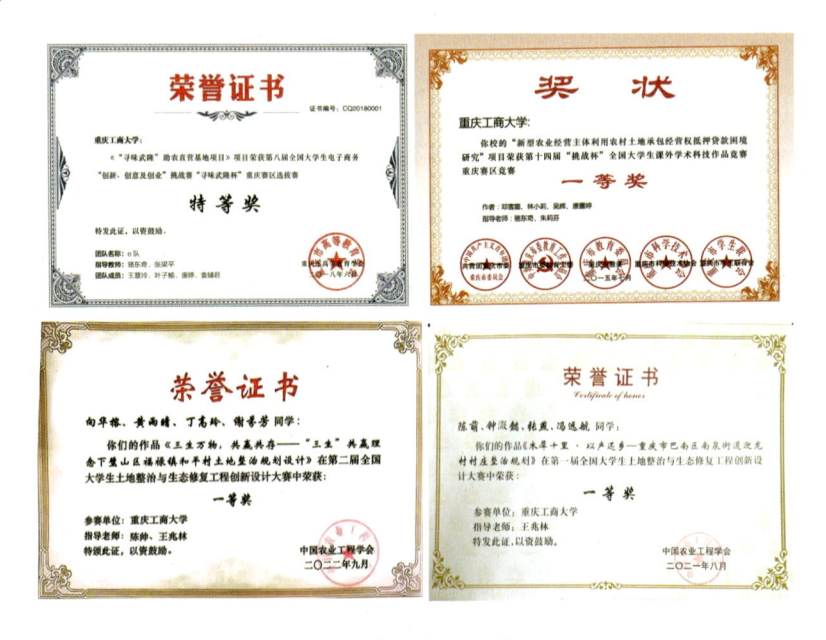

图4 学生获奖证书

(2)教师层面。

团队教师在建设本课程的过程中,有效提升了教学技能及教学改革成效。近些年,团

队教师在教学技能方面获得多项荣誉称号,同时在教学改革方面获得多项省部级立项成果。(图5)

图5 团队教师所获荣誉证书

2.学生评价

近3年学生对教师和课程的评价均在90分以上,总体评价达优秀水平,表明学生对课程的满意度较高。针对教学方法及模式,学生对"课程讲解理论联系实际,使用案例较新颖"和"教学互动性强,参与讨论机会多"两个方面的认可度较高,说明本课程在结合专业实际和提高学生课堂参与度方面具有成效。

四、未来计划或启示

结合课程建设过程中的已有经验,为持续做好"土地资源学"课程的建设、应用与改革,提高教学效果,需从以下几点加强:

(1)课堂上立足土地科学理论,联系当前土地方面存在的历史或现实问题,设计一些具有思辨性、焦点性的问题,同时结合时政要闻,引导学生进行讨论和辩论。

(2)课堂外在学生充分思考和参与的基础上,引导学生利用课外阅读、专题研究等方式,进一步对课堂上提出的问题进行研究,并分析与本专业相关的国家政策制定时的历史思维,加深学生的思考,使学生完成启发、思考和收获的闭合链。

(3)对于师生,鼓励积极参加学科论坛、教学培训和大学生专业竞赛活动等,以交流促提升。

(4)对于课程,逐步提升"土地资源学"课程的思想性、政策性及德育层次,为培育珍惜土地、爱护土地的国家建设者和接班人贡献一分力量。

(5)对于平台,积极创办虚拟教研室,加强跨专业、跨学院、跨学校、跨地域的教研交流,共同打造教学成果,推进精品教学资源库、优秀教学案例库等教学资源的共享。

(6)对于团队,结合本校已有平台、资源、师资、课程等实际情况,以本课程为示范,逐步打造本专业不同研究方向的课程团队,共同谋划课程的高阶发展。

"Learning by Doing"
——"英文经典选读"课程"项目式学习"教学实践

黄慧　梁萍　毕建程　黄长萍　王天翼

四川外国语大学

一、案例介绍

"英文经典选读"系列课程包括"英文经典选读(1)""英文经典选读(2)""英文经典选读(3)"及后续课程"时政类报刊选读",阅读材料涵盖人文经典和外刊经典。本课程以学校"强外语、厚人文、善合作、能创新"的总体人才培养目标为纲,以英语专业低年级学生为授课对象,以"Learning by Doing"理念为引领,以"项目式学习"为主线,采用线上线下混合式教学模式,旨在从专业知识、基本能力与人文素质三方面培养学生,即在夯实学生语言基本功的基础上,加强文学文化知识与时政知识的学习,拓宽学生视野;通过学习英文经典作品和时事报刊,加强学生获取、运用知识的能力和分析、解决问题的能力,培养其跨文化交际能力、合作学习能力、批判性思维和创新能力;在主题研读与外刊阅读分析过程中,激励学生的爱国情操,培养其中西方文化融合素养,让中国文化走出去,讲好中国故事。

二、案例详述

(一)课程团队建设与能力提升

"英文经典选读"课程团队始建于2015年,目前共有成员15人,涵盖文学、语言学、翻译学、文化学等方向的英语专职教师。其中,博士9人,硕士6人;教授2人,副教授6人,讲师6人,助教1人。同时,课程常年聘请国际关系、外交学、新闻传播、法律等专业教师进行课程指导。

师德师风是教研室建设的指南针。本教研室现有党员教师8人。党员教师充分发挥党员的先锋模范作用,将立德树人贯穿教学之中,有力地促进了教研室建设的健康发展。2019年,教研室负责人黄慧被授予四川外国语大学"教书育人楷模"荣誉称号。

"走出去"是教研室建设的前提。自2015年以来,课程团队成员参加了广东外语外贸大学和北京外国语大学教学开放周,高教社举办的项目式教学法研讨会,外研社举办的微课、混合金课和翻转课堂研讨会,首届人文经典泛在教育研讨会等活动。这些"走出去"的活动,使教师开阔了视野,改变了理念,改善了知识结构,为课改奠定了师资基础。(图1)

图1 课程团队成员参加北外教学开放周

教学软实力是教研室建设的关键。课程团队秉承"以本为本"和"四个回归"精神,创新教研方式,采用参与互动式、分享体验式、合作探究式等行动导向的研培活动,激发教学软实力。课程开展常态化的听课反馈制度、授课大赛、"老带新、传帮带"活动、线上线下爱心交流、专家讲座等活动,包括举办"以本为本,协同育人"和"格思论坛"系列讲座,运营课程公众号"英文经典选读微课堂",开展"我读·我思·我秀"短视频大赛、"我读·我思·我辩"《经济学人》评析论文大赛、"我读·我思·我创"课程LOGO设计大赛和"Cool Chongqing: The City That Rocks(勒是雾都——不一样的重庆)"短视频大赛,以及组织《经济学人》师生导读和学习团队等活动。(图2、图3)

图2 系列论坛部分海报展示　　　　图3 短视频大赛颁奖典礼

"同课异构"科研成果是教研室建设的升华。教研室以人为本,鼓励教师根据自身专业志趣,从课程思政、项目式教学法、微课制作、教材编写、教改论文等多维度对课程改革进行成果转化,产生了有益的"互补共振效应"。课程于2020年获批教育部首批国家一流本科课程和重庆市一流本科课程;课程组已有市级项目2项,市级课程思政团队项目1项,校级教改项目5项,校级课程思政项目2项,其中包含"特色项目"重大教学成果培育项目、教学改革研究项目、虚拟教研室、教材资助等;已完成相关教改论文多篇。

(二)教学设计创新

教学理念和模式革新。采用经典著作与当下时事、英美人文与中国故事双结合的指导思路,将思政教育融入课程全过程。从传统的单元授课发展为主题式阶段授课;从以教师为中心的课堂转变为以教师为先导、学生为主体的课堂;教学模式以项目式学习为主线,采用线上线下混合式教学。

学生综合能力提升。借助由浅入深的学习内容,通过项目式、线上线下混合式教学,培养学生的自主学习、批判思维、人文素养和科研创新等能力。

师生学习共同体形成。通过课堂教学、实践项目、微课堂等线上线下教学活动,实现师生、生生多方式及多维度互动,锻造师生学习共同体。

课程思政的有效融入。积极引导学生挖掘和弘扬经典著作中的爱国元素,运用国际政治和外交学等专业知识分析和批驳外刊对华负面报道。

(三)课程内容与资源建设及应用

形成系统立体的课程体系。第一学期阅读内容为英文文学经典简易读本和经典国内英文期刊,第二、第三学期为英文文学经典原著和经典外刊。按照主题精心挑选一至三本原著,兼顾长篇和短篇、虚构文学和非虚构文学、整体阅读和部分阅读三个维度。

建成丰富多元的课程资源和试题库。通过师生互动,搭建微课堂和微信公众号,推送教师和学生的公开课以及研读成果。通过细读和研究,建成多元化的试题库,用于阶段性测试。

(四)教学方法改革及课程教学内容和组织实施

1.课程教学内容系统立体,丰富多样,读、思、辨、写四位一体(图4)

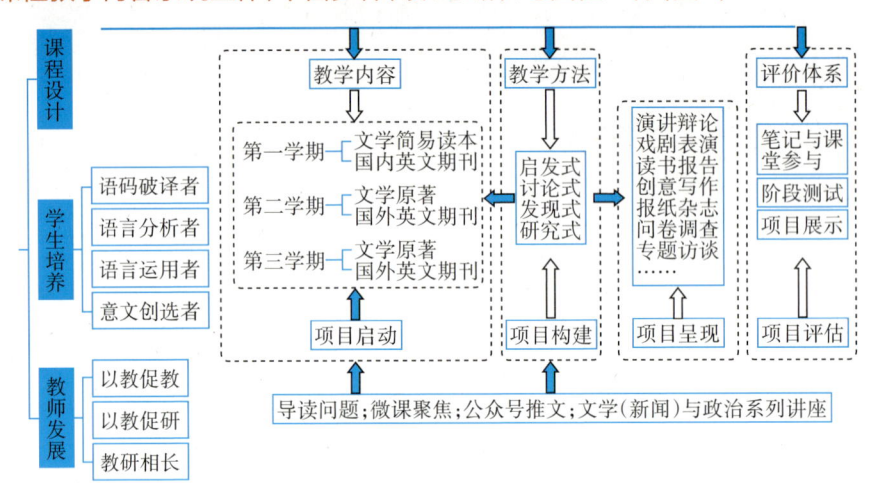

图4 课程教学内容系统图示

2.组织实施情况

第一,基于课堂,精选材料,优化阅读资源,设计阶梯式课程。第一、第二、第三学期分别依据文学简易读本+国内英文期刊、文学原著+国外英文期刊、文学原著+国外英文期刊的梯度化安排选材。每个学期以六周为一个教学阶段进行设计规划。采用阶段式的评估周期,结合有侧重的阅读方案实施教学。

第二,立足课堂,推行"启发式、讨论式、发现式和研究式"教学方法。以项目式学习为主线,充分调动学生学习的积极性;采用基于导读问题的讨论方式,鼓励学生自主学习、大胆想象、质疑求异,引导学生发现问题、提出问题;鼓励学生课下主动利用图书馆、网络获取信息,倡导合作学习、探究式学习,培养批判思维和创新能力。

第三,延伸课堂,实施项目式学习教学模式。将项目式学习贯穿"阅前"+"阅中"+"阅后"学习过程:阅前以导读问题启动项目,帮助学生把握阅读材料的重点,启发其思考方向,为项目选择做准备;阅中鼓励学生通过读书笔记和反思发现阅读文本语言的"美""趣""新"和思想的"高""深""奇",并与小组同学分享讨论、拓展思路、构建项目;阅后通过演讲辩论、戏剧表演、读书报告、海报制作、问卷调查、专题访谈、创意写作、小论文、视频录制等多样的形式呈现项目研究成果。

（五）成绩评定考核特色

课程成绩采取阶段式形成性评价体系，注重过程评价和多元评价，分别从"笔记与课堂参与""阶段测试""项目展示"三方面进行评定，并采用学生自评、同学互评、教师主评的方式，体现学生的思想性和创意性。

三、案例成效

（一）案例特色与创新点

1. 教学内容丰富，读、思、辨、写四位一体

以"英文文学经典+英文时政报刊"为主，涵盖文学、语言学、外交学、国际政治、文化等领域阅读素材，实现读、思、辨、写一体化，探索课程思政的新路径。课程在阅读英文文学经典的基础上，精选中外期刊，运用课程公众号平台推出师生共读系列文章，尤其鼓励学生结合外交学、国际政治等所学知识，对外刊中的对华不实报道进行有理有据的反驳，提高了学生的批判思维能力，增强了学生的爱国意识。

2. 阅读梯级发展，多模态成果呈现

以梯级形式开展阅读教学与实践。"英文经典选读（1）"选用阅读材料为文学简易读本+国内英文期刊；"英文经典选读（2）"和"英文经典选读（3）"选用材料为文学原著+国外英文期刊。学生采用演讲辩论、戏剧表演、读书报告、视频录制、海报制作、专题访谈、问卷调查、创意写作等多模态形式进行成果展示。

3. 师生多维互动，评价机制系统多元

通过课堂教学、专家讲座、系列论坛、实践大赛、微课堂等形式，推动师生多维互动，采用形成性评价体系，注重评价的过程性和多元性。各学期课程按阶段规划，注重形成性评价，各阶段在"笔记与课堂参与""阶段测试""项目展示"三个方面进行考核。（图5）

图5 学生部分项目作品、"游走的集市"项目展示环节

(二)教学改革成效及成果

学生评价良好,认可度高。学生普遍反映,本课程学习有助于增进对经典文本的理解力和思考力,培养良好的自主学习习惯,激发强烈的求知意识,提升语言输出及研究创新能力。课程公众号"英文经典选读微课堂"推出的"朋辈CAFE"板块邀请优秀学姐学长分享课程感悟,反响强烈。

同行评价良好。全国多所高校来我校访问,学习课程建设经验。同时,团队多次受邀参加全国相关会议。例如,2018年4月举办的"中国文化走出去:批判思维与创意写作研讨会暨工作坊",2019年10月举办的"信息化时代多学科交叉视野下的'外语科学阅读·教学与研究'高端论坛"等会议。2022年6月13日《中国教育报》刊登的《上好抗疫思政"精品课"当好实践育人"排头兵"》一文盛赞学生在"我读·我思·我辩"《经济学人》评析论文大赛中举笔抗疫,从学术上批驳外刊关于中国抗疫工作、中国精神卫生等诸多不实报道。

"农村社会学"课程思政案例

林移刚　邓晓梅　谭霞　陈璐玭　唐佳

四川外国语大学

一、案例介绍

"农村社会学"是四川外国语大学国际法学与社会学院社会学专业基础课程，32学时，2学分，是国家级一流线下课程、重庆市高等学校课程思政示范课程，同时也是重庆市高等学校课程思政教学名师和团队所依托课程。

"农村社会学"将"经世致用、知行合一"的院训和社会主义核心价值观与农村社会学知识相融合，以润物细无声的方式感化和教化学生，塑造学生"懂农业、爱农村、爱农民"的道德情操，培养学生"将论文写在祖国大地上"的科研素质，激发学生"到农村去投身乡村振兴"的家国情怀，促成学生"为实现中华民族伟大复兴而奋斗"的使命担当。

二、案例详述

（一）课程团队——经验丰富且充满活力

本课程团队以重庆市学科带头人林移刚教授为核心，由5名政治立场坚定、专业素质过硬的党员骨干教师组成，教学经验丰富，专业、敬业且充满活力。

课程负责人林移刚教授，现任四川外国语大学国际法学与社会学院院长，是重庆市中青年骨干教师，社会学学科带头人，重庆市委联系服务专家，重庆市乡村振兴专家库成员。近年来致力于农村社会相关问题的研究，其相关成果获教育部高校思想政治精品项目等，指导学生参加挑战杯、大学生双创等赛事获国家级奖项3次，市级特等奖2次。团队其他成员依托高校教师网络培训中心、教师教学发展中心等平台，参与思政课程培训12人次，

并积极参与国家级、市级、校级思政项目申报,以农村为主题发表多篇理论文章,教学、科研、社会服务能力较强。(表1)

表1 "农村社会学"课程团队分工

序号	姓名	分工
1	林移刚	教学设计、课堂主讲、机制保障
2	邓晓梅	教学设计、教学督导、质量监控
3	谭霞	教学设计、课堂主讲、课程考核
4	陈璐玭	教学资料收集、实践实习、创新创业指导
5	唐佳	教学案例收集、实践实习、创新创业指导

(二)课程内容——理论知识与实践知识并存

课程内容上,在帮助学生正确认识农村社会的历史演变、发展趋势、基本特征以及中国"三农"问题的基础上,将党的相关方针政策和新农村建设、精准扶贫、乡村振兴等国家战略融入教学,在全球视野下透视人类贫困治理及中外乡村发展,在诉说中国脱贫事业的伟大成就中彰显社会主义制度、中国共产党以及习近平新时代中国特色社会主义思想的先进性,夯实学生爱国主义思想和政治信念,形成"理论+实践"七大模块的课程内容。(表2)

表2 "农村社会学"课程内容体系

序号	模块	内容
第一模块	总论	农村社会学的研究对象、研究方法、研究意义、发展历史
第二模块	农村社会微观结构	农民、农村家庭、农村社会组织、农村社区
第三模块	农村社会宏观结构	农村社会分层与社会流动、农村社会治理、农村公共产品供给
第四模块	国家战略与农村变迁	农村现代化、新农村建设、精准扶贫、乡村振兴
第五模块	课程实践模块	农村社会调查、农村志愿服务和农村社会工作专业服务
第六模块	课程研究模块	开设农村社会学科研工作坊,课程学生加入教师科研团队,撰写学术论文和调研报告,参加学术论坛
第七模块	课程相关创新创业模块	组织创新创业导师团队,设立本科生科研与实践创新基金,开展农村领域的学生创新创业训练

(三)教学方法——多元与趣味性相结合

"农村社会学"在教学方法上,综合运用讲授式教学+案例情景式教学+研讨式教学等方法,结合教学内容选择至少两种方法进行,有效调动了学生上课的积极性与兴趣。讲授式教学主要针对课程基础知识,通过教师口头讲解,让学生掌握基本的理论知识与方法;案例情景式教学是教师通过文字案例介绍、视频案例播放以及学生演绎式方法,让学生更加直观、深入地了解本课程的某些知识点,激发学生学习积极性与兴趣;研讨式教学是教师通过与学生直接讨论,或者学生以小组的形式对某个话题展开学习、分享,让学生能够更加充分、具体地认识该知识点。(图1)

图1 教学方法示意图

(四)教学设计——五位一体协同发展

"农村社会学"在教学过程中,采取"课堂教学+社会调查+社会服务+创新创业+科学研究"的五位一体教学模式。践行服务—学习理念,以实践育人为抓手,依托丰富的实践教学资源,开展农村社会调查、农村社会服务、"三农"创新创业、农村社会研究等实践教学,有效提升学生实操能力、创新创业素养和社会责任感,最终实现价值塑造、知识传授和能力培养的紧密融合。

在课堂教学上,运用讲授、案例、研讨等教学方法,将与农村相关的视频、图片带进课堂,让学生掌握农村社会学相关理论与方法。在社会调查中,结合课程内容和专业需求,前往学院所建立的农村社区实践教学基地和服务点开展相应调查。在社会服务方面,利用实践周、专业实习等，开展农村志愿服务或实习实践，提交心得体会或实习报告，提高学生服务农村、解决问题的能力。在创新创业上，鼓励学生组建团队，申请与农村相关的选题参赛，培养学生的创新创业能力。在科学研究上，鼓励学生加入教师科研团队，进课题、做科研，撰写学术论文，参加学术论坛和学术竞赛。(图2)

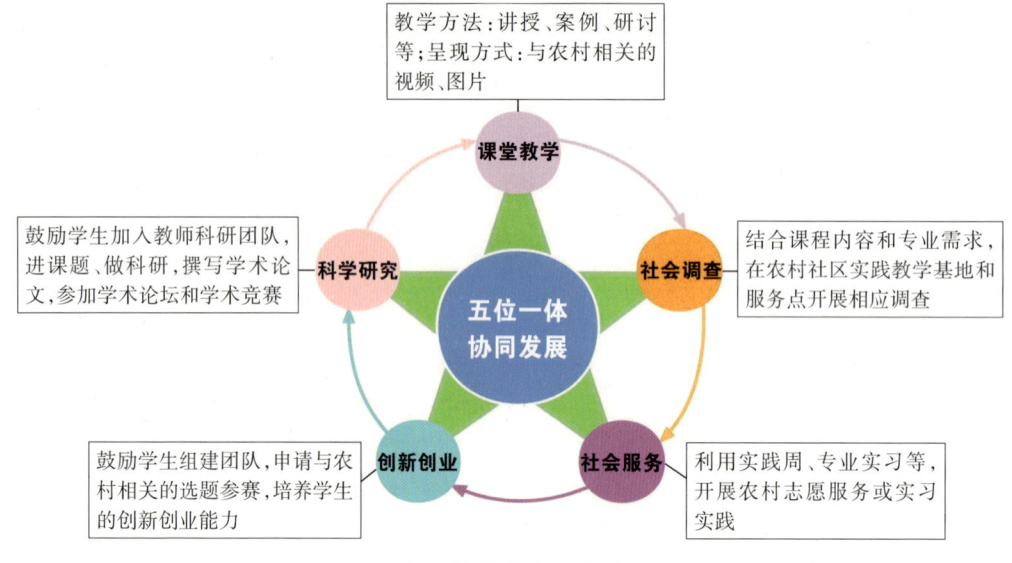

图2 教学设计示意图

(五)课程评定——教师与学生共同考评

学生层面,"农村社会学"课程采取"N+1"评定模式,"N"指平时成绩,包括考勤(15%)、课堂表现(15%)、实践成果(含实习、调查、创新创业项目)(70%),总共占比40%;"1"指期末闭卷考试成绩,占比60%。通过课程与实践的结合综合考评学生在课程中的学习能力,体现立德树人的人才培养目标。

教师层面:校内督导、同行、学生通过教务系统和问卷调查对团队教学水平及课程教学进行评定。

三、案例成效

(一)案例特色

1.以教材为纲,以科研为导,凸显教学内容的时代性、前沿性

通过讲解农村社会学理论知识,借助国内外经典案例、时事新闻、外文原著、学术文章等教学资源,了解中外减贫发展和乡村发展经验。让学生在国际比较视野中认识中国在农村建设中取得的成就,真实体验社会主义制度、中国共产党以及习近平新时代中国特色社会主义思想的先进性,进一步坚定道路自信、理论自信、制度自信和文化自信。

2. 以立德树人为本,强化实践环节,突出实践育人的协同性

在"课堂教学+社会调查+社会服务+创新创业+科学研究"五位一体教学模式下,延伸第一课堂触角,拓展第二课堂空间,提升课程高阶性和挑战度,让学生在做中学、在实践中学,突出全员育人、全程育人、全方位育人,实现学生价值塑造、知识传授和能力培养三者的有机融合。(图3、图4)

图3 团队老师带领学生在城口县鸡鸣乡开展农村调查

图4 在忠县磨子乡竹山村生态花园开展课程实地调研

(二)教学改革成效——遍地开花成果累累

经过几年的不断探索,"农村社会学"课程思政成效显著,具体体现在:

1. 课程评价与反馈优秀

根据学生教务系统评教反馈情况,以及督导和同行评价情况来看,学生对授课内容、授课方法等予以高度评价,每次考评都在90分及以上,学生对社会学专业的兴趣提升、认同感增强,课程思政教学改革成效显著。

2. 学生知识与能力水平提高

学生反馈,通过本课程的学习,其理论知识得到强化,理性思维能力、学术研究能力、综合分析解决问题能力、创新创业能力及思想政治素质都有提升。近几年,学生公开发表与农村相关的主题论文15篇,培育大学生创新创业项目10余个,获"挑战杯"国家级、市级立项20余次,获重庆市志愿服务优秀项目、感动校园十大人物(团队)、优秀"三下乡"社会实践团队等荣誉。(图5)

图5 学生在团队老师指导下获得2021年重庆市志愿服务项目大赛金奖

3. 团队科研教学社会服务成果丰富

课程团队教学科研水平提升,新增国家级、省部级科研项目10余项,出版著作4部,发表论文100余篇。获教育部高校思想政治工作精品项目1个,同时被评为重庆市"爱国情·奋斗者"优秀团队、重庆市高等学校课程思政教学名师和团队。(图6)

4. 课程资源建设成果丰富

制定与"农村社会学"课程思政相关的教学大纲,丰富教学课件等基本教学资料,积累原创知识版权30余段、展现农村真实场景与农村调研及服务过程的教学视频200分钟,同时包含200多张照片、30多个农村服务和创新创业案例库、20余份优秀调研报告以及40多篇优秀实践心得,在课堂教学、专题研讨、实践实习等过程中得到广泛应用。

图6 团队老师带领学生在精准扶贫中获得嘉奖

(三)课程接下来解决的重难点问题

1. 教学方式做好线上线下准备

由于线下客观因素影响,课程内容的实践板块、社会服务等环节有可能会取消,需更新与调整课程内容,做好线上课程内容的设计。

2. 实践学分与其他学分互认申请

当前"农村社会学"课程中的实践环节,学生投入力度较大,可能会占用其他课程的实践时间,需与学校教务处商榷对其实践学分的认定,并申请与其他学分之间的互认。

3. 团队教师工作量的认定

目前团队教师在社会调查、社会服务等方面,是秉承无私奉献的理念免费开展工作,这对团队教师工作积极性和后续持续性发力会有所影响,接下来可与学校教务处等部门建议工作量的认定问题。

四、未来计划或启示

为进一步提升"农村社会学"课程思政建设力度和成效,未来着力做好以下几点:

(一)建设好国家级一流线下课程,并打造线上线下课程

目前本课程是国家级一流线下课程,其教学内容、教学方式、教学资源、课程评价都围绕线下课程进行打造并取得显著成效。接下来本课程将拓展教学方式,进一步设计国家级一流线上线下课程,扩大课程影响力。

(二)加大课程交流与宣传,扩大课程示范效应

本课程作为国家级一流线下课程、重庆市高等学校课程思政示范课程,目前仅在自身所在学校知晓度较高,而在市内高校、全国高校的知名度有待提高。未来将通过参会、与市内外高校交流等方式对课程进行推介与宣传。

(三)加强双师双能型课程团队建设,提高团队教师教学能力

团队教师年轻化是有活力的体现,但在教学技巧上还有待提高。未来将通过线上培训、外出交流等方式,提升团队教师的上课技巧与教学方法,让授课教师既是授课大师,又是具有高尚情怀与水平的"三农"专家,更好地服务于课程发展。

(四)整理和出版一批师生课程调研、研究成果

加大实践教学力度,开展百个乡村振兴名村名镇社会调查,围绕已有的多个科研工作坊,收集、整理一批高质量的社会调查报告、学术论文、社会实践心得等,整理成册,创造条件结集出版。

"俄语视听说"
——虚拟现实的实践场域[①]

邵楠希

四川外国语大学

一、案例介绍

"俄语视听说"为首批国家级一流课程,本课程在传统外语教学中融入虚拟现实技术,既符合线下教学课程类型的基本形态,又注重新文科建设之学科交叉的高阶性要求,在同类课程中具有鲜明特色。外语是基于其民族语境生成的语言,为了从生成机理上探究其认知的基础,促进外语教育与信息技术的深度融合,本教学团队在一流课程建设中创新实践,结合"理解当代中国"教学实际,把《习近平谈治国理政》经典语句融入教学课堂,并通过我校虚拟演播系统,以视觉沉浸技术构建具身体验的学习环境,让外语教学过程直接融入国际会议、商务交流、风云气象、繁华街道和森林公园等虚拟现实场景中,培养学生在虚拟语境中理解俄语、表达俄语和应用俄语的专业能力。

二、案例详述

(一)课程团队建设与能力提升

本课程团队以俄语国家级一流专业建设为依托,由一名负责人和三名不同领域的学者,组成老、中、青相结合的梯队结构,分别承担课程规划设计、理论研究、课堂教学、信息技术和资源构建等方面的工作。我们把虚拟语境的教学研究和体验认知的课堂教学有机融合在一起,使教学研究和教学实践相互支撑、相互印证,在一流课程的实践场域发扬团

[①] 基金项目:教育部人文社会科学研究青年基金项目"俄语智能化语境教学界面的构建与应用研究"(项目批准号:18YJC740098)。

队成员优势互补,缜密配合的协作精神,依托视听说课程教学实践,凝练能力水平高阶发展的教学团队。

(二)教学设计创新,课程内容与资源建设及应用

1. 教学设计创新

本课程应用团队负责人教育部人文社会科学研究青年基金项目"俄语智能化语境教学界面的构建与应用研究"(编号批准号:18YJC740098)的研究成果,把智能界面的教学理论和体验认知的教学模式应用于俄语视听说教学实践,通过我校虚拟现实演播室,设计创意课堂教学所需要的情境,以实景交际为视听说的语境基础,通过俄罗斯仿真场景,调动学生的视觉、听觉等,营造兴趣盎然的教学氛围,体现体验认知的智慧教学效果。通过教学界面情境化、教学内容互动化、教学任务语言化和教学资源共享化,凸显"视—听—说"紧密相连的内在逻辑,凝练听说课程"两性一度"的内涵特征。

2. 课程内容与资源建设及应用

(1)课程内容建设及应用。

本课程承担着俄语国家级一流专业建设中必修课的教学任务,不仅要在规定的课时内完成《高等学校俄语专业教学大纲》规定的听力和口语教学任务,还要确立具有"高阶性"和"挑战度"的教学目标。为此,我们贯彻贴近俄罗斯现实生活的指导思想,选择富有时代气息和国际视野的语言素材,在此基础上补充能源、交通、经贸等专业用语,凸显"生活俄语+科技俄语"的视听说内涵特征,使课程内容兼具前沿性和时代性。在教学内容重塑的同时注重教学界面的设计与创新,以新的教学形式激发学生的个性特点,培养学生的探究热情,展现当代俄罗斯语言风格和时代风貌。

(2)课程资源建设及应用。

在教材资源更新方面,本课程负责人主编的《俄语视听说教程》于2021年由上海外语教育出版社出版。本教材在听说能力训练环节,结合不同章节的具体主题,融入了《习近平谈治国理政》经典短句内容,被列为普通高等教育国家级规划教材。教材还借鉴了网络角色的设计理念,调整了生活俄语和科技俄语的知识结构,把专业教育的内容渗透到兴趣互动的形式中,体现教材的实用性、时代感和推广价值。

在数字化平台资源方面,充分发挥我校中地共建俄语口笔译实验室和虚拟现实演播室的作用,不断丰富课程资源、改进教学形式、提升教学层次和教学质量,以此巩固本课程的高阶性、创新性和挑战度。本课程借鉴线上线下相结合的教学模式,应用超星学习通、课堂派等高效在线课堂管理平台,围绕话题内容、教学任务和教学策略为视听说教学提供

迅速便捷的课堂管理、答题评分、作业评判、成绩汇总、课件分享等服务,以节省课时提升效率。

(3)课程教学内容及组织实施。

①课程名称:Урок 15. Какая сегодня погода?(今天天气怎么样?)

②课程类别:专业必修课。

③授课对象:本科二年级。

④教学目标。

知识目标——通过交际对话,使学生听懂并学会表示不同类型天气实况的相关单词、词组搭配和句型结构,并达成对不同气象变化的表达、认知和理解。

能力目标——能够就各种气象特征的相关语词展开充分的对话,培养学生自主运用气象用语的能力,并对本课程扩展的知识点进行理解和应用。

价值目标——践行课程思政教学引领,以人类命运共同体的视域关注气候变暖的趋势,引导学生坚持低碳生活,树立积极进取的人生观,实现专业与思政同向同行。

创新目标——融入虚拟语境教学方法,引导学生在语言生成的语境中形成俄语思维习惯,凝练俄语交际能力,凸显国家级一流课程"两性一度"的创新特色。(图1)

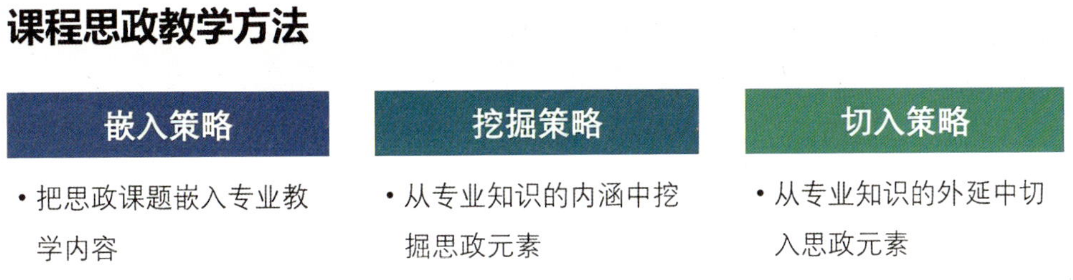

课程思政教学方法

嵌入策略	挖掘策略	切入策略
• 把思政课题嵌入专业教学内容	• 从专业知识的内涵中挖掘思政元素	• 从专业知识的外延中切入思政元素

图1 课程思政教学方法

⑤学情分析。本课的听说技能训练涉及不同俄语调型的发音,这些调型分别用于表达陈述句、疑问句、感叹句等不同含义的句子。学生虽然能理解每种句式与不同调型的匹配关系,但具体到该调型的发音语调时却总是拿捏不准。为解决听说课程的俄语发音问题,课程团队创新了俄语语调的"5度标注法",通过发音语调的可视性指引,使学生能够形象、准确地把握各个调型结构的音位关系。

⑥教学过程。

第一环节:情境导入。

教师设计虚拟语境展示俄罗斯春夏秋冬的天气情境,学生融入四季变换的美丽风光

中,生成对天气话题的学习兴趣,教师因势利导引入本课对话:"你喜欢这样的天气吗?"(图2)

图2 俄罗斯四季更替教学情境导入

第二环节:基础知识。

指导学生深刻体会言语范例,穿插讲解本课的新词汇、对话中的句子结构;指出重点难点,分析表示天气、气候话题的词组搭配和俄语句式;进行语音示范,运用"5度标注法"掌握调型结构的语流音变。(图3)

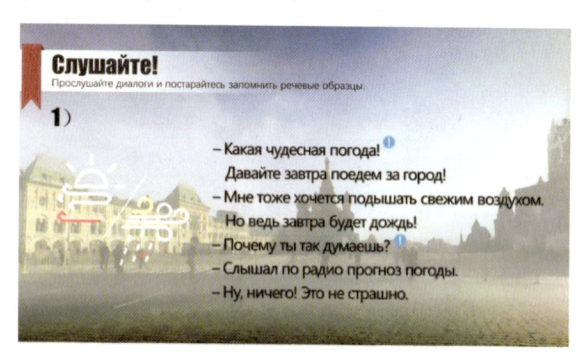

图3 言语范例的示范讲解

第三环节:拓展练习。

听录音,运用教学软件进行互动答题,判断正误。提示注意相邻音节、相邻音素发音对听力理解的影响。

听对话,回答问题,指导学生做问答训练。就天气方面的相关话题进行经典短句理解与复述"人类只有一个地球,各国共处一个世界",并在对话中融入"绿水青山就是金山银山"的科学发展理念,延伸教学内容,拓展知识面。

第四环节:认知互动。

听录音,转述内容。引导学生进入虚拟场景之中,根据听力文本内容分组进行转述,及时纠正语音语调并进行生生互评。

给出相关话题,指导学生在预设场景中播报天气并自主创编对话。

扩展专业知识内容,指导学生了解全球气象数据,从而坦陈气候变暖的现实,将应对气候变化问题融入课程思政教学。

第五环节:反思评价。

总结本课重难点,提问与评价,扩展对话内容并将其浓缩为新的知识点。

运用超星平台收集教学反馈,布置课后作业,引导学生做课外练习。

(4)成绩评定与考核。

结合本课程的教学任务,我们进行了考核评定的三项改革。一是评价主体的要素改革,从以教师为评价主导向以学生为中心转型;二是评价过程的要素改革,从被动知识传授向主动体验认知过程转型;三是评价结果要素改革,从一考定终身向多元化评价机制转型。

三、案例成效

(一)案例特色与创新点

本课程以实景交际为视听说的语境基础,通过我校虚拟演播室,让学生融入风、雨、云、雪等虚拟语境,调动感觉、视觉、听觉、动觉等多种感知器官,营造兴趣盎然的教学氛围,贯彻以学生为中心的具身学习理念。教学场景力求反映出俄罗斯横跨北寒带、亚寒带、北温带、亚热带的四种气候特征,并通过四季变换的虚拟教学场景,因势利导融入社会主义生态文明观,塑造基于源语境的外语教学新模态。(图4)

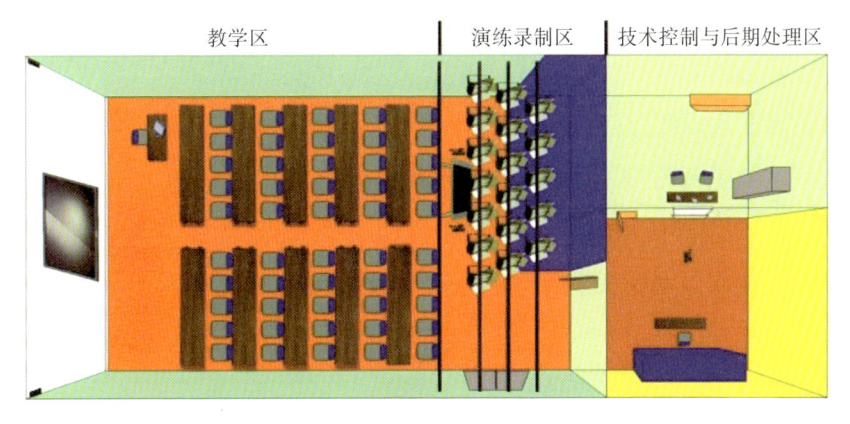

图4 四川外国语大学3D虚拟录播实验室效果图

(二)本课程所解决的重难点问题

视听说课程在外语教学中占有极其重要的地位。作为一门听力与口语相结合的课程,其教学重难点在于"视听"与"说读"的深度融合。

本课程的重点问题是听懂并掌握"солнечная погода, пасмурная погода, дождливая погода, прогноз погоды, здоровый климат, трескучий мороз, У природы нет плохой погоды"等描述天气、气候现象的词组搭配和俄语句式。

本课程的难点问题是让学生能够准确运用所学的词组和句式，对不同天气现象话题进行自由的表达，进而实现"跳一跳才能够得着"的俄语思维方式。

(三)教学改革取得的主要成效、成果

1. 课程建设方面

"俄语视听说"为全国首批俄语专业一流课程，课程建设坚持三方面内容：一是按照在语言生成的语境中学习语言的思想设计课程；二是考虑俄语专业零起点特性，按照循序渐进的原则优化课程；三是依据价值引领、能力培养、知识传授的目标编制课程计划，按照"两性一度"的标准提升课程。课程建设取得明显成效，主讲教师所带本科生、研究生参加历届全国高校俄语大赛并取得优异成绩，多人获得公派出国留学资格，多人考入国家机关、出版社、高等院校等组织和单位并担任重要工作岗位。

2. 师资培养方面

本课程主讲教师在首届全国高校教师教学创新大赛中获重庆市一等奖、全国总决赛三等奖；三次蝉联中国外语微课大赛重庆市一等奖，并荣获中国外语微课大赛全国总决赛一等奖；获外研社多语种"教学之星"大赛俄语专业组冠军；七年蝉联全国高校俄语大赛优秀指导教师，被评为四川外国语大学"感动校园人物"和"教书育人楷模"。

3. 教学改革方面

将VR技术融入本课程，创新虚拟语境教学设计和沉浸、交互、构想的"3I"教学模式，使学生产生身临其境的沉浸感(immersion)，在情境交互(interaction)中启发构想(imagination)，成为外语知识的自我构建者。主讲人把课程思政融入本案例，其教学设计在全国高校俄语专业课程思政优秀教学案例评比中荣获二等奖。(图5)

图5 基于虚拟语境的"3I"教学模式

四、未来计划或启示

教学技术既有发展的永恒性,又有鲜明的时代特点。当人类迈进21世纪,传统的外语教学已经完备了基本的方法论,但其所基于的客观世界却发生了巨大的变化,认知世界的形式以极快的速度从传统媒介转向了网络界面。与此相适应,外语教学也应该向着数字化的方向转型。虚拟语境作为基于计算机的语境建模,是一种能提供在虚拟现实技术条件下进行语言学习,并促进认知向语言生成环境转化的智慧教学模式。本教学团队将视觉沉浸技术应用于外语智慧教学,让学习过程融入了生动的"临场感",形成感官互联、智慧内生的教学新模态,努力实现外语教学的数字化转型升级。

"服装设计基础"课程案例

苏永刚　程琦　罗杰　于莹

四川美术学院

一、案例介绍

本课程着重围绕服装设计的理论教学和方法实践展开教学活动,以提升学生的设计审美和设计应用能力为目标,从树立设计意识、掌握设计方法、遵循设计规范方面进行了教学设计的重点突破,尝试把课堂搬进社会,把课堂变成沙龙,把课堂变成工场,现已成为一门理念清晰、方法有效、成果突出、学生反响好的专业基础核心课程,形成了对院校和本学科的示范辐射,促进了专业课程群建设。近几年,本科学生在国内国际以及专业展评中获得各项奖项100余项,先后登上中国国际大学生时装周和伦敦国际大学生时装周舞台,累计获得了重庆市高等教育教学成果奖一等奖和三等奖,获得了育人奖在内的专业教学成果奖项20余项。今后,我们将继续积极探索新时代教育教学方法,不断提升教书育人本领,落实立德树人根本任务,打造国家级一流思政特色示范课堂。

二、案例详述

(一)课程团队建设与能力提升

课程团队由资深教授与青年教师组成,组织架构合理,在教学和科研上获得了能力提升。课程负责人当选中国服装设计师协会副主席,荣获"重庆英才·创新创业领军人才"称号,其编著的《时装画表现技法:手绘绘本》获评重庆市重点建设教材和国家优秀教材;团队成员1人获职称晋升,1人攻读博士。团队成果丰厚,创作作品入选包括全国美展在内的国内外专业展览,并获一等奖、三等奖和优秀奖等奖项。在思想政治上,团队成员参加课程思政学习,并成功申报2门校级金课。

(二)教学设计创新

本课程作为从基础训练阶段到专业训练阶段的重要节点性课程,针对二年级学生所欠缺的对服装设计的整体认知、设计意识、思维转换和设计规范等问题,从三个方面进行了教学设计的重点突破。(图1)

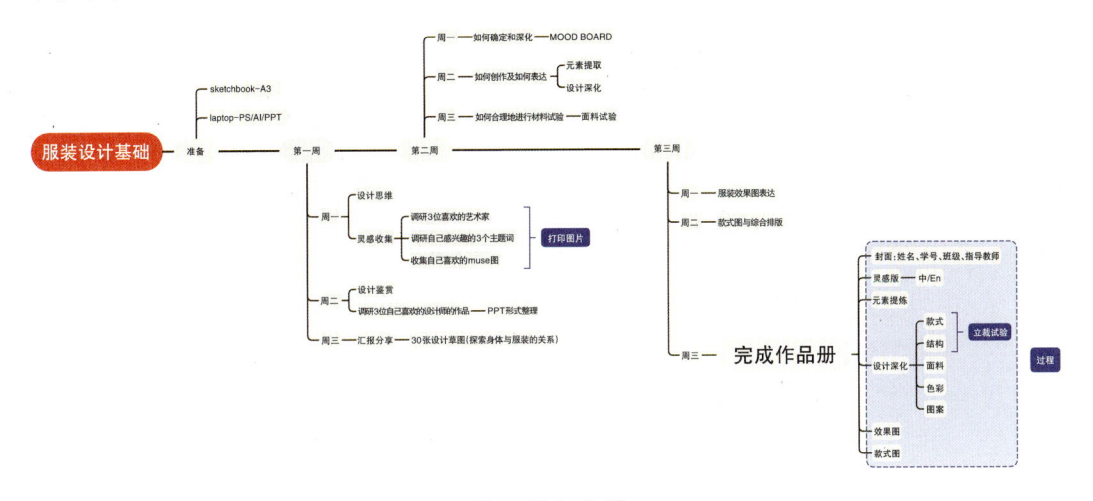

图1 课程安排

第一,树立设计意识,促进学生打好"整体廓形"。鼓励学生以"大爱之心,寻美之眼",融入时代、观察社会、了解行业,寻找生活的美,形成时尚审美的强化培养,发挥时尚审美在设计中的主体意识作用。

第二,掌握设计方法,引导学生穿好"第一根针"。学习合理的设计思维转换方式,以科学的视角了解流行和时尚体系,以科学的研究方法解读服装设计。

第三,遵循设计规范,帮助学生系好"第一颗扣"。通过服装设计的实例讲解和命题练习,对服装设计规范有深刻感知,让学生形成设计习惯,拓展设计应用,实现对后期设计课程的实践支撑。

(三)课程内容与资源建设及应用

全新修订完备的教学计划进程表、课程大纲与教案;归类整理课程中学生设计的案例和绘制的款式图,编写并出版了"十三五"部委级规划教材《时装款式图表现技法:女装1300例》;系统总结教学过程,依托教学案例和学生设计成果,集结编写并出版"十三五"部委级规划教材《服装设计:时尚元素的提炼与运用》。(图2)

图2 课程教材

课程配套"T100"等最新流行趋势资讯网站,将最新的资讯第一时间提供给学生;提供线上课程资源,包括团队教师主讲的"从一根线开始探索""服装材料和传统元素的再造设计""以赛为缘——在创赛中遇见时尚未来"三场大学生时装周"时尚「e」课堂"等。

(四)教学方法改革

围绕三大板块内容,教师合理引导,学生自主认知,推动课堂活化,课程从三个方面进行教学方法改革。

1. 把课堂搬进社会

突出腹地优势,立足西部本土和传统文化,以传统的前沿转化增进社会服务,实现传统文化、地域文化与时尚文化相结合的研究实践。例如,与大朗镇政府签署成立针织服装产品研发中心,与重庆壹秋堂夏布文化传播有限公司建立校企合作。

2. 把课堂变成沙龙

通过组织讨论、讲评、交流方案,实现思想碰撞,着力引导学生对设计方法的研究,在交流中促进自我风格的形成。

3.把课堂变成实践场

从时尚流行体系、服装与服饰设计规律、服装产业发展等综合角度,着力进行时尚前沿研究和设计实践研究。

由此,本课程形成了创新创业教育与社会实践教学深度融合的育人模式。在理念上,与企业深度合作,创建了从学生到设计师的实训平台;在内容上,开发了"产品创新+设计创业"的全新课程体系;在方法上,形成了"理论+实践"的实施路径。

课程实现了"使命感输入+责任感输出"的课程思政的全过程有机融合,加强了学生对设计专业的使命感意识,培养了学生新时代所需的创新创业精神,使学生关注社会民生,建立崇高的专业理想,发挥设计的价值,树立以设计活动创造美好生活的社会责任感。(图3)

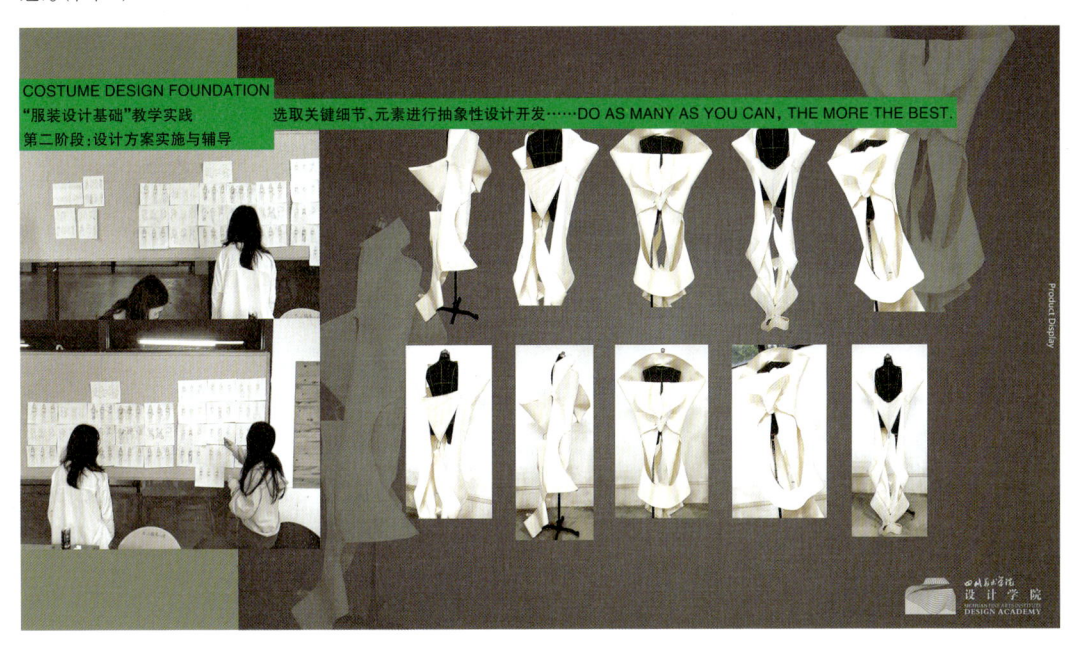

图3 授课过程

(五)课程教学内容及组织实施

1.课程教学内容

团队教师围绕课程目标和重难点问题,具体制定了三大板块的课程教学内容。①设计意识板块:包括理论概述、市场调研、流行预测、服务社会的实践案例。②设计方法板块:包括时尚审美解读、设计元素提取、设计风格分析、款式搭配设计。③设计规范板块:包括制定方案、效果图示、细节表现、面料选取、设计版面等。教学课件与时俱进,加入大量国内外最新、最先进的设计案例,不断迭代。(图4)

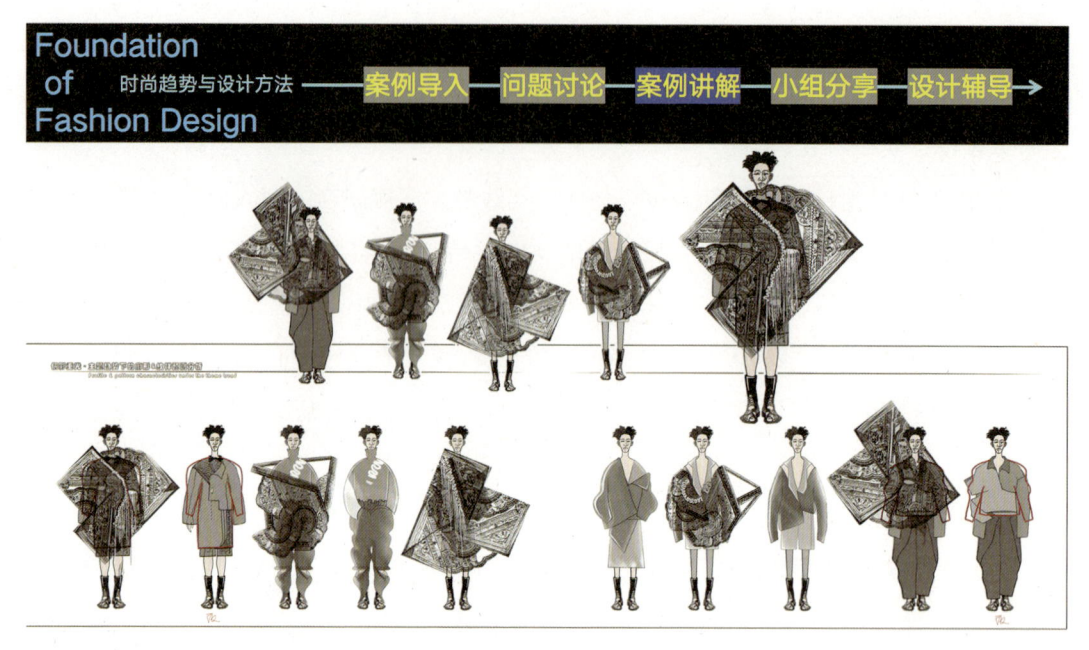

图4 课件内容

2. 课程组织实施

严格过程要求,明确设计任务,强调设计规范,提高学业挑战度,让学生忙起来。通过理论概述、市场调研等实践案例的讲解,让学生领悟设计历史;通过元素提取、款式搭配等实践训练,完成对设计方法的强化;通过图示表达、细节表现、材料应用等要求,形成对设计规范的强调。课程中强调动手实践,引导学生突破专业范畴,在学科交叉知识点的理论学习中强化知识体系的建构,开阔视野。

(六)成绩评定考核

课程成绩评定坚持思维过程与完成效果并重的原则,具体对应三个方面的教学内容形成对学生的成绩评定。①审美要求:具备艺术美感,构思独特,具备时尚感,效果图表达富含美感。②功能要求:具备可穿性,具备创新性,面料选取合理,元素运用合理。③规范要求:结构分析明确,符合设计规范,设计方案完整。

从学生考勤、学习的投入度与专注度、阶段过程的进度与质量、最终结果的深入性与原创性等方面进行综合考量。学生须按教学要求完成作业,作业形式为品牌分析与完整设计作品册,以学习态度、考勤、学习进展情况、课程知识掌握程度和最后完成的设计方案综合评分,由课程教师团队和企业导师综合评分。

考核标准主要体现在三个方面。①课堂表现(10%):考勤情况,课堂互动,汇报阐述情况等。②品牌分析(30%):风格独到,分析准确,整理深入,用词考究,汇报讲解语言精练、条理清晰。③作品册(60%)：创意新颖，内容丰富，逻辑清晰，设计深入，兼具时尚美感。

三、案例成效

(一)案例特色与创新点

课程立起了课程思政的"领子"。通过在关键的教学环节细雨无声地引导学生关注时代、关注社会、关注大众，树立服务新时代美好生活的设计观，让课程更具时代精神。

课程勾勒出新时代设计师的"廓形"。课程从文化审美、设计方法、职业责任多个角度塑造学生的专业基础，在学生头脑中建构出响应时代召唤的设计师原型，激励学生全面发展。

课程系起了设计成果转化的"吊牌"。尝试服装设计中的商业化可能，推动"D2C实验教学"模式(Designer-to-Customer)，从市场调研、流行分析、客户定位、设计方案等方面推动了课程成果的商业转化。

课程实现了抽象感知和设计实践鸿沟的"缝合"。课程重塑了服装与服饰设计专业的基础课教学内容和教学组织形式，形成了从抽象到具象、灵感到设计、概念到呈现的完整流程。

(二)课程主要成效

1.教学成效

在学生创作成果方面，5年内学生获得国家级奖项2项，省级及以上奖项60余项，发表论文4篇，获同行及外校认可。在院校影响方面，依托本课程打造的服装特色课程群项目，连续参加中国国际大学生时装周和伦敦国际大学生时装周，累计获得了重庆市高等教育教学成果奖一等奖和三等奖，获得专业教学成果奖项20余项。(图5)

图5 2020年汉帛银奖学生作品

2. 服务成效

课程教学内容与行业密切结合,依托课程建设,后续课程群与重庆玺丽苑实业有限公司、重庆市沁元康虹服饰有限公司等建立了校企合作,开展包括城口、中益乡在内的5个工坊,培训农村妇女100余人,编写服饰手工教材7套,相关社会实践项目参选中国国际"互联网+"大学生创新创业大赛并荣获一等奖。

3. 推广成效

依托课程打造的服装特色课程群项目,累计获得了包括"中国时装设计年度育人奖"在内的专业教学成果类奖项20人次。课程负责人在川美讲堂开设"时尚概念与设计可持续"学术讲座,直播观看人次约35万人次,在"抖音""B站"(哔哩哔哩)两大视频平台同步直播开讲,获得《重庆日报》等多家主流媒体的报道,将教学经验与成果向社会推广。在2019年中国服装设计师协会学术技术工作委员会上作"有使命感的设计教育"主题演讲。团队教师参加2021全国设计类专业一流课程暨青年教师教学学术活动月,进行"服装设计基础教学实践"讲座,将课程建设实践经验向全国设计类专业推广。(图6)

图6 学术讲座直播画面

四、未来计划或启示

1. 加强课程的国际性建设

为了更好地体现国际化视野在服装专业教学中的作用,将通过国际交流合作获得最新资源。如通过线上线下结合形式与欧美专业院校合作开设专题设计教学,邀请国外院校专业教师线上参与教学或实践辅导。

2. 深化成果的未来性转化

更多地引入企业导师、行业设计师组建教学团队,增加市场设计转换的应用和扩展应用范围。关注未来设计发展,关注物联网、大数据、生命科学等诸多科技前沿领域,加强跨学科学术研究与交流。

3. 强化平台的线上建设和利用

通过随堂跟踪辅导,增强线上交流互动和示范。建立专门的设计成果网络传播平台,加大所购买的时尚资源数据库在教学中的引用力度,加强微课和慕课等信息化专业资源库建设。

4. 进一步探索课程思政在时尚教育中的有效方式

弘扬主流价值,融合时尚体验,增加创意思维训练互动实验,以开拓的思维探索主流文化输出的时尚方式,培养学生在掌握设计技法的同时,树立更加崇高的设计理想,深化对主流文化的探索,培养更多新时代的东方时尚建设者。

重塑历史，再塑生活
——"场景雕塑"课程案例

焦兴涛　申晓南　彭汉钦　李占阳　冯陆

四川美术学院

一、案例介绍

四川美术学院雕塑专业已获批国家级特色专业、国家级一流专业建设点，"场景雕塑"课程是国家级一流专业的重要训练课程，是体现雕塑系具象工作室基础训练课程教学成果的主课。课程面向雕塑专业学生开设，在学生已学习"肖像雕塑训练""泥塑人体"及"着衣雕塑"课程的基础上，通过针对叙事性场景雕塑的知识性掌握，并结合具象雕塑语言创作的课程训练，以泥、木、石、陶、金属或其他新材料完成一些具有场景性要求的作品，以此培养学生具备独立进行具象雕塑创作和在实践中传达具象的造型语言的能力。本课程在长期的教学实践中，形成了融合西方写实主义和中国传统民间雕刻技艺的教学特色，以及贴近现实、不拘一格的教学方针，创作出了一批与时代同行的作品。

二、案例详述

（一）课程团队建设与能力提升

"场景雕塑"课程教学理念及教学方法已形成了较为独特的理论体系，各骨干教师在总结教学实践的基础上，出版了《场景雕塑》《新具象雕塑》《泥塑·雕塑语言》等教材；在全国核心期刊上发表了《古典建筑上的场景雕塑形式美感探究》《肖像之外——肖像雕塑的研究与当代语境的思考》等多篇论文；完成了"由'宏大'至'精微'具象写实雕塑工作室创新课程体系研究""现实主义的研究——以场景雕塑为例"等校级教改项目、重庆市艺术科学研究规划项目。围绕本课程的核心教学理念，举办了"'聚'象——当代雕塑作品邀请展"、每年一届的雕塑系学生作品年展、教学研讨会等活动来展示和检验教学成果。

（二）教学设计创新

本课程旨在引导学生保持对社会生活、时代主题的真切关注，引导学生将内心感悟转化为具象雕塑形式，并且不断思考以更加多元的教学形式来丰富既有人才培养模式，以响应时代的需求适应社会的需要。

2008年以来，本课程明确了"再塑历史，重塑生活"的核心教学思想，倡导思政＋艺术的理念积极，为学生树立正确的艺术观，引导学生关注时代、关注社会，在重大历史题材的创作上取得了丰硕的成果。如：在2019年第十三届全国美术作品展中作品《烈焰青春》获得雕塑类金奖，《为新中国雕塑》获得铜奖等。雕塑系师生集体创作的主题性场景雕塑《万众一心 抗震救灾主题雕塑》《冬去春来》等作品，充分运用了场景雕塑的表现力来讲好中国故事，弘扬新时代的主流价值观。（图1、图2）

图1《烈焰青春》（焦兴涛）

图2 主题性场景雕塑《冬去春来》

（三）课程内容与资源建设及应用

1.课程内容建设

课程从"场景雕塑"的内核概念出发，在立足当下、凝练创作思维等方面进行了拓展性的建设，包括以下几个方面：

(1)场域构建。

使雕塑专业学生掌握雕塑创作的基本方法和基本规律。引导学生关注鲜活日常、聚焦文化热点、认知社会状态，发现自身感兴趣的场域并进行拆解、取舍、整合、纪录，最终构建体察后的综合性场域。

(2)主体塑造。

场景性的雕塑离不开肖像和物象的塑造，主要的肖像和物象是场景雕塑的主体和灵魂。运用多种雕塑艺术语言和多样雕塑材料媒介，将建立在场域中的人与场景、物与场景、人与物之间的视觉关系完美组合。

(3)情节表现。

以自身对生活的体验和感悟，结合对应时态的情境营造，把现实情节生动、鲜活地在场域中表达出来，发挥场景雕塑记录历史切片的特长和优势，强调作者与塑造主体互动的直接感受。

2.资源建设与运用

课程的资源建设本着"实践为主，理论先行"的理念，包括以下几个方面：

(1)铸就"人民为中心"的课程底色。

从课程负责人焦兴涛以日常生活中的英雄为题材的《烈焰青春》(全国美术作品展雕塑类金奖)，到青年教师王比以市井生活为题材的《好消息》(全国美术作品展雕塑获奖提名作品)，学生赵强描绘乡村美好生活的《阖家》(全国美术作品展进京作品)……师生从游，同作同创同展，教学植根生活，扎根人民，"以人民为中心"的文艺观代代传承，铸就课程底色。

(2)彰显"与时代同行"的创作亮色。

先后创作抗震救灾主题雕塑《众志成城》(2008年)、抗疫主题群雕《冬去春来》(2020年)、脱贫攻坚主题群雕《天路精神》(2021年)、反映新时代的主题雕塑《幸福之路——全面小康》(2021年)、庆祝建党100周年的主题雕塑《舍小家，为大家——三峡移民精神》(2021年)等作品。主题展览期间，重庆市内外数十家单位以主题展览为现场，开展"不忘初心、牢记使命"主题教育。(图3)

图3 抗震救灾主题雕塑《众志成城》

（四）教学方法改革

1. 优化课程思政内容供给，深植"以人民为中心"的文艺观

传承红色基因，担当历史使命。雕塑本科专业设立60余载，"场景雕塑"课程是雕塑本科专业的高点课程。《收租院》《红军长征纪念碑》《春、夏、秋、冬》《歌乐山烈士陵园群雕》等反映现实题材的大型场景雕塑，塑造了四川美术学院雕塑专业"场景雕塑"课程绵延不绝的精神坐标。任何一个时期，师生团队都自觉承担为人民创作的历史使命。

2. 以现场带教学，磨砺"深入生活扎根人民"的方法论

习近平总书记指出，文艺创作"最根本、最关键、最牢靠的办法是扎根人民、扎根生活"。为了生动而具体地表现人民生活的状态，而不是做表面化、图解式的表达，在亲切动人的日常生活场景中表现时代的旋律和脉动，教学团队多次深入社区、乡村、街道、商场等地进行考察调研，收集素材，让教学走进社会现场。

3. 师生从游共创，提升"团队协作、多元表达"的创作能力

通过到抗震救灾一线考察，感悟救灾英雄舍生取义的壮烈；通过与白衣卫士的亲密接触，感悟"逆行英雄"的责任担当；通过与三峡移民的口头访谈，感悟"舍小家，为大家"的人民情怀；通过与市民的互动交流，让学生切身体会那种实实在在的满足感和幸福感……艺术来源于生活，扎根于人民，师生们在实践中深刻领悟与磨砺"艺术源于生活"的创作要旨与方法。

(五)课程教学内容及组织实施

1. 课程教学内容以回应时代语境、引领社会发展为纲领

切实到"文章合为时而著,歌诗合为事而作","场景雕塑"课程引导师生胸怀两个大局,树立大历史观;坚持以人民为中心,确立创作主题;坚持深入人民、扎根生活,遴选创作内容;坚持创新引领,用创新表达实现"四个讴歌"。

2. 组织实施

(1)场景雕塑作品规模庞大,表现对象众多,过程环节分工复杂,落地场景丰富多样,这对课程教学的组织实施提出了很高要求,具体如下:

(2)前期选题阶段,理论教师和实践导师与同学们共同研讨、考察,设立创作主题;

(3)初稿创作阶段,艺术教师与科技人员共同协作,充分利用3D扫描打印技术、ZBrush等软件,进行人物动态和构图的计算机建模对比,获得并确定最佳方案,引导学生依据展陈场地,通过反推,主动思考雕塑的体量、动态、色彩对于观看的影响和要求;

(4)正稿塑造阶段,通过教师讲解示范,学生研习上手,校内外专家共同评价的方式,多维度、多手段地展开教学;

落地展陈阶段,与展馆、乡村、社区等场所多重研讨,在辛勤劳作中,实现作品的完美呈现。

通过四个阶段的组织实施教学,得以师生从游共创,全方位地培养和提升了团队的综合能力和专业素养。(图4、图5)

图4 焦兴涛老师的"主题雕塑"公开课　　图5 彭汉钦老师向学生讲解人物塑造

(六)成绩评定考核

彰显专业特色,强调展览评价,本课程构建以课程展览、公开展览结合的评价考核机制。课程展览为课程组自评,公开展览为公众评价。课程组自评确立学生学习成绩,公开展览确立师生共创的学术高度,扩大教学成果的社会影响力。

展览评价要求作业作品化,为师生课程创作入选中国最主要的学术展览奠定了坚实基础。

三、案例成效

(一)铸造"思政+艺术"的教育特色

教学团队获评重庆市高校黄大年式教学团队、教育部和重庆市课程思政教学名师和团队。被《光明日报》赞誉:用生动故事讲好"艺术与人生"。

(二)教学改革成效与示范辐射

"以人民为中心"的文艺观入脑入心。依托课程,师生共创了大量讴歌祖国、讴歌党、讴歌人民、讴歌英雄的作品,获得五年一届的全国美术作品展金奖、铜奖、获奖提名等荣誉,多次获得全国雕塑专业"曾竹韶雕塑艺术奖学金""明天雕塑奖"等大奖或获奖提名。

获得国家首批一流专业建设立项。"场景雕塑"课程作为反映雕塑专业建设成绩的核心和主干课程,奠定了雕塑专业获省级和国家级一流专业建设立项的坚实基础。

受到社会广泛关注与赞誉。课程探索成效受到中央领导、教育部领导的肯定赞誉,被《人民日报》《光明日报》《中国教育报》等主流媒体予以广泛报道。(图6)

图6 申晓南老师进行媒体公开课

四、未来计划或启示

(一)未来计划

坚持"主题学习+主题创作+主题实践"融合探索,即时回应时代主题,始终坚持人民中心,师生从游共创精品力作。创新传播方式,发挥文艺创作引领作用。

(二)解决问题

主题学习——如何进一步把大历史观和时代主题有机结合。

主题创作——如何进一步提升表现力和拓展新媒介方式。

主题实践——如何进一步适应移动互联时代的新社交场景。

(三)改进措施

优化课程组织方式——融通专题报告、理论讲授、社会考察、创作表现、传播展演。

优化课程评价方式——把学生短期课业评价和长期成长评价有机结合。

(四)思考与启示

面对今天时代的转型,具象写实雕塑的教学应是立足于西方传统造型基础之上,寻找更适合于表现中国当下人文社会的具象雕塑教学体系。试图展现具象雕塑语言在当下所发生的语义变化。相比于传统具象雕塑作为一种再现性艺术的底色,当下雕塑对具象语言的使用更多的是与当下现实发生联系,它早已不再是视觉的再现与模仿的创作模式,而是以反映出工匠精神的制作精良来反映生活,具有地域性文化特征与代表社会人文精神的作品不断涌现。在呈现出"典型性"的艺术特征之后,应追求个体"差异性"的繁茂景象。因此在"场景雕塑"课程的具体教学中,如何将"生活转化为艺术"是我们所要面对的一个永恒命题,在这样一个漫长的反反复复的演变过程中,出现过反映各个时代的文化现象,同时也反映出对于中国文化精神的审美探索与连续性。

树立正确的艺术观,掌握科学的创作方法
——"构思与构图"课程案例

张杰　庞茂琨　李强　郭晋　刘岩

四川美术学院

一、案例介绍

"构思与构图"是艺术创作的首要环节,针对初次学习绘画创作的一年级新生,学校专门开设了本课程。"构思与构图"课程作为美术创作最基础的专业课程,在四川美术学院开设了40余年。课程建立了"思政+艺术"有效融合的专业路径,用习近平新时代中国特色社会主义思想引导学生树立正确的艺术观和掌握科学的创作方法。经过几十年的创造发展和精心打磨,已成为思想引领与专业学习同向、思维训练与能力提升并重的,特色鲜明、生动有趣、体系完备、深受学生欢迎的课程,对学校出类拔萃的当代艺术人才不断涌现发挥了重要作用。课程获批2020年重庆市一流本科课程,2022年重庆市课程思政示范课程。

二、案例详述

(一)教学设计创新

1. 树立正确的艺术观,坚定以人民为中心的创作立场

围绕"艺术是什么""为谁而创作""为谁而服务"等艺术观基本问题,课程坚持艺术源于人民、为了人民、属于人民的创作立场,树立马克思主义艺术观的主流引领地位,确立了创作构思的价值立意,建立了人性价值、家国价值、全球价值三重价值目标,将价值引领融入艺术构思过程,帮助学生在丰富的艺术体验基础上,在正确的创作目的与创作动机引导下,通过艺术思维,对生活素材进行概括、提炼、加工、虚构,引导学生在更高的价值引领下

更深入、更全面地构思创作,建立自己的艺术思维体系。

2.掌握科学的创作方法,表现新时代的美好生活

课程在关键的教学环节和教学点评辅导过程中细雨无声地引导学生关注时代、关注社会、关注大众,用正确的创作方法表现新时代的美好生活。通过对学生的视觉观察、图像联想、形式审美、情感体验、现实形象与艺术形象的图式转换、主题思想与观念情感的视觉呈现、艺术语言表现的感染力等方面能力的针对性训练,让学生学会用正确的动机端正创作目的,用视觉的方式进行观察,用形象的方式进行思维,用色彩的方式进行情感体验,用图形的方式表达感受与思想,用美术的方式激发创造潜能。(图1)

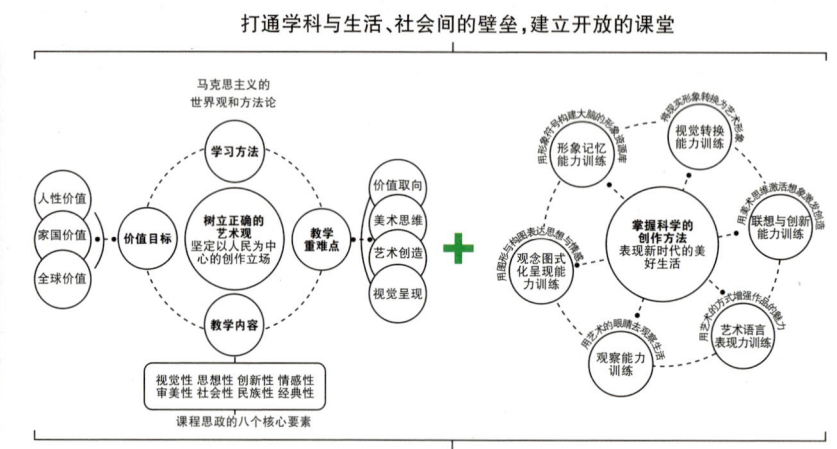

图1 "构思与构图"教学设计图

(二)课程内容与资源建设及应用

1.提炼八大要素的课程思政内容体系

在教学内容上,课程提炼出课程思政的八个核心要素,设置了八个学习专题:视觉性、思想性、创新性、情感性、审美性、社会性、民族性、经典性。课程在内容中强调构思与构图是一种独特的思维方式和表达方法,教育学生构思与构图应与历史同行、与时代共生。

2.建立课程特色资源库

在教学资源上,课程有针对性地建设了特色资源库:为训练学生对生活的观察能力,收集整理了1856分钟有关生活场景的影像资源;为训练学生视觉图像的转换能力,收集整理了692幅参考图片和范画;为提高学生的艺术表现能力,分析点评了120个经典创作案例。

(三)教学方法改革

1.将思维训练与马克思主义的世界观和方法论学习有机融合

课程借助马克思主义的世界观和方法论,帮助学生掌握科学的思维方法。课程加入了唯物论学习,帮助学生理解深入社会生活、积累创作素材的重要性;通过辩证法的学习,帮助学生正确地解决创作过程中遇到的各种问题与矛盾;用进步的人生观激发学生的创作动力与激情;用科学的审美观帮助学生正确把握艺术审美的规律,追求理想的艺术美的境界。

2.建立价值养成的专业路径

课程把价值养成融汇于专业训练中。在教学过程中,课程发挥艺术美天然的价值引领作用,把构思与构图学习背后所深蕴的价值追求彰显出来,通过课堂讨论、辨析审思、应用转换等方法,将价值内化于学生心中。课程在指导学生艺术创作构思过程中,把学生个人的创作技艺和创作旨趣,与反映时代主题的新思潮、新问题、新题材相结合,扎根并取材于中国大地,引导学生选择合适的体裁反映新时代重大主题、重大决策、重大成就,通过作品传递正能量、传播新思想、传承新文化。

(四)课程教学内容及组织实施

1.以科学的训练方法,锤炼专业基本功

课程创造了一套科学系统的训练方法:第一,用艺术的眼睛去观察生活——学生的观察能力训练;第二,用形象符号构建大脑的形象资源库——学生的形象记忆能力训练;第三,用美术思维激活想象激发创造——学生的联想与创新能力训练;第四,将现实形象转换为艺术形象——学生的视觉转换能力训练;第五,用图形与构图表达思想与情感——学生的观念图式化呈现能力训练;第六,用艺术的方式增强作品的魅力——学生的艺术语言表现力训练。

2.以开放的课堂,深刻体验社会生活

带领学生进入市场、工地、车站、乡村等现场,进行有针对性的观察、感受、体验、速写训练,师生共同观察与探讨社会的发展与变革,现场进行绘画调研与视觉记录等专题练习;组织学生观看电影、视频等资料,完成电影记忆画、形象记忆画和场景记忆画训练;课堂讲解力图生动形象,案例分析尽量深入具体;组织开展感受分享、思维草图、方案介绍、互动讨论、教师点评,最后要求学生完成不同要求的构思构图作业。课程走出了被规制的课堂时空,学校与社会相联系,让学生处于广阔社会之中,关注鲜活的社会现实,扎根于复杂的生活世界与艺术实践之中,在实践和理论的相互浸润中去理解艺术。

(五)成绩评定考核

课程在成绩评定方式上，坚持思维过程与完成效果并重的原则，注重观察方式、思维路径、构思过程、构图推敲的阶段性评价，根据学生在不同环节上的表现进行相应评定。

课程建立了"展览式"检查评价机制，通过作品展的方式，直观地检测学生作业中所体现的主题思想、知识技能掌握情况和表现能力，并通过展示、观摩，促进同学之间、师生之间、各学院之间的沟通交流。

三、案例成效

（一）案例特色与创新

课程让学习美术的新生学会像艺术家一样观察世界、思考问题、创造美好。通过本课程的训练，让学生学会用美术的方式进行观察、体验、思维和交流表达，从而激发学生的创造潜能。

课程让思政融入艺术构思的过程更为清晰明确。课程让习近平新时代中国特色社会主义思想通过艺术的方式更自然，更具感染力地融入教学过程中，把艺术创作构思阶段比较玄妙、偶发、深邃的思维过程，通过有效的方式与途径让学生体验感悟，让艺术灵感的产生不再神秘、艺术构思的形成不再缥缈、艺术创作的偶然成为必然。通过让学生观察生活、提炼感受、形成主题，深入了解和认识艺术构思的基本规律，把知识传授、思维训练与价值观引领相统一。

课程让构图效果更为鲜明感人。通过让构图训练形象化、情感化、主题化，改变以往就构图讲构图，过度强调格式化、模式化的倾向，在教学中强调构图是主题思想的形象化过程，引导学生在对生活观察、记忆、联想的基础上，对感受进行归纳整理，寻找和组织最能表达个人感受、最能体现个人情感、最能代表个人思想和最为优美的形式构图来表现对生活的感受。

（二）教学改革成效及解决的重难点问题

课程落实了"思政+艺术"的四维融合，针对美术院校创作教学的薄弱环节，从价值取向、美术思维、艺术创造、视觉呈现等四个维度进行了融合训练，解决了教学中的重难点问题——学生缺乏正确的创作目的和创作动机，在生活观察、形象记忆、思维创新等方面的能力缺失，现实对象与艺术形象图式转换的能力薄弱，思想主题与情感观念视觉呈现的能力欠缺，艺术语言表现与感染魅力的不足等。课程采取分段式、现场式、案例式、点评式以及课外绘画日记等教学方式进行有针对性的训练。

(三)取得的主要成效、成果

课程获批2020年重庆市一流本科课程、2022年重庆市课程思政示范课程,课程团队被评为重庆市课程思政教学名师和团队。出版了专著《美术思维与创作》和教材《构思与构图》,并在英国卡迪夫城市大学艺术与设计学院、挪威奥斯陆大学以及中国多所高校分享课程的教学方法和开设课程工作坊。

在课程教学和建设过程中,"美术思维与学生创造能力培养"获教育部优秀青年教师资助计划;课程与英国威尔士大学卡迪夫美术与设计学院共同完成了"中英美术思维与创造能力训练对比性教学项目"并获重庆市高等教育教学成果奖三等奖;在本课程基础上形成的"奇思妙想 艺术创新——四川美术学院兴趣式学习、探索性实验教学模式改革"获重庆市高等教育教学成果奖一等奖;本课程参与的"课程创作化,教学现场化——油画艺术教学的中国路径探索"获高等教育国家级教学成果奖二等奖。

四、未来计划或启示

第一,不断探索和拓展学生观察生活、发现题材、萌发构思、形成构图的有效路径,加强对课程思政融入构思构图过程的理论研究,更有针对性地在关键环节上对学生加以训练,使其坚定社会主义艺术创作的人民立场,提高对美术创作基本规律的认识,增强创新思维能力。

第二,加强课程的参考资料、教学案例和学生作业的分析梳理工作,建成完善系统的网络资源库,进一步强调艺术价值引领、美术思维训练和注重观察表现,打造更适合其他艺术专业学生学习的通选课程和在线开放课程。

第三,加强课程团队建设,选择和培养更适合该门课程的年轻教师,通过各种形式的讲座和工作坊,吸引更多教师参与课程教学,了解课程教学理念、丰富教学内容和创新教学方法,让本课程能惠及更多初学艺术的学生。

"古典素描体验"课程案例
——基础绘画教学的审美介入

庞茂琨　陈树中　刘晓曦　王海明　赵文悦

四川美术学院

一、案例介绍

古典素描主要涵盖的是文艺复兴之后到19世纪学院派绘画鼎盛时期的写实素描风格、技法与思想意旨，同时囊括有古典艺术思维内涵的现代绘画内容。在课程的发展中，又将中国古代写真绘画的审美风骨纳入课程资源之中，从观察方法、审美高度的角度介入最单纯的绘画学习实践。

本课程以名作临摹及素描写生为主要内容，以教师示范为主导。首先引导学生对艺术史上不同阶段的大师素描作品进行学习和临摹，在理论上熟悉大师素描的创作背景和用途，在实践中体验各种素描技法的应用，从而帮助学生破除僵化的素描套路。

二、案例详述

（一）放眼长远，坚持教学目标的长期影响和短期效益

就全局目标而言，根据四川美术学院"以学生为中心"，强调"以美育人""以美化人"，坚持培养"高素质、创新性、实践型"艺术人才的育人定位，本课程主要帮助本科新生从源头上建立高层次的审美认知，活化素描基础教学，为培养高级美术专业人才打下坚实基础。

就直接目的而言，本课程以从早期文艺复兴到19世纪末期的欧洲写实素描经典范例为主干，并对照中国古代再现性艺术杰出案例进行实践体验。立足人类共同的优秀传统文化成果，兼顾古典审美、人文思想以及写生感受能力，拓展与丰富美术院校写实造型基础教育。学生入学之初往往带有考前僵化习气，审美格调有待提高，本课程旨在让学生从

实践角度去体验和认识古典审美品格和艺术家个性化表现方式,开辟更广阔的实践思路和审美视野。

(二)注重传承,坚持在发展建设中延续文脉

1. 面向现实,关注本土

系科奠基时期,以刘艺斯、李育灵、刘国枢为代表的油画艺术先驱在学习和利用古典主义与学院绘画写实技术的基础上,开辟了面向西南、坚持写实的批判现实主义创作之路,出现了诸多富有前瞻性和体系性的作品。

2. 顺应时代,开创新风

1970—1980年代,川美油画引领了"乡土现实主义"风潮,基于雄厚的写实基础,诞生了如罗中立的《父亲》、庞茂琨的《苹果熟了》等一大批具有"思想的穿透力、审美的洞察力、形式的创造力"的经典之作。

3. 树立标杆,完善系统

"古典素描体验(素描-4)"随2006年课程制建立而诞生,继承了优秀的创作与教学传统,以教师示范为研究基础,针对学生缺乏审美价值导向、素描基础训练方向单一等情况,提炼出最为有效可行的基础训练方法。课程由教学团队精心打磨,在2020年工作室改革当中升华,重点兼顾造型审美性和艺术启发性,形成了极具生命力的绘画基础语言课程体系。

(三)着眼内功,优化课程内容与资源结构

1. 课程内容方面

分为实践与理论两个部分。其中,实践内容包括杰出古典素描作品临摹、短期素描写生、深入素描写生。理论内容包括古典文化历史人文背景概述、东西方传统再现性艺术、素描艺术的古典化与古典性。(图1、图2)

图1 庞茂琨教授正在进行古典美学特征讲述　　图2 庞茂琨教授进行课堂示范

2. 资源建设和应用方面

(1) 组建了优秀的教师团队。

本课程需要教师有高超的实践与理论能力,为学生领画、领学,让任课教师有能力看到、抓住学生基础能力短板,将学生带出各种桎梏。课程负责人以身作则,录制了诸多相关教学视频,受到广泛的社会赞誉。

(2) 构成了系统的教材支撑。

经过深入探索,在已有教材的基础上,结合课程经验产生了包括《鲁本斯素描解析》《综合素描》《基础素描》等理论成果,成为课程关键支撑,并在与哲学、历史学等理论内容的结合中,不断完善教学内容、丰富逻辑思维。

(3) 形成了丰富的文献资源。

本课程利用高清数据图片资源,高效利用油画系文献库资源,结合代表性中国传统绘画艺术成果和欧洲造型艺术典范,为学生的基础训练实践提供更丰富的人类文化成果参照。另外,课程负责人与成员进行了长足探索,产生了重要理论成果,并融入课程教学当中,成为重要支撑,如《古典油画语言》《综合素描》《中国传统寺观造型艺术研究》等线下教材和一系列以教师写生示范为主的线上视频。(图3)

图3 "古典素描体验"课程的教材

(四) 针对结构,不断强化教学实施科学性

1. 教学过程遵循科学合理原则

教学过程按照目标逻辑递进,即:艺术案例分析讲解—教师示范激励学生—组织深入学习临摹—将临摹经验带入短期写生—对比讨论临摹和短期素描写生作业,发现问题,明确改进路径—进行较深入的写生素描训练,解决问题,发现特点。

2. 课程实施以启发为目标

引导学生在临摹和写生交替进行与对比中初步梳理个人的艺术表现形式,积极思考古典文化遗产与基础训练的关系,并积极探索二者之间的连接通道。课程本着对中华优秀传统文化与传统具象写实绘画的尊崇与思考,强调实践体验与反省,塑造学生的想象力、判断力、表现力,为进一步提高学生审美能力与创造力做好准备。

3.作业评价坚持审美先导

课程结束时,在各班级教室举行教学汇报展,教学团队集体检查学生作业,给出评分建议,由任课教师最终判定综合分数。判定标准依考量次序为:理解与运用能力、画面审美品位、造型基础水平与刻画的深度、创新意识。(图4、图5)

图4 尚超的作业《面孔》体现了18—19世纪的古典肖像审美

图5 唐华钟的《原型》将古典构图原则放置在巨幅的作品中,产生出强烈的临场震撼感

(五)提炼特色,把握课程在整体教育中的定位

"古典素描体验"特色与改革创新突出"先、破、立、融"。

1."先"

优先解决本科新生最急迫的专业审美与技术矛盾问题。教师先示范,学生跟进探索,结合数字资源将高格调古典美术典范及早引进课堂,成为学生素描基础学习的第一标杆,让学生站在更高起点上进行艺术思考与创作。

2."破"

强调打破僵化的素描技法模式和写生套路,用经典作品和教师强有力的示范,破除学生对考前僵化应试造型基础的"迷信",初步消除学生接收新知识的畏难情绪。

3."立"

推动形成师生示范协同机制,建立全新的基础绘画知识架构。既注重传承传统,也鼓励与时俱进;既重视学生对客观物象的研究精神,也鼓励开发学生的艺术个性。进而,树立正确的文化观、美术观和创作观,激发学生的创造力。

4."融"

追求课程资源古今、东西的融合,用古典素描典范进行启发、熏陶,将文化、美术流转变迁的脉络融入教学,促进学生消化、吸收。着重鼓励学生将古典大师作品当中的优秀技法与审美特征融入自己的临摹与写生,鼓励新方法、新思路的生成。

三、案例成效

(一)建设成果

1.以展览为出口,展现基础能力,保障作品厚度

本课程在基于素描造型训练的基础上,重视涉猎人类共同的文化艺术成果,在广泛深入接触世界古典绘画艺术经典尤其是中国古典造像与绘画的过程中,培养学生对艺术的认知与热爱。在历次学生评测当中课程均为"优秀"。

课程成果屡次入选系年展与校年展,并于2016年到2020年间多次入选由中国美术馆主办的全国素描艺术大展。另外,2019年第十三届全国美展中,我系应届本科毕业生王建蕊的写实油画《陪伴》、李柳燕的写实油画《乙亥春·醒狮》为入选作品,本科应届毕业生孙亚的写实油画《希声奏鸣曲》为进京作品,这些成绩均有本课程的相关传承与影响。(图6)

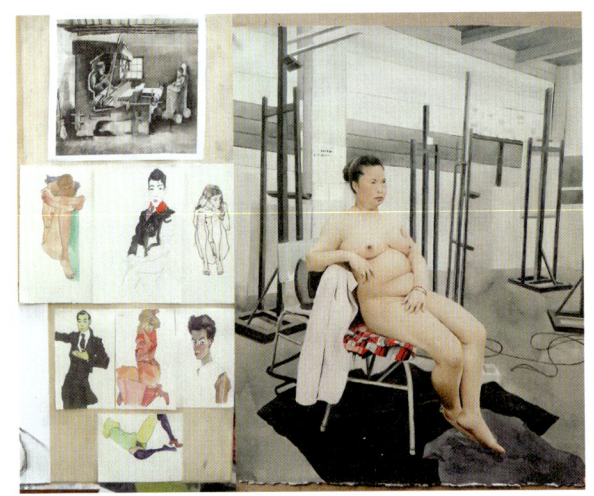

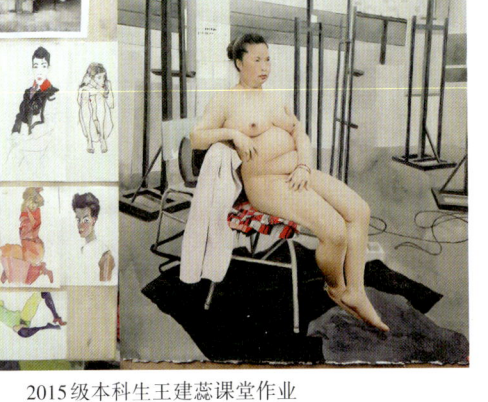

2015级本科生王建蕊课堂作业 　　　　　　　　　《陪伴》王建蕊　150 cm×140 cm　油画
严谨的写实轮廓线,结合色彩的平面表达,形成王建蕊鲜明的绘画特色

图6　从课程临摹中学习的平面构成,引导王建蕊走向成熟的绘画创作

2. 以示范为先导,提升教师能力,保障改革推进

本课程历经多次推敲、打磨,逐渐形成了极具中国特色、传统审美的美术学院基础语言课程。课程以教师示范牵头,紧抓工作方法的分析与再现,从西方古典素描案例到东西方古典造型艺术成果凝练,从单纯的美术史梳理到文化史、审美史分析,形成了完整的课程内部自洽系统和颇具深远影响的教学经验,并以此为契机,重新编写并出版了《基础素描》(赵文悦、罗晓航,2021年)一书。课程负责人庞茂琨入选国家百千万人才工程,获评"全国优秀教师"和全国宣传文化系统"四个一批"人才,陈树中获得"重庆市德艺双馨文艺工作者"称号,王海明获批2019年国家艺术基金项目,打造了稳定有力的课程师资队伍与教学体系。

(二)建设计划

第一,深化创作结合思政,坚持探索思政和专业并进的教学路线。第二,突出教师当堂示范,不断提高教师团队实践与理论水平。第三,完善课程理论系统,宽口径、厚基础,不断健全课程理论框架。第四,发扬本土传统文化,进一步发挥中国传统再现性艺术典范的作用。

(三)改革方向

第一,坚持价值引领,强调思政,不断提高学生审美情操,促进基础绘画技术凝练。第二,坚持放眼世界,立足本土,引导学生通过绘画实践发出中国声音,讲述中国故事。第三,坚持培养习惯,激发创作,探索新方法,推动学生思维向艺术家思维转变。

像工程师一样思考和实践
——"程序设计基础"课程案例

卢玲　杨武　曹琼　黄继平　刘万平

重庆理工大学

一、案例介绍

"程序设计基础"是国家级一流本科课程,面向计算机专业一年级开设。为培养学生像工程师一样思考和实践,提出了"七问"建设路径,以成果导向教育(Outcome-Based Education,OBE)理念,以"自顶向下设计,自底向上迭代"方法进行改革。构建了"两性一度"的教学内容和EEPs案例库;以问题驱动理论课堂,以案例驱动实验课堂,还建设了虚拟课堂和"ODAY课堂",四大课堂协同培养;实践了"形成性+终结性"多元评价体系,全面导向对工程应用能力的培养。

本课程教学质量好,学生认同度高。2022届毕业生软考中级率达38%,被学生誉为"对我影响最大的课程之一"。

二、案例详述

"程序设计基础"是计算机专业的基础课。根据学校建设"高水平应用研究型大学"定位和计算机专业培养"高素质应用型人才"目标,以培养学生"像工程师一样思考和实践"为顶层目标,其内涵为学生能够:

第一,按规范流程分析、设计、编码和测试;

第二,综合环境、社会、安全等因素进行设计和选优;

第三,模块化实践,设计或选用标准组件完成开发;

第四,对每一步骤进行测试、分析和评价。

为此,围绕教师团队、教学资源、教学方法等进行了建设实践。

（一）团队建设与能力提升

1.建设思路

工程认证标准提出"教师的工程背景应能满足专业教学的需要"。本课程认为，教师的工程能力包含工程应用能力和工程伦理素质两方面。为此，团队建设思路有二：一是"传帮带"；二是教师主持或参与工程项目等，提升工程能力和工程素质。

2.典型案例：基层教学组织引领教师能力提升

本课程教师团队由实体课程组、虚拟教研室、党支部三类基层组织共建。一是实体课程组定期研讨，共建教学资源；二是"程序设计课程群虚拟教研室"定期研讨，与"工程伦理"等课程共建互通；三是在虚拟教研室成立"功能型党支部"，带动课程思政建设。

教师能力方面，要求新进教师带队赴企业实习，并参加"智能小车"综合案例教学，完成小车的设计、焊接、编码、场地调试方能参与教学，增进教师对复杂工程问题的理解。

案例小结：基层组织引领了教师能力提升。目前，本课程教师100%有工程背景，专业能力和师德师风优秀，深受师生认可。

（二）教学设计创新

1.建设思路

课程必须提高站位，厘清为什么、是什么、怎么做，才能避免漫无目的改革。"为什么"指课程的缘起，"是什么"指教学目标，"怎么做"指具体举措，由此提出了"七问"建设路径（图1）。以OBE理念，以"自顶向下设计，自底向上迭代"方法建设课程。

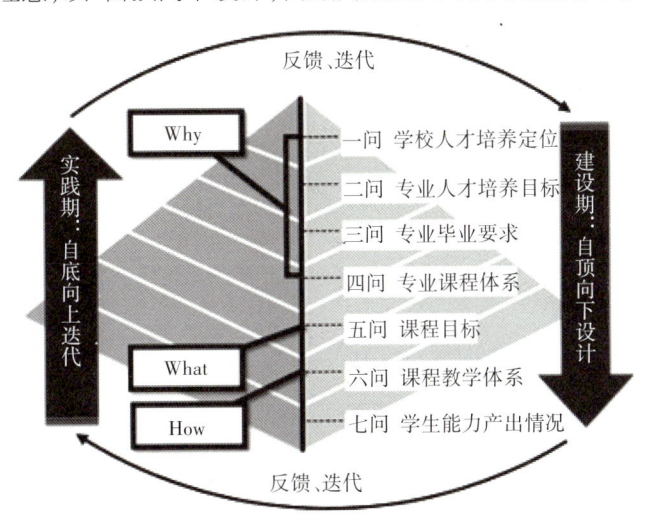

图1 课程的"七问"建设路径

2.典型案例:以"七问"路径建课程

近五年,课程按"七问"路径改革和建设。根据学校办学定位、专业人才培养目标、毕业要求,制定课程目标(图2),然后以未开课学期为建设期、开课学期为实践期进行建设。

知识目标	能力目标	素质目标
掌握计算机解题的一般性方法 掌握结构化、模块化程序设计基本理论与方法 掌握C语言语法及控制结构、数据类型及操作方法 掌握用工具检索资源、用文字图表等记录实验结果的方法和技术	能灵活运用结构化、模块化程序设计方法,设计解题思路 能熟练编写具有一定规模、复杂程度的程序 能分析、评价解题方案和实验结果 能进行多方案选优	富有科学精神、人文精神 树立正确的工程与社会观、科技伦理和工程伦理观 理解计算机软件开发实践对我国社会、健康、安全等的影响 了解国情,有推动国家和民族复兴、推动国家科技进步的责任感

图2 "程序设计基础"的知识目标、能力目标和素质目标

案例小结:"七问"路径有利于提升教师教学设计站位,令课程紧密围绕培养学生能力产出而持续改进。

(三)课程内容与资源建设及应用

1.建设思路

本课程以"开放,融合,跳一跳才够得着"的理念建设教学内容。其方法一是提升内容"两性一度";二是设计开放型案例;三是融入工程问题;四是融合思政元素。

2.典型案例

(1)案例1:构建多元、多维的资源包。

为促进学生技术和非技术能力全面发展,设计了五方面教学内容。一是C程序设计知识和方法;二是知识在工程实际中的应用;三是编程实践技术;四是现代工具的选用;五是工程师职业道德等。由此,建设了形式多样、内容完备的资源包,具体包括以下内容:

①基础资源:教学大纲、教学日历、课件、教案、教学视频。

②教材:主教材《程序设计基础》,实验教材《程序设计基础学习指导及实践指南》。

③学习资源库:实验报告案例40套、小论文案例40套、课外作业模板1套。

④代码案例库:"图书借阅系统"等代码案例15套。

⑤EEPs案例库:综合实验案例9套,配套代码40套。

教师围绕资源包设置多种学习任务,包括生均代码量超5000行、复现案例等。资源每期更新,确保内容新颖,紧扣工程前沿。

案例小结:资源包内容新、素材多、容量大,让学习活了起来、课外忙了起来,有力支撑了学生能力发展。

(2)案例2:构建高度综合的EEPs案例库。

为培养研究和创新能力,编制了"像工程师一样思考——EEPs案例库"。案例均提炼自工程项目,综合了前沿知识、工程与社会等要素。案例均不限标准答案,学生须从复杂问题中提炼问题本质方能求解。

案例小结:EEPs具有高度的综合性、开放性,为促进学生像工程师一样思考和实践留足了空间。(图3)

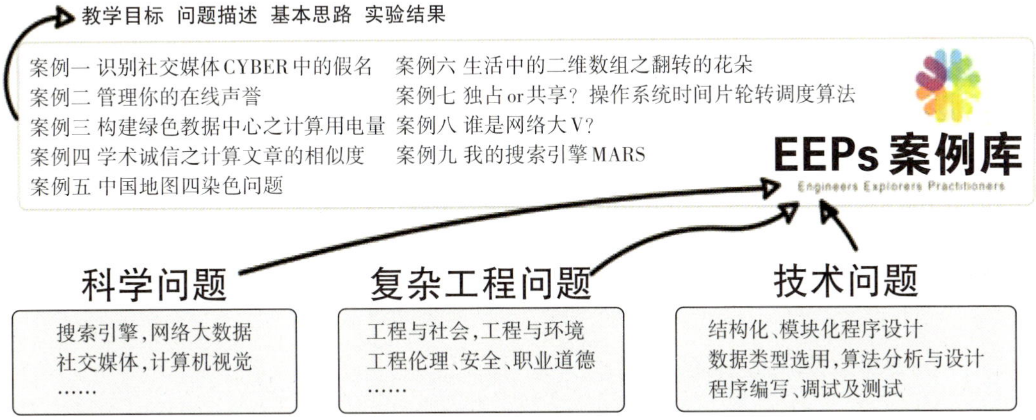

教学目标　问题描述　基本思路　实验结果

案例一　识别社交媒体CYBER中的假名　　案例六　生活中的二维数组之翻转的花朵
案例二　管理你的在线声誉　　　　　　　　案例七　独占or共享?操作系统时间片轮转调度算法
案例三　构建绿色数据中心之计算用电量　　案例八　谁是网络大V?
案例四　学术诚信之计算文章的相似度　　　案例九　我的搜索引擎MARS
案例五　中国地图四染色问题

EEPs案例库
Engineers Explorers Practitioners

科学问题
搜索引擎、网络大数据
社交媒体、计算机视觉
……

复杂工程问题
工程与社会,工程与环境
工程伦理、安全、职业道德
……

技术问题
结构化、模块化程序设计
数据类型选用,算法分析与设计
程序编写、调试及测试

图3　EEPs案例库结构及示例

(3)案例3:工程元素与思政元素编入教材。

《程序设计基础》是课程的主教材,其编写思路一是优化知识结构,二是融合工程问题,三是融入思政元素。

①优化知识结构,重构内容。全书按"程序结构""数据类型""综合应用"三方面组织,并在每章设置"案例研究",培养学生按规范分析、设计和解题的能力。

②融合工程问题,扩大知识外沿。例如,结合信息检索系统,引入字符串分割案例;用大数据分析问题,阐述用多级指针和动态内存分配技术使用内存等。

③思政元素融入,丰富知识内涵。例如,在海伦公式案例中,介绍我国数学家秦九韶的贡献(图4),用汉字的演变类比编程语言由繁到简的发展等。

【例3.1】海伦公式计算三角形的面积

海伦公式(Heron's formula)又称为希伦公式、海龙公式、海伦-秦九韶公式,它是利用三角形的三条边的边长直接求三角形面积的公式。海伦公式最早出现在古希腊亚历山大里亚的数学家海伦(Heron of Alexandria,约公元1世纪)的著作《测地术》中,故而得名。我国南宋时期的数学家秦九韶也曾提出利用三角形的三边长求面积的秦九韶公式,称为三斜求积公式。

海伦公式求三角形面积的描述为:若已知三角形$\triangle ABC$的三条边a、b、c的长度,可通过以下公式计算该三角形面积S:

图4　教材中的海伦公式案例

案例小结:《程序设计基础》教材吸收创新成果,融入工程应用、思政元素,有效适应了培养学生分析、求解问题能力的需求。

(四)教学方法改革

1. 改革思路

设计和编程能力是课程的首要目标,为此,课程提出了"4+1"教学模式(图5)。

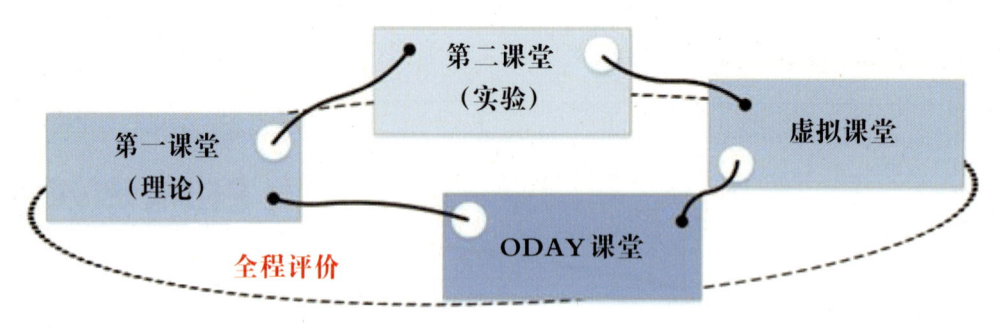

图5 "程序设计基础"的"4+1"教学模式

(1) 四大课堂,程序设计不断线。

理论课为第一课堂,以"问题驱动"。用"讲授+师生问答+小测试"模式教学。

实验课为第二课堂,以"案例驱动"。学生分组完成EEPs案例,培养规范化的实践能力和工程思维。

课程钉钉群为"虚拟课堂"。以"周答疑+日答疑+助教答疑"模式,指导课外学习。

在线平台为"ODAY课堂"。对接团体程序设计天梯赛的PTA程序设计平台。每周一、三、五学生上线练习,令编程长线贯穿。

(2) 重构评价体系,全过程评价。

配合四大课堂,以"能力导向、全程评价"理念,制定"形成性+终结性""定量+定性"的评价体系。

2. 典型案例

(1)案例1:四大课堂联动学习"递归"。

以"递归"为例。

首先,教师在理论课以"汉诺塔"导入问题。

其次,实验课用EEPs案例库的"中国地图四染色问题"进行实验(图6)。

图6 EEPs案例驱动的实验课堂

再次,安排教师、助教在钉钉群虚拟课堂答疑,组织学生在虚拟课堂互动、讨论。

最后,教师在"0DAY课堂"发布递归专项练习,全体学生自主上线练习。

案例小结:四大课堂实现了"程序设计不断线"的培养,有力促进了学生程序设计能力进阶。

(2)案例2:能力导向构筑多元评价体系。

本课程的评价体系含四大板块。一是"形成性+终结性"评价(表1),形成性评价占50%。二是融合课程思政。通过撰写课程报告,专门评价科学精神等综合素质。三是定量+定性结合。以问卷星发布问卷等,定性评价课程目标达成情况。四是持续改进。在期末编写《课程目标达成情况评价报告》,反思并提出改进举措。

表1 "程序设计基础"评价体系表

课程目标	支撑毕业要求	考核方式及成绩比例((%))					成绩比例(%)
		平时作业	课程报告	上机测试	半期考试	期末考试	
课程目标1	支撑毕业要求1.3	6			3.9	23	32.9
课程目标2	支撑毕业要求3.1	4		20	6.1	27	57.1
课程目标3	支撑毕业要求3.5		10				10
课程目标4	支撑其他能力和素质要求		在课程报告中考核				
合计		10	10	20	10	50	100

案例小结：多元评价体系落实了"能力导向、全程评价"理念，令学生在课外实实在在忙了起来，有力促进了能力达成。

三、案例成效

（一）特色

(1) 全面落实OBE理念，教学体系持续更新。

(2) 教学内容富有"两性一度"，跳一跳才能学好。

(3) 资源多，内容新，适合自主学习。

(4) 教材内容外沿宽、内涵深，具有鲜明的中国特色。

(5) 四大课堂一体化，程序设计不断线，课内课外都忙碌。

(6) 评价手段多元，全程评价，导向显著。

（二）创新点

"七问"建设路径为课程改革提供了新思路。可实现有的放矢的教学改革。

EEPs案例库为教学资源提供了新内容。可有效促进学生技术能力、非技术能力同步发展。

四大课堂"三协同"为突破教学时空限制提供了新方法。实现了理论+实践、课内+课外、线下+线上三协同。

（三）解决的重难点问题

本文解决了以下教学重难点问题：

(1) 课程改革漫无目的，缺乏抓手。

(2) 编程实践能力一直是制约工程能力提升的瓶颈。

(3) 专业课如何深化课程思政，培育时代新人？

（四）主要成效成果

1.学生获得感强，认同度高

本课程教学质量良好。计算机科学与技术专业2022届毕业生软考中级率达38%，为历年最高。"ODAY课堂"日均上线350余人，程序设计学习氛围浓厚。2022年学校设立CCF CSP软件能力认证点，参加认证学生约为2019年的3倍。课程效果被学生普遍认同，最近一期课程问卷显示：

认为"我能更多地思考科技工作者的使命和责任"的占83%；

认为"课程评价体系合理"的达96%。

近三届毕业生认为本课程是"对我影响最大的课程之一"。

2.教师教学、师德师风得到学生及同行的一致认可

教师师德师风优秀，所属党支部获批2018年"全国党建工作样板支部"。近三年，教师在以学生为主的教学评价中均为优秀。

3.成果丰富，示范效应显著

课程获批2020年首批国家级一流本科课程，2019年重庆市一流本科课程，2019年学校课程思政示范课。课程团队成员获2022年重庆市"高等教育研究与教学改革优秀论文"一等奖。课程负责人受邀参加2022年CCEC大会（中国高校计算机教育大会）（图7）并分享课程建设思路。

图7 课程负责人受邀参加CCEC大会

课程有力支撑了国家级一流本科专业、重庆市一流专业等专业建设，带动获批市级课程思政示范课2门、课程思政教学名师及教学团队2个、一流课程3门，以及虚拟教研室等多项建设成果，形成广泛、良好示范。

四、未来计划及启示

（一）未来计划

"程序设计基础"将以培养学生"像工程师一样思考和实践"为目标，积极创新教学方法并形成成果，带动地方高校计算机类课程建设及教师教学能力提升，成为示范效应良好的金课。

（二）建设启示

"像工程师一样思考和实践"要求学生专业和非专业能力全面发展，这对教师和教法都提出了更高要求。

以学生能力为中心，是课程改革的源头活水。课程不可为了改革而改革。对教学而言，观察学生能力产出是改革的重要依据。

以学生为主体，切不可忽视以教师为主导。学生自主学习越多，越需要密切跟踪、指导和反馈。

架起化工专业与企业需求的桥梁
——"化工工艺学"教学案例[①]

许俊强　王承洋　谭平华　郭芳　蔡永伟

重庆理工大学

一、案例介绍

"化工工艺学"是重庆市高校一流课程（线下课程）和重庆市课程思政示范课程，是化学工程与工艺专业面向大三学生开设的专业核心课程。培养学生的工程师思维、工程意识和职业素养，进而培养学生具有解决复杂工程问题的能力，是本课程案例建设的重心，也是化工专业知识与企业实际需求对接的重要桥梁。为此，本课程案例提出了双"五结合"的模式，产教深度融合，把爱国情怀、工匠精神、安全意识、节能减排和绿色发展的育人元素有机地融入课程教学，在典型产品的生产方法与工艺原理、典型流程与关键设备、工艺条件与节能降耗等方面，培养学生的工程思维和职业素养，进而架起化工专业理论学习与化工企业实际需求的桥梁，服务化工产业发展。

二、案例详述

（一）教学设计创新

1.创新思路

考虑课程本身的综合性和应用性较强，教学设计必须回答"为什么要学工艺学""怎么学工艺学""学了工艺学能干什么"等问题。回答"为什么要学工艺学"这个问题，必须要结合企业的实际需求来谈，体现课程服务产业的需求；回答"怎么学工艺学"这个问题，就要

[①] 本案例为重庆市高等教育教学改革研究项目"构建'课程链'和'产业链'对接的地方高校特色化工人才培养体系的探索与实践"（项目编号：181006）、重庆理工大学重大教学改革培育项目"基于化工产业链－创新链－课程链校企协同育人的地方高校应用型人才培养模式的构建与实践"（项目编号：ZDJG11）阶段性成果。

说清楚具体的教学内容和教学模式,既要引入真实的企业案例和前沿的技术案例,又要引入现代信息技术,重在培养学生解决复杂工程问题的能力。回答"学了工艺学能干什么"这个问题,既是回答教学目标,又是回答理论知识与产业的紧密结合,应突出工程性和应用性。

2. 教学设计创新的具体体现

(1)突出知识性和工程性的有机结合,设计了"五结合"的教学内容。

在典型产品的生产方法与工艺原理方面,突出知识性和工程性的有机结合,设计了"五结合"的教学内容,即"课堂上深度解析典型工艺过程+典型企业实际案例+在线教学平台讲解常规工艺原理+专题讲座研讨前沿新技术及新工艺+开放式、虚拟模拟和真实体验式相结合的实践环节",真正实现以学生发展为中心。

(2)强化前沿技术和服务产业的结合,设计了"五结合"的教学模式。

在典型流程与关键设备、工艺条件与节能降耗等方面,设计了"五结合"教学模式,即"逆向推导工艺流程的讲授+课堂专题小组讨论讲解+课后在线互动交流+专题小论文+分组式PPT汇报",引入现代信息技术,让学生在课堂上唱主角,真正激发学生学习热情,培养团队意识、工程思维和解决复杂问题的工程能力。

(3)实现思政教育和课堂教学有机融合,培养学生的职业素养。

面向化工专业人才职业素养培养需求,融合国家能源战略和"双碳"战略理念,注重价值塑造、知识传授与能力培养相统一,结合实际情况,按照"基层党建及教学组织推动,师德师风引领,人文素质融合"的思路,通过实践跟踪思政成效,进行方案调整和再实践,以循环迭代、螺旋上升的过程,制定本课程思政建设目标和职业素养培养目标,将思政教育有机融入课程教学,达到润物无声的育人效果,从而实现职业素养培养。

(4)注重学习过程和能力培养的结合,设计了多元化的评定方式。

本课程的综合性和应用性较强,单独用期末考试成绩来衡量学生的学习效果和能力是不合理的。因此本课程成绩评定采用总结性评价与形成性评价相结合的方式,更注重学生学习的过程性评价和能力评价。

(二)教学方法改革

本教学团队教学与实践并重,建立了科学合理的课程体系;积极开展创新性改革,以目标为导向,形成以学生为中心的多元化教学方式;引入现代信息技术与教育教学深度融合,持续开展多维度教学资源建设;强化课程思政的有机融合,在传授知识的同时实现价值观塑造;设计多层次、多环节的实践教学环节,推进应用型化工人才培养,培养学生的工

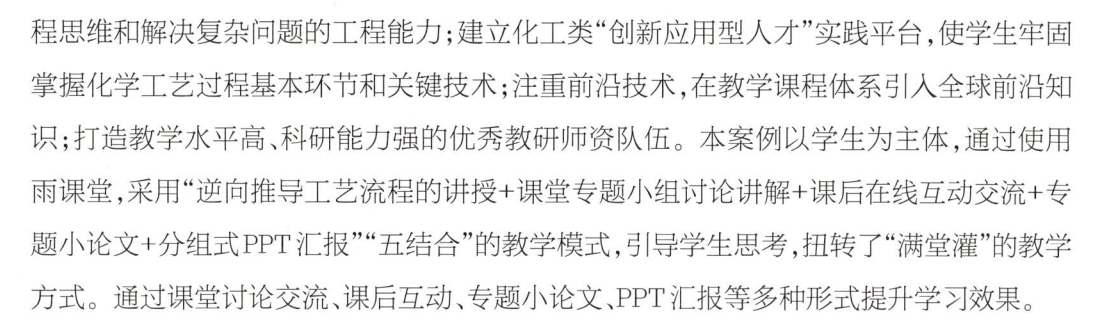

程思维和解决复杂问题的工程能力;建立化工类"创新应用型人才"实践平台,使学生牢固掌握化学工艺过程基本环节和关键技术;注重前沿技术,在教学课程体系引入全球前沿知识;打造教学水平高、科研能力强的优秀教研师资队伍。本案例以学生为主体,通过使用雨课堂,采用"逆向推导工艺流程的讲授+课堂专题小组讨论讲解+课后在线互动交流+专题小论文+分组式PPT汇报""五结合"的教学模式,引导学生思考,扭转了"满堂灌"的教学方式。通过课堂讨论交流、课后互动、专题小论文、PPT汇报等多种形式提升学习效果。

1. 逆向推导工艺流程的讲授

主要针对典型工艺,反推法有利于学生逆向思考原料的来源、工艺路线及工艺参数的选择,熟练运用已学知识对工艺进行学习,并进行对比分析,从而掌握工艺基础知识。

2. 课堂专题小组讨论讲解

主要针对重点和难点问题,尤其是工艺热力学与动力学参数、相互矛盾的工艺,通过讨论交流和思考,有利于学生掌握如何利用所学知识解决复杂工程问题。

3. 课后在线互动交流

主要针对常规工艺原理,在线答疑交流,解决不同群体的学生需求,尤其是满足知识掌握较慢或者个别理解不到位的学生的需求。线上线下混合式教学,让学生的课后复习不再枯燥,直播回放使复习效率提升;弹幕发送,游戏式的教学模式,提升了学生的学习兴趣。

4. 专题小论文

主要针对前沿新技术及新工艺的介绍,尤其是学科交叉的内容,强化学生学习的主动性。通过撰写小论文,让学生掌握查询CNKI等数字资源的数据库,对前沿知识有了更深的了解,尤其是对交叉学科的了解,这是主动学习知识的好途径。

5. 分组式PPT汇报

针对典型企业实际案例的研讨,小组推选学生代表小组发言,有利于学生主动思考和培养团队合作精神。学生反馈:分组式汇报,既要表达清楚,又代表了团队。PPT既有文字,又有图画,还有工艺计算,需要相互配合才能取得好成绩,培养了我们的团队合作意识和实践动手能力。

(三)课程教学内容及组织实施

本课程采用"五结合"教学模式,实现"以学生发展为中心"的目标。具体的教学内容为:以天然气为原料,在脱硫和除尘的基础上,进行天然气蒸汽二段转化以制备合成气;通入水蒸气,进行CO中低温变换流程,将CO全部变成CO_2;采用苯菲儿脱碳的工艺去除原料气中的CO_2得到N_2和H_2；最后在氨合成塔中高温压合成氨，对比分析凯洛格和托普索工艺流程的差异。（图1—图4）

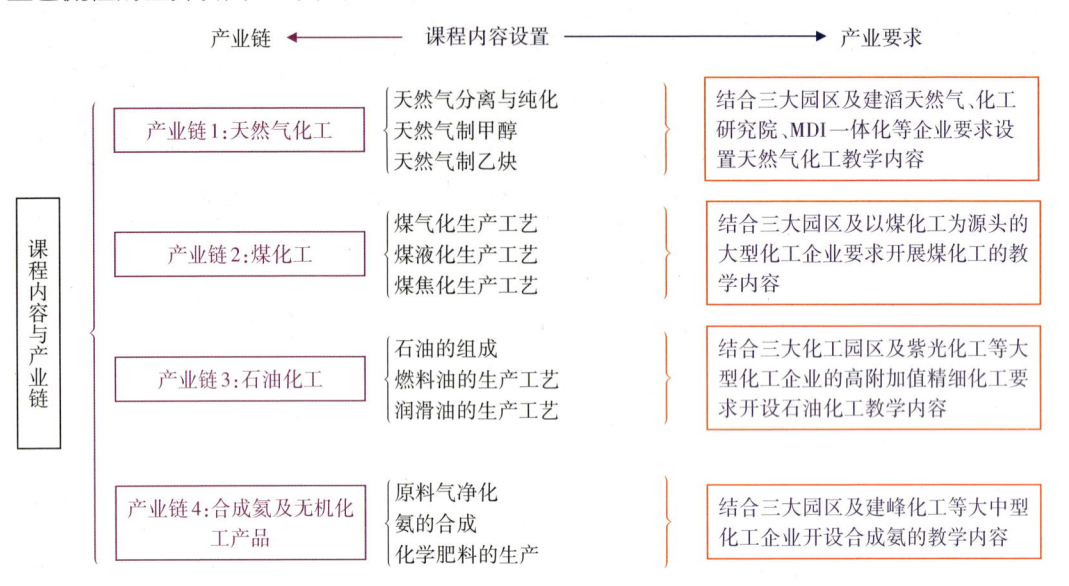

图1 "五结合"教学模式的理论课程内容设置

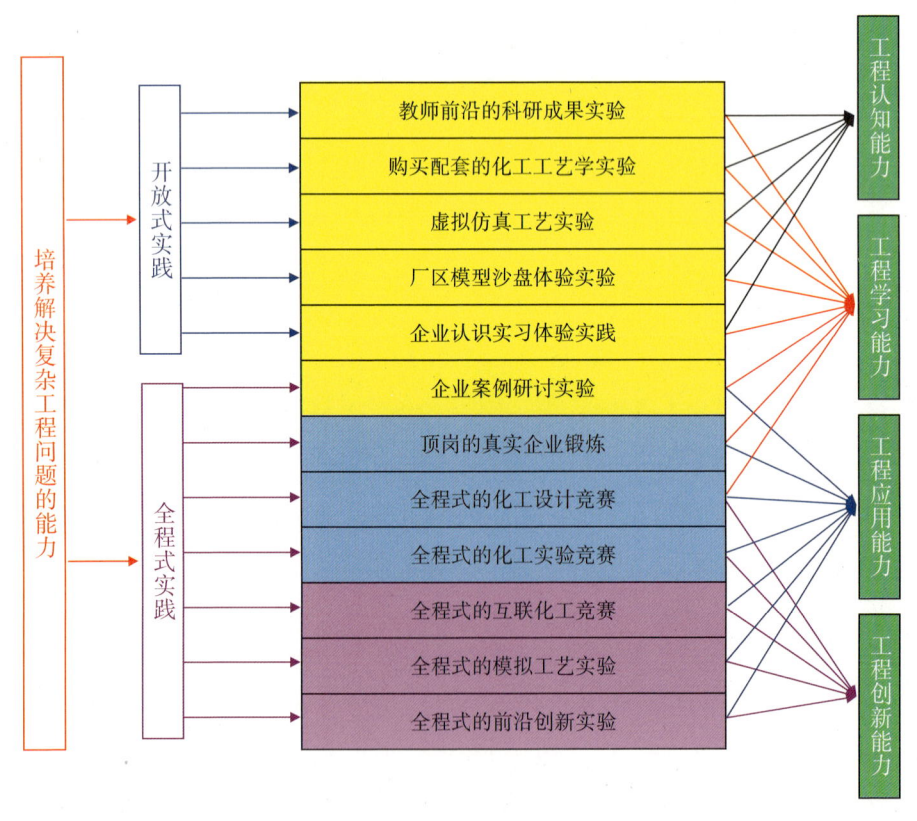

图2 "五结合"教学模式的实践环节设置

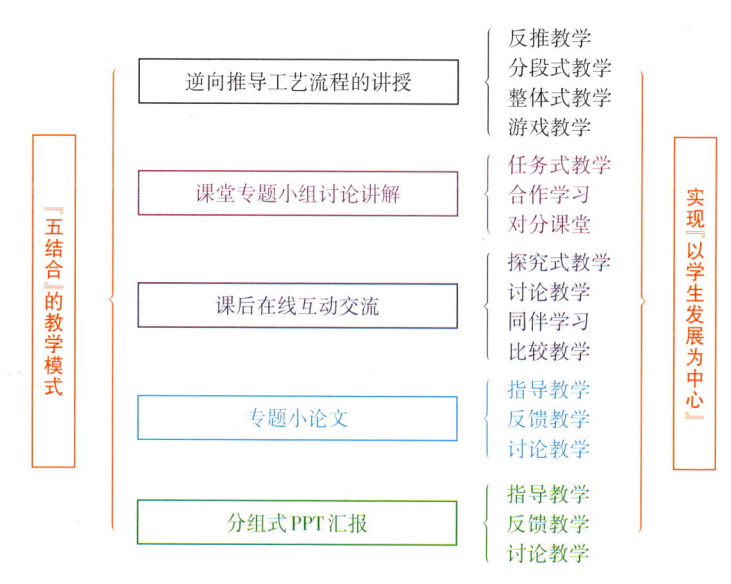

图3 实施"以学生发展为中心"的"五结合"教学模式

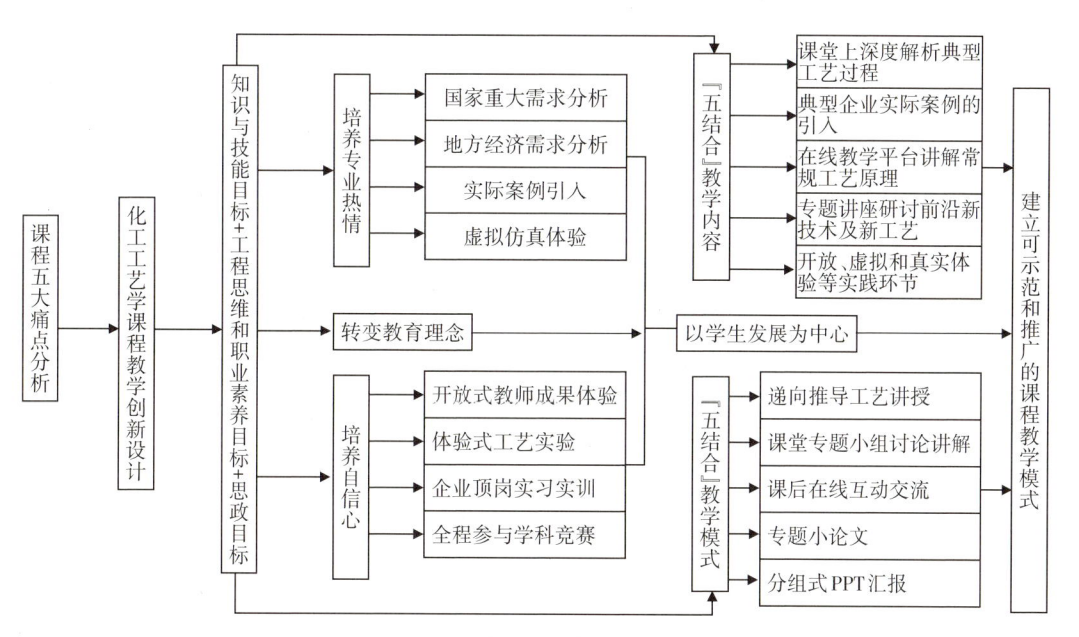

图4 "化工工艺学"的教学理念及创新思路

三、案例成效

（一）案例特色与创新点

本教学团队综合采用"逆向推导工艺流程的讲授+课堂专题小组讨论讲解+课后在线互动交流+专题小论文+分组式PPT汇报"的"五结合"教学模式，提高了学生的学习兴趣、工程思维和解决复杂问题的工程能力。

在课程思政方面,我们把爱国情怀、道德底线、安全意识、节能减排和绿色发展的育人元素有机地融入课程教学,培养化工职业素养,让学生充分理解学习化工工艺学知识为产业发展垫底基础的重要性和必要性。

在知识内容方面,采用了"课堂上深度解析典型工艺过程""典型企业实际案例""在线教学平台讲解常规工艺原理""专题讲座研讨前沿新技术及新工艺""开放式、虚拟模拟和真实体验"等五个实践环节相结合的教学内容,产教深度融合,根据化工行业发展需求设计课程知识体系。

(二)教学改革成效及解决的重难点问题

1. 学生对化工专业热情不高

首先,由于社会对化工行业的误解等原因,学生报考热情不高,导致本专业学生大多属于调剂生源,对本专业没有太大的热情,学生既不喜欢也不知道学了化工有什么用?因此,我们引入真实的典型企业实际案例+虚拟仿真实验+真实的企业顶岗锻炼相结合的方式,对比分析现在和十年前化工行业的变化,强烈冲击学生对传统化工行业的认知,宣讲化工作为国家支柱产业的重要性,激发学生对化工专业的热爱。

2. 学生的学习主动性不够

学生不知道要学成什么,学习目标是不明确的,因此,我们明确了我们所学的专业知识是完全可以服务化工产业发展的,换句话说,我们明确了要学习的知识目标、技能目标、思政目标、工程思维和职业素养等,坚持立德树人,让学生明确地认识到从大学生到工程师的转变需要明确学习目标,而且这个学习是一直坚持的学习。

3. 学生不知道如何学习

教学团队设计了"五结合"的教学模式,即"逆向推导工艺流程的讲授+课堂专题小组讨论讲解+课后在线互动交流+专题小论文+分组式PPT汇报",转变教学思路,让学生在课堂上唱主角,真正激发学生的学习热情、团队合作意识。

4. 学生不知道化工产业的发展

面临复杂的自媒体环境,学生不知道如何利用教学资源,同时对已经学习的课程和掌握的知识不能综合运用,为此我们设计了"五结合"的教学内容,"课堂上深度解析典型工艺过程+典型企业实际案例+在线教学平台讲解常规工艺原理+专题讲座研讨前沿新技术及新工艺+开放式、虚拟模拟和真实体验式相结合的实践环节",真正实现以学生发展为中心。

5.学生的自信心不够

地方高校的学生相比重点大学的学生不够自信,不知道自己学得如何?本课程让他们走进开放式的教师成果实验、体验式的工艺实验、虚拟的仿真实验和企业的顶岗锻炼,鼓励参加全国化工设计大赛等学科活动,与"双一流"大学的学生同台竞技展示风采,让学生有自豪感和成就感,增加自信心。树立坚持科研,为国家解决"卡脖子"问题的信心和恒心。

(三)取得的主要成效与成果

一是实施"以学生发展为中心"的教学方法。若采用传统教学,工艺流程的学习既枯燥又没有效果。转变教学思路,以学生的职业发展为主线,实施"五结合"的教学模式,让学生成为工艺课程学习的主角。

二是实施产教融合,培养学生的工程思维和职业素养。通过产学研合作,一方面让教育走出象牙塔、学校与社会携手、教育与经济结合,学生上课学习企业的真实案例,课后走进共建化工实习基地锻炼动手能力,培养工程思维;另一方面,产教融合中教师的产学研成果反哺课堂,实施科研育人。

三是强化实践,实施以学生为主体的实践环节。学生参加的实验有:与课程配套的工艺(如乙苯脱氢工艺等),教师先进科研成果设置的开放性实验(如工业窑炉尾气脱硝工艺等),合成氨工艺等模拟流程软件的虚拟仿真实验(如年产30万吨的合成氨等),校企联合共建的实习基地的顶岗实践等。以学生为主体,激发学生的学习热情,锻炼学生的操作能力,提高学生分析问题和解决问题的能力和职业素养。

基于OBE理念的"人力资源管理"课程建设探索与实践

廖晓艳　孙丽璐　黄晋东　吴珍妮　徐步宇

重庆理工大学

一、案例介绍

"人力资源管理"是管理学大类的核心基础课程,也是人力资源管理方向的核心专业课程。本课程经过30余年发展,融合本校劳动经济学、工业心理学和大数据技术等专业优势和区域发展趋势,以"加强基础知识、注重实践能力、培养创新精神、提升全面素质"的方式体现管理类人才胜任力培养的交叉学科特色。本课程从对学生毕业能力素质的支撑出发,以"人力资源传统六大板块+数据分析技术+员工援助计划"为线索,针对每个教学单元建设线上教学资源、课程思政元素和典型案例,并以团队方式完成学习任务,课程考核兼顾过程考核和结果考核,将课程节点考核及时反馈给学生,并将最终考核由校外专家进行反馈,以修正下一届教学。就人才培养目标及相应的教学内容对行业毕业生进行调查,调整教学内容、资源和方法,实现持续优化和课程教学闭环。

二、案例详述

(一)课程内容体系建设和实施

基于OBE理念进行课程内容设计,即从"人力资源管理"对学生毕业能力要求的支撑出发,通过查阅资料和问卷调查,梳理相关高校的课程内容、用人单位人才需求和毕业生反馈。课程团队对人力资源领域专家($n=26$)和1993—2016级毕业生($n=291$)进行访谈,主要从人力资源管理课程内容的重要性和运用情况进行排序,两组访谈结果无显著差异($p=0.18$),访谈结果如表1、表2、图1所示:

表1 不同行业的人力专家和毕业学生对人力资源管理核心内容运用的评价(n=317)

	组织效能提升/架构设计	工作协作流程梳理	绩效考核、激励等管理机制优化	核心领导团队转型或培养	文化价值观塑造/重塑	HR技术/数字化转型	人才引进	人才梳理盘点和培养	人员效能提升	员工体验	员工敬业度提升	员工认可与保留/离职风险管理
互联网/电子商务	24.0%	24.0%	44.2%	42.2%	33.1%	43.5%	37.0%	31.8%	28.6%	19.5%	18.2%	16.9%
房地产	12.3%	20.3%	41.5%	44.3%	40.1%	35.4%	38.2%	33.0%	27.4%	15.1%	16.5%	12.3%
物业	12.0%	21.8%	37.0%	40.1%	36.3%	37.7%	37.7%	27.1%	26.4%	19.0%	15.5%	13.0%
快消	14.6%	23.8%	41.7%	41.7%	45.7%	38.4%	34.4%	32.5%	21.9%	23.2%	19.9%	10.6%
重工业/加工制造	13.2%	17.2%	49.8%	41.0%	39.6%	38.8%	32.6%	32.6%	30.0%	20.1%	18.7%	13.2%

表2 不同组织人数的人力专家和毕业学生的人力资源管理核心内容运用评价(n=317)

	组织效能提升/架构设计	工作协作流程梳理	绩效考核、激励等管理机制优化	核心领导团队转型或培养	文化价值观塑造/重塑	HR技术/数字化转型	人才引进	人才梳理盘点和培养	人员效能提升	员工体验	员工敬业度提升	员工认可与保留/离职风险管理
1—99人	15.8%	28.1%	41.6%	44.3%	41.2%	32.6%	38.9%	30.3%	21.3%	21.3%	15.4%	15.4%
100—499人	15.0%	22.2%	45.0%	42.7%	43.6%	38.4%	36.0%	30.5%	24.1%	19.3%	19.1%	12.3%
500—999人	10.3%	16.9%	41.1%	41.3%	39.4%	33.3%	33.3%	31.7%	25.6%	20.1%	17.3%	13.3%
1000—9999人	14.7%	17.6%	39.4%	39.4%	35.9%	38.2%	35.0%	34.1%	26.5%	22.4%	19.4%	13.5%
10000人以上	21.4%	20.6%	39.7%	39.7%	38.9%	42.7%	38.2%	31.3%	39.7%	18.3%	22.9%	14.5%

内容	百分比
绩效考核、激励等管理机制优化	41.8%
核心领导团队转型或培养	41.7%
文化价值观塑造/重塑	40.3%
HR技术/数字化转型	37.5%
人才引进	35.4%
人才梳理盘点和培养	31.4%
人员效能提升	26.7%
员工体验	20.1%
工作协作流程梳理	20.1%
员工敬业度提升	18.2%
组织效能提升/架构设计	13.8%
员工认可与保留/离职风险管理	13.1%

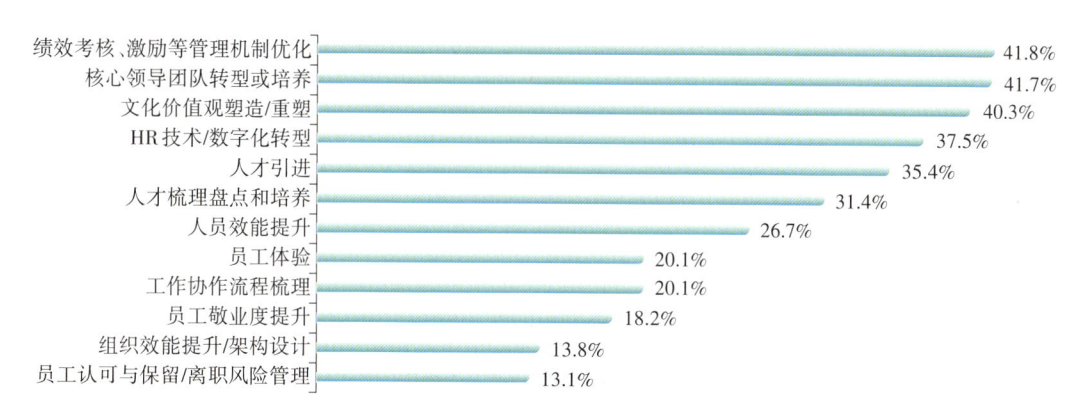

图1 人力资源管理课程内容的重要关注点

通过分析以上岗位需求和内容重要性,教学团队在课程的理论设计和知识、技能、能力要求上结合人力资源形成规律与未来管理趋势,形成以"人力资源传统六大板块+数据分析技术+员工援助计划"为线索的内容架构,包括认知和理解阶段的知识模块、学习和实践反馈阶段的技能模块,到知识和技能获得阶段的能力获得模块。(图2)

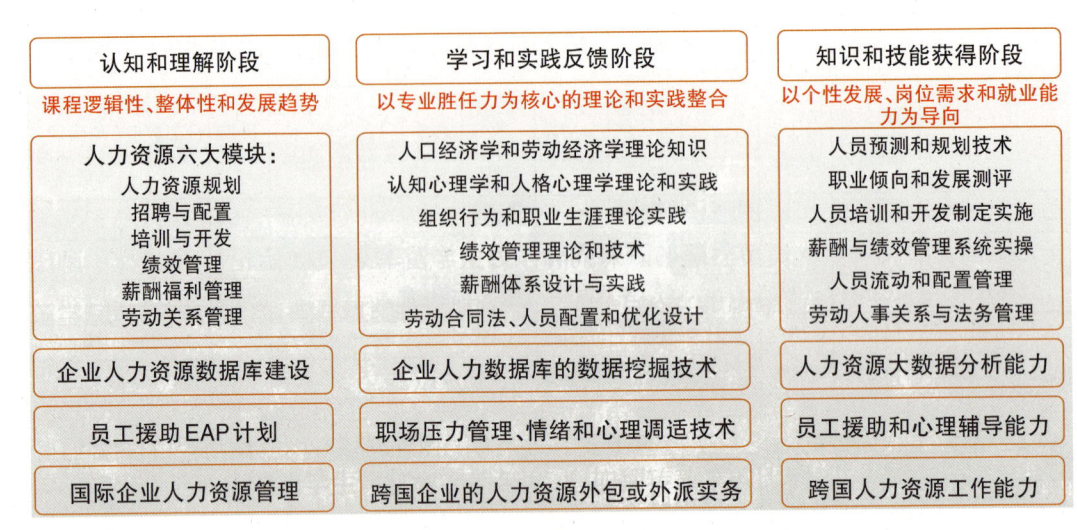

认知和理解阶段	学习和实践反馈阶段	知识和技能获得阶段
课程逻辑性、整体性和发展趋势	**以专业胜任力为核心的理论和实践整合**	**以个性发展、岗位需求和就业能力为导向**
人力资源六大模块： 人力资源规划 招聘与配置 培训与开发 绩效管理 薪酬福利管理 劳动关系管理	人口经济学和劳动经济学理论知识 认知心理学和人格心理学理论和实践 组织行为和职业生涯理论实践 绩效管理理论和技术 薪酬体系设计与实践 劳动合同法、人员配置和优化设计	人员预测和规划技术 职业倾向和发展测评 人员培训和开发制定实施 薪酬与绩效管理系统实操 人员流动和配置管理 劳动人事关系与法务管理
企业人力资源数据库建设	企业人力数据库的数据挖掘技术	人力资源大数据分析能力
员工援助EAP计划	职场压力管理、情绪和心理调适技术	员工援助和心理辅导能力
国际企业人力资源管理	跨国企业的人力资源外包或外派实务	跨国人力资源工作能力

图2 "人力资源管理"课程知识、技能和能力框架图

在教材选用上，对标课程内容体系的具体要求，选择两本教材，学生根据不同教学内容要求选择不同章节进行学习。（图3）

教材一《人力资源管理概论》：
- 普通高等教育"十五""十一五"国家级规划教材
- 内容全面、论述严谨、语言通俗、理论与实践有传承性
- 新概念、方法与技术，如OKR、人力资源精析、心理资本等
- 增加问卷或测评工具，可参与在线测评

教材二《人力资源管理》：
- 增加了人口统计内容：补充人力资源管理数据库建设理论
- 增加道德伦理问题：爱国精神、职业道德、从业道德风险
- 增加全球变革问题：国际企业人力资源管理实务知识拓展
- 增加工作平衡问题：员工体验、心理疲劳、压力管理

图3 相关教材与课程对应知识结构

本课程共48个学时，教学活动以学生为中心，每部分教学内容以具有挑战性、启发性和互动性的综合类选题为指引，特别是选取面向现代兵工制造业、战略性新兴产业和服务业等行业需求的课题，学生以团队方式在课后完成任务，并在课上进行分享交流。（图4）

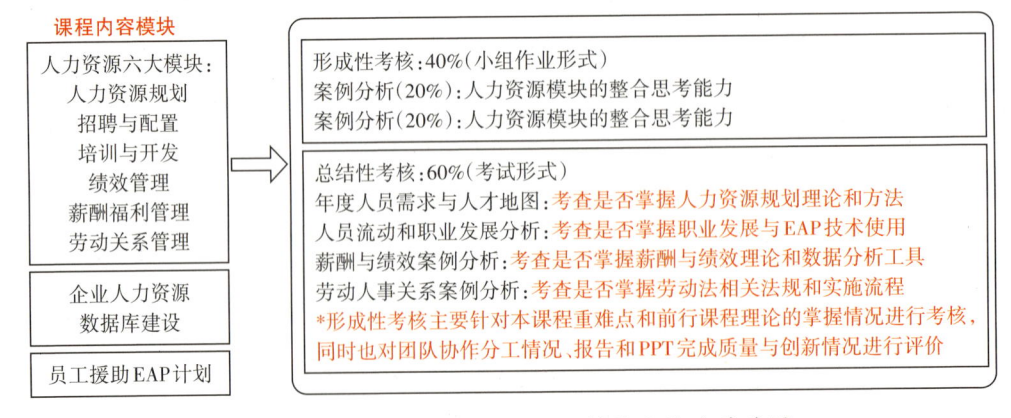

课程内容模块

人力资源六大模块：
人力资源规划
招聘与配置
培训与开发
绩效管理
薪酬福利管理
劳动关系管理

企业人力资源数据库建设

员工援助EAP计划

→

形成性考核：40%（小组作业形式）
案例分析(20%)：人力资源模块的整合思考能力
案例分析(20%)：人力资源模块的整合思考能力

总结性考核：60%（考试形式）
年度人员需求与人才地图：考查是否掌握人力资源规划理论和方法
人员流动和职业发展分析：考查是否掌握职业发展与EAP技术使用
薪酬与绩效案例分析：考查是否掌握薪酬与绩效理论和数据分析工具
劳动人事关系案例分析：考查是否掌握劳动法相关法规和实施流程
*形成性考核主要针对本课程重难点和前行课程理论的掌握情况进行考核，同时也对团队协作分工情况、报告和PPT完成质量与创新情况进行评价

图4 成绩评定构成与课程知识、技能和能力关系图

本课程考核兼顾形成性考核和总结性考核。形成性考核(40%)考查学习团队在综合选题上的学习表现(4个选题);总结性考核(60%)考查学生对各部分教学内容的知识和能力获得情况(5个选题)。根据学生最终成绩评定结果进行课程达成度评价,课程组对综合选题各节点成果进行分析讨论,以实现教学效果的持续反馈。

(二)课程资源建设和应用

线上资源方面,以课程内容为线索,对课程内容和教学手段进行重构,将每个单元的教学内容做成知识图谱,将理论部分分解到线上课程,形成课程思政元素和案例、校企合作项目实操。对毕业生的相应能力进行调研和反馈,优化课程内容和教学方法。(图5、表3)

图5 线上课程录制

表3 课程思政元素和案例

知识点	思政案例	思政意义	育人目标
工作分析	管仲的"四民分业定居"和"能不配位,其祸必殃"	从"四民分业定居"和"能不配位,其祸必殃"了解劳动分工和工作分析中的人职匹配原则	文化素养
成功智力	水稻专家袁隆平的科研故事	从科学家身上看到最重要的智力因素和精神品质	科学素养 社会责任 爱国情怀
职业生涯	新冠疫情"最美逆行者"	从职业中体会到职业成就感、职业荣誉感、职业愉悦感	爱国情怀 社会责任
绩效考核	"孔融让梨""程门立雪""囊萤映雪"	"勤"和"德"是绩效考核的重要内容,一个人既要有才,更要有德	敬业友善
人力资源规划	中日甲午战争	国富未强,只有拥有了强"兵"才能保家卫国,才能维护国家利益,才能推动国家战略发展,这就要求做好优秀人力资源的规划	爱国情怀 社会责任
人性假设	"时代楷模"张桂梅	爱生如子的品质,无私奉献的精神	爱国情怀 社会责任

续表

知识点	思政案例	思政意义	育人目标
激励机制	"断箭"的典故	精神激励,个人自信和个人意志对成功的重要性	自信
招聘	韩非子"智士者未必信也……以智士之计,处乘势之资而为其私急,则君必欺焉	一个人诚实守信的品德是录用的关键	诚实诚信
培训	"因材施教"的典故	每个人都有自己的闪光点,杜绝"齐步走"培训模式,遵循"因人施教"的培训原则	独立性 辩证思维

线下资源方面,校内的课程线下活动包括沙盘模拟、数据库资源运用和校外导师课堂等;校外教学资源包括企业访谈移动学习等。(图6)

图6 线下校内外教学资源建设及应用情况

(三)课程团队建设与能力提升

课程团队现有专业教师7人,均毕业或求学于国内外知名大学,团队成员年龄结构、学历结构搭配合理。课程团队依托本课程下辖的市级双语课程和优质课程平台,提升本课程教学师资团队的专业知识水平和教学能力;积极探索人力资源管理教学的专业化、高效化和国际化体系,注重教学的创新性、高阶性及挑战度;对标一流课程建设目标,注重参加教学培训、教学竞赛,主持教学教研项目,发表教研论文;融合课程内容与科研项目,实现产学研一体化。

三、案例成效

(一)已初步构建具有前沿性和系统性的教学内容体系

在传统六大模块基础上,增加数据分析、员工援助等内容,将基础理论和现代组织发展需求进行融合,体现教学的前沿性和创新性;筛选有代表性的综合选题,将课程思政元素和教师科研项目直接融入案例教学中,增加教学内容的挑战度和现场感;将与本课程相关的教学资源(教学案例、教学视频,以及学生部分学习成果等)进行资源共享。结合可视化知识图谱,使学生能够较快地领会相关学习重点,提升知识与技能的系统性和有效衔接性。本课程内容的部分章节已孵化教材两部,并在全国推广。同时,本课程已成功申报两门校级思政课程,获课程思政案例大赛二等奖一项。

(二)以多元化方式驱动创新性和个性化教学模式

在教学方式方面,强调以学生发展为中心,对知识性内容,侧重以线上资源为主,学生提前预习;对能力性内容,侧重在课堂教学中将理论知识点与时事案例融合,特别是课程思政元素和案例的融入,增强学生的演绎能力和学习迁移能力,同时注重职业道德和价值观念引导;对素质性内容,以团队方式完成具有挑战度和创新性的综合选题,提升学生的综合分析能力、个性发展能力和团队沟通能力。在课程考核方面,以形成性考核的方式考核团队对重难点的掌握和运用情况、创新能力和团队合作能力等,形成性考核占总分数的40%;总结性考核为考试,针对学生对课程体系和知识点的认知与理解情况进行考查,总结性考核占总成绩的60%。在课程评价方面,近三年在校学生教学评价平均分为96.55分(位于全校前10%),对近五年毕业后的学生进行调查发现,96%的毕业生对教学效果表示满意,尤其是专业知识、创新能力、数据分析能力和员工援助技术等专业胜任力对自我职业发展有显著的助推作用;在教学效果方面,在全国17家用人单位的招聘访谈中,我校毕

业生在人力资源管理传统能力,以及数据分析和员工援助等能力素养方面有更良好的表现。(图7、表4)

用人单位满意度高

钟晓曦
重庆地产集团人力总监
理工大学的人力资源管理毕业生在HR理论和数据分析技术方面表现突出,能胜任集团跨领域的全流程人力资源管理服务

苏黎晔
猪八戒网人力资源总监
贵校学生的人力资源管理能力,特别是员工援助技术和方法,能较好地为互联网企业的人力资源管理能力升级提供实践支持

唐梓长
重庆秦安机电股份有限公司(上市代码:603758)副总经理
贵校学生的人力资源管理知识体系有较好的拓展,更能站在员工角度去思考,特别是对新管理新挑战提出了解决问题的系统思维能力

杨艾祥
谷源健康公司人力资源总监
理工大学的人力资源管理毕业生,对我们创业公司发展有很大帮助,特别是核心板块和大数据+的结合,有利于公司更好地找到管理堵点

图7 用人单位对我校2015—2018年毕业生的部分反馈

表4 近三年学生相关设计成果获奖情况

竞赛名称(全称)	获奖类别	获奖等级	颁奖单位
第十二届全国大学生数学竞赛	省部级	一等奖	中国数学会
重庆市大学生运动会4×100 m	省部级	冠军	重庆市教育委员会
重庆市大学生运动会4×100 m	省部级	亚军	重庆市教育委员会
全国第六届大学生艺术展演	省部级	二等奖	重庆市教育委员会
全国第六届大学生艺术展演	省部级	二等奖	重庆市教育委员会
全国第六届大学生艺术展演	省部级	二等奖	重庆市教育委员会
第十二届全国大学生数学竞赛(非数学类)	省部级	三等奖	中国数学会
全国大学生人力资源管理知识技能竞赛	省部级	二等奖	中国人力资源开发研究会
第十届全国大学生"三创赛"省级选拔赛	省部级	三等奖	
第九届全国大学生"三创赛"省级选拔赛	省部级	二等奖	全国大学生电子商务"创新、创意及创业"挑战赛竞赛组委会
中国国际"互联网+"大学生创新创业大赛	省部级	金奖	

(三)教学师资团队建设的梯队化和学科交叉化

教学团队在理论授课和实战教学中具有较丰富的经验,时刻把握相关学科最新发展动态,应用现代化手段和方法开展教学工作,积极探索人力资源管理教学的专业化、高效化和国际化体系,不断与互联网背景下大数据时代对人力资源的超常规、跨越式需求相契

合,与政府和企事业组织进行产学研联合共建,在军民融合和产学研项目中取得突出成果,并将相关学术成果运用于教学之中,实现产学研一体化。近三年来,课程团队共申请省部级教研项目9项(其中重大项目1项、重点项目3项),出版教材2部,发表教研论文4篇。此外,通过参加国内外人力资源管理专业教学和学术研讨会,依托本课程下辖的市级双语课程和优质课程平台,目前,本课程已基本完成视频资源建设工作,梳理了课程知识地图,对每个知识点进行课程教学视频录制。

四、未来计划或启示

(一)以结果为导向的不断改进

课程组将坚持立德树人,围绕"高阶性、创新性和挑战度"的课程建设要求,对课程体系建设和改革进行持续优化,包括教学内容持续更新、课程教学和考核方式优化、教学数据库和案例库完善等。

(二)教学资源向线上拓展

对学生在知识模块、技能模块、能力模块等方面的需求进行分析,进一步梳理课程知识地图,对每个知识点进行课程教学视频录制,打造微课、微视频20—30个,同时借助校外合作建设资源,优化教学资源。

(三)教学内容建设的持续推动

结合校情和专业人才培养定位,凝练有特色的课程思政元素库,增加现代兵工制造业、战略性新兴产业和服务业等行业案例;将Python分析纳入课程内容,增加行业或企业年报的人力数据分析板块,更新相关教学内容。

(四)教学评价模式的持续优化

进一步优化教学效果的评价指标,对学生的动态行为数据和静态考核数据进行赋值,综合评判学生的学习达成度情况。同时,对课程教学进行360°全方位评价,形成以评促学和以评促改的课程建设和实践管理体系。

理论与实践结合，知识与能力并重
——"数字电子技术"课程示范案例[①]

王玉菡　陈鸿雁　杜红

重庆理工大学

一、案例介绍

"数字电子技术"课程在重庆理工大学开设早，历史长，课程内容复杂，既基础又前沿，是电气、电子信息等专业的一门重要基础课程。课程团队长期贯彻"激发兴趣、奠定基础、培养能力"的教学理念，以学生为中心，以立德树人为根本任务，从知识、能力和素质三个方面确定课程教学目标，从广度和深度上扩充课程内容。通过对教学设计、方法、资源和团队等方面开展课程建设，将理论与实践相结合，培养学生的科技创新能力、工程软件应用能力、初步的科学实验能力、自主学习能力、团队协作能力和学术表达能力等，进而实现全面提升教学质量的目的。

二、案例详述

（一）课程团队建设与能力提升

课程团队是一支教学经验丰富、勇于钻研、有责任感和团结协作精神及开拓创新能力的队伍。团队教师定期从各出版社领取最新版教材、新形态教材等充实教学内容；支持教师每年参与各种教学会议和教学能力培训活动一次以上、参加各种类型的教学比赛。定

[①] 基金项目：重庆市高等教育教学改革研究项目"新工科背景下以能力培养为目标'四位一体'教学新模式的研究与实践"（项目编号：213068）、重庆市教育科学规划重点课题"'大思政'格局下高校电类基础课程思政教学的探索研究与实践"（课题批准号：2021-GX-130）、重庆市高等教育学会高等教育科学研究项目"新工科背景下基于工程教育理念的电类基础课程教学改革与实践研究"（项目编号：cqgj23079C）、重庆市教育科学规划课题"'教育数字化'背景下高校教师数字素养提升的研究"（课题批准号：K23ZG2110241）。

期组织团队教师与思政课教师一起开展课程思政建设研讨、交流和观摩活动。通过学习培训和集体教研,提高团队的课程教育教学和思政建设能力。

(二)教学设计创新与教学方法改进

分析学生学情,结合工科专业工程认证的标准,教学设计从适合学生学习出发,优化教学内容、引入思政元素、创新教学模式,采用多种教学方法和手段,提高教学质量与效果。

1.优化教学内容

(1)基础内容方面。

删减已过时的复杂集成电路内部结构讲解,注重逻辑功能描述。使用Multisim、Proteus等设计并仿真分析电路(图1),使用Camtasia Studio 8制作视频,使用gif软件制作gif动图资源。

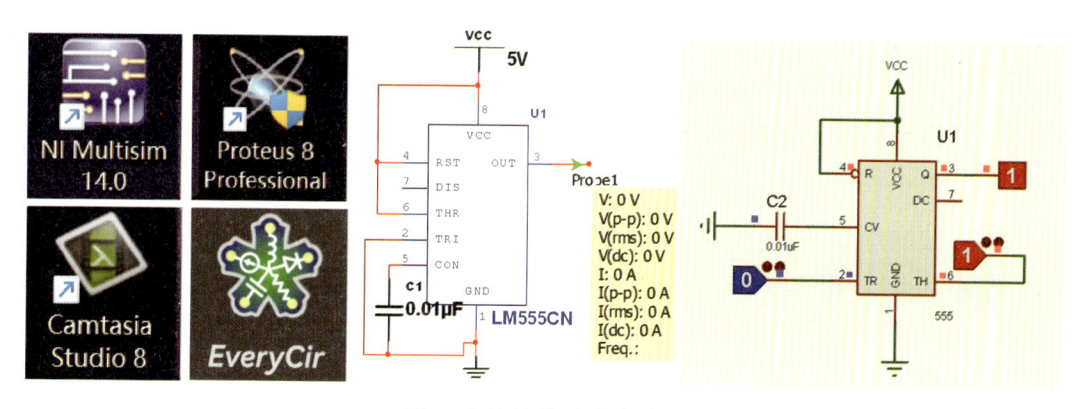

图1 多种软件的综合应用

(2)能力培养方面。

依据任务式驱动、项目式教学需要,课题组建立课程对应知识点的任务表,并在教学实践中使用。

2.引入思政元素

发掘课程各知识点蕴藏的思政元素,制定思政目标与素质目标,融入课堂教学中,教育学生辩证、全面地分析数字电路中的问题,从而培养学生严谨的科学态度、科学的唯物辩证观和创新的工程思维。

3.创新教学模式

设计并实施双闭环分层反哺教学模式(图2),以立德树人根本任务为主线,以学生环为核心、教师环为辅助,以知识认知(传道)、能力实践(授业)和提升进阶(解惑)三个阶段分阶培养,学生与教师闭环分层反哺。

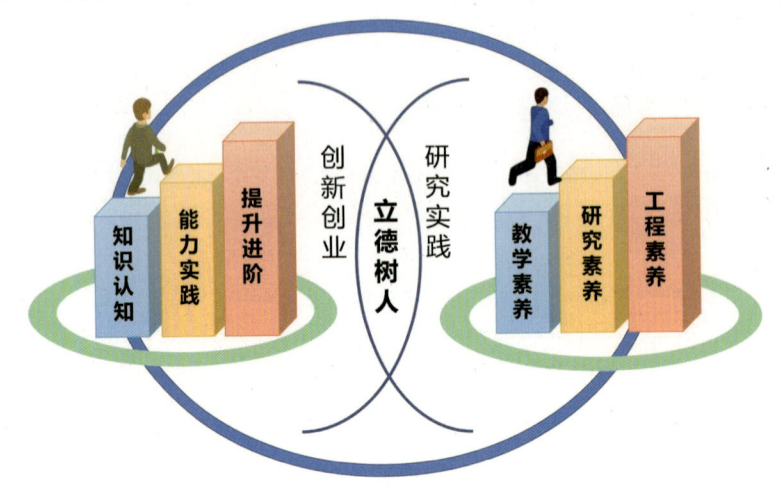

图 2 双闭环分层反哺教学模式

学生闭环通过知识认知—能力实践—提升进阶,分层递进,以立德为核心内涵,把德行与价值的塑造贯穿到课堂、实验、实践过程中,实现对学生理论、实践、创新的闭环培养。

教师闭环分为"传道""授业""解惑"三个阶段:"传道"阶段,教师立德树人,以德修身;"授业"阶段,教师博闻强识,识多才广;"解惑"阶段,教师苦心孤诣,精益求精,以师德师风、工程实践能力、创新研究能力作为教师成长目标反馈形成教师闭环。

教师环与学生环以立德树人、知识传授、答疑解惑形成双环交集,学生通过教师的启发与指导,温故而知新,实现对知识的反刍。反过来学生又促使教师深入思考和学习,实现精益求精,反哺教学与科研。

4.采用多种教学方法和手段

采用理论、仿真、实践、网络四位一体教学方式;启发式教学,引导学生有思考方向,注重"教"与"学"互动;仿真演示,实物展示,化抽象为具体,鼓励学生参加实验实践;以赛促学,激发学生学习兴趣,引导学生主动学习;引入思政教育、激发爱国情怀,教书的过程中不忘育人;推荐配套优质网络资源,注重信息化教育。

(三)课程内容与资源建设及应用

课程建有丰富的教学资源,具体如下:

1.网络资源

精品课程网站有课程大纲、教学日历、PPT、教案、试卷、课堂实录,校内MOOC平台有55个课程主要知识点视频。主要用于学生课下自主学习。

2. 教材

课程组编写有《电子技术实验与Multisim14仿真》,由机械工业出版社出版,属校级规划教材,可用于课外作业、实验及课程设计实践教学。

3. 作业、实验与实践

购买课程习题库,引入Multisim、Proteus等仿真软件,建设虚拟实验室和网络虚拟实验平台,建有电子设计竞赛实训基地,可用于补充理论知识,增强实践,提高创新能力。

4. 思政内容建设

在教案各知识点中添加思政元素,用于学生品德培养与能力提升的教育。

5. 雨课堂教学平台应用

课堂教学中采用雨课堂推送课件、进行提问、完成课堂测验等。

6. 新形态教材的选择、借鉴与应用

新形态教材中包含知识点引入问题、视频、案例、习题及答案、思政等内容,授课过程中可直接选用。

(四)课程教学内容及组织实施

以线下为主、线上为辅的教学方式展开教学,充分利用课前、课中、课后及实验等各个教学环节,借助互联网、学科竞赛等多种途径全方位、立体式展示,将爱国情怀、辩证思维、工程实践与创新等思政元素融入教学中,在寓"教"于"乐"中完成寓"道"于"教"。

教学实施抓住课前、课中、课后三个环节,遵循主动性与目标导向原则,采用多种教学活动组织策略,注重学生的深度参与。

课前:教师提供图片或视频,提出问题,引发学生的好奇心,使其产生学习动力。同时提供导学纲要,让学生明确课程的学习目标和学习重点、难点。

课中:通过讨论式教学、案例教学等多种方法,组织学生开展合作探究,展示交流,实现生生互动和师生互动,培养学生的学习能力以及团队协作能力。同时,进行学生自评和组间互评。将课程思政有机地融入课堂教学,让学生树立正确的、积极向上的世界观、人生观和价值观。

课后:通过章节测验、课后作业等环节进行课后巩固,及时对学生的完成情况进行反馈、总结,让学生实现举一反三、畅想创新,提升工程应用能力。

三、案例成效

(一)特色与创新点

1.特色

既培养解决电子电路领域复杂工程问题的能力,又融合课程思政,达到传授知识、培养能力、发展素质的教学目标。设置课外仿真、实作任务,理论与实践相结合,引领学生学习集成芯片设计与制作等领域新技术,提出开放性问题,延展课内知识。以线下为主、线上为辅展开教学,发挥课堂主阵地作用,课堂教学富有活力。

2.创新点

(1)教学模式创新。

设计并实施了双闭环分层反哺教学模式。以学生环为主、教师环为辅,双环相辅相成。

(2)教学理念创新。

采用"立德树人"理念实现"教书+育人"的全过程。以专业知识点为基础,以经典案例为核心,以社会主义核心价值观为引领,与学生职业生涯相结合,将专业课讲出人文味道,课外辅以课程实践和科创活动,使社会主义核心价值观浸润和专业知识传授同频共振。

(二)改革成效

本课程取得了良好效果:教学内容富有深度和广度,促进了学生德智体美劳全面发展;双闭环分层反哺模式,使学生与教师实现共同成长,教学质量好;结合雨课堂、QQ群等,学习气氛活跃。

1.学生成绩

比较2019—2022年学生成绩(图3),高分段明显增加,满足了知识目标培养。学生积极主动地参加各类设计创新大赛,2021年获国家奖14项、市级奖42项,创新与实践能力均得到相应提高,有利于学生健康情感与价值观的培养,满足了能力及素质目标的培养。

2019—2022年数字电子技术成绩百分比对比

图3 2019—2022年数字电子技术课程成绩统计对比图

2.学生评价

2019—2022年课程评教排名均在全院前10,学生对教师的工作给予了肯定,体现了教学相长。教师在教研立项、课程比赛等方面也取得了很好的成绩。

3.教研成果

自2020年以来,课题组共发表论文7篇,建设重庆市数字电子技术课程思政示范项目,主编教材2部,在研市级教研项目4项。2021年,课题组教师获得校级教学成果奖二等奖。指导学生参加比赛获省部级三等奖2项。课题组教师参加课程教学比赛,获第三届全国高等学校青年教师电子技术基础、电子电路课程授课竞赛数字电路与逻辑设计组全国一等奖、西南赛区一等奖,电工学课程全国二等奖、川渝赛区一等奖,校级微课比赛一等奖、二等奖,校级教学创新大赛二等奖等。通过参加比赛,教师教学能力得到很大进步,教学效果越来越好。

4.成果推广

课程建设和改革是师生双向互动下动态提升的过程,课题组努力提升教学质量,将课程打造成智慧教学高阶课、全面设计高效课、课程思政示范课。课程改革初见成效,改革成果向"电工电子技术"等相关课程群推广应用。

"五融合四联动三阶段双侧"高等数学示范教学案例[①]

王良伟　宋晓倩　涂正文　胡焱　李丽

重庆三峡学院

一、案例介绍

本案例基于超星智慧教学平台,针对教学中的痛点问题,构建了"教学理念、教学内容、教学模式、教学方法、教学评价"深度融合的"五融合"创新举措,实现了总体目标、知识目标、能力目标、思政目标紧密联动、相辅相成的"四联动"课程目标,在具体教学过程中按照驱动式引入、探究式推进、沉浸式应用"三阶段"教学环节,从教师侧内挖知识来源及思想内涵、从学生侧外拓前沿应用的"双侧"高阶创新实践。该模式有效解决了课程教学中的痛点问题,创新教学成果丰硕,本课程已被认定为重庆市线下一流课程、重庆市课程思政示范项目、校级在线课程、校级一流课程。教学模式可复制、易推广。

二、案例详述

(一)课程团队建设

团队自编完成10万字带有思政特色的案例式教学设计方案,多次参加教育部、市教委等组织的课程思政培训班及各类课程思政技能竞赛,积累课程思政素材,建立了"高等数学"课程思政案例库。团队成员中有"巴渝学者"2人、重庆市教书育人楷模2人、重庆市五一劳动奖章获得者1人。团队成员获全国高校青年教师教学竞赛理科组二等奖1次、三等奖1次,获重庆市高校青年教师教学劳动与技能竞赛一等奖(理科组第一名)2次,第二

[①] 本案例获重庆市高等教育教学改革研究项目"'教'与'学'双侧深度融合的高等数学课程创新教学研究与实践"(项目编号:213284)支持。

届重庆市高校教师教学创新大赛一等奖1次,校级首届课程思政教学竞赛一等奖、首届课程思政教学案例一等奖等各类教学竞赛奖20余项,5人共获得过30余次教学考核优秀。

近五年,团队成员积极开展"高等数学"教学创新改革,在学校每年30万元建设经费的支持下,组织实施过程性考核,开展数学软件与数学实验课,依托本课程申报重庆市教委教改项目、重庆市教委教育综合改革项目等11项,市级教育优质课1门,市级教学案例库1个,市级重点建设教材1部,市级课程思政示范项目1项,校级教改项目5项,出版数学软件及数学实验教材1部,研究成果发表相关论文30余篇,获校级教学成果奖三等奖2次。学生成绩逐年稳步提升,考研上线率及各类数学竞赛成果丰富。

(二)教学设计创新

1.课程创新目标及思路

(1)总体目标。

秉持"德育为先、学生中心、研学融合、持续改进"的教育理念,构建师生学习共同体。培养具有扎实数学知识、深厚数学素养、实践创新能力的优秀人才。注重课程的育人效果,引导学生树立正确的价值观及科技强国的信念,落实立德树人的根本任务。

(2)知识目标。

让学生理解高等数学的基本理论及基本原理,掌握高等数学的基本知识与基本运算,熟练掌握高等数学中重要的计算方法。

(3)能力目标。

能用数学思想、概念、方法消化吸收所学专业的概念及相关原理。初步形成借助数学软件及建立数学模型解决实际问题的能力。通过批判性的文献阅读提高学生的分析判断能力。

(4)素养目标。

产生强烈的求知欲与学习兴趣,具有崇尚科学、脚踏实地、遵循客观规律的品质。在工作中实事求是、坚持真理,勇于攀登科学高峰。传承科学家的奉献精神,增强爱国热情、责任感和使命感,体会数学知识中蕴含的辩证唯物主义思想,形成正确的世界观、人生观、价值观。

2.课程创新思路

为了解决高等数学课程建设中长期存在的痛点问题,课程团队构建了"教学理念、教学内容、教学模式、教学方法、教学评价"深度融合的"五融合"创新举措,实现了总体目标、知识目标、能力目标、思政目标紧密联动、相辅相成的"四联动"课程目标,在具体教学过程中按照驱动式引入、探究式推进、沉浸式应用"三阶段"教学环节,从教师侧内挖知识来源及思想内涵、从学生侧外拓前沿应用的"双侧"高阶创新实践。(图1)

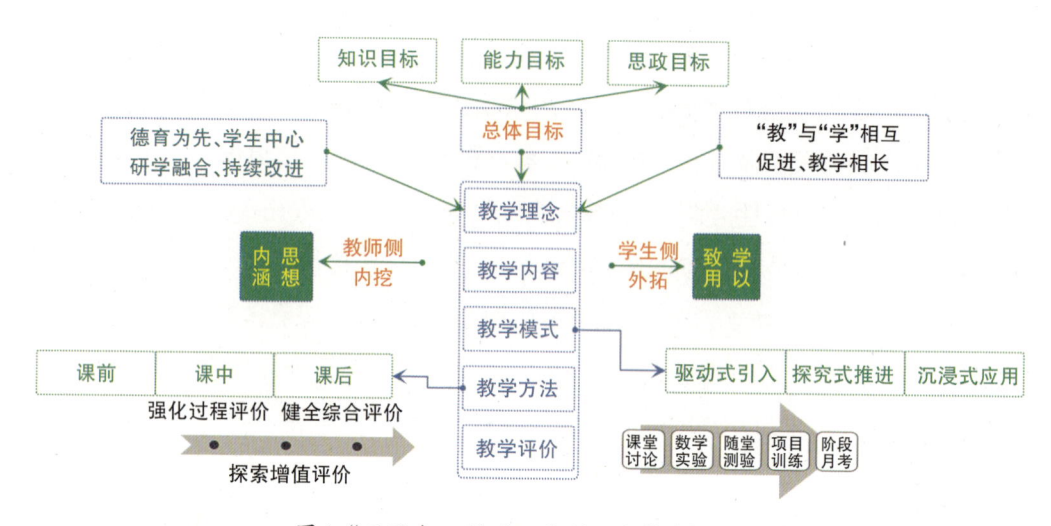

图1 "五融合四联动三阶段双侧"创新思路

(三)课程资源建设及应用

1.教学理念融合创新

本次教学创新改革是在此前基础上,取其精华去其糟粕,破旧立新,秉持"德育为先、学生中心、研学融合、持续改进"的教育理念构建师生学习共同体,强调师生互动,教学相长,协同创新,合作共赢。

2.教学内容双侧贯通

(1)教师侧。

课程团队教师深入挖掘知识来源及思想内涵,注重文理交融及专业知识与育人元素的有机衔接和融合,力争润物无声地融入课程思政元素,建立了高等数学课程思政案例库。(图2)

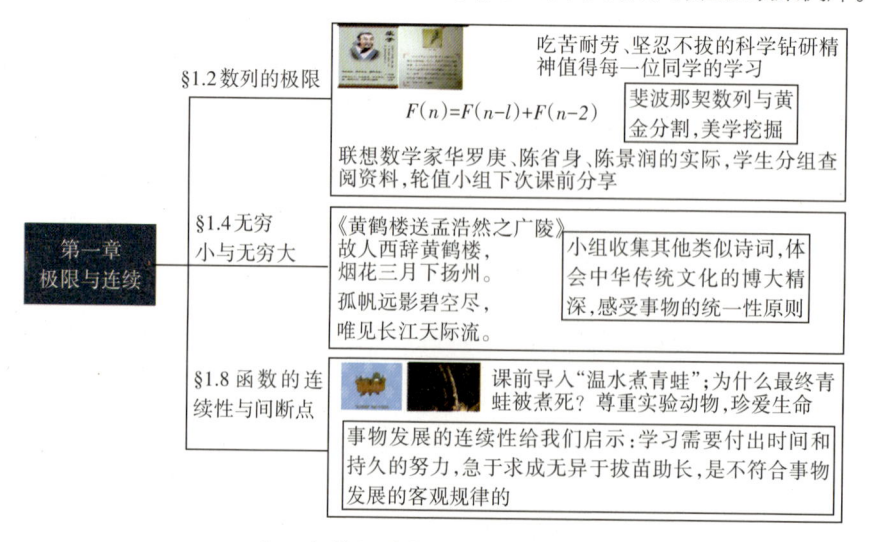

图2 高等数学部分课程思政案例

团队对课程内容进行了重构,坚持驱动式引入、探究式推进、沉浸式应用"三阶段"教学环节,激发学生的探索欲。(图3)

图3 部分驱动式案例问题

(2)学生侧。

外拓知识的实际应用,注重知识的高阶应用和时代性,解决好到哪里去的问题。增加"两性一度"课程标准的思考和执行。课程团队定期设置与课程相关的、具有前沿性和时代性的探究性讨论题目,定期发送科研小论文,学生进行小组研读,查阅资料"跳一跳"才能解决。团队授课教师精心筛选内容合理、难度适当的论文并进行线上推送,每章推送相关科研论文1篇,学生小组在线下线上及时讨论沟通并撰写研读报告。

(四)教学内容组织实施

课程负责人目前采用的教学模式从"教"与"学"双侧出发,设计教学过程,注重学生端微观反馈,基于BOPPPS高效教学模式、借助智慧化教学平台,提高教学回馈效率。教学过程分为三个模块:课前、课中、课后。

1.课前

教师布置线上预习作业,学生在线上平台完成预习报告;教师通过平台数据分析检验学生的预习情况。教师课前10分钟发布以选择题和填空题为主的课前测验题,考核学生对基本概念的掌握情况,精准诊断学生的预习情况。

2.课中

针对学生预习报告及课前测验出现的难点问题及重点知识,按照驱动式引入、探究式推进、沉浸式应用"三阶段"教学环节进行课堂精讲,配套发布预设的随堂练习、选人、抢答等线上活动,高效检测每位学生的学习效果。

3. 课后

鼓励学生开展探究式学习，分组讨论、总结章节知识结构思维导图，并自主完成高阶应用及知识拓展学习，教师及时进行QQ在线答疑。在课后推送优质公众号讲座信息及论文供学生研读，定期公布课程积分排行榜。(图4)

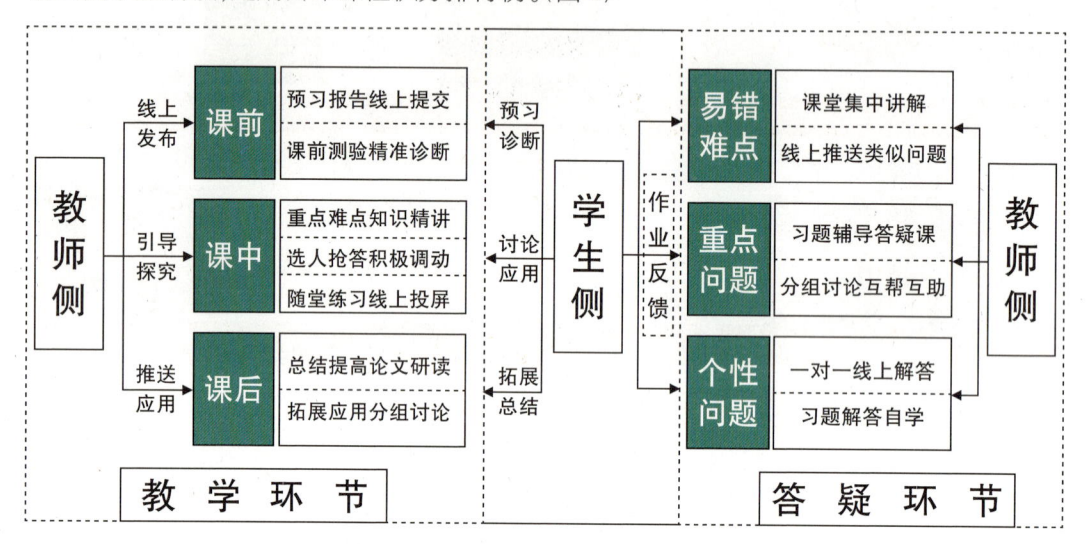

图4 教学模式设计图

(五)考核评定特色

强化过程评价："高等数学"课程改革已经进行了几轮，注重过程化考核，极大地调动了学生的学习积极性，注重全方位育人。

三、案例成效

教学团队在课程建设中，依托1项省部级重点教改项目和2项省部级青年教改项目，在学校建设经费的支持下，从多个方面进行建设和尝试，极大地调动了学生的学习积极性，各方面取得了较为丰硕的成果。

(一)学生学习效果全面提升

重庆三峡学院高等数学考核采用教考分离制度，所有考核均密封并进行集体阅卷，2019年实行阶段性月考以来，月考和期末考核以同等要求对待。对2021级高等数学班级阶段性考核及期末考试成绩进行横向比较显示，创新实验班各阶段及格率及平均分均优于普通班级。主讲教师近三年成绩纵向比较显示，学生学业成绩有较大提升。

课程满意度极大提高,问卷调查显示,80%以上的学生认为课程中渗透的思想方法对学习其他学科有很大帮助,学生评教优秀。

(二)学生科研创新能力凸显

近三年团队教师指导学生获得大学生数学竞赛、数学建模竞赛等国家级、省部级以上数学竞赛奖78项。分组研读论文中,学生能自主发现错误并和教师线上讨论,小组互帮互助开展自主研读。

(三)团队师资建设创新亮点

1.教研结合,团队教研成果丰硕

课程团队教师主持省部级一流本科课程2门,主持省部级教学案例库1个,主持省部级重点教改项目1项、青年教改项目2项;获得国家级教学竞赛二等奖1项、三等奖1项,省部级教学竞赛一等奖3项、三等奖1项,省部级自然科学三等奖2项,校级教学成果奖2次,校区级教学竞赛奖多项。

2.教学相长,课程建设成果丰富

在线上线下混合式探索当中,形成丰富的线上资源。本课程已被认定为省部级一流本科课程。在建设过程中,深入挖掘建立了高等数学课程思政案例库;修改了高等数学课程大纲;申报了与课程相关的省部级教改课题3项;完善了带有课程思政特点的高等数学教学设计;优化了课程教学课件;发表教改论文20余篇;筹备补充录制线上教学资源。

3.发挥了教师团队示范引领作用

团队教师教育事迹多次被《重庆日报》等省部级、校级各主流媒体报道;开展校外讲座4场。

4.创新模式可复制、易推广

本课程的创新模式切中当前教学现状中的痛点,并较好地解决了这些痛点问题,课程内容重构的方法切入点可供数学类其他公共课程借鉴,教学方法搭配合理,创新教学环境易创设,教学模式已被借鉴于概率论与数理统计课程创新教学实践。

四、未来计划或启示

(一)跨领域知识融合与整合

"高等数学"是一门应用性较强的课程,和理工科各专业甚至文科专业均有交叉,后期

应与多学科专业加强合作、深入挖掘,站在学科高度,精选课程内容,修订新的课程大纲,进一步整理汇编课程思政案例库、驱动式案例库,开展项目式教学及多种形式翻转课堂教学,并逐步由知识型考核向能力型考核转变。

(二)推进数字资源建设

团队成员已加入北京科技大学负责的大学数学虚拟教研室,与其他院校教学名师、思政专业教师共研同促,搭建虚拟教研室平台,定期开展教学教改研讨会,不断优化教学设计、挖掘交叉学科科学伦理思政项目。课程建设将不断完善、不断优化和提升,持续推动信息技术与教育教学的深度融合,进一步加大力度,建好课、用好课,推动更多学生学好课,真正让学生受益。

(三)培育教学名师加强示范引领

课程团队成员多次获得国家级、省市级教学奖及教书育人楷模荣誉称号。后期团队教师将继续提高自身能力素质,积极参加各种线上培训,将先进教育理念及课程思政实施方法形成系统性理论,在本课程团队内培育课程教学名师,强化一课带多课、一师带多师、一校带多校师资融合、校校互动模式,在课程创新改革方面取得更好的成绩,为西南地区教育教学改革做出贡献。

基于"一核心、两对接、三融合"的"道路与桥梁工程"教学案例[①]

闫磊　申纪伟　杨茂　刘芳平　郭远臣

重庆三峡学院

一、案例介绍

依托重庆市一流专业土木工程,在"道路与桥梁工程"教学过程中,以培育学生"大国工匠"精神为核心,以实现对接行业与社会需求为目标,融合课程思政、用人单位与信息技术三种元素,深度推进"一核心、两对接、三融合"的教学设计思路。本案例在课程思政建设与践行、"课程+科研"育人及主讲教师能力提升等方面的良好成效表明,本课程的教学设计不仅思路清晰合理,而且教学方法具有良好的创新性和应用性,可为同类课程的教学改革提供一定的参考与指导。

二、案例详述

(一)有关课程团队建设与能力提升

课程负责人闫磊博士承担"道路与桥梁工程"的授课任务。在教学过程中,课程负责人始终把立德树人作为根本任务,以OBE理念为导向,深入开展教学研究与改革实践,取得显著成效。课程团队成员的学科专业分别是东南大学、西安建筑科技大学等高校的土木工程学科,团队成员具有丰富的教学、科研及工程应用经验。

[①] 本案例为重庆市高等教育教学改革研究项目(项目编号:201038S、yjg213124、213271、222128)、2022年重庆市教育委员会人文社会科学研究一般项目(项目编号:22SKGH339),以及重庆三峡学院校级项目"在渝高校学生突发事件应急教育现状调查与对策研究"(项目编号:GJ202209)、"'互联网+'背景下重庆市大学生创新创业教育现状与对策研究"(项目编号:JGYB2314)阶段性成果。

(二)教学设计创新

1.以立德树人为根本,培养学生"大国工匠"精神

围绕培养学生"大国工匠"精神的目标,将弘扬新时代工匠精神渗透在"道路与桥梁工程"课程教学的每一个环节中,实现全程育人。课前,通过布置任务,促使学生树立以国家各行业工匠为榜样的意识,激发学生的家国情怀,播下做大国工匠的种子。课中,紧扣"大国工匠"精神培养主题,以本专业"大国工匠"的成长经历为案例,激励学生努力学习专业知识。课后,通过学生深入大型工程一线,加强学生对工匠精神多维度、深层次的理解,进一步激发学生对爱岗敬业、精益求精、协作共进和追求卓越等优良精神的追求。(图1)

图1 工程现场培养学生"大国工匠"精神

2.对接行业与社会需求,提升学生专业技术能力

课程秉持以学生为核心和主体的理念,落实培养目标对接岗位需求,推进教法改革。针对以往"道路与桥梁工程"教学过程中学生以课本理论知识学习为主的情况,教学团队探索学生深度参与教师、企业科研项目的教学模式,让学生及时了解本专业在行业和社会中的技术水平、技术需求及未来发展趋势,解决学校教育与实际技术发展脱节的问题,让学生的专业技能与专业知识得到多维度、全面发展,实现学生能力与企业和社会要求的完美匹配。

3.融合三种元素,实现学生能力全面发展

在教学过程中,将课程思政、用人单位需求与信息技术三种元素深度融入课堂,提升课程教学效果。通过大国工匠风采视频、企业专家现场亲授及学长现身说法等形式巧妙地将三种元素融入教学全过程,以实现既"有声有色"又"润物无声"的育人成果;引进企业专家,组建"双师"教学创新团队,共进课堂,共建资源,共研技术,促进学生能力全面发展。(图2)

图2 多措并举,实现学生能力全面发展

(三)课程内容与资源建设及应用

根据地方应用型高校土木工程专业应用型人才的培养要求,结合"道路与桥梁工程"教学改革的重点方向,构建了丰富的教学资源来支撑"道路与桥梁工程"课程的实施。

1.课程内容与资源建设情况

课程已完成四个方面的内容与资源建设:第一,授课指导文件,如课程简介、教材与参考资料等;第二,授课实施文件,如课程教案(电子和纸质)、PPT课件等;第三,学生课后自主学习资料,包括典型案例、电子题库等;第四,教学手段,多媒体教室、网络共享资源等均具备。

2.课程内容与资源应用情况

任课教师发布教学安排,学生制订个人学习计划,通过对课程资料及课后辅助资料库等共享资料的高效利用,实现课程理论知识与实操技能的双达标。在此基础上,学生可以进一步利用现实案例实现对理论知识的更深层次理解,达到能懂会用、融会贯通的学习目标。

(四)教学方法改革

基于"两性一度"和OBE理念,制定"道路与桥梁工程"教学目标;依据课程目标给出相应知识点的教学要求。采用高质量课堂讲授、研讨式教学和案例式教学等具体做法,以学生为中心,提升课程的"两性一度",由教得好向学得好转变,具体提升思路如图3所示。

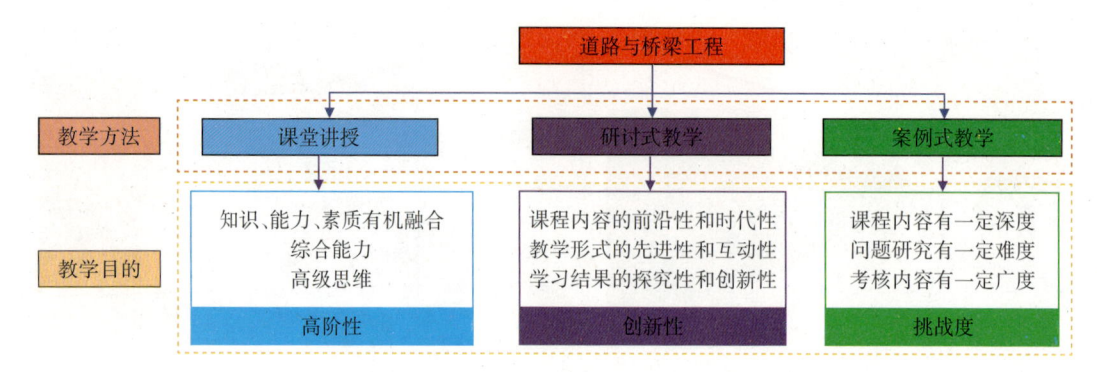

```
                          道路与桥梁工程
           ┌──────────────┼──────────────┐
教学方法    课堂讲授        研讨式教学       案例式教学

            知识、能力、素质有机融合   课程内容的前沿性和时代性   课程内容有一定深度
教学目的    综合能力              教学形式的先进性和互动性   问题研究有一定难度
            高级思维              学习结果的探究性和创新性   考核内容有一定广度
            ───────              ───────              ───────
              高阶性                 创新性                挑战度
```

图 3 "道路与桥梁工程"课程教学效果提升思路

1. 高质量课堂讲述,提升课程高阶性

课堂教学过程中,结合大量的图片、视频等多媒体手段形象生动地展示道路与桥梁的方案设计、施工、养护等,具有较强的视觉、听觉冲击力,增加了学生对课程的感性认识。有效利用知识共享资源平台中权威专家对专业知识的分享视频,体会专家们对专业知识的阐述,更深刻地理解和掌握相关知识点,从而提升课程的高阶性,逐步锻炼学生处理疑难问题的综合能力和高阶思维。

2. 研讨式教学,提升课程创新性

研讨式教学有利于培养学生的创新思维、合作精神和批判性思考,也有助于激发学生的学习兴趣和主动性。研讨式教学包括阅读自讲式、小组报告式、师生角色互换式等多种形式,适用于不同规模和专业性的课程。

3. 案例式教学,提升课程挑战度

在案例式教学法的实施过程中,在学生已掌握了有关基本知识和理论的前提下,由主讲教师根据课程教学计划进行统一安排和指导,并对某一有特色的工程案例进行深度剖析;在教学过程中注重学生独立思考和团体协作的能力,以培养学生解决疑难杂题的自主能力、优秀的学习能力、思维方式和沟通协作能力。

(五)课程教学内容及组织实施

"道路与桥梁工程"课程的教学内容分为理论和实践两部分。理论教学以课堂授课为主,多媒体课堂辅助教学,增设分组讨论、学生汇报、师生点评、拓展与总结及课后作业。实践教学主要依托教师实际工程项目开展工程设计训练,具体形式为教师下达课程设计任务书—学生查阅资料—专家现场讲解—学生完成相关设计任务并提交。

（六）成绩评定考核等方面的亮点及特色

考虑"道路与桥梁工程"课程的毕业要求，本课程坚持过程性与终结性紧密结合的成绩评定原则，从课堂讲授、自主学习、启发引导、小组讨论及课后巩固等方面综合考核学生对本课程的掌握程度，具体分为平时成绩、课内实践成绩、课后作业成绩与期末考试成绩四大部分，符合"两性一度"基本要求，充分体现了应用型大学工科专业理论与实践并重的教学理念。（图4）

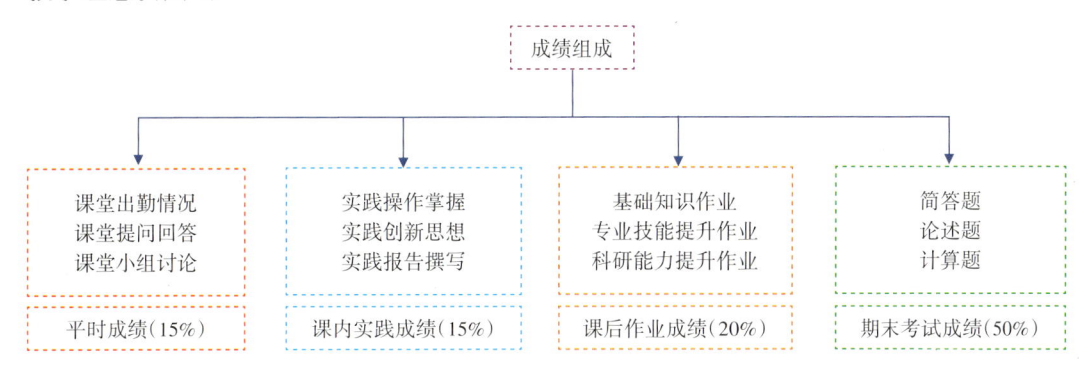

```
                        成绩组成
     ┌──────────┬──────────┼──────────┬──────────┐
  课堂出勤情况   实践操作掌握   基础知识作业      简答题
  课堂提问回答   实践创新思想   专业技能提升作业   论述题
  课堂小组讨论   实践报告撰写   科研能力提升作业   计算题
  平时成绩(15%)  课内实践成绩(15%) 课后作业成绩(20%) 期末考试成绩(50%)
```

图4 成绩组成

三、案例成效

（一）案例特色与创新点

完善课程体系。基于OBE理念，重构课程目标、课程内容、课程结构和课程活动方式，形成集理论性、实践性、科研性、综合性于一体的课程体系。

改革传统教学弊端。引入工程案例与学科前沿，精心设置问题加强师生互动，采取讲—学—论—练—测的方式，改革既往教学模式中以教师为主体的弊端，提升课堂活跃度。

建立全过程教学质量评价体系。以提高课程的高阶性、创新性与挑战度为出发点，制定融平时成绩+课内实践成绩+课后作业成绩+期末考试成绩多种考核方式于一体的全过程评价体系。

（二）教学改革成效及解决的重难点问题

在教学改革中，课程团队旨在解决传统教学以教师为中心的问题，主要取得以下成效：

建成个性化教学资源共享中心，构建多维教学模式。基于相关科研、工程项目，建立原创课程教学资源库，构建集实物、模型、数字化资源于一体的立体化综合教学模式。

融合理论与实践，突出能力培养。实施以能力培养为导向的教学设计，采用模块化讲授，融合理论教学、工程实践、项目讨论等环节，突出"教—学—用"一体化培养理念。

围绕"两性一度"，提升育人、育师质量。聚焦工程项目实际问题，重构课程教学体系，拔高课程教学的高阶性、创新性与挑战度，形成知识、能力、素质同步提升的人才培养模式，提升育人质量。此外，教师在提升教学质量的同时，不断提升自己的教研能力，实现"育人"与"育师"的同向同行。

（三）取得的主要成效、成果

1. 课程思政建设与践行实效

通过教改项目申请、教学大纲修订、课程思政研讨交流等，初步实现了思政教育与专业教育高度融合的课程思政建设总目标。通过观看实物、视频及图片等，学生切身体会到了土木工程学科老一辈专家的"工匠精神"，坚定了扎根祖国大地，为新时代"交通强国"建设贡献自己力量的信念。

2. "课程+科研"协同育人实效

依托课程建设、科研和工程项目活动，鼓励和支持学生参与各类实践活动。近3年，团队教师指导学生发表核心及以上级别学术论文5篇，授权专利8项；指导学生参与政府部门主办竞赛30余项并均获奖，1人获重庆市优秀本科毕业生称号。近3年，中交、中铁、贵州路桥、四川路桥等大型央企、国企多次来我校招聘道桥方向毕业生，毕业学生入职相关单位并多次获得用人单位正向反馈，充分体现了教育教学在育人效果上的卓越性。

3. 主讲教师能力提升实效

团队教师通过对教学素材的整理与提升，不断充实自己的教研能力。团队教师1人获评重庆英才·青年拔尖人才，1人获评重庆市"巴渝学者"（青年学者），1人送培博士后，2人完成访问学者深造，2人获批重庆市教委教学改革重点项目。

基于课程改革的良好效果，相关经验和做法被《人民日报》、中工网、中国交通网、今日头条等媒体广泛报道。

基于"知—实—创"一体化训练的嵌套进阶式BOPPPS教学模式的研究与实践
——"机械设计基础"课程示范案例[①]

刘敏　任建兵　孟杰　李光苹　刘霜

重庆科技学院

一、案例介绍

"机械设计基础"是面向重庆科技学院5个来华留学生机类及近机类工科专业本科生开设的应用型特色课程。本课程以培养具备工程设计能力的高素质应用型来华留学生人才为目标,立足重庆汽车产业优势和重庆科技学院的办学特色,从"夯实基础,提升能力、创新实践"三个方面精准呼应新经济对国际工程领域人才的新需求,注重"交叉与前沿",突出学生跨界整合能力的培养,对标新工科人才培养目标、毕业要求和课程体系的支撑关系,构筑起新工科背景下基于"知—实—创"一体化训练的嵌套进阶式BOPPPS教学模式。即,以问题为导向,以案例分析为载体,以项目作为拓展联系专业,将经典的BOPPPS教学模式进行优化升级,形成双导入—双后测—双拓展的BPBOPPSSP教学设计新模式,逐层推进课程目标的有效达成,为工程类专业基础课程培养具备国际竞争力、实践能力高、创新能力强的高素质应用型新工科国际化人才提供参考。

二、案例详述

(一)机械设计基础课程的国际化师资队伍建设

培养高素质的来华留学生应用型人才,需要具有扎实的专业理论基础、丰富的工程实践经验、良好的外语表达能力和跨文化交际能力的高素质教师团队。自2013年起,课程

[①] 本案例为重庆科技学院本科教育教学改革研究项目"基于'BOPPPS+SPOC'的多屏互动智慧教学模式的探索与实践"(项目编号:202279)阶段性成果。

团队教师就开启了海外机械基础核心课程的进修。至今10多年间,在国家"西部计划"、重庆市"三特行动"计划等项目的支持下,课程团队成员中有3名成员先后开展国际交流与访问5次,与海外专家团队建立了长期稳定的合作关系,共同开展基于 EBD (Environment-Based Design)的机械创新设计方法研究,为留学生创新人才的培养搭建了平台。

同时,课程团队还着力培养国内工程领域教师的国际化教学能力。定期组织专业教师参加国际化教学能力提升培训,学习国内外前沿的跨文化专业教学方法;通过"海外引智计划"邀请国内外具有国际留学生教学和工程实践经验的专家,来校开展机械工程领域的学术交流和国际化教学研讨,大幅提升课程国际化师资队伍建设水平。

(二)课程内容与资源建设及应用

一直以来,课程致力于以来华留学生学习、发展和学习效果为中心的"新三中心"建设。秉持OBE设计理念,以课程目标为导向,采用逆向设计法,从"教学目标"向"教学策略"逐个环节逆序推进。通过构建课程目标—教学活动—教学评价的一致性,让学生明确自己应该学什么、怎样学,以及达到怎样的目标。(图1)

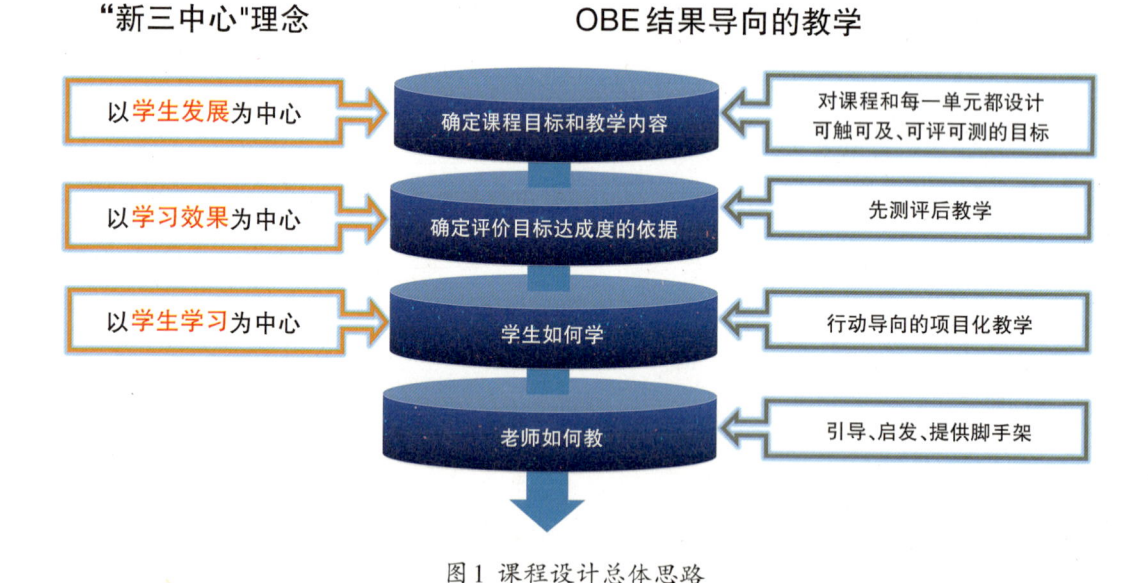

"新三中心"理念   **OBE结果导向的教学**

"新三中心"理念	OBE结果导向的教学	
以**学生发展**为中心 →	确定课程目标和教学内容	← 对课程和每一单元都设计可触可及、可评可测的目标
以**学习效果**为中心 →	确定评价目标达成度的依据	← 先测评后教学
以**学生学习**为中心 →	学生如何学	← 行动导向的项目化教学
	老师如何教	← 引导、启发、提供脚手架

图1 课程设计总体思路

1.结合地区产业优势,重塑知识体系,由知识储备型向知识应用型转变

课程团队经过长期的教学分析发现,大部分的机械设计基础知识点都在汽车发动机和底盘的结构设计中有所体现。因此,课程团队基于知识应用的角度,将原先按照章节划分的知识储备型的知识体系进行解构,并充分结合重庆地区汽车支柱产业优势,邀请行业人士参与课程内容的体系构建。以汽车组成为主线统领课程知识板块,并对各板块所承载的知识点和能力点进行重构(表1)。学生通过汽车这个认知载体,对其加以课堂教学中的情景创设,在学习中模拟工作场景并进行认知、比较、运用实践,从而更好地理解、掌握和运用机械设计基础知识,真正实现从知识储备向知识应用的转变,由被动接受机械枯燥难懂知识的过程,转变为主动学习、解决问题的实用性学习过程。

表1　机械设计基础知识体系与认知载体之间的映射

课程模块	主要内容	主要知识点	载体	主要能力点
机构设计	绪论	机械、机器、机构、构件、零件等	发动机整体和连杆	1.能够区分机器和机构 2.能够区分零件和构件
	平面机构及自由度	平面自由度 平面四杆机构	曲柄连杆机、雨刮器、自卸车、内燃机	1.能够计算平面机构的自由度 2.能够设计平面四杆机构
	凸轮机构	凸轮机构	配气机构	能够根据图解法设计凸轮机构
	间歇机构	棘轮机构	棘轮扳手、手刹	能够根据使用要求选择恰当的棘轮机构类型
		槽轮机构		
连接件设计	螺纹连接	螺栓连接	气缸体与汽缸盖连接 气缸体与油底壳连接 连杆各零件连接	能够正确合理地选择螺纹连接
	键连接	各类键连接	曲轴、发电轴	能够正确合理地选择普通平键连接类型并进行强度校核
	销连接	销连接	活塞销	
传动件设计	带传动	V带传动	汽车正时带传动、风扇带	1.能够根据工作条件对各类带传动进行选择 2.能够根据工作要求设计V带传动
		平带传动		
		同步带传动	水泵及空调泵等运动传递的正时带传动	
	链传动	链传动	两个凸轮轴运动传递	能够根据工作条件对链传动的主要参数进行选择
			传递齿轮与凸轮轴运动的正时链轮	
			机油泵链传动	
	齿轮传动	齿轮机构及传动	起动机齿轮与飞轮	能够设计直齿及斜齿轮传动
		涡轮蜗杆机构及传动		能够对蜗杆传动进行受力分析
	轮系	定轴轮系	起动机齿轮与飞轮	能够计算定轴轮系的传动比

续表

课程模块	主要内容	主要知识点	载体	主要能力点
传动件设计	轮系	周转轮系	起动机内部行星轮、差速器	能够计算周转轮系的传动比
		混合轮系	主减速器和差速器	能够计算混合轮系的传动比
轴系设计	轴承	滚动轴承	差速器	能够根据工作条件正确选择滚动轴承,并进行组合设计
		滑动轴承	连杆轴承、曲轴轴承	能够进行非液体摩擦滑动轴承的设计计算
	轴	各类轴	曲轴、凸轮轴	能够合理进行轴的结构设计及强度计算
		轴向定位	止推垫片	
	其他	弹簧	气门弹簧	
		离合器	底盘离合器	能够根据工作要求合理选择离合器

2. 对接专业需求,打造特色教学内容,凸显专业性和应用性

依托重庆科技学院的办学特色,根据授课对象的专业特点开发了针对其专业需求的工程案例20项,使课程内容始终保持鲜明的行业特色,极大地提高了来自不同工科专业留学生的专业适应性,充分发挥出了机械设计基础作为一门专业基础课程承上启下的桥梁作用。

3. 建设"知—实—创"一体化、模块化课程资源,对标四项工程设计能力

为支撑能力目标的达成,本课程在认知视角、工程视角、竞赛视角的考量下,开展了基于"知—实—创"一体化训练的模块化资源建设(图2)。团队深入生产一线,收集并建成了机械常用机构和通用零部件的三类资源库丰富知识模块,为学生设计表达能力的提升提供了助力;利用项目模块开展项目化教学,以任务驱动将知识、能力、立德树人要素有机融合;引入实训模块,将理论课与课程设计实训进行整合(图3);重新整合实验模块,借助国家虚拟仿真平台让实验教学进课堂,为分析和解决复杂工程问题的能力训练提供了实践机会;引入、借鉴国外先进优质课程资源,结合重庆科技学院应用型人才培养的教学实际,创造性地开发出用于培养留学生工程实践应用能力的项目和与之对应的任务模块;与加拿大专家团队长期合作,共同开展基于EBD的机械创新设计方法研究,组建机械设计创新社团,全方位培养学生的创新设计能力。

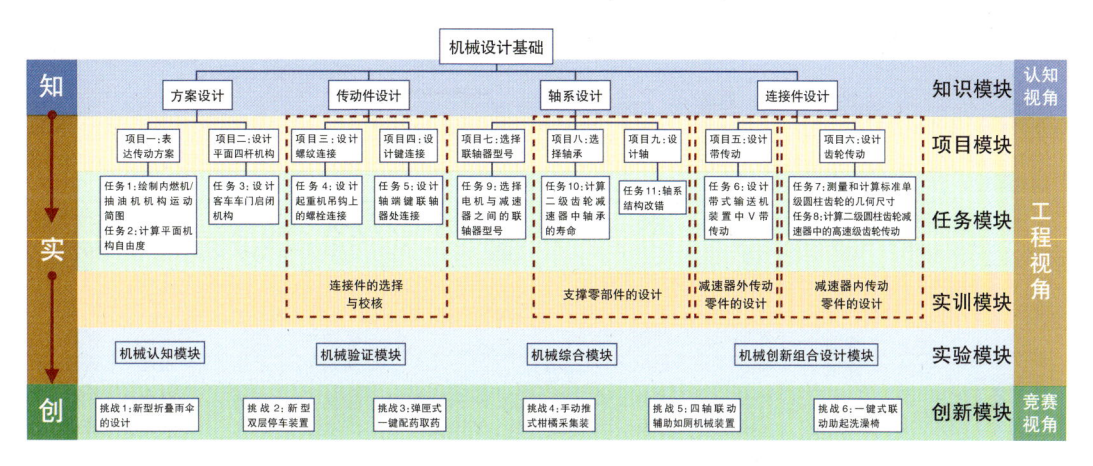

图 2 基于"知—实—创"一体化训练的模块化资源建设

图 3 留学生在石油实训基地参加创新项目实践

(三)课程教学方法及组织实施

只有通过参与、体验、实践的学习方式,才能让学生获得实实在在的能力。课程团队借鉴国外的seminar教学模式,通过研讨以及辩论的形式鼓励学生发现问题、思考问题、研究问题,培养学生的观察力、理解力、语言表达能力和自主创新能力。通过PBL与LBL相结合的双轨教学模式,结合工程案例教学、信息化教学、翻转课堂等教学模式,变讲授型教学为讨论式、启发式、项目式、科创式教学,开辟参与途径,充分发挥学生的主观能动性。

课程根据布鲁姆教育目标分类法,对教学目标进行细化和分层,采用独创的双导入—双后测—双拓展的嵌套进阶式BOPPPS,控制教学流程,并结合学生的学习能力确定各不同层级的教学阶段(图4)。

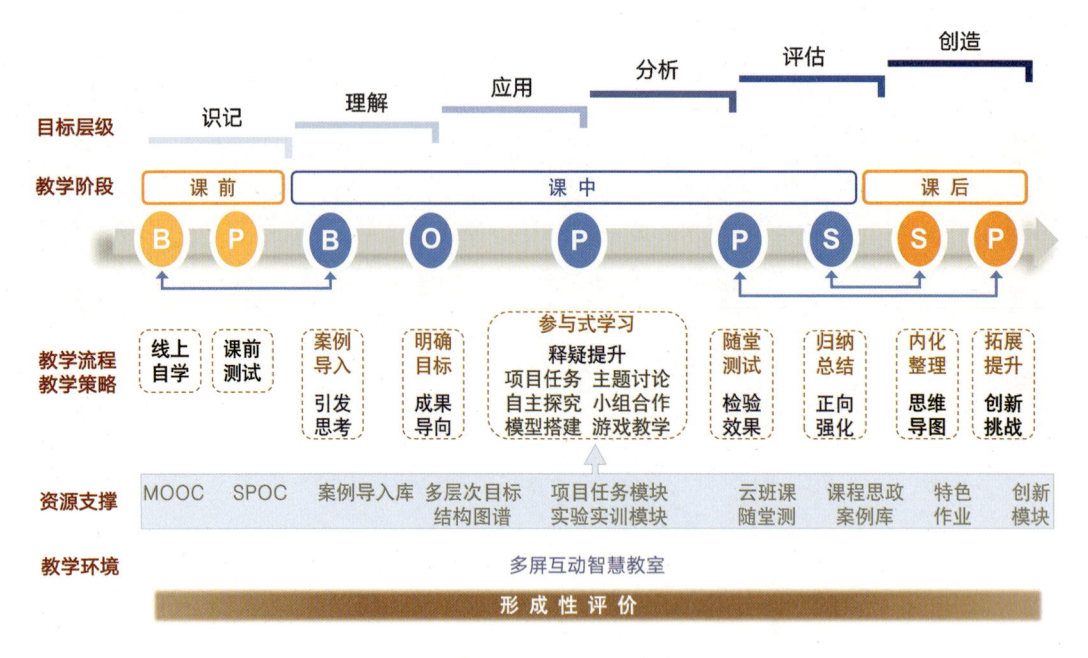

图 4 嵌套进阶式BOPPPS教学模式

课前,教师利用SPOC平台定制优质慕课资源,完成主要知识点的导入,解决知识的传授问题,并通过考核达标。让每位学生在上课之前,有基本扎实的理论基础。同时,鼓励学生在课前提出问题,在课堂中做到跟上节奏、心中有数、有的放矢,提高课堂教学的针对性、自主性和高效性;课堂教学在多屏互动智慧教室的教学环境下,结合雨课堂、蓝墨云班课等信息化平台,运用翻转课堂,引入团队协作模式,以问题为导向,以案例分析为载体,设计与学科竞赛对接的课堂教学活动,以任务驱动将知识、能力、立德树人要素有机融合;课后再以各类特色作业和创新挑战作为补充和拓展。在丰富的课程资源支撑下,通过知识获取—实践—创新等基本能力的叠加循环训练,逐步达成课程目标。

(四)课程考核方式

课程分别从基础知识、设计能力、综合素养三个维度,采用过程性评价和终结性评价相结合的考核评定方式。总评成绩由视频学习、课堂活动、课后作业、特色作业、期末考试等组成,其中,期末考试从基础知识和设计能力两个方面对学习效果进行量化;视频学习是对学习态度的评价;课堂活动和特色作业对综合素养和设计能力进行考评,是对学习参与度和投入度的综合评价。同时,针对不同的考核项目,制定与之对应的评价量规。在给学生合理"增负"的同时,增加课程的挑战度,为课程目标的有效达成和持续改进提供助力。

三、案例成效

(一)特色与创新

本课程的特色可概括为"四新·三多元"。作为面向新工科、体现新需求、融入新理念、实施新模式的"四新"课程,形成了以多元高阶教学目标支撑新工科人才相关毕业要求达成,以多元融通混合教学模式和教学资源生态支撑课程教学目标达成,以多元考核与质量评价机制促进课程教学持续改进的品质与特色。本课程主要有以下三个创新点:

第一,以自主开发的丰富教学资源为载体,独创了"知—实—创"一体化训练的嵌套进阶式BOPPPS教学模式。采用OBE逆向设计法,紧扣认知规律,通过"知—实—创"的一体化训练,以问题为导向,以案例分析为载体,以项目作为拓展联系专业,解决了传统课堂教学对学生工程应用能力和创新设计能力培养不足的问题。

第二,对接专业需求,依托重庆地区产业优势和学校石油、冶金办学特色,打造特色教学内容,很好地解决了教学内容中基础与专业割裂,理论与工程实际脱节的问题。

第三,采用PBL与我国传统的LBL教学模式相结合的双轨教学模式,以留学生的思维和学习进度为基础开展教学设计,有效地解决了留学生教育背景与中国传统教育模式之间的矛盾。在符合我国高等教育基本国情的大背景下,使留学生思维活跃、独立自信的个性特质得以发挥,最大限度地激发了他们的学习主观能动性,提升了课堂教学效率。

(二)课程评价

本课程以其新颖的教学模式深受留学生们喜爱,留学生们也将评价的焦点从教师转向了课程本身。通过增值评价,留学生们表示本课程结束后,他们在团队协作能力、分析和解决复杂工程问题能力等方面的提升最为显著,也对责任、精益、专注和创新的工匠精神有了进一步感悟。

本课程也得到学校督导和同行教师的高度肯定,认为本课程在教学方法多样性和灵活性、对学生自主学习能力、工科思维能力、创新力和解决复杂工程问题能力培养,课堂参与度和积极性等方面均值得借鉴和推广。

(三)改革成效

课程团队以留学生的思维特点、群体特点和个性化需求开展教学,在符合我国高等教育基本国情的大背景下,通过教学模式调整适应,课堂开放程度提高,实践机会增加,最大限度地激发其学习主观能动性,提升了课堂教学效率。通过教学方法和课程评价方式的持续改革,使所授留学生班级"机械设计基础"课程的一次性通过率从2019年的70%上升到了2021年的90%。

在教学研究方面,自2018年起,课程团队就留学生的专业基础课程教学展开了研究与探索,在国际会议和国内优秀期刊上发表相关论文4篇,并获得校级教学成果奖二等奖2项,于2021年获批重庆市来华留学生线下一流课程。课程负责人也多次受邀到学校及各学院进行培训交流,课程建设成果得以推广。

四、未来计划或启示

未来将进一步增加学生课堂教学参与度,增加翻转教学的比例,进一步完善线上线下课程教学资源;加快由知识传授向能力培养的转化,进一步提升学生自主学习能力、实践动手能力和创新能力,最终通过多种能力的叠加训练,实现能力和工程素养的快速提升。

"逆向设计—问题驱动—多维混合"的技能教学模式创新与实践
——以"小学教师教学技能"为例

于洪燕　李霞　王永玲　张宸瑞　杜桢

重庆第二师范学院

一、案例介绍

"小学教师教学技能"是小学教育专业核心能力必修课，面向大三学生。作为定向农村的免师生，无就业压力，许多学生满足现状，主动参与学习和技能训练的意识不强；部分学生去农村从教的意愿低，顾虑重重；原课程存在重理论轻实训、学生问题意识缺乏、教学案例供给不足以及考核方式单一等问题。针对这些"痛点"问题，依据OBE能力导向，课程抓紧45分钟主课堂，采用线下线上混合式教学，实施"逆向设计—问题驱动—多维混合"教学创新改革，极大地延伸了技能实训的时间与空间，学生专业技能实训效果显著提升。

二、案例详述

（一）课程团队建设与能力提升

本课程主讲教师100%具备中小学任教或双师经历，具有博士学位或副教授职称者占80%。通过与优秀小学的协同教研、双向互聘、岗位互换等活动，80%的主讲教师被聘为小学兼职教师。实行"双导师制"，聘请20多位小学名师担任本课程的实践教学导师，参与课程教学与考核评价活动，提升了团队教师与基础教育接轨的实践教学能力。（图1）

图1 开展的协同教研、双向互聘、岗位互换活动

（二）教学设计创新

基于布鲁姆的教学目标分类法和OBE能力导向，课程实施了"逆向设计—问题驱动—多维混合"的教学创新与实践，直接指向教学"痛点"问题的解决。（图2）

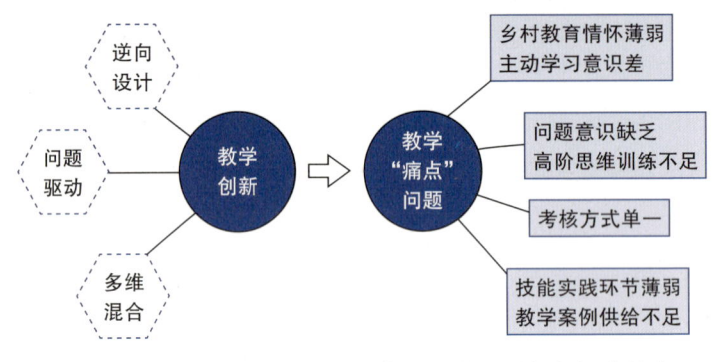

图2 "逆向设计—问题驱动—多维混合"的技能教学模式

1.逆向教学设计提高课程目标的落实和达成

逆向教学设计是OBE能力导向课程目标落实和达成的有效途径。以分析学生的学习需要确定教学目标为设计的起点，教学内容的选择和教学方案的提出都明确指向学生学科素养和教学能力的提升，全过程的教学评价高度服务于教学目标的达成，对学生教学技能的学习和发展起到助推与激励作用。

2.案例思政贯穿全课程，提升学生职业认同和从教意愿

每次教学，均以教育案例的分享评价反思开始，并将案例思政贯穿全课程。教师以身示范，结合课上课下的思政案例，实现价值塑造、能力培养和知识传授"三位一体"的育人过程，不仅训练了学生正确分析实际教育问题的能力，也引导学生树立正确的教师观，提升从教意愿。

3. 多维混合教学与评价引导学生重视技能实训

课程以信息技术为支撑,采用线上线下混合式教学法,设计了线上自主先学,线下释疑促学,线上线下实训固学,线下展示悟学等教学活动,以及形式多样、极具趣味化和个性化的线上线下实训内容,极大地拓展和延伸了学生参与实训的空间与时间,吸引学生主动参加。课程评价上也强调考核方式的多元化、非标准化和全过程化,将在线学习、课堂讨论、实训作业、比赛成绩等均计入学业成绩,引导学生重视平时学习和实训。

4. 四层级知识设置培养学生问题意识和高阶思维能力

为培养学生的问题意识和高阶思维能力,课程设置了四层级的知识学习和技能实训过程。第一层,课前—线上,学生提出自学过程中的困惑;第二层,课下—线下,通过师生、生生之间的问题探究,辨别各种观点的异同,形成辨析问题的不同思路和方法;第三层,课下—线上线下,针对理论学习中的问题,在实训中实践解决问题的教学理念和方法;第四层,课中—线下,在情境中解决真实教育教学问题,形成超越具体知识或固定方法的教学智慧。问题驱动促进了深度学习,培养了学生的问题意识和高阶思维及解决一般复杂教育问题的能力。

5. 循环使用数字化教学资源包解决案例供给不足

选取教学技能中的核心理论知识点制作精短视频,为提供学生优质的名师课堂实录和教学技能教学切片、全程收集学生个人或小组实训的资料,形成教学语言、教学案例、教学设计、作业设计、板书设计及教学切片等数字化资源包,作为学生可循环使用的实训资源,解决了教学案例不足的问题。

(三)课程内容与资源建设及应用

课程从线上、线下教学资源和校内、校外师资团队四个方面来建设课程资源。课程内容设置以教师教育课程标准和小学各科课程标准为依据,贯彻小学课堂教学纵向流程,介绍各项相应教学技能;以横向逻辑为副线,结合小学各学科课程特征,穿插介绍体现学科领域特征的教学技能。目前有各类线上视频资源144个,时长3000多分钟;试题库5个,500多题;学生实训案例及实训视频1500余个;以及校外名师团队30余人。

(四)教学方法改革

1. 探究式小班教学

为便于实训,每个班分成30人左右的教学组,实施探究式小班教学。每6人组成学习组,实施小组合作学习。学生通过线上线下的合作实训、课上课下的探索交流,成为教学与实训的主动参与者,提高了实训教学的效果。

2. 问题情境生成教学

在实训的过程中,整合教育戏剧的课程要素,创设技能训练的真实情境,使得教育关切的"每个人"无限接近教育本质。教师或学生随机生成问题情境,训练学生的问题处理能力。问题情境生成教学激发了学生的学习积极性,有效培养了独立思考、分析和解决问题的能力,充分挖掘了学生潜能。

3. 教赛结合

依托能力导向、实践教学和技能测试的班级、院级、校级、市级、国家级"五级一体"的师范生技能竞赛平台,课程以学促教、以赛促学、教赛结合,提升了学生参与实训的积极性和主动性。学生可以凭参加不同级别的比赛成绩,申请综合考评加分。

(五)课程教学内容及组织实施

依据课程设计思路,以学生为中心,以信息技术为支撑,每一个技能学习都设计了线上自主学习—先行探知,线下释疑解惑—协作研讨,线上线下巩固拓展—实训固学,线下展示悟学—技能生成共四层级的教学活动。以提问技能学习为例,共4课时。课前发布本次课的在线资源,包括教学知识点视频(9个)、课堂实录教学切片视频(10个),学生在第一次课前—线上完成5个知识点和部分课堂实录教学切片的学习,并提交困惑问题,完成自测;课中—线下,通过释疑解惑、协作研讨、案例分析等完成预习检测知识;课下—线上线下,完成全部课堂实录教学切片学习并提交学习反思;根据课文内容,完成一个提问环节设计,通过小组合作互评,选出小组展示视频的录制,上传学习通;第二次课中—线下,情境教学实训。(图3)

学习阶段	知识目标	教师活动	学生活动
课前—线上 自主学习 先行探知	记忆理解	1.发布导学任务 2.上传章节的知识要点微视频 3.组织讨论 4.查阅学习信息 5.调控学习	1.接受任务,自主探索 2.提出疑问,在线讨论 3.上传笔记,在线自测
课中—线下 释疑解惑 协作研讨	理解应用 分析	1.案例思政 2.先行学习情况反馈 3.释疑解惑,讲解重难点、易错点 4.教学实录案例分析内化知识 5.师生互动,解决开放探究性问题 6.教师点评、总结 7.布置课后作业	1.案例分享 2.回答问题,纠错 3.接受讲解信息 4.生生合作,研讨交流 5.小组合作探究学习 6.实践案例展示组内互评 7.效果反思自评
课下—线上线下 巩固拓展 实训固学	应用分析	1.发布拓展学习任务 2.发布实训作业 3.组织讨论,答疑解惑 4.批阅作业,反馈	1.提交学习反思 2.接受任务,拓展学习,线上线下实训 3.个人或小组合作实训,自评、组内互评 4.小组合作完成展示案例 5.提出实践问题,小组讨论调整实训内容
课中—线下 展示悟学 技能生成	综合创新	1.案例思政 2.创设实训情境 3.随机生成问题 4.教师点评、总结 5.布置作业	1.案例分享 2.情境实训 3.解决问题 4.观摩实训,同学互评

图3 课程教学组织环节

(六)成绩评定考核

教学评价上,强调课程考核的"多元化、非标准化、全过程"学业评价。将在线学习、课堂讨论、实训作业、比赛成绩等计入总成绩,引导学生重视平时学习和日常实训。通过改进知识评价,突出技能评价,重视态度评价,实现教学评价价值塑造、能力培养和知识传授的"三位一体"。(图4)

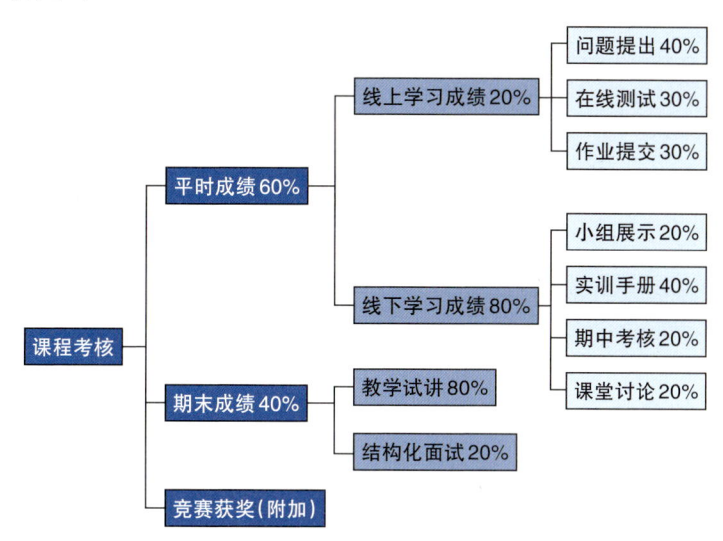

图4 学业评价方案

三、案例成效

(一)案例特色与创新点

"逆向设计—问题驱动—多维混合"的技能教学创新与实践,不仅较好地解决了教学"痛点"问题,提升了技能实训的实效性,而且课程教学也实现了五个转变。(图5)

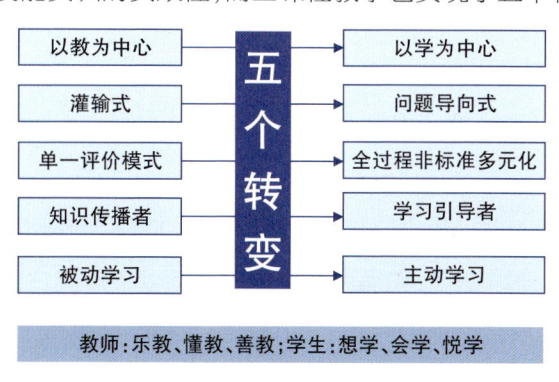

图5 课程实现五个转变

(二)课程的建设良性发展

自2015年开课以来,课程就不断针对教学"痛点"问题进行教学创新改革,课程建设呈良性发展。主讲教师团队多次参与中小学教师国培和市培项目,服务中小学教师上千人。课程的逆向教学设计教案模板在全校课程中使用,技能实训手册等也在其他学院的技能课程中推广,受到了同行教师的认可。

(三)教学改革得到学生和专家的充分肯定

教学改革得到学生的充分肯定。主讲教师团队的学生评教成绩名列学校前20名。多位校外专家、学院督导听课后,给出高度评价。依托本课程,主讲教师获学校教学创新大赛一等奖、市级教学创新大赛三等奖、课堂教学质量奖、教书育人示范岗、课程思政教学比赛二等奖、"青椒奖"等荣誉。主讲教师连续三年指导学生参加市级高校师范生教学技能竞赛,获得优秀指导教师称号。

(四)学生自主学习能力加强,专业技能显著提升

问卷调查显示,95%的同学表示在本课程收获蛮多。尤其在对毕业生的调查中,"小学教师教学技能"被评为对工作和学习最重要的专业课程之一。同时,课程思政的持续实施,不仅强化了学生自主学习及持续学习的能力,学生"扎根乡村教育"的情怀也不断深化。本专业95%的学生回到乡村学校任教,服务乡村教育。2021年,有25名学生入选"乡村师范生"计划,5名学生入选"为中国而教"项目。

四、未来计划或启示

建设立体化课程资源。进一步更新线上课程内容,充实实训资源库、作业库、试题库、最新小学名师课堂实录及常见问题答疑等数字资源;编写本课程精品教材,开发文字教材、电子教材、教学课件、案例汇编、教学切片等教材资源,为申请国家级一流课程做准备。

加强师资队伍建设。坚持主讲教师每年有基层学习时间,切实提高教师的实践教学操作和指导能力。

模式推广。持续优化本课程作为技能实训课程的教学模式和方法,面向兄弟高校推广;借助中小学教师教育培训网,将课程受众由高校师生扩展到广大一线教师,扩大课程的覆盖面和影响力,增强课程的普及性和应用性,提升课程效能。

"公安学基础"课程思政[①]

张运生　李金锋　廖于　王虹力　马腾文

重庆警察学院

一、案例介绍

"公安学基础"课程思政通过研究我国人民民主专政条件下公安机关的性质、宗旨、任务、职责、权力、体制、方针政策等，贯彻落实习近平总书记关于课程思政的指示和要求，力求使学生掌握公安学的基础知识和基本理论，树立科学的人民警察观，增强新形势下人民民主专政的意识，培养分析和解决公安实际问题的能力，推动学生牢固树立"四个意识"，全面落实"四句话、十六字"总要求，为培养合格的专业应用型人才奠定坚实的公安理论基础。

二、案例详述

"公安学基础"课程团队借助全国高校开展课程思政研究和实践的东风，以习近平新时代中国特色社会主义思想为指导，落实习近平总书记在学校思政课教师座谈会上的重要讲话精神，紧紧围绕"培养什么人、怎样培养人、为谁培养人"这个根本问题，把"对党忠诚、服务人民、执法公正、纪律严明"的"四句话、十六字"人民警察核心价值观教育融入"公安学基础"课程的教学中，确保在校学生在思想上、行动上跟党中央保持绝对一致，为学生日后从事公安工作培育忠诚警魂，为国家平安建设培养和输送合格人才。

[①] 本案例为重庆市教育委员会人文社会科学研究项目"中国古代忠诚观念培育对公安院校忠诚铸魂的启示及实践研究"（项目编号：21SKGH290）阶段性成果。

（一）加强团队教学科研能力建设

"公安学基础"教学团队围绕"公安学基础"课程思政修订教学大纲、设计课堂教学环节、讨论教学方法，深入学习习近平总书记在学校思想政治理论课教师座谈会、全国公安工作会议和中国人民警察警旗授旗仪式中的重要讲话精神，认真实践《高等学校课程思政建设指导纲要》和全面推进高等学校课程思政建设工作视频会议精神，强化教学内容的政治站位和德育内涵，把思政元素融入教学全过程，凸显"四句话、十六字"总要求在"公安学基础"教学中的内在灵魂和主心骨作用。团队共同研究授课教案，设计"课程思政"课堂，根据"公安学基础""课程思政"目标设计相应教学环节，讲授教学内容，加强和推进"课程思政"研讨，相互学习，彼此切磋，不断提高团队教师的课程思政水平。

（二）加强课程思政内容与资源建设

以习近平总书记课程思政讲话精神为指导，按照《高等学校课程思政建设指导纲要》，"公安学基础"课程教学团队从以下方面大力加强"公安学基础"课程思政内容与资源建设。

一是忠诚观教育。结合"公安机关的性质与宗旨"内容，把对党忠诚的理念融入课堂教学，使学生明白人民警察只能是掌握在党手中的武装力量。

二是权力观教育。结合"公安机关的职能和任务""公安机关的职责与权力"等内容，给学生以科学的职业观，为学生以后从警树立正确的权力观，培育学生拒腐防变的能力。

三是荣誉感教育。结合"我国人民公安机关的建设发展历史""公安机关的作用""公安的价值目标"等内容，把作为党的"忠诚卫士"的人民警察自豪感融入课堂教学，使学生感觉到，人民警察是光荣的职业，增强学生以后从警的荣誉感，树立毕业后献身公安事业的信念和信心。

四是宗旨观教育。结合"公安机关的价值目标""公安工作的根本原则和根本路线""公安工作的评价与监督"等内容，把对人民群众的感情融入课堂教育，使学生懂得手中的权力来自人民赋予，要接受人民群众监督，人民公安工作为人民。

五是纪律观教育。结合"公安机关队伍""公安工作的方针与政策"等内容，把遵规守纪的观念融入课堂教学，使学生明白人民警察是一支纪律部队，以后从警要坚决做到令行禁止。

六是扩展课程思政资源。教学团队将习近平总书记关于公安工作的重要论述、红岩精神系列书籍、革命题材电影、中国大学慕课等作为学生学习本课程的重要资源，拓宽学生关于公安学基础的理论知识视野。（图1）

图1 以习近平总书记关于学习党史的重要论述激发学生学习
"我国人民公安机关的建设发展历史"的兴趣

(三)课程思政教学内容组织实施

按照习近平总书记关于加强课程思政的讲话精神,在教案、课件等教学文件准备中融入思政要素,将思想价值引领贯穿"公安学基础"的每一堂课堂教学中。比如,在开学第一节课的教学中,注意思政理念的融合,摘录习近平总书记关于公安工作的重要讲话内容,在课堂前5分钟给学生进行讲解;然后就警察的发展历史、警察流血牺牲的内容讲20分钟,在教学实施中传播正能量,从社会主义法治和总体国家安全观两个切入点,培养学生对警察本质、警察工作的深层认识;之后再用20分钟讲授本课程的总体情况和教学计划。同时,注意重点培育学生的求真务实、责任担当意识,以及踏实严谨、吃苦耐劳的优秀品质。在知识传授和能力培养中,弘扬社会主义核心价值观,传播爱党、爱国和积极向上的科学精神。

(四)课程思政教学方法改革

组织团队教师探索课程思政多样化教学方法,将人民警察核心价值观教育与知识传授相融合,依托"在线课程"等多个平台,采用讲授法、案例法、讨论法、翻转课堂、线上线下等教学方法相互结合,将课程思政教学目标融入教学设计中。(图2)

图2 学生根据课前收集和阅读的资料介绍中央特科在党中央保卫工作中的卓越贡献

(五)课程思政成绩评定考核

本课程的考核类型为闭卷考试,采用综合笔试的考核方式,课程成绩由平时成绩和期末成绩两部分构成,平时成绩占40%,期末成绩占60%。平时成绩由平时理论考核和平时实训考核的成绩构成。平时理论考核由任课老师布置2次以上课后作业,每一道作业题均按照思政要求设计,课堂讨论主题主要围绕人民警察的忠诚观、宗旨观、权力观、纪律观、荣誉感等内容设计,并根据课堂表现,给出相应的平时成绩。平时实训考核为问卷调查,问题和每一个选项都按照课程思政标准设计,以春风化雨、润物无声的方式在潜移默化中培养学生的政治立场,培育学生的忠诚品质,让他们确立正确的权力观和科学的职业观。期末考试由学院组织实施,试题内容围绕教学大纲,力求思政价值引领、公安知识传授、执法能力培养的相互融合。

三、案例成效

一是学生的忠诚观念初步确立。课堂教学中及时引入习近平总书记关于公安机关及人民警察的最新论述,使学生及时学习和认识党中央对公安机关及人民警察的最新要求,在思想上同党中央保持高度一致。比如"公安机关的性质和宗旨"的教学,课堂中引入习近平总书记向中国人民警察队伍授旗并致训词,强调习近平总书记对人民警察的最新指示和要求,向学生讲清楚训词精神和"公安机关的性质和宗旨"的内在一致性,帮助学生树立坚定的忠诚观念、科学的警察观和权力观。

二是学生对本课程的学习兴趣不断增强。"公安学基础"课程思政教学较好地解决了课程思政教学氛围沉闷乏味的难点。教学中引入人民警察中的典型人物及其先进事迹,特别是学院已毕业学生的英雄模范事迹。比如引入公安部"一级英模"杨雪峰、周鑫等优秀校友故事,请在工作岗位上做出突出成绩的校友在课堂上利用网络视频和学生进行互动,增强了"公安学基础"课程思政的感染力,受到学生的较高评价。

三是本课程的考核评价机制受到校外专家好评。"公安学基础"考评机制建设得到学院外聘的第三方教学质量督导专家的认同。期末命题内容得到外聘专家的肯定性评价,受到学生欢迎,并对其他课程的思政教学产生了积极影响。

四是教学团队获评市教委"公安学基础"课程思政教学名师称号。从开展"公安学基础"课程思政以来,在教学团队的共同努力下,本课程在学生评教中获得较高评价,在本单位教师教学效果评价排名中不断靠前,同时完成了2项本课程的课程思政项目立项,团队荣获重庆市教委课程思政名师称号。

四、未来计划或启示

(一)持续推进课程思政建设

一是推进课程思政的理论研究,二是加强课程思政的实践教学,三是推进课程思政教学方法的改革,四是加强课程思政教学团队的建设。

(二)解决课程思政重点问题

一是课程思政的理论层次不高,二是学生对课程思政所传授的价值观吸收度不高,三是新的教学方法利用不够。

(三)改进课程思政措施

一是加强思政理论学习,提高思政理论水平;二是采取学生喜闻乐见的方式培育思政价值观念,比如思政知识竞赛,以思政为主题给学生区队起名等;三是利用信息技术改进教学方法。

守初心·凝特色·强品牌
——"电视纪录片制作"课程示范案例[①]

范瑞利　刘好　邬建中　高洁

重庆人文科技学院

"电视纪录片制作"课程是重庆人文科技学院广播电视编导专业的一门专业核心课程。重庆人文科技学院始终把做有社会责任感的高水平民办本科高校作为办学的第一要旨,着力打造全国一流应用型民办大学。其校址是重庆市合川区草街街道,人民教育家陶行知先生曾在此办学。作为专业核心课程,"电视纪录片制作"课程历经20多个教学周期的完善、多次人才培养方案的调整及课程名称的更替变化,始终贯彻落实党的教育方针,坚持立德树人根本任务,与时俱进,改革沉淀,本着"守初心·凝特色·强品牌"的建设方向和重点,结合学校办学定位,对接行业市场需求,"寻医问诊找病灶,对症下药开良方",在"OBE理念+DPT教学法"的教学改革中,"以学生为中心",以教师为主导,传承教育文脉,育时代新人,突出"高阶性、创新性、挑战度"和课程思政的深度融合,培养全面发展的高素质应用型人才,初步形成了一定的可复制、可推广的经验。

一、LTER+FR：寻医问诊找病灶

纪录片因其真实性、艺术性的影视特色,历来被国家高度重视。进入新时代,纪录片在业界迎来了新的春天,且在文化软实力提升上举足轻重。作为纪录片创作人才培养的重要园地,高校对纪录片制作类课程的重视度必须加强。

教学团队在教学的长期生态研究(long-term ecological research)及实地调查(Field Research)中发现,随着时代的发展,传统的纪录片类课程教学的"顽疾"更加凸

[①] 本案例为重庆市高等教育教学改革研究一般项目"'互联网+'时代重庆高校影视类专业课程思政建设与实践"(项目编号:203510)阶段性成果。

显,"病灶"主要为:学生对课程的重视度及学生学习兴趣不高,"沉默"症状加重;理论与实践脱节、教学往往滞后于行业的发展、学生作品缺乏可视性,"教学成果难以成气候"的"症状"难治。民办类高校受学生学情、办学条件等主客观实际的限制,纪录片类课程的"顽疾"更加难以祛除。

二、OBE+DPT:对症下药开良方

OBE,即"成果导向教育",采用逆向思维方式,以成果为目标导向、以学生为本进行课程体系建设,是卓越教育的一种范式。DPT,即"对症下药"教学法,在强调基本技能与基础知识的学科领域中被广泛使用,是以教师为主导的一种教学方法。但在具体实施的过程中,需要调查和分析学生特点,制定规定性的教学活动,并灵活性地由学生选择给定的机会,通过他们自己喜欢的学习方式进行活动。同时,作为一种高结构的方法,需要教师本身有较高的水平,并最好与其他教学方法、手段相结合。由此,"电视纪录片制作"课程在治疗"顽疾"的过程中,选择了此两种药方。

(一)基于OBE理念,以学生为中心,让考核严起来、学生忙起来

首先,结合学校办学定位和人才培养目标,对应国家、行业、专业需求,确定课程目标,即,通过学习,系统掌握纪录片基本理论知识与产业前沿问题,进一步丰富和完善知识结构;熟练掌握纪录片制作流程与核心技能,能够制作出一部纪录片;树立正确的纪录片制作观念,提高对纪录片的关注度、审美能力和影视艺术鉴赏力,开阔视野、了解人生、认识社会,激发爱国热情及民族认同感,增强文化素养和人文修养。同时,发挥纪录片的社会责任及使命,抓住课堂这个核心,深挖课程思政元素,将思政教育贯穿课程始终,将思政元素融入课堂教学全过程。

其次,根据行业特点,强化实践,建构"理论—实践—孵化成果"这一完整的教学内容体系。其中,课程内容(51学时)分为"理论知识"和"实践实训环节"。理论知识(34学时)主要采用讲授法、讨论法、案例分析法进行教学,并利用信息化教学资源适时翻转课堂;实践实训环节(17学时)引入项目驱动、小组合作学习,从纪录片选题策划到拍摄制作,再到最终完成一部作品,理论与实践相结合,引导学生开阔视野、了解人生、认识社会,激发学生学习和创作的热情,强化其沟通合作的职业素养,并实施小班教学,后续课程增加纪录片类的毕业作品,增强学生实践学时,保障精品创作周期,而且,将完成的作品投入学科专业竞赛。这部分也是"电视纪录片制作"课程改革中让学生切身忙起来的重难点。

最后,进行"过程可回溯"的成绩评定考核。即,课程成绩分为平时成绩+期末考核。平时成绩占40%,注重过程性、实践性,包含出勤、课堂表现、团队项目作业、教学实践活动等;期末考核占60%,采取"无纸化"提交作品,并对作品进行展播或推荐到专业学科竞赛。由此,课程考核多元拓展且可回溯。

(二)引入DPT教学法,以教师为主导,让课程优起来、学生跳起来

第一,课程团队搭建注重"跨院校、跨行业、跨年龄"的跨界优质资源整合。目前,课程团队成员跨院校、跨行业合作,涵盖了老、中、青三代人员,高职称占比较高,从教(从业)大多在10年以上,对纪录片有着深厚的艺术情怀和丰富的创作经验,学术造诣、艺术成就高。同时,坚持"走出去,请进来",课程团队成员担任有影响力的社会学术兼职,每年都会参加培训、学术论坛等,并邀请知名导演、专家学者到校做交流。(图1)

图1 课程负责人范瑞利参加第七届影视教育高端论坛并发言

第二,关注学科产业前沿发展,及时更新教学内容。目前,本课程的内容以"史"为基,拉通了纪录片从理论到实拍的全流程。但是,近年来,随着国家相关政策的扶持及新媒体技术的助推,中国纪录片蓬勃发展,吹响了新时代中国纪录片高质量发展的号角。为此,课程紧跟前沿发展,修订配套教材,更新知识体系,强化新理论、新知识、新技术,激发学生创造力,提升学生的社会责任感。特别是在新冠肺炎疫情暴发后,鼓励学生创作抗疫题材的纪录片,并利用手机拍摄VLOG式纪录片,受到广泛认可。

第三,积极搭建资源平台,与时俱进衔接信息技术。比如,自编的"智慧型"配套教材(图2),各章节设有"APP二维码"(手机扫描即可观看相关视频片段或拓展知识链接),也有经典作品分析、深度阅读书目及知名纪录片网站推荐;建设了课程资源案例库,且不断更新案例和增加学生自创作品的存储;引入了国家级精品课程在线资源。同时,借助学院影视实践实训中心,拥有全新的高科技设备技术支撑作品创作,并积极与重庆电视台、影视机构签署实习基地及校企(地)合作平台,拓展作品输出空间。

图2 课程配套教材《纪录片创作》(第二版)

三、案例成效

经过教学改革的探索,本案例在课程思政、改革路径、信息技术等方面的特色与创新较为突出。

(一)课程思政·艺术疗愈

发挥纪录片天然的课程思政优势,将思政教育贯穿课程始终,将国家形象的塑造和传播、传统文化的传承、民族文化的展示、艺术创作的工匠精神、交叉学科思维的拓展、精于沟通合作的职业素养等思政元素融入课堂教学的全过程,育人特色鲜明。同时,课程"艺术疗愈"效果初现,以纪录片为镜子,观照自身,有的学生在看到了他人的人生经历后更加积极向上、明德向善;有的学生打开了"封闭"的心,更加团结合作、开朗沟通;有的学生释怀了情感上的郁结,主动分享自己的故事,激励更多的同学。(图3)

图3 指导学生创作"抗疫"题材纪录片《复学》并获
重庆市第六届大学生艺术展演活动二等奖

(二)两条腿走路·效果初显

在国内外众多的纪录片类课程中,结合学校办学定位及学生学情特点,清晰定位、对症下药,分两条腿走路:一方面,基于OBE理念,强化实践,构建出了"理论—实践—孵化成果"的教学体系;一方面,在学生短时间内无法形成显性成果的客观实际下,发挥教师主导作用,彰显"学为人师,行为示范"的带头示范作用,立足教学,形成"教学、科研、艺术创作"互相转化促进的发展特色。由此,既培养高素质的应用型人才,也培养集师者、学者、创作者于一身的师资,促进教学、科研及创作的良性互动。

目前,学生对纪录片的关注度和兴趣度有了较大的提高,毕业论文(设计)以纪录片为研究内容的比例逐年递增,2021年有两篇论文突破性地获得校级优秀毕业论文;学生作品在省部级及以上学科竞赛中突破性地获得10余项荣誉。以课程建设为纽带,院校之间、学界与业界之间的交流都更加频繁。课程服务地方建设,打造出的纪实类旅游微电影,在有影响力的专业影展活动中获奖10余项。课程已获批首批"国家级一流本科课程"、重庆市一流本科课程、重庆市高校课程思政示范项目等;负责人入选"巴渝学者"(青年学者);课程团队成员担任主创及指导学生拍摄的多部作品,在中国金鸡百花电影节国际微电影展映、重庆市微视频大赛、重庆市大学生艺术展演活动等影展赛事活动中获20多项荣誉。(图4)

图4 指导学生完成的本科毕业论文(设计)获评为校级本科优秀毕业作品

(三)信息技术·"智慧+"教育

作为线下课程,较早地开启"互联网+教育"思维模式,使用"智慧型"自编教材,夯实影视实践实训中心的设备技术支持,拓展线上教育资源;加强与业界的交流对话,线上线下混合,教师定期参加培训学习,并邀请著名导演及专家学者做分享交流。

奋进新时代 把握科技金融脉搏[①]

任晓珠　向敏　甘强

重庆对外经贸学院

一、案例介绍

本案例在传授知识时注重数字经济时代学术前沿的引领，培养学生的科技金融思维，使学生了解世界金融发展前沿，掌握区块链应用的有关知识；引导学生进入现实数字货币运行世界，提高实践运用水平。本案例思政教学目标：一是激发学生兴趣，解析现实生活，提高学生实际动手能力和金融专业素养；二是让学生感受到我国科技进步、国家强盛、创新发展、兼容并包的精神；三是培养学生未来投身区块链应用产业的使命感和责任感。

二、案例详述

（一）课程团队

课程团队由跨境商务学院教师组成，师资结构合理，见表1。

表1　课程团队

教师中具有硕士学位者比例	66.67%	教师中具有学士学位者比例				33.33%
专业技术职务	人数合计	35岁以下	36至45岁	46至55岁	56至60岁	61岁以上
教授	2	0	0	0	0	2
副教授	1	1	0	0	0	0

[①] 本案例为重庆市高等教育学会2021—2022年度高等教育科学研究课题"基于区块链技术研究成渝地区双城经济圈高等教育一体化发展"（项目编号：CQGJ21B108）阶段性成果。

(二)示范案例(表2)

表2 课程示范案例

课程名称	货币金融学	授课对象		2021级本科	
课程类型	专业课				
授课内容	模块:从实物货币到数字货币			学时	2
	项目:课程思政示范案例				
	任务:探究金融科技进步下的货币形式变迁				
思政主题	奋进新时代 把握科技金融脉搏——金融学子与区块链币面对面				
课程思政	课程思政元素	货币文化、科技创新、爱国主义、人民幸福感			
	融入知识	数字货币、区块链技术			
	融入方式	五套人民币的演变、数字人民币——DCEP试点			
教学目标	知识目标	掌握区块链与数字货币专业知识			
	能力目标	掌握信息搜索能力			
	素质目标	掌握货币文化、弘扬爱国主义精神			
教学重难点	教学重点	数字货币的前世今生			
	解决措施	以五套人民币演变史为切入点,让学生感受新中国成立以来的经济发展历程,树立学生的爱国情怀和对人民币的敬畏之心			
	教学难点	区块链技术推动数字货币转型创新的实践			
	解决措施	结合区块链技术应用于税收治理、数字货币、支付结算的案例,进行探究式学习			
学情分析	知识和技能基础	有微观经济学等理论基础			
	认知和实践能力	大二学生实践能力不强			
	学习特点	学生上课认真、课堂参与度高			
	预判教学难点	区块链技术有关知识			
教学资源与手段	教学内容: 1.数字货币的前世今生 2.区块链实现数字货币转型创新的实践 3.法定数字货币——CBDC创新模式 4.法定数字货币的意义与作用 思政要素融入点: 1.五套人民币的演变。以五套人民币的演变史为切入点,让学生感受新中国成立以来的经济发展历程,树立学生的爱国情怀和对人民币的敬畏之心 2.数字人民币——DCEP试点。结合区块链技术应用于税收治理、数字货币、支付结算的案例,理解金融科技从经济增长、发展角度助力中国梦的早日实现 育人目标: 1.通过支付手段的转变,掌握货币文化,弘扬爱国主义精神 2.熟悉区块链等金融科技在国家战略中的重要作用 3.引导学生从"两耳不闻窗外事"向"家事国事天下事事事关心"转变,将个人理想和中国梦、个人进步与国家发展紧密结合,坚定理想信念,明确新时代新青年肩负的新使命				

续表

教学设计	1. 复习货币形态演变(3分钟) 2. 提问与引入:当前人民币是第几套人民币? 引出五套人民币的演变(5分钟) 3. 讲解:数字货币的源起和概念(6分钟) 4. 辩论:进入无钞化时代的好与坏(20分钟) 5. 讲解:数字货币、虚拟货币、电子货币的区别(6分钟) 6. 讨论:我国电子支付已如此发达,电子支付规模为全球第一,为什么还要发行数字货币?(10分钟) 7. 讲解:什么是法定数字货币,央行发行法定数字货币的原因和优势(10分钟) 8. 提问与分析:你认为数字人民币与比特币有什么不同?(5分钟) 9. 讲解:区块链的源起及技术优势(6分钟) 10. 提问与分析:数字人民币DCEP试点的应用场景有哪些实例?(6分钟) 11. 总结本次课内容,梳理重要知识点(3分钟)
教学流程	1. 场景教学法(图1) 图1 二维三步课程思政教学路径 2. 分组辩论法:通过小组辩论,让学生分别就现钞、数字货币和微信支付等第三方支付的支付方式与发展进行辩论,主题为无钞化的好与坏 3. 案例分析法:通过学生搜集数字人民币"京彩通行"等案例,让学生切实感受金融科技对货币、财税的深刻影响,让学生体会金融科技进步对提高人民生活福祉,助力中华民族伟大复兴的意义(图2) 图2 案例选择路径

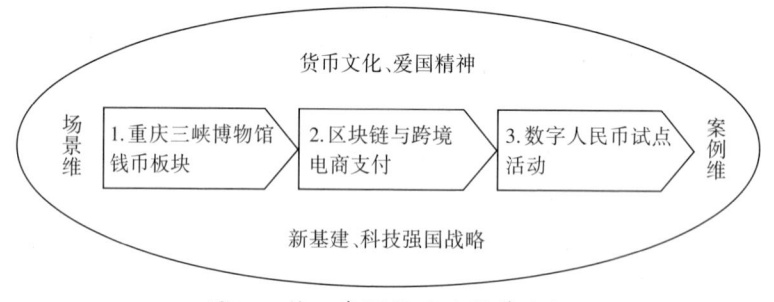

续表

具体教学实施过程			
课前体验:场景深度体验			
教师活动	学生活动	设计意图	课程思政
布置参观博物馆钱币板块活动,疫情防控下可云参观	完成参观任务	学生通过线上查资料、线下博物馆钱币板块实地参观,感受新中国成立以来的经济发展历程	培养学生的爱国情怀和对人民币的敬畏之心
课中讲练			
环节一:复习货币形态演变(3分钟)			
教师活动	学生活动	设计意图	课程思政
复习货币知识	复习货币形态演变	课堂内容衔接	
环节二:数字货币的前世今生(11分钟)			
教师活动	学生活动	设计意图	课程思政
1.提问与引入:当前人民币是第几套人民币? 2.讲解:数字货币的源起和概念	查找资料,参与话题,认真听讲	透过各套人民币的面额、图案、防伪技术等了解经济发展实况	提升货币文化素养、培养爱国情怀
环节三:辩论教学(26分钟)			
教师活动	学生活动	设计意图	课程思政
1.辩论:进入无钞化时代的好与坏 2.讲解:数字货币、虚拟货币、电子货币的区别	1.分组辩论,团队介绍 2.正反方攻辩 3.自由辩论 4.现场提问	提高课堂参与度,帮助学生自主回顾货币形态的演进过程,引导学生思考数字货币发行的意义	让学生在喜闻乐见的辩论中,潜移默化地掌握重难点知识
环节四:法定数字货币的意义与作用(20分钟)			
教师活动	学生活动	设计意图	课程思政
1.讨论:我国电子支付已如此发达,电子支付规模为全球第一,为什么还要发行数字货币? 2.讲解:法定数字货币	查找资料,参与讨论,认真听讲	认识法定数字货币的意义与作用	提升民族自豪感和自信心
环节五:解密DCEP(17分钟)			
教师活动	学生活动	设计意图	课程思政
1.提问与分析:DCEP与比特币有什么不同? 2.讲解:区块链源起及技术 3.提问与分析:DCEP的应用实例	参与话题讨论、搜集数字人民币试点活动的案例资料,认真听讲	让学生切实感受区块链等金融科技对货币、财税的深刻影响	领会金融科技进步对提高人民生活福祉、助力中华民族伟大复兴的重要意义

续表

课后拓展			
教师活动	学生活动	设计意图	课程思政
总结与梳理	自制思维导图	学生动脑动手形成自主学习意识	

考核评价		
采取阶段化考核模式,设置"跨商币",运用区块链不被篡改的特征优势,形成课程平时成绩的考评机制		
课前评价成绩(20%)	课中评价(70%)	课后评价(10%)
视频采集及学习情况	课堂出勤情况	课后拓展作业完成情况
课前任务完成情况	分组辩论、讨论	
发表观点的数量	话题讨论、案例分析	

三、案例成效

(一)特色与创新

围绕思政"新"课堂、实践"专"课堂、校企"创"课堂,打造"三课同堂、立体思政"新模式;实施"两维三步",由点到线、线推面、面延空间的课程思政建设路径。

(二)教学改革成效

构建专题模块化教学体系。从专题命名到专题内容由浅到深,挖掘货币金融课程思政资源。

修订课程标准。明确"能财会商"知识与素养并进的目标,重构课程知识体系,激活思政元素。

精准学情分析,预判教学难点,修订教学大纲,改进教学方法。开展以学生为中心的OBE教学新方法,以行业、企业专家教师为主导,实施探究式、讨论式、自主式、"互联网+"多种师生互动学习模式,培养学生自主学习能力和创新意识。

打造"三课同堂、立体思政"课程思政建设模式。围绕思政"新"课堂、实践"专"课堂、校企"创"课堂,打造"三课同堂、立体思政"新模式。

探索"点—线—面—体"的货币金融学课程思政建设路径。(图3)

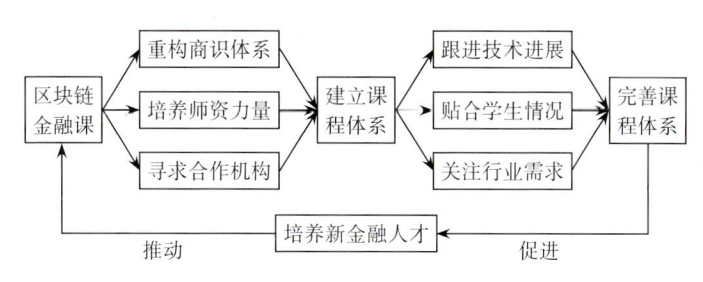

图 3　课程思政建设路径

(三)不足与改进

教学过程中穿插分组辩论、讨论等多环节虽然加强了学生间的交流与合作,但在课堂教学秩序维护上稍有欠缺。教学前进行实地参观的实践活动未完全实施,在课程后续开展中需配以经费完善此项活动。

四、未来计划或启示

(一)与时俱进,积极实践信息化教学

顺应时代发展,采用线上线下教学,将课程内容结合重点、热点问题形成系列录课视频,既能快速传播课程内容,也可加强师生互动,体现现代信息技术对教学改革的影响。

(二)创新课程建设

新时代人才培养的关键在于"培养什么人"。课程改革目标指向的是核心素养,改革中支撑的是信息化建设。建立以功能性课程为主干、多维度的课程结构;加强课程的可选择性,利于因材施教;加强课程的实践性,体现学以致用,都是对课程建设的创新。

(三)创新教学方法

积极探索课堂教学新方法,"多元参与翻转课堂"教学模式将会是一次极好的尝试。创新课程的教学新思路,激发学生学习知识的主动性。

基于PBL的三维立体式教学法在"信号与系统"课程中的探索与实践[①]

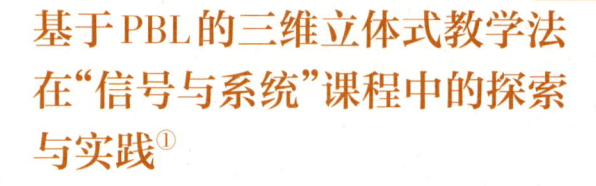

赵瑞玉　李文娟　席兵　杨晓非　胡珺珺

重庆移通学院

一、案例介绍

团队秉持"德育为先、学生中心、研学融合、持续改进"的理念,利用北山信息科学工作坊、项目实战训练营、电子设计竞赛训练基地等教学资源,营造自主、合作、探究式学习环境。坚持问题导向,采用思维导图+启发式(或案例式、引导式)教学法,提升课堂活力;注重顶层设计,一体化设计思政元素融合点;打造基于PBL(Project-Based Learning,项目式学习)的三维立体式教学模式,提高课程的高阶性、创新性和挑战度。2022年7月,本课程入选重庆市本科高校课程思政示范课、教学名师和团队。2022年12月,本课程入选重庆市高校一流本科课程。

二、案例详述

(一)课程团队建设与能力提升

"信号与系统"课程团队注重合作精神,建立了制度化、规范化的培养措施,课程团队在教学能力方面得到了大幅提升。8人入选重庆市本科高校课程思政教学名师和团队;3人获重庆市微课教学比赛奖;2人获校级教学创新大赛一等奖;1人获校级青年教师教学竞赛一等奖;5人在"远景优秀教师百万奖励基金"评选中获奖;近三年获各类教学成果奖9项,其中一等奖4项。(图1)

[①] 本案例为重庆市高等教育教学改革研究一般项目"'智慧教育'背景下《信号与系统》课程思政教学体系的构建与实践"(项目编号:223505)阶段性成果。

图 1 教师部分获奖证书

（二）教学设计创新

1. 创新教学方法，开展基于 PBL 的三维立体式教学

团队成员深入贯彻"价值塑造、能力培养、知识传授"三位一体的育人理念，创新教学方法，构建了基于 PBL 的三维立体式教学法。"三维"即第一课堂知识维度，以知识讲授为主；第二课堂能力维度，基于项目进行学习，让学生在项目实践的过程中主动地构建专业知识体系，提高学生的主观能动性和创造性；第三课堂素质维度，以电子设计竞赛为载体，培养学生的电子电路设计能力，提高学生的创新实践水平。

2. 注重顶层设计，一体化设计思政元素融合点，构建了"浸润式"特色课程思政模式

课程组结合学校专业要求和课程特点，加强顶层设计，充分挖掘课程思政元素，绘制课程思政地图，将工程伦理、科学思维、工匠精神、创新意识、职业道德、家国情怀等元素有机融入课程体系设计中，构建了"浸润式"特色课程思政模式。

3. 借助 Flash 动画、MATLAB 仿真软件、思维导图图形化、动画化课程难点

"信号与系统"课程内容抽象、难懂。讲课时，课程组借助图形、动画和仿真软件，使学生对相关概念获得了直观感性的认识，增强了学生的学习兴趣。同时，通过抢分小测验、雨课堂弹幕、案例研讨、生讲生练等方式，提升了课堂活力。

（三）课程内容与资源建设及应用

课程内容与教学资源生态建设包括：自编"信号与系统"教材；编写了课程思政素材案例库；针对本课程的重点、难点，建设了在线课程资源；开设第二课堂，成立了北山信息科学工作坊，完成了"寝室遥控开门""教学楼灯控改造"等多个项目，团队合作、实践创新能力明显增强；建设了覆盖各个章节的"信号与系统"题库，供学生练习、自测。

（四）教学方法改革

1. 因材施教，开展层次化教学

根据学生真实水平，把全体学生分成三个不同层次，每组采取不同的策略，进行层次

化教学。整体教学内容分为"三阶"。第一阶是基础阶,包括基础知识、基本思维方法和问题求解方法,面向全体学生;第二阶是提高阶,面向考研和就业群体;第三阶是延拓阶,面向考研的学生,重在点拨、引导。开展层次化教学满足了不同层次学生的需求。

2. 注重数学基础,突出工程应用

讲课时将重点放在公式所体现的物理意义和工程应用上,弱化公式推导,如将调制、取样、频谱分析、卷积等工程应用案例穿插在知识点讲授中,按照"抛出问题引发兴趣—学习理论奠定基础—案例研讨焕发活力—拓展关联强化能力"组织教学,引导学生由"知"内化为"识",进而付诸"行",培养其创新意识和能力。

3. 引入MATLAB仿真软件

将MATLAB仿真软件引入课程教学中,将一些复杂的信号处理过程如卷积运算、系统响应、傅里叶分析等用MATLAB仿真软件以图形、动画的形式展现出来,加深学生对知识点的理解和掌握。

4. 利用思维导图建立知识群

"信号与系统"各章节知识点繁多且内容零散,学生不易掌握。利用思维导图把各个孤立的知识点联合起来组成知识群,方便学生明确各知识点间的逻辑关系,提高了学习积极性。图2是利用iMindMap软件绘制的"卷积和"的思维导图。

图2 利用思维导图开展课程教学

(五)课程教学内容及组织实施

1.教学内容

课程主要讲授信号与系统的时域、变换域分析的基本原理和基本方法,重点是傅里叶变换、拉普拉斯变换、Z变换,要求学生能利用信号与系统的基本理论与方法分析和解决实际问题。

2.组织实施

(1)强调由简入繁,按照先时域后变换域,循序渐进地开展教学。

在教学过程中,先简后繁,按照先连续后离散,先时域后频域、复频域的顺序开展教学,强调基本理论和基本概念的掌握。

(2)利用思维导图构建知识体系,搭建关联记忆桥梁。

在课程组织和实施过程中,注重知识的整体结构,解决知识碎片化的问题。通过思维导图,拓宽学生的思维,改进学习方法,让学生学会前后联系,主动融会贯通新旧知识。

(3)知识点多角度分析。

针对重要的知识点,分别从数学概念、物理意义、工程应用三个方面一步步加强学生对信号与系统本质和内涵的理解。例如,对取样定理,数学上表现为两个信号的乘积,物理上表现为信号的数字化,工程上表现为模数转换器。

(4)提出"发散思维+收敛思维"的教学理念,从"小"规律中见"大"规律。

以信号的分解与合成为主线,导出线性系统响应的分解特性,将系统的时域、频域和复频域分析法紧密联系起来,形成有机整体。

(六)成绩评定考核

采用多维度评价方式,体现过程与结果、定量与定性、能力与素养"三结合"的考核理念,具体分为过程考核和期末考核两部分。过程考核包含考勤、测验、课堂表现、作业、课程知识拓展报告,记为平时成绩,占40%,期末成绩占60%。

三、案例成效

(一)课程特色与创新点

课程特色与创新点可概括为"一优化、两创新"。

1. 课程内容优化

有机融入思政元素，通过画龙点睛式、专题嵌入式和隐形渗透式三种方法优化课程内容，构建了"浸润式"特色课程思政模式。

2. 教学理念创新

落实OBE理念，建立了学生中心、产出导向、持续改进的教学运行机制，提高了教学模式的站位。

3. 教学模式创新

构建了基于PBL的三维立体式教学模式，通过项目实战+赛训结合重塑课程内容，为学生提供了有"高阶性、创新性、挑战度"的课程学习体验。

（二）教学改革成效及解决的重难点

1. 教学改革成效

学生综合素质有了很大提升，主要表现在：学生参加学科竞赛的积极性和创新意识明显提升；学生实习时，遵守行业规范，敬业守信，保质保量完成工作任务；学生积极参加各种实践实训活动，强化了社会责任感和使命感。

2. 教学改革解决的重难点问题

解决的具体问题包括：解决只重知识传授忽视价值塑造的问题；解决学生创新意识不够、工程综合实践能力不强的问题；解决学生思维不活跃，课堂表现沉闷、缺乏活力的问题。

（三）取得的主要成效、成果

1. 课程建设与教学成果方面

课程入选重庆市本科高校课程思政示范课程、重庆市一流本科课程，主讲教师获重庆市本科高校微课教学比赛二等奖、校级教学创新大赛一等奖、校级教学成果奖二等奖。课程转化出版了《信号与系统》教材1部，本教材入选重庆市重点建设教材。

2. 学科竞赛方面

积极组织学生参加各类电子设计竞赛，先后荣获TI杯全国大学生电子设计竞赛"优秀组织奖""优秀组织工作者"等称号，学生在电子设计大赛中获各类奖项95项。

3. 项目与论文方面

主持省部级教改项目12项，发表教改论文25篇，获重庆市高等教育研究与教学改革优秀论文一等奖。

4.课程影响方面

课程负责人多次开展课程思政专题讲座、示范课和成果交流推广活动,课程建设理念和做法在成都信息工程大学、泰山科技学院、晋中信息学院获得采纳和借鉴,课程建设成果产生了良好的示范效应。

四、未来计划或启示

(一)案例持续建设计划

1.拓展课堂教学内容

深入挖掘思政元素,通过思政融入+赛训结合,强化育人的"三位一体"。

2.创新课堂教学方法,优化教学评价体系

深入利用信息化技术,积极运用小组研学、课题研讨等方式组织课堂实践,提高课堂教学效率。重视教学过程评价,建立多维综合教学评价工作体系。

3.教学资源

进一步丰富实训项目案例,强化课程实践平台建设,为学生学习提供有力支撑。

(二)建设方向和改进措施

1.提高青年教师课程思政教学能力

加强思想政治理论水平学习,搭建课程思政教学资源共享交流平台,通过专题培训、示范课、成果展示等活动,持续完善课程思政教学资源,提高教师课程思政教学能力。

2.丰富实训项目案例库

与企业深度合作,丰富并整合项目资源,形成实训项目案例库;继续关注学科前沿,不断更新课程知识拓展报告。

3.持续更新教育理念

给予教师更多的学习机会,更新其教学理念;进一步学习使用信息技术的过程评价手段。

通过以上建设计划,促进课程建设水平与应用效益双提升,发挥重庆市本科高校课程思政示范课程、重庆市一流本科课程的引领与辐射作用。

"生物化学与分子生物学"课程的全维创新与实践成效

戴双双　陈姗　何凤田　黄刚　钟丹

中国人民解放军陆军军医大学

一、案例介绍

"生物化学与分子生物学"是医学及相关专业本科生的重要专业必修课程。本课程由集教育部高等学校大学生物学课程教学指导委员会委员、国家优青、军队育才银奖获得者、校级教学名师等于一体的优秀教学团队实施。课程将"传承红色基因,担当强军重任"的课程思政主线厚植于学科"基因遗传及基因表达调控的新陈代谢"知识精髓中,以科学问题为牵引重塑课程内容;以优质特色为目标丰富教学资源,建设虚拟数字与实例实物相结合的"四库全书";以教学PI制为主导创新教学方法,打造前瞻多维与跨学科融合的卓越课堂;以能力潜力为人才考量核心,践行多元个性与多阶段性的新型评价体系。通过建设,获批第二批国家级一流本科课程和军队精品课程、重庆市课程思政示范课程、重庆市高校创新研究群体等成果,发挥了示范与引领作用。

二、案例详述

本课程既围绕新医科建设需求及国家金课"立德树人""两性一度"的共性标准,又立足学校"世界一流、部队满意"的军医大学办学定位及人才培养目标,切实开展改革创新、深入深化课程建设。

(一)以教研并举为抓手优化师资队伍,形成以研促教及教研相长的学者型教学团队

学科自1954年建校建科以来,在教育教学上沉淀深厚,注重教育教学与科学研究的

相互融合、互促互长。倡导努力成为大先生,才能教好大学生。鼓励教师以科研实力助力教育教学,强调前沿进课堂、研究成果进课堂,由此督促提升教师的教研素养。推行"本科生导师制""创新小团队",设立"本科生科研培育专项"并轨国家大创课题,建设第一、第二课堂多维培训。团队教学水平在此过程中获得显著提升,形成了集教育部高等学校大学生物学课程教学指导委员会委员、国家优青、军队育才银奖获得者、校级教学名师、优秀教师、教学标兵、教学方法改革先进个人等于一体的优秀教学团队。

(二)以科学问题为牵引重塑课程内容,构建思政映射与知识体系有机融合的顶层方案

深度挖掘生命的基因遗传及调控机理与政治思想的"红色基因"传承教育的哲学共通点,深刻提炼学科知识体系中蕴含的德育文化和价值范式,确立"传承红色基因,担当强军重任"为课程思政主线。着力塑造和孕育学生的三大"红色基因"、打造知识与能力培养的"三味书屋",具体为:世纪变局背景下的德才兼备、科学创新精神(强调"学术味"),新医科建设下的人民至上、大医精诚精神(强调"家国味"),姓军为兵要求下的保障打赢、无私奉献精神(强调"火药味")。

由此,以"基因"为线索认知生命遗传与代谢,将原来几乎完全依照一本教材、"告知式"的课程内容重塑为以科学问题为牵引的"探索式"课程内容模块。模块一:生命的起源物质是什么?主要包括生物大分子的结构与功能。模块二:生命活动的基础是什么?主要包括生物体物质代谢与能量转化机理。模块三:生物体如何内外交互?主要包括生物体遗传信息传递、细胞信号转导规律及调控技术。以人类认知生命、解码生命、调控生命的逻辑线条为课程内容布局,极大限度地突出"兴趣牵引""探究思考",引导落实教学内容的"三基"(基础理论、基本知识、基本技能)、"三新"(新前沿、新技术、新视野)、"三实"(实战、实训、实用)。

(三)以优质特色为目标丰富教学资源,建设虚拟数字与实例实物相结合的"四库全书"

1."四库"

(1)思政库。课程全程融入思政元素,构建了思政库,含三个层次:以科学史观、人文故事、临床案例等素材为主的"走心"思政库;以授课教师自身经历、内心感悟与个人事迹为主的"行走"思政库;以我校执行的抗击新冠/埃博拉/非典、中印边境戍边、抗震救灾等诸多军事任务中先进事迹为主的"鲜活"思政库。

(2) 师资库。教学PI制引领下打造了融有基础、临床、战训多方面专家的师资储备库，强化了教学团队。

(3) 模具库。以3D打印技术、三维全息技术构建了教学模具，充分应用先进信息化建设突破了传统生物化学与分子生物学教学中抽象难讲、无法可视交互的瓶颈。本模具库已获国家实用新型专利授权。

(4) 虚拟实验库。创建实战背景下的生物化学与分子生物学前沿技术虚拟实验库，含单细胞转录组测序、基因编辑技术、多组学分析技术等。相关系统已获国家计算机软件著作权。

2. "全书"

精选国家规划教材、引用国际原版教材、编写《生物化学与分子生物学案例解析》教材，打造教学网络在线平台的课程资源建设。

（四）以教学PI制为主导革新教学方法，打造前瞻多维与跨学科融合的卓越课堂

1. 基础、临床、实战一体化模式的创建

每个教学模块由高年资教授担任教学PI，借助"主讲教授—讲师/助教—临床医师/卫勤训练专家"形成的PI制模式，以学生为中心，将课堂分为引导学习单元（由主讲教授对核心知识内容及逻辑进行引导、对探索性问题进行布局，教师角色：Guider）；自组学习单元（由学生分组自学、自主讨论、思维导图构建，助理教员以Team member & Supporter角色参与）；能力提升单元（研讨汇报、分析总结，教师角色：Guider & Evaluator）。由此充分保证学生知识自学及能力素质培养。

2. 从理论—实验分段式向融合式教学模式的转变

将传统的理论—实验分段式教学转变为理论与实验融合式教学，在理论课堂上有实验实践，在实验课中亦有理论拓展与升华。

3. 虚拟课堂与练训战场结合型教学模式的探索

课堂教学及虚拟实验教学的实战实训案例及其中亟待解决的关键问题均由卫勤训练专家、部队官兵、野战医疗队员提供，从而结合课程专业知识，挖掘实战实训素材、打造学生创新实践平台，落实课程姓军为战、立足打赢。由此，在实战中创新，促进知识向战斗力的转化。

（五）以能力潜力为人才考量核心，践行多元个性与多阶段性的新型评价体系

聚焦学习成果与课程价值意义，实行"课程阶段"与"课程后阶段"开环评价模式。课程阶段综合能力考核采取形成性考核和终结性考核相结合的方式；课程后阶段考查学生专业提升、任职发展、为军服务等支撑拓展情况。其中，在课程阶段的学业评价，实施非标准答案考试（如开放式命题、创作型考试等）、强调考核"双结合"（标准考试与非标考试相结合、个人成绩与团队协作相结合）。追踪课程结束后，本课程知识对学生后续的学习能力、学习成果获得的支撑情况。特别针对临床医学八年制本科学生，建立了"十年期"的考核评价表。该表包括对其课程阶段评价（在校第二年）、课题阶段评价（在校第八年）及毕业后发展评价（毕业后三年期）。由此更全面了解人才成长轨迹、更优化课程评价体系，为本课程教学及人才培养打造更佳路径。

三、案例成效

1.课程水平展现"精品"与"一流"

课程系学校首批金课建设课程，已获批第二批国家级一流本科课程和军队精品课程；获评重庆市课程思政示范课程。课程团队成员受邀在全国生化教学大会进行示范授课、教育专题报告、培训讲课等。

2.教材编撰涌现"全面"与"高质"

受聘编写教材19部，其中国家部委规划教材10部，高教、科学、人卫三大出版社规划教材9部。研发的教学模具、虚拟实验获国家实用新型专利、计算机软件著作权。

3.教学团队呈现"示范"与"引领"

团队获得军队精品课程团队、重庆市课程思政示范教学团队、重庆市高校创新研究群体、学校先进教学集体等称号，形成了一支具有示范及引领作用的优秀师资队伍。

4.学生能力实现"提升"与"个性"

近五年考评分析显示，学生成绩优秀率提升30%；获批国家大学生创新创业训练计划项目、科研创新培育项目；获评优秀毕业论文、国际学术论坛优秀奖近20项；发表综述、SCI论著近10篇；获中国大学生生化歌曲大赛一等奖、二等奖及最佳风采奖。

四、未来计划或启示

（一）建好"金专"

依托国家级一流本科课程，以前瞻性思维及国际视野，围绕学科方向开展高水平科学研究，提升学科及专业发展。进而将研究成果融入课程教学、建设国家级虚拟教研室并积极推进课程整合与交叉。

（二）上好"金课"

以课程思政建设为切入点，深耕教学内容的与时俱进之重组重塑以及与课程思政的有机融入。以课程设计为抓手，深入先进教学方法、手段的推广及应用。以课堂教学为核心，深化教学PI制对"两性一度"的持续推进。

（三）锻造"金师"

从"道术、学术、技术、艺术、仁术"五个方面，进一步培养打造师资队伍、锻造学生的良师益友。

（四）写好"金教材"

以全国教材建设奖全国优秀教材为目标，建设教学案例库、课程思政资源库、虚拟实验库、综合资源库；力争参与优秀教材的撰写工作，融入最新理论、最新前沿、最新研究成果及实践成果，努力实现推广及应用。

目标导向思政引领"消化系统疾病"课程教学

石彦　陈志宇　李彦　吴蔚　陈军

中国人民解放军陆军军医大学

一、案例介绍

本课程基于"两性一度"的金课标准，以学生为中心进行精心教学设计，以"岗位胜任力"为导向重塑课程体系，以"疾病救治链"为主线重构教学内容，以"BOPPPS教学法"为牵引探索授课实施，以"精准课程思政"为引领巧妙反哺知识，积极探索"教师主导引领、学生主体自省"的主动式教学理念，创建"讲授自学结合，研讨实践巩固"的立体交叉式策略，有体系地构建"结构全、内容丰、寓意深、案例精、时代强、距离近"的课程思政案例库，围绕课程重点、对标国家执医考试建设综合试题库、病例案例库、多媒体教学资源库和整合课程教学资料库。组建了消化系统疾病虚拟教研室并实现实体化高效运行，打造了一支率先垂范"立德树人、为战育人"，并具有高品格、高素质、高学历、高能力、高活力的"五高"优秀教学团队。

二、案例详述[①]

（一）课程团队建设与能力提升

消化系统疾病是临床医学器官系统整合式课程，授课教员来自放射、消化、普外、肝胆、胸外等多个教研室，既往教学活动组织困难，教员间缺乏交流合作，集体备课也往往流于形式。为解决这一制约课程团队建设的现实棘手问题，课程组组建了消化系统疾病虚

[①] 本案例重庆市高等教育教学改革研究重点项目"外科学课程思政内容体系建设及实证研究"（项目编号：201074S）、2022年重庆市高等学校课程思政示范项目"消化系统疾病"、陆军军医大学课程思政专项研究课题重点项目"基于目标导向的'消化系统疾病'课程思政体系化建设及运行机制研究"（项目编号：2022KCSZ-A07）、陆军军医大学精课项目"'消化系统疾病'课程建设"（项目编号：JK082）阶段性成果。

拟教研室，协调落实集体备课、试听试讲、反馈交流等制度实效化运行，从而实现教学准入、过程监督、行程质控和终末评价等环节的高质量把控。同时，秉持"教书必为育人、育人必先修己、献出爱心热情、付出思想智慧"的理念，注重教学能力提升，加强教学人才队伍建设，针对青年教师制定个性化培养方案，持续不断地进行自我提升和锤炼。打造了一支具有"高品格、高素质、高学历、高能力、高活力"特质的优秀教学团队。

本团队先后获省部级以上教学课题6项、陆军军医大学教学成果奖一等奖1项，并获评陆军军医大学优秀教学团队。团队成员先后获全国医学院校青年教师教学基本功比赛一等奖、陆军军医大学教学查房竞赛一等奖和课程思政授课竞赛一等奖，多人次被评为重庆市住培名师、陆军军医大学教学明星和西南医院优秀督导专家、优秀教员。

(二)教学设计创新

1.以"两性一度"为标准精心设计课程，实现目标与行动统一

聚焦消化系统疾病课程特点，着力培养学生"知识整合能力、实践操作能力、综合思维能力、科研转化能力"。注重以学生接受度为核心进行教学设计，激发学生求知欲，同步提升实践技能，变被动学习为主动学习，培养自主创新精神，促成学生综合素质养成和思想灵魂升华。

2.以"岗位胜任力"为导向重塑课程体系，实现知识与能力统一

以住院医师岗位胜任力"六大核心能力"培养为目标导向，面向临床、面向前沿、面向实战，构建理论、技能、实践"三位一体"的立体交叉式课程体系。

3.以"疾病救治链"为主线重构教学内容，实现理论与实践统一

聚焦消化系统常见病、多发病，瞄准执医、住培等标准化考核要求，将教学内容进行优化整合、深度融合，使课堂教学模块化，实践教学实战化，重视唤醒学生的内驱力，重点培养学生解决实际问题的能力。

4.以"BOPPPS教学法"为牵引探索授课实施，实现内容与方法统一

无论是理论课还是实践课，均全程引入BOPPPS教学法，注重引导学生全程积极思考与主动参与教学，改变以往被动式听讲或是配合式操练，提高教学效率，提升教学效果。

5.以"精准课程思政"为引领巧妙反哺知识，实现教书与育人统一

凝练出"三个层面""六个核心"的课程思政培养目标体系，形成可执行的课程思政教学设计方案和实施流程，分层次、有计划、潜移默化地融入教学全过程，达到"润物无声"的教学效果。(图1)

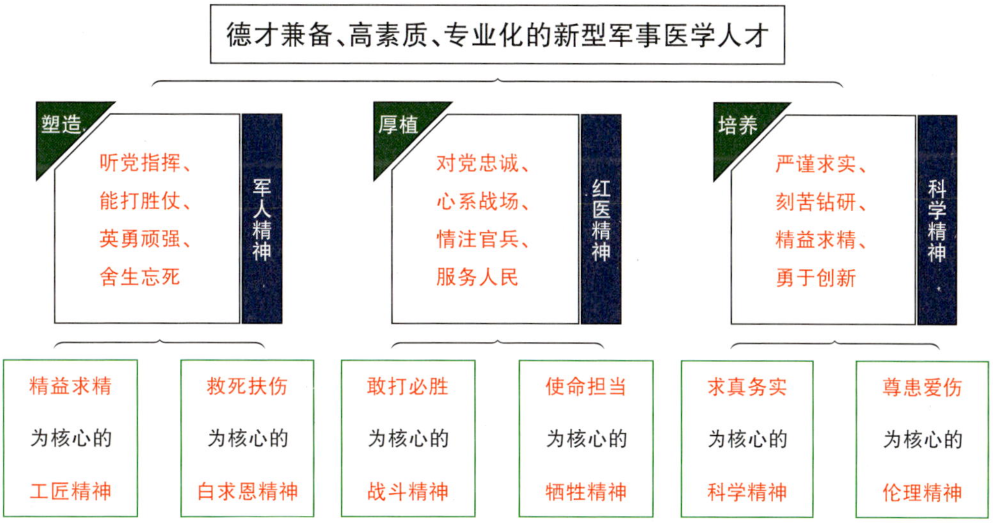

```
                    德才兼备、高素质、专业化的新型军事医学人才
       ┌──────────────────┬──────────────────┬──────────────────┐
    塑造                 厚植                培养
  听党指挥、           对党忠诚、           严谨求实、
  能打胜仗、  军人      心系战场、  红医      刻苦钻研、  科学
  英勇顽强、  精神      情注官兵、  精神      精益求精、  精神
  舍生忘死             服务人民             勇于创新
```

图1 完整的课程思政培养目标体系

（下方六个方框）
精益求精为核心的工匠精神 | 救死扶伤为核心的白求恩精神 | 敢打必胜为核心的战斗精神 | 使命担当为核心的牺牲精神 | 求真务实为核心的科学精神 | 尊患爱伤为核心的伦理精神

（三）课程内容与资源建设及应用

1. 深度分析学科前沿，探索课程内容体系建设

借鉴国内外前期尝试的经验，增加了病例研讨课即临床思维课、临床技能课和试题分析课，探索消化系统疾病的"器官系统整合式"临床教学模式，积极培养学生的综合分析和求实创新能力。

2. 挖掘课程思政元素，有体系地构建课程思政教学资源库

按医学专业"救死扶伤、医者仁心"课程思政要求，挖掘本课程蕴含的思政元素，建成了具有"结构全、内容丰、寓意深、案例精、时代强、距离近"六大特点的"消化系统疾病课程思政案例库"。

3. 围绕课程重点，对标国家执医考试建设综合试题库

参考国家执医考试题库建设，广泛查阅试题资料，结合消化系统知识、能力和素质培养目标要求，注重临床思维与实践技能融合，构建了包括多种题型、突出临床病例案例分析的特色综合试题库。

4. 借助公共网络平台和自有资源，建立多媒体教学资源库

提供与本课程教学内容相关的国家慕课课程资源链接，筛选哔哩哔哩、喜马拉雅等网络平台上的优质教学资源，以及针对学生特点和教学重难点自建校内在线课程资源，通过微信群、在线答疑平台构建师生讨论群。（图2）

图2 丰富的教学资源库

（四）教学方法改革

1. 探索"教师主导引领、学生主体自省"的主动式教学理念

针对部分学生课上缺乏目标被动接受、课下缺乏动力随意躺平的现状，摒弃以教师为主体的大班全程灌输式教学，探索在课程思政引领下借助BOPPPS教学法带领学生全程、全身心投入的主动学习模式，注重提升学习兴趣、传授学习方法和培塑奉献精神，将专业课教学与课程思政教学自然融合，在教学过程中贯穿培养德才兼备高素质医学人才的目的。

2. 创建"讲授自学结合，研讨实践巩固"的立体交叉式策略

充分把握当代大学生的特点，在教学实施过程中，注重讲授、自学、研讨、实践等多种教学形式的选用，重视言传身教对学生的影响，在案例学习、床旁教学等过程中激发学生主的观能动性，锻铸学生的白求恩精神和科学伦理精神。

3. 采用"以PBL、CBL为核心，TBL、NBL为补充"的多线程教学方法

采用"以PBL、CBL为核心，TBL、NBL为补充"的多线程教学方法，以临床病例为基础，注重学科间交叉渗透，培养学生以病例诊治为中心的横向思维，实现"提高学生主动学习能力，培养学生持续创新能力，提升学生解决实际问题能力"的教学目标。

(五)课程教学内容组织实施(图3)

1. 教学实施路径清晰

从课程设计到实施落地形成"备、教、练、考、评、管"紧密结合、规范严谨的教学闭环。

2. 教学实施过程流畅

在教管部门协调下,由虚拟教研室全面落实教学过程的实施,在实现课程实施规范流畅的同时,根据不同教师的授课特色允许在保证教学质量的前提下,具体实施可因人而异、因事而化、因时而进、因势而新。

3. 课程思政润物无声

依据"适合、适时、适度"的原则,把握好融入时机,实现自然起承转合。采取"多维度、多阶段、多方式"的融入方式,激活学生思维,点燃学生激情,让枯燥的知识富有情感。应用"多点显现、连点成线、聚点成面"导调手段,让课程思政潜移默化、沁人心脾、入脑入魂。

4. 教学评价全面细致

教学督导专家、虚拟教研室主任、教学组长采取固定、随机和网络听查课等方式对教学过程和教学质量进行分析指导,学生在课程进行中和课程结束后进行评教,从而全时空、多角度及时发现教学过程中的不足,第一时间进行优化整改。

5. 反馈及时、提升显著

课程后评教及时反馈给教师,虚拟教研室组织反思教学理念、设计与实施的经验和不足,基于"教学—评价—反思—改进"路线,优化设计、完善内容、改进方法,最终实现教学质量的全面提升。

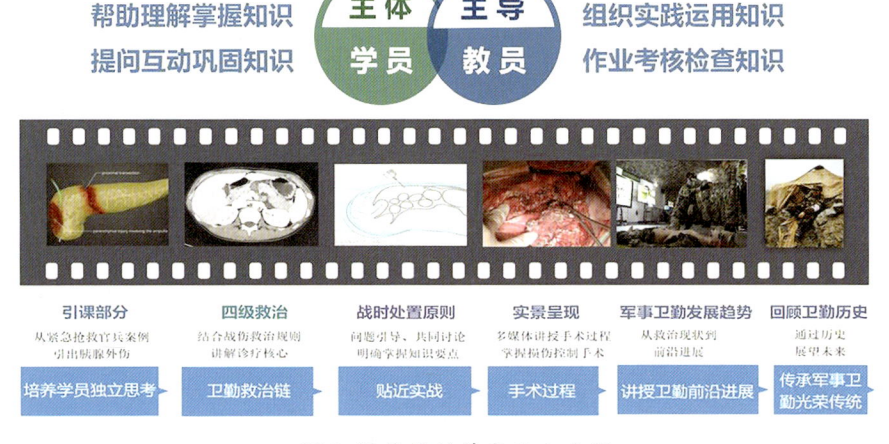

图3 规范的教学实施全流程

(六)成绩评定考核

1.全方位、多维度的形成性考核

形成性考核除课堂测验、专题讨论、文献阅读、见习日志等,还采用小组合作教学互评。临床见习则引入直接观察操作技能和迷你临床演练考核,增加带教老师、同学、护理老师和患者的评价。

2.立体化、综合性的终结性考核

终结性考核除基础理论分析题外,增加了临床病例分析、医学人文场景设置等综合能力考查,形成了全面立体化、综合性考核,有效呼应了以目标为导向的教学全过程。(图4)

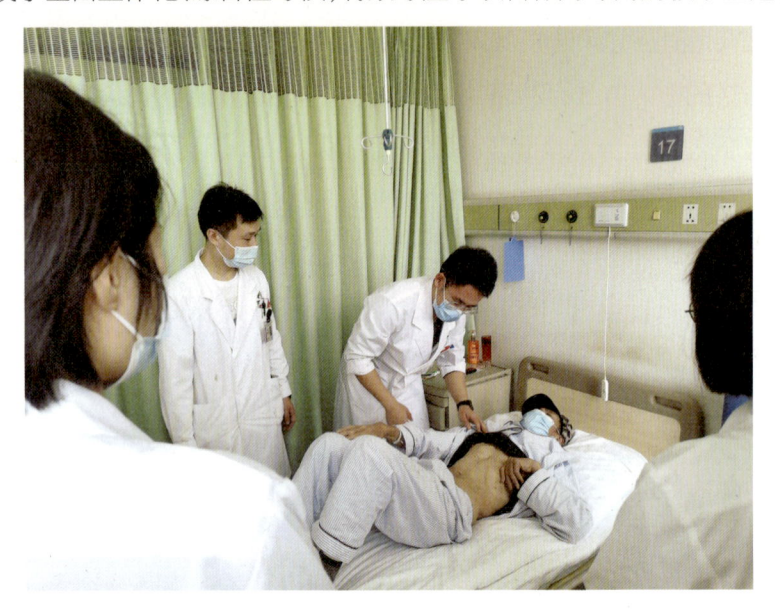

图4 以目标为导向的临床教学实践

三、案例成效

(一)督导和学生的评价高

督导专家评价课程教学内容紧扣教学目标进行优化整合,突显"两性一度";教学手段围绕教学方法进行改革创新,形式多样;课程思政源自专业知识设计巧妙、精准深刻。学生评价课程注重循序渐进、深入浅出,传授知识的同时传递思想。学生评语关键词:"生动、有感染力""教学方式新颖""给力""感恩老师启迪心灵""我再次学会了走路"……(图5)

图5 课程思政引领教学全环节

(二)教书和育人的效果好

课程思政教学改革成效显著,岗位胜任能力目标全面实现。学生个人修养、职业素质和理想信念均得到大幅度提高,真正明白了为谁学和为何学,积极主动开展科学探究、重视医学伦理、践行救死扶伤,锻铸了军人精神、红医精神和科学伦理精神。帮助学生实现了知识与能力的统一、理论与实践的统一,引导学生构建了科学的临床思维体系,最终完成从学生到医生的蜕变。

(三)示范和引领的作用强

本课程获评重庆市高校课程思政示范项目,陆军军医大学临床整合课程改革试点项目、教学成果培育项目。项目组获评大学优秀教学团队,多人次被评为重庆市住培名师、大学教学明星、优秀教员。课程成果多次在全国和重庆市做分享示范,并进行广泛辐射推广,起到了典型示范引领作用。(图6)

图6 广泛推广课程思政教学经验

医学遗传学"三位一体"课程教学体系的构建与实施[①]
——陆军军医大学线下课程建设与应用案例

郭洪　白云　王艳艳　王凯　戴礼猛　张茂

中国人民解放军陆军军医大学

一、案例介绍

医学遗传学是医学本科生必修的医学主干课程和桥梁课程,是精准医学的主要内涵与驱动力和军事医学发展的重要支撑。立足前期基础,本课程按照"以疾病为核心"的总体思路,遵循遗传病的认知规律,将课程内容整合为遗传学基础、疾病遗传学和临床遗传学三大模块,并结合前沿进展不断更新。坚持"以学生为中心"理念、将"问题引导式教学"贯穿始终,通过启发式、探究式、专题研讨式等多种教学方法开展课堂和课外教学,注重学生综合素质的培养与考核。通过建设,本课程在教学内容重塑、教学方法改革以及人才培养成效等方面取得了多项成果,被评为重庆市一流本科课程、重庆市高校思政示范课程以及陆军精品课程。

二、案例详述

"医学遗传学"研究遗传因素在疾病发生中的作用及机制,为遗传病的诊断和治疗、降低出生缺陷和遗传病发生率、提高人群健康水平提供依据和手段。在课程建设过程中,团队始终秉持金课理念,主要围绕以下几个方面展开工作。

(一)提升师资能力

围绕学科专业打造高水平师资队伍,建立"教研一体、科教融合"的教师发展体系,构

[①] 本案例受到中国人民解放军陆军军医大学教育改革研究重点课题"医学遗传学'金课'课程体系建设"(项目编号:2021A01)资助。

建老、中、青完整的教学梯队。推行高职教师讲授专业课,支持中初级教师潜心科学研究,打牢专业素质和创新教学能力基础。通过岗前培训、助教规培和导师制培养,结合针对性校内外教学培训与教学指导,不断提高教师的师德修养、教学方法和教学研究能力。

重视教师发展规律,紧扣职业发展路径,抓住集体备课、试讲、教学研讨等时机开展业务学习,通过教学实践不断打磨教师教学能力,确保人人过关。通过参加各类教学竞赛与教学比武,以赛促教、以赛促学,不断提升教师的教学水平与教学技巧。培养一支心里有火、眼里有光、手里有活儿,兼具国际视野和家国情怀,精通业务,育人水平高超,教学技术娴熟的优秀教员队伍。

(二)教学内容设计与组织

坚持"学生为中心,目标为导向"的教学理念,模块化重塑教学内容,拓展"遗传学技术的实际应用",编写国家规划教材和电子版教材,持续动态更新。

1. 深入挖掘思政育人元素,全程融入教学内容,突出课程的铸魂性

赴基层开展联教联训和巡诊义诊,调研基层官兵和群众所关注的生育健康与遗传病防控问题。系统挖掘我国医学遗传学领域的突破性贡献,提炼知识背后的科学创新精神;结合遗传病诊治和防控,体现遗传伦理道德和人文关怀;自建课程思政案例库,参编配套思政教材,践行课程育人目标。(图1)

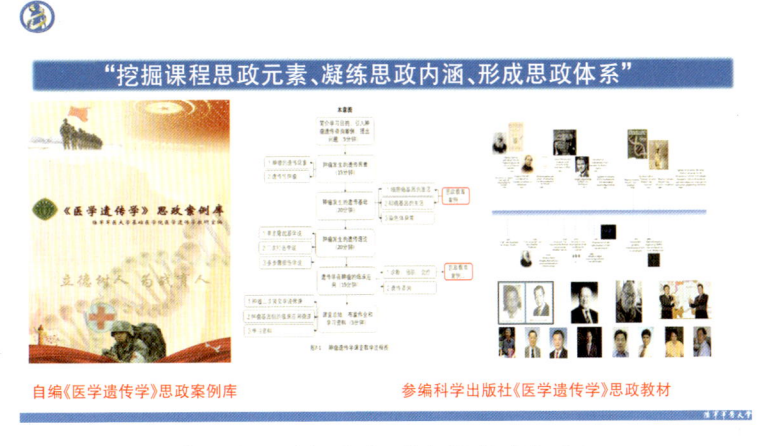

图1 融入课程思政,践行课程育人目标

2. 课程内容集基础理论、前沿进展与临床应用于一体,融入基因组医学、精准医学等前沿进展,体现创新性和高阶性

按照知识认知规律和思维递进模式进行整合,"遗传基础"模块增加了表观遗传学、基因组学、遗传数据库等前沿进展;"疾病遗传"模块新增基因组病、致病变异功能鉴定进展;

"临床遗传"模块引入基因组新技术在遗传病诊疗、出生缺陷防控中的运用,加强了遗传咨询与遗传伦理,拓展了遗传学理论和技术的临床应用空间。

3. 以问题为导向,采用病案引导组织教学内容,以疾病遗传病因的认知为主线在不同层次上展开,加强理论联系实际,增加课程的挑战度

结合临床遗传和科研工作,采集遗传病案例素材,自建情景与问题交融的教学案例库。将"问题驱动+案例研讨"贯穿于理论课、专题研讨、实验课及第二课堂。激发学生的学习兴趣和主动性,引导学生针对遗传病案例自主设计并实施基因诊断实验。将疑难问题延伸到课外,开展项目式科学研究训练,全方位锻造学生的创新能力和临床遗传学实践技能。

(三)教学资源建设与运用

1. 紧贴临床需求,挖掘育人元素,编写思政库

挖掘本学科思政映射点和案例,编写思政案例库1套,参编《医学遗传学》配套思政教材1部。结合基层官兵和群众的生殖与遗传健康需求,围绕出生缺陷防控,编写《出生缺陷防控手册》1部,将医学遗传学知识有机融入医学体系中,培塑学生的科学精神和服务基层的岗位责任意识。

2. 自建丰富多样的线上、线下资源,支撑课程教学全过程

从临床遗传和科研工作中采集素材,自编了7个系统47个案例的遗传病资源库1套;编写国家规划教材1部,自编模块化、前沿进展动态更新的医学遗传学电子教材1部;针对教学内容重难点和拓展点,制作精品微课1套;自建强化案例分析运用和非标准化考核的试题库1套。(图2)

图2 课程资源建设配合教学实施

(四)教学方法改革

围绕岗位任职和学生发展需求,针对医学专业学生特点,以学生为中心、以教师为主导,紧扣学生能力培养创新教学方法。利用智慧教学平台和信息化技术助力线下教学,打造理论课、研讨课、实验课以及第二课堂有机结合的立体化课程教学模式。

1. 智慧化、闭环式课堂教学

引入智慧教学平台,制作系列微课供学生课前自主学习。课堂上充分利用信息化手段,以问题为牵引精讲重难点;灵活采用启发式、探究式等方法,促进师生互动和生生互动,引导学生深度思考,促进学生主动学习。课后线上及时反馈答疑、评讲练习,畅通师生全时域沟通渠道,形成"自学—精讲—反馈"的闭环模式。

2. 小班化、翻转式研讨教学

在自编遗传病案例库和战例库中,精选真实案例和课题组发表的科研文献,采用小组学习、翻转课堂、角色扮演等模式,开展基于病案的研讨式小班化教学。加强基础理论和临床实际的联系,训练学生主动思考、敢于质疑,培养发现问题、分析和解决问题的高阶思维和综合能力,提升学生学习的目标感和成就感。(图3)

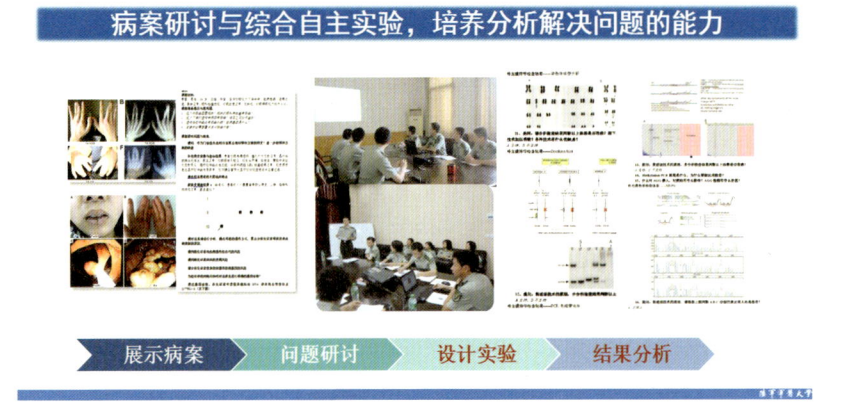

图3 创新教学模式,紧扣能力培养

3. 自主化、设计性实验教学

将临床病案和实战实训案例的问题延展应用到综合性实验教学中,学生自主设计并实施基因检测、基因克隆与基因编辑等方案。探究遗传学技术在医学中的应用方向,实现从书本知识到实验室的迁移,从学习场景到应用场景的转换,拓展基础理论知识和技能在解决临床问题和军队卫勤保障方面的应用。训练学生将知识应用于解决疾病诊治问题,解决部队医疗岗位实践问题的综合能力。

4. 多元化、项目式课外教学

与附属医院妇产科共建遗传咨询门诊,开展临床遗传病见习,邀请临床遗传学专家加入第二课堂教学。带领学生到基层开展出生缺陷调查、遗传病防控知识宣讲和义诊;指导学生开展遗传病科研,组织知识技能竞赛等活动。通过课内课外结合、多方位打造立体课堂,多途径培养学生的科研思维和创新实践能力。(图4)

图4 突破教学时空局限,打造多元化课程教学模式,紧扣能力培养

(五)课程考核创新

持续完善课程考核方案,通过闭环式教学设计,建立目标导向的OBE评估体系。通过自建线上题库的前测、中测和后测,考查学生三基知识的学习效果;通过开放式、探索性问题的阶段性测试,考查学生高阶知识掌握情况;配合病案研讨、实验设计和社会实践等多种形式,考核学生综合能力的达成水平。

制定多元化全过程考核方案,引入非标准化考题;研讨课、实验课采用教师评价和学生互评相结合的方式,形成性考核在总成绩中的占比达到30%,课终考核案例综合分析题和非标准化考题增加到20%以上,使课程考核具有更高的挑战度和科学性。建立动态、高效的学生学习效果评价机制,通过考试分析和教学总结及时精准调整教学实施组织中的不足,促进教学目标的有效达成。(图5)

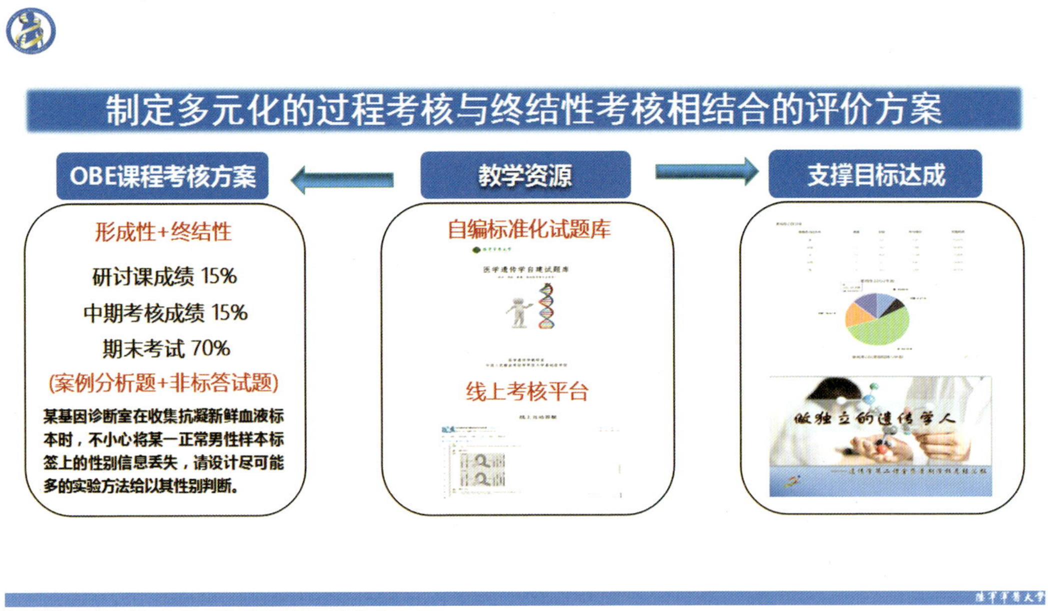

图5 全方位优化课程考核体系,增加挑战度,增强获得感

三、案例成效

本课程坚持理念引领,主动对接国家、军队需求,贯彻"立德树人、为战育人",全程融入课程思政,培塑正确价值观,强化为军服务,践行课程铸魂为战。重塑课程内容,集基础理论、前沿进展与临床应用于一体,进行模块整合、动态更新。编写国家规划教材,自建丰富的线上线下教学资源,完善知识体系,全面培养学生创新和实践等高阶思维能力。架设基础和临床相结合的桥梁,构建课内课外结合、理论实践结合,"以科学问题为牵引,以能力培养为核心"的多元化教学模式。

课程教学质量稳步提升,学生和督导专家评课优良率位居前列,学生考核成绩优秀率稳步提升。学生满意度与成就感显著增加,创新实践成绩突出,获校级以上大学生创新项目11项,发表科研SCI论文12篇,获本科生国际学术论坛、基础医学论坛和实验设计大赛等一等奖多次。

课程建设成效明显,获批陆军和校级精品课程、重庆市一流本科课程和思政示范课程,团队先后获军队教学成果奖三等奖和大学教学成果奖一、二等奖,被评为大学优秀教学团队。团队教师多人次被评为全军院校教书育人优秀教师、重庆市英才名师名家、陆军教学名师与校级优秀教师等,主持省部级以上教改课题8项,在国内外期刊发表教改论文14篇,获小班化教学竞赛、课程思政教学竞赛、微课比赛等一等奖多项。多次受邀参加全国遗传学教学研讨会、世界华人遗传学大会和全国医学遗传学会议等做大会专题报告，分享推广课程建设经验，受到国内外、军内外同行的广泛好评。

四、未来计划或启示

　　课程建设是一项需要持之以恒的漫长工程，在这个过程中，课程团队不仅有阶段性的收获，也沉淀了丰富的经验和反思。因此，如何更加精准对接国家和军队的人才需求，更加适应新时代军事教育方针，更加契合新形势下的人才培养目标和成长路径，更加符合教育教学与学习成长规律，都是我们下一步需要研究的课题。

中西方比较视角下的管理类课程
"一核双环三链"案例建设与教学实践①

吴应明　姜楠　李平俊　肖书成　沈鑫

中国人民解放军陆军勤务学院

一、案例介绍

课程组以重庆市一流本科课程"领导科学概论"案例库和2022年重庆市重点教学改革项目为平台,探索军地兼容的"一核双环三链"管理类课程案例建设与教学实践理念。所谓"一核",就是围绕"以培养适应我国各领域建设需要,具有坚定正确的政治方向,既有科学管理素养,又有卓越领导艺术,兼具组织协调能力和开拓创新精神的优秀管理人才为核心"。"双环"分别指的是以西方管理理论体系为圆心的"认知能力培塑环"和以中国管理文化为圆心的"实践能力生成环"。"三链"分别指的是知识链、文化链和价值链。通过对中西方管理的比较研究,对管理类课程的知识、文化和价值链条重新进行解构和整合,深度剖析管理案例,从根本上破除"科学管理就是西方管理"的狭隘认识,在提高学生文化自信的基础上,强化专业教学质量,提高学生的思辨和管理实践能力,最终实现"双环同核"和"三链同源"。

二、案例详述

(一)培养了高素质的案例建设与教学实践团队

课程组坚持以案例教学为核心的理念,多渠道培养人才。一方面,到案例名校学习,到基层调研,请案例名师来传经,赴兄弟院校交流,出国进修学习管理和案例理论,赴联合

---

① 本案例为重庆市高等教育改革研究重点项目"中西方比较视角下的管理类课程'一核双环三链'课程思政研究"(项目编号:222192)阶段性成果。

国管理岗位任职采集案例,沉浸式体验中西方管理差异,带队参加国际军校学生竞赛开阔视野;另一方面,配套建设演讲与口才俱乐部、国际军事研究小组等第二课堂,带队参加军队和重庆市各级比赛,主动联合学生队,迈出领导管理能力"联教联塑"的新路子。历经10余年,案例建设成果和教学质量走在了全军的前列,培养了1名全军案例库专家和1名教学标兵,获评学院优秀教学团队,打造了2堂军队级案例示范课,编写了学院最大的专业案例库,承担了2项省部级重点教改项目,多次赴全军案例集训及军地高校进行案例示范或担任评委。(图1、图2)

图1 主责人在联合国维和部队担任管理岗位　　图2 主责人在全军案例集训上示范授课

(二)完成了基于行动导向理论的"三库合一"教学改革

一是核心课程内容模块化。按照"管为战"理念和战时管理流程,课程组在深入基层广泛调研,研究军队管理课程最新大纲要求的基础上,结合中西方管理理论,确立核心模块,打造内容精悍、实用、先进的课程内容体系。二是课程配套资源模块化。打磨以主干教材为核心的理论库,精选与理论知识模块相配套的案例库,搜集与理论知识模块对应的问题库。通过"模块化"建设,实现不同层次管理课程内容与资源的模块重组及运用,实现快速建课与资源共享,提高课程建设效率。以此模式建设的课程多次获得学院和重庆市各级别奖励。(图3)

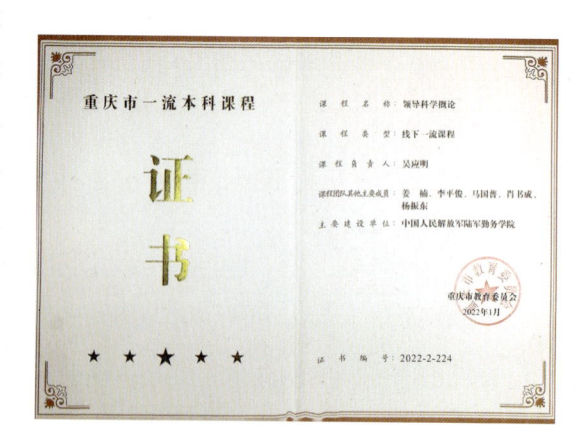

图3 课程获评重庆市一流本科课程

(三)打造了本科生专属的"逻辑链式案例教学法"

课程组重点关注案例教学在本科管理类课程中的应用情况,并结合"领导科学概论"进行了一系列理论探索和实践研究,逐步形成了对传统案例教学方法的改进版——逻辑链式案例教学法。该案例教学法分为显性维度和隐性维度两个层面:一是显性维度层面,也就是教学方法艺术层面,是以由浅至深的一系列问题链来体现的;二是隐性维度层面,这也是该教学法的底层逻辑和理论支点,是以构建行动导向理论之上的学习逻辑和规律来蕴含的。两个维度相互支撑,相互体现,有机统一。本教学法在理论和实践上都取得了收获,不仅在重庆市教学改革征文中荣获一等奖,还获得了重庆市高校教师教学创新大赛副高组二等奖,全军管理课程比武二等奖和学院教材竞赛全部奖项(一等奖+优秀设计奖+改革创新奖),同时被遴选为全军优秀案例示范课。(图4—图6)

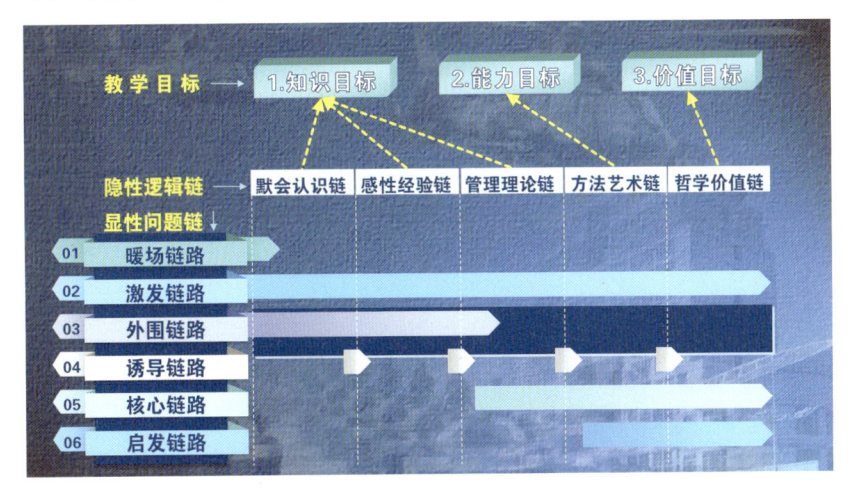

图4 逻辑链式案例教学法图解

图5 课程组获2021年重庆市高校教师教学创新大赛副高组二等奖

图6 研究成果获2020年度重庆市第二届高等教育研究与教学改革优秀论文一等奖

(四)探索了基于"工学一体化"理念的培塑与考核模式

"工学一体化"理念简要来说就是:"在职业能力塑造的过程中,学习的内容是工作,通过工作实现学习。"这一理念原本主要针对职业教育课程,但非常契合管理类课程的教学目标,可解决管理类课程教学不同程度存在的理论与实践脱节、能力素质转化效果不佳问题。据此,课程组提出"多维一体"滚动式领导力培塑及考核概念,把课堂教学、课外活动和日常养成有机结合在一起,进行"滚动式"领导力培塑。依靠第二课堂培育和考核学生的沟通协调能力和组织授权能力等,依靠学生队骨干轮换培育和考核学生的管理决策能力,开展"核心能力素养"比武竞赛活动,并以此作为课程考核的重要依据,探索了一条集平时作业、课堂表现、书面考核、课外活动、岗位任职表现和比武竞赛为一体的新途径。

三、案例成效

(一)特色与创新点

树立了产品化的案例建设理念。课程组将案例视为产品创造者,将学生视为产品用户,持续优化产品质量,向用户服务和负责。其内涵包括:价值创造、用户驱动、产品联结、系列配套。

探索了易于复制的专业思政新模式。以"非思政手段"解决思政问题,从专业知识的底层逻辑入手去实现课程思政和专业知识的"不可分割"。通过大幅度提高中国古代管理思想和我党管理思想在案例分析中的比重,总结和凝练中国式管理的特点和规律,回答西方管理中对我国管理实践的误解和错误解读,直接从课程内容体系和知识逻辑层面进行纠偏,真正将课程思政的内核(价值和文化)融入专业内容中去,使之成为无法分割的"伴生体"。

(二)解决的重难点问题

解决现有管理类课程案例教学缺乏实践指向的问题。我们的管理课程将西方管理理论奉若"圣经",以此来解决案例中的实际问题,势必会理论与实践脱节、能力素质转化效果不佳。事实上,中国的管理实践是一座巨大的宝矿,里面蕴含着值得我们总结和借鉴的丰富的管理理念和实践规律。本课程案例建设中加大了中国古典管理文化和新时期共产党管理理念的分量,让培养出的学生更加适应我国的管理环境。

解决管理类课程思政要素和知识体系"左右互搏"的问题。西方的管理理论与西方的文化、哲学和价值密不可分,若只是照搬西方管理理论,就等于从内在认同了其底层哲学和价值。此时再强行注入我国的价值文化,会影响思政效果。本课程案例建设按照"三合一"进行设计,即对西方管理思想、中国古代管理思想和中国共产党的管理思想进行比较分析,在比较中揭示各自的优长及不足,让学生从根源上了解西方管理的局限性,继而内驱产生制度和文化自信。

(三)教学改革成果

课程组经过10多年的教学改革与实践,取得了较为丰硕的成果,其中与案例相关的成果见表1:

表1 案例相关成果列表

案例相关理论研究成果		
成果名称	类型	级别
军校本科层次案例教学优化刍议	论文	核心期刊
对军事案例教学课堂组织的探讨	论文	核心期刊
本专科管理类课程LLC案例教学法的探索与研究	论文	核心期刊/CSSCI
浅析中西方公共组织管理文化差异	论文	CSSCI
"为战育人"视角下军校本科案例教学改良刍议	重庆高教研究与教改征文	一等奖
中西方比较视角下的管理类课程思政研究	重庆市教改立项	重点课题
本科管理课程逻辑链式案例教学法的研究与实践	重庆市教改结题	一般课题
问题式教学在勤务管理课程中的应用	全军双重建设课题	军队级
领导科学概论	教材	重点教材
案例相关教学实践成果		
成果/赛事名称	授奖单位	奖项
管理类课程案例和教材建设	湖北省政府	教学成果奖二等奖
重庆市高校教学创新大赛	重庆市教委	二等奖
"领导科学概论"课程建设	重庆市教委	一流本科课程
解放军总后勤部四会教员授课比武	解放军原总后勤部	一等奖
解放军总后勤部教学标兵	解放军原总后勤部	教学标兵
管理类课程"三库合一"模式建设成果	军队领导管理科学联席会	教学成果奖一等奖
全军院校领导与管理课程教学竞赛	军队领导管理科学联席会	二等奖
武汉市协作区教学比武	解放军院校协作中心	一等奖
陆军勤务学院教学竞赛	陆军勤务学院	一等奖
军队本科学员逻辑链式案例教学法探索与实践	陆军勤务学院	教学成果奖二等奖
陆军勤务学院教学竞赛	陆军勤务学院	改革创新奖
陆军勤务学院教学竞赛奖	陆军勤务学院	教学设计奖
部队后勤管理	陆军勤务学院	精品课程

续表

案例相关应用推广情况		
应用内容	应用范围	年度
案例理论与教学法示范授课	全军院校案例集训	2015至2018
逻辑链式案例教学法	军队8所院校	2013至今
案例建设理论与逻辑链式案例教学法示范课	陆军新社招文职人员培训	2020至2021
逻辑链式案例教学法示范课	学院新教员培训	2020至今
课程案例在学员核心能力素养比武竞赛中的应用	学院七大队核心素质比武	2022

四、未来计划或启示

2023年，课程组主责的"部队管理能力训练实验室"开始建设，其中培塑中心的重点建设项目就是案例教学的"三室一库"，包括案例采编室、案例讨论室、案例管理室和案例教研信息库，囊括了海量的军地、中外、平战经典案例，开设名师讲堂/咨询室，邀请名师线上授课。课程组计划3年内针对多数管理类课程建设成线上线下混合教学模式，继续改革案例教学方法，积极探索沉浸式、虚拟仿真式、RPG游戏式等案例教学新路径。

"军事后勤概论"课程建设与教学实践

陈智　牛永界　李斌　朱柯　何旺

中国人民解放军陆军勤务学院

一、案例介绍

"军事后勤概论"课程面向我院本科所有专业开设,承担着夯实军事后勤理论基础、铸牢献身后勤忠诚信念、培塑向战保战胜战精神的重大责任,是勤务通用人才培养中强基、铸魂、赋能的重要课程。课程建设以新时代军事教育方针为指导,坚持立德树人,以岗位任职需求为牵引,构建了"红色基因为引领、知识构建为支撑、勤务保障为重点、思维启发为内核"的教学内容体系;坚持为战育人,强化教师执教能力建设;坚持学为主体,创新探索了课程"三导"教学方式方法;坚持特色发展,配套建设课程信息资源;坚持联合开放,利用驻地教育资源,广泛开展联教联训,有效支撑人才培养目标的达成。课程于2021年通过国家级一流本科课程(军队组)评审。

二、案例详述

(一)课程团队建设与能力提升

团队学缘复合,年龄结构合理。成员以中青年为主,毕业于多所军队院校,涉及指挥、后勤、工程技术专业;成员均是研究生学历。围绕"精教学、会组训、懂指挥、善创新"执教能力要求,通过采取"团队建设聚力、教学研究拉动、教学竞赛驱使、日常教学促评、学习观摩提质"等方法,不断提高团队水平。同时利用各类教研平台、依托人才培养计划,通过名校培训、部队代职、重大活动历练,院校与部队双向用力,课堂与战场紧密结合,建设战保一体、理技融合的课程团队。立足为战育人,师资队伍实力雄厚;聚焦教战研战,教学科研成果丰硕;打造高端智库,服务部队成效显著。

(二)教学设计创新

以新时代军事教育方针为指导,以指挥、管理、保障能力融合培养为导向,强化通识教育,将后勤创新理论与部队实践相结合,打牢学员理论基础,培养学员良好素质,提升学员对后勤问题的分析判断、思考领悟和高效执行能力,有效支撑"胜任勤务指挥、善于勤务管理、精通勤务技术"新型高素质后勤人才的培养目标。

(三)课程内容与资源建设及应用

紧贴时代要求,优化调整教材体系。以陆军统编教材《军事后勤概论》为主干,以《后勤保障出战斗力》《外军后勤保障案例》为辅助,形成多元衔接、互为补充的教材体系。

聚焦备战打仗,建设配套信息资源。围绕教学需求,建设后勤数字图书馆、资料室、信息资源库,确保教学内容紧贴实战、紧贴部队;在军事职业教育平台上线4门网络课程、勤务酷课平台上线1门课程,有效拓展学员知识面。

立足开放办学,融合军地教育资源。充分将驻地红色教育资源纳入课程教学,依托重庆红岩革命纪念馆、江津聂荣臻元帅陈列馆、铜梁邱少云烈士纪念馆、合川钓鱼城等单位开展联教联训,取得良好教学效果。

(四)教学方法改革

着眼夯实理论基础,引入对分课堂模式督导。针对学员理论基础薄弱的问题,转变传统应试教育模式,坚持以学员为主体,积极引入重庆市教改项目"'对分课堂'在研究生理论课程教学的实践与运用"成果,发挥教员在课堂上的引导作用,采取精讲留白,引导学员消化吸收,帮助学员构建形成"大后勤观",解决后勤的基本认知问题,为后续课程学习和开展实际工作打下良好的理论基础。

围绕知识能力迁移,采取案例教学方式研导。针对学员理论知识向能力迁移较慢的问题,围绕"岗位需要什么""学员还缺少什么",着力解决毕业学员"不接地气""水土不服"等问题,吸纳团队服务部队成果,配套建设《后勤保障案例》《外军后勤案例》等,积极引入案例教学,强化角色扮演,驱动学员由抽象思维向形象思维转变,实现理论教学向提升学员分析和解决现实矛盾问题能力演进。

聚焦岗位任职要求,运用想定作业形式诱导。针对学员缺乏部队任职经历的问题,瞄准学员岗位任职需求,通过构建后勤军官岗位任职能力标准,将团队教员参加部队重大演训成果带入教学,将学员由传统的课堂理论学习引进"备战打仗"练兵场,引导学员制定保障计划、调控保障过程、活用保障方法、灵活处置情况,提高学员团队意识,培养和提高学员的保障筹划和控制能力。

(五)课程教学内容及组织实施

培根育魂,突出课程思政要素。在我军后勤历史沿革、体制改革发展、保障案例研讨等教学内容中,发掘红色基因,将我军在长期实践中形成的"坚持一切为了前线、一切为了胜利,坚持依靠国家、依靠人民,坚持服务部队、服务官兵,坚持艰苦奋斗、勤俭建军,坚持克己奉公、清正廉洁"的奉献精神和高尚品德注入课堂。

战保一致,树立战斗力根本标准。结合国防和军队改革情况,坚持立足陆军、面向全军,调整优化教学核心内容,消化吸收国家和军队最新法规,实时更新后勤指挥、后勤战备、联合作战后勤保障相关章节,强化战斗后勤保障等教学内容,围绕现代后勤展开教学,树立后勤战训一致、战保一致的备战打仗鲜明导向。

理技融合,对接部队任职岗位能力。针对学员首次任职岗位综合性、宽领域、跨专业、指技合一的主要特点,紧紧围绕部队职能任务,梳理关键知识要点,突出后勤保障实践能力这个中心要素。在后勤建设、专业保障等教学内容中,引入现代军事物流体系、军队现代资产管理体系等前沿知识,与各专业背景课程中的技术类知识点有机结合,以勤务指挥引领技术应用,以后勤技术支撑指挥行动,达到融会贯通的目的。

开拓创新、瞄准军事后勤发展方向。注重培养学员的战略思维和信息素养,理解联合作战的核心要义,完善军事后勤知识,充实新型力量等教学内容,吸收最新科研成果,强化后勤理论创新及信息网络、智能化技术运用,提升学员在信息化条件下运用后勤保障技术与方法的能力。

(六)成绩评定考核

课程围绕培养"三员"融合后勤人才,采用"二段三全"即"形成性考核+终结性考核""全员、全过程、全维度"的考核模式。突出知识掌握度评价,实现知识向能力迁移。考核以对接部队、突出应用、检验能力为指导;内容以突出后勤建设、战备、保障等理论运用为主线;题型以主观题为主、客观题为辅,减少解释、单选、判断类题型的比重,加大战例想定分析含量,做到比例适宜、科学合理;考核方式注重形成性考核与终结性考核相结合,突出形成性考核形式的多样性。解决了传统考核中"重理论、轻实践""重记背、轻应用"等问题,更加聚焦教向战、考为战,学员主体地位进一步突出,主观能动性体现更加充分,教风、学风、考风有效改观,学员能力素质明显提升。

三、案例成效

（一）案例特色与创新点

聚焦实战对标保障打赢能力，"三员"教学理念新。突出后勤人才培养供给侧同未来战场保障需求侧精准对接，以作战本领、保障技能、指挥管理能力一体培养为导向，形成了"三员"即"战斗员、保障员、指挥员"融合培养的教学理念，确保人才培养规格向战保一体、指技融合、一专多能转变。

紧贴部队对接岗位任职能力，"四为"教学内容新。以基准任职岗位为参照，提炼核心内容，强化后勤通识教育，注重教学内容更新，将团队科研成果与参加部队实践成果运用于教学，及时进教材、进课堂、进头脑，构建了"四为"即"红色基因优良传统为引领、后勤知识构建为支撑、保障指技训练为重点、战法保法思维启发为内核"的向战为战教学内容体系。

立足未来提升学员发展潜力，"三导"教学方法新。以适应学员多元需求为牵引建设线上课程、自主学习资源和网络信息资源三个模块；通过课程教学，发现问题、提出问题；通过教改课题，研究问题、解决问题。及时引入新知识、新技术、新方法，打造"三导"即"对分课堂引导、案例教学研导、想定作业诱导"的教学方式方法，让学员课上课下忙起来、动起来。

（二）课程教学取得效果及成果辐射推广情况

教战研战，师资队伍强。课程团队有3名教授、1名副教授、1名讲师，享受国务院政府特殊津贴1人，陆军科技英才3人，陆军军事理论专家1人。入选陆军军事后勤创新团队、重庆市优秀研究生导师团队，主责的军事后勤学学科被评为重庆市"十四五"重点学科、"十三五"军队重点建设学科专业。

学为主体，教学质量高。强化课程思政，活用教学方法，配套保障资源，学员课程初考通过率在95%以上，近三年，毕业联考合格率为100%，课堂授课质量优良率达90.6%，教员教学质量满意度达99%。

学以致用，比赛成绩优。学员代表队两次荣获"精武杯"军事对抗竞赛军内校际组总成绩第一名；有4名毕业学员代表中国参加"厄尔布鲁士之环""晴空2017"国际军事比武等国际性对抗赛，其中2名学员担任教练，1人荣立二等功；50人次在"全国大学生智慧供应链创新创业挑战赛""全国大学生物流仿真设计大赛"中获奖。

理技融合,发展前景广。随机选取2016—2019年勤务指挥专业54名毕业学员进行调查,得到如图1所示毕业学员岗位分布。大多任职于部队后勤核心岗位,并逐渐成为我军演习和重大活动后勤保障的主要组织者和参与者。

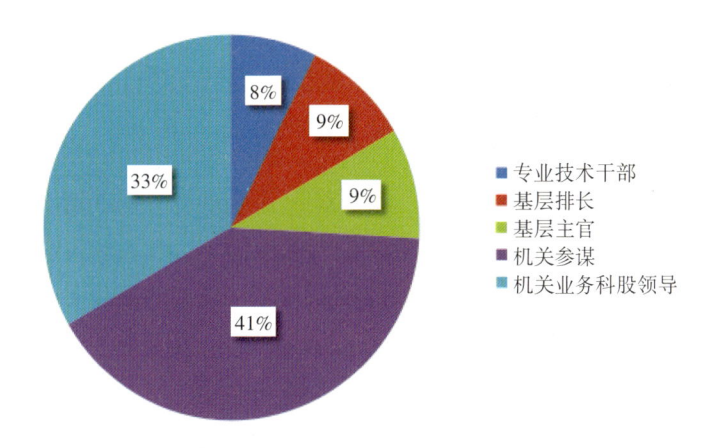

图1 毕业学员岗位分布

应用广泛,部队评价好。"三员"融合培养理念在军委机关、部队单位广受好评,对提高部队战备训练水平,增强遂行保障任务能力起到了积极的推动作用。

以语言实践为核心的"大学语文"课程建设

宋延屏　徐晓利　李燕　李丹　敬晓愚

中国人民解放军陆军勤务学院

一、案例介绍

陆军勤务学院"大学语文"课程是面向本院本科各专业学员开设的公共必修课程,共计52学时。在人才培养中起到扎牢传统文化之"根"、铸实红色信仰之"魂"、提升部队沟通之"能"的重要作用。在本轮课程建设中,对标金课标准,在教学目标、教学内容、教学方法等方面突出"高阶性""创新性"与"挑战度",立足于发挥"大学语文"涵养人文精神、塑造道德人格的独特优势,融合"文史哲军"多学科背景,构建"增信、明德、尚美、笃行"四位一体的课程思政目标体系,打造"课堂基础实践"与"课外综合拓展实践"双平台,形成以语言实践为核心、以知识本位向能力生成转变的立体育人格局,为培养高素质、专业化勤务英才打下坚实基础。

二、案例详述

(一)教学团队

1.师资力量基本情况

团队成员均为研究生学历,为中国古代、现当代文学专业,有较强的专业功底;均承担过"大学语文"课程,教学经验丰富,平均执教时间为10年,执教能力较强;职称结构合理,现有副教授3名、讲师2名。

2.教学团队能力提升

(1)教学管理制度化。为保证教学质量,加强教学日常精细化管理,制定一系列教学质量保障制度。(2)教学实施情况标准化。进行听课评课活动,检查教员实际授课是否落实了课程标准的教学内容和教学方法。定期检查教案,看教案是否与授课计划保持一致。(3)教研活动流程化。每学期制定教研活动计划,做到有计划、有主题、有准备、有内容、有记录。(4)外出交流常态化。鼓励团队教员去院校、部队交流,开阔教学视野,掌握学习需求,学习先进教学方法,切实提升教学水平。

(二)教学设计创新

1.整合课程内容,构建大学语文的"大格局"

将文学、历史、文化、哲学、军事等融入教学内容,构建具有"大容量""大视野""大情怀"的人文课堂。着眼于学员听、说、读、写能力的全面提升,着眼于古今中外的全方位涉猎,着眼于学员整个人生的长远发展,不是仅停留在"文本细读""文学欣赏",而是打通历史和当下、思辨和情感、个体和国家,逐渐孕育出超越小我而心系天下兴亡的气概和担当,注重军事思维习惯与军事应用能力的培养,激发对社会、国家、民族的责任感、使命感和担当精神。以《长恨歌》为例(图1):

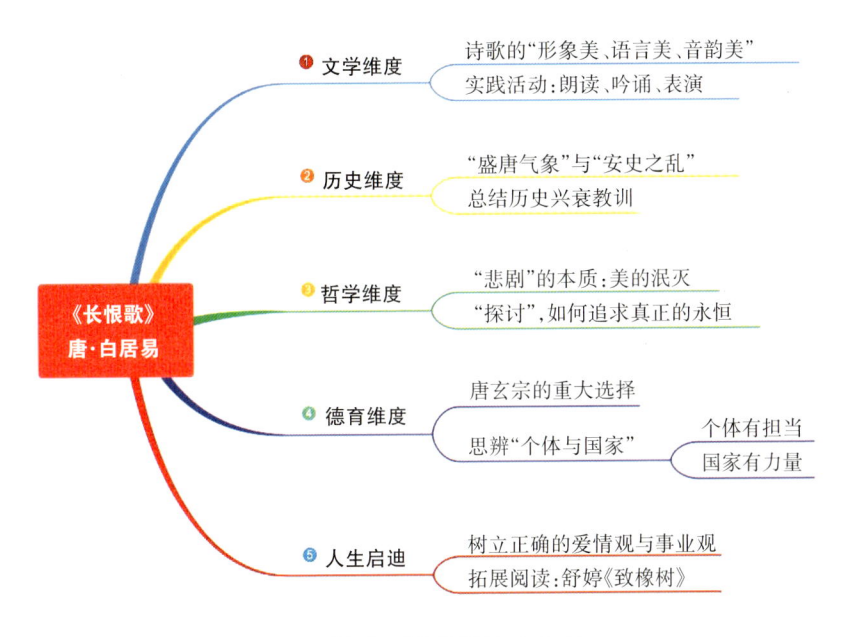

图1 《长恨歌》教学维度分析

2.构建层次化、模块化的语言实践教学体系

我们提出"实基础、重应用、强能力、善创新"的教学理念,根据大纲要求的"文学阅读、写作、演讲"的框架内容,围绕培养学员阅读鉴赏能力、语言表达能力、文化素养的目标,将教学细化为不同的能力模块,并设计成具体的任务单元。跳出单纯的语言技巧训练层面,

贴合军人身份设计场景、主题,激发学员兴趣,进行真正意义上的语言实践。遵循能力培养的阶梯性规律,根据任务难度,将目标任务划分为基础、提升和高阶三个层次,循序渐进地实施。形成了多元模块支撑、能力层次递进培养的"多模块分层次"的语言实践教学体系。(表1)

表1 "大学语文"各任务单元的能力目标及标准要求

序号	任务单元	能力目标	标准要求
1	美文朗诵	诗歌鉴赏能力 口头表达能力(基础)	掌握朗诵、吟诵古典诗歌的基本的方法技巧,在理解诗意的基础上,声情并茂地朗诵
2	见字如面	写作能力(基础)	能够写作一封规范得体、表达准确、情真意切的书信
3	故事新编	创意写作能力(提升)	能够对文学经典进行个性化创编
4	今天我是大队文书	公文写作能力(提升)	熟悉军队各类常用公文格式,掌握常用公文的写作方法,能够规范得体地写作常用公文
5	古典诗歌写作	诗歌创作能力(高阶)	能够根据格律要求,创作古典诗歌
6	人生如戏,戏如人生	剧本创作能力(高阶)	掌握写作一个完整的剧本的基本方法,可以进行创作
7	我是演说家	口头表达能力(提升)	能够围绕主题实施演讲
8	战前动员	口头表达能力(提升)	能够针对具体情境,开展即兴演讲,进行有感染力的战前动员

3. 思政元素贯穿始终,注重思政价值的传承与创新

思政设计紧盯部队任职需求,立足于发挥"大学语文"涵养人文精神、塑造道德人格的独特优势,"以文化人""以美育人",引导学员坚定理想信念、树立文化自信、陶冶品格情操,将中华优秀传统文化与新时代强军要求相结合,既重视文化传承,又彰显其时代价值。实现语文教育与思政育人的全面融合。(表2)

表2 部分思政要素

教学内容	思政融入点	思政素材	思政目标
《诗经》	饥者歌其食,劳者歌其事	武警合唱团《秦风·无衣》视频	培养现实关怀,树立文化自信
《小雅·采薇》	对苦乐交织戍边生活的刻画	辽宁舰航母官兵生活	正确看待从军生涯的苦与乐

续表

教学内容	思政融入点	思政素材	思政目标
《孙子兵法·计篇》	1.孙子"慎战"思想 2.为将五德	1.军史故事：和平解放北京 2.毛泽东、刘伯承、粟裕等军事家的用兵智慧	1.树立正确的战争观 2.对当代基层指挥员的启示
《白马篇》	1.白马英雄形象 2.捐躯赴国难，视死忽如归	驻守喀喇昆仑山哨所、长眠于济南无名墓园的无名英雄	树立高远理想，坚定革命信念
《燕歌行》	1.对比手法的应用 2.对战争的失败的总结	从祁发宝团长的英雄事迹揭示军队管理之道	如何成为一名合格的基层指挥官
《水龙吟》	1.无人会、登临意 2.典故的应用	引申到张富清、白衣天使等当代英雄事迹	以天下为己任的英雄情怀
《单刀会》	1.关羽英雄形象的塑造 2."渴慕英雄"主题	1.毛泽东勇赴重庆谈判 2.《轰炸机部队备战进行时》	1.英雄之勇来自忠诚爱国 2.时代对英雄的呼唤
公文概说（上）	1.公文的种类及适用范围 2.公文的行文规则	1.大年夜出征抗疫 2.毕业学员在岗位上的奋斗	1.树立在平凡岗位建功立业的信心 2.培养学员的政治意识、规则意识
公文概说（下）	1.公文格式的要素组成 2.公文格式的重要性和意义	论文《从一份伪造公文的露馅看公文格式的重要性》	1.培养学员的保密意识 2.培养学员的严谨态度
演讲实践	即兴演讲	《功勋》《亮剑》等影视剧中战前动员片段	激发高昂的革命斗志

（三）课程内容与资源建设应用

1.课程内容建设

根据军委教学大纲（2017年版）中关于"大学语文"课程的要求，本课程主要包括文选、军队机关公文写作和口语表达三个板块。团队注重对教学内容的优化与更新，整合"文史哲军"多门学科知识背景，着力学员语言实践能力的生成，选讲能反映军旅生涯、体现军人优秀品质、爱国尚武精神的篇章，丰富和拓展学员的人文知识，为学员树立积极向上的人生观、价值观。（图2）

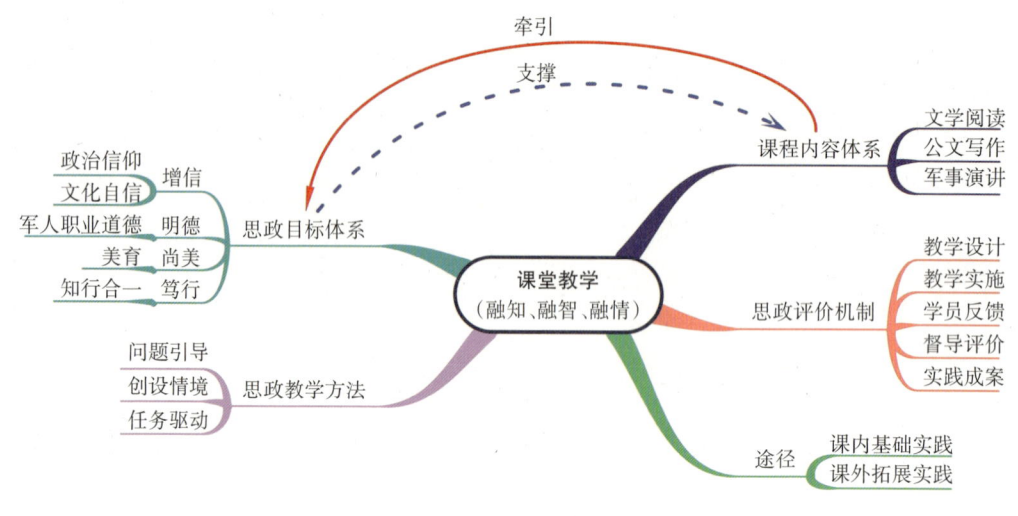

图 2 课程内容

2. 资源建设与应用

(1) 建设线上数字资源,利用学院酷课平台,围绕教学大纲,上传微课视频、音频、电子书、论文资料等教学资源,构建知识点体系,实现课前自主学习和自我评测,为开展进一步的课堂教学奠定基础,解决课时量不足的问题。

(2) 线下搭建语言实践双平台。一方面,利用好课堂基础实践活动,根据教学目标和内容,灵活开展诗词吟诵、戏剧表演、微型辩论、即兴演讲、案例写作等活动。通过基础实践活动,活跃课堂氛围,丰富教学方法和手段,实现知识内化,提升学习热情、锤炼语言能力。另一方面,课外综合拓展实践,主要依托学院"勤务文化周"、第二课堂等平台,举办"陆勤杯"辩论赛、短视频大赛、海报设计大赛、公文写作大赛等校级赛事。通过课外实践平台的锻炼,开辟语言表达的渠道,强化语言的实际运用,激发学习兴趣和表达欲望,提升语言能力。(图3、图4)

图 3 学员课外语言实践

图4 学员课内语言实践

(四)成绩评定考核

改革考核方法,建立全过程、综合性评价机制。采用形成性考核与期终考核相结合的方式,形成性考核占50%,包含计分作业、课堂表现、小组研讨与课外实践。尽可能全面地评估学员的教学参与度、能力达成度,加强对平时学习效果的考核,形成综合评价。

探索非标准化考试,注重能力提升和思维训练。传统的标准化考试模式存在形式单一、题目套路化、评分绝对化的缺点,容易固化学员思维。在"大学语文"考核中纳入非标准化考试内容,考核项目具有一定的开放性、探究性,加强对学员创新思维、综合能力的考查。

三、案例成效

(一)特色与创新点

构建语文"大格局",注重"文史哲军"学科交叉,突出新文科特色。大学语文的自身属性决定了其在学科交叉发展中具有天然的优势。打破学科壁垒,推进学科交叉融合是新文科建设的必然要求,也符合当代军事人才的培养需求。

发挥语文育人功能,构建"增信、明德、尚美、笃行"四位一体的课程思政目标体系。根据"大学语文"兼具思想性、人文性、审美性、工具性的特点,进一步完善目标体系,深挖思政教育资源。

以语言实践为核心,突出实践,着力语言能力生成,满足"两性一度"的金课要求。将实践育人的理念贯穿教学过程,将能力培养与价值塑造紧密结合。

(二)教学改革成效以及解决重难点问题

解决大学语文教学与岗位任职需求不紧密的矛盾。人文素质是基层指挥军官的必备素质,它既是完成军事指挥、政治思想工作的基础,也是自身长远发展的基础。大学语文教学要精准对标基层指挥军官岗位任职需求,注重学员语文知识、语文能力和人文情怀培养,着力语文素养和语言能力生成,适应基层部队岗位任职需求。

解决实践环节薄弱、语言应用转化能力不高的问题。通过双平台的建设,充分利用场景、主题、任务进行真正意义上的语言实践,提高学员的语言实际运用能力,突出学员的学习主体地位。

解决思政元素挖掘不够的问题。在大学语文教学中,着力挖掘中华优秀军事文化、谋略文化,培养学员的战略思维和军事素养。

(三)取得主要成效

有效促进教学团队的研究能力和教学水平。团队承担重庆市级教学科研项目2项;院级教改课题5项,院青年资助项目1项,出版和自编讲义7部,院课程教学设计和教案优秀奖4项,并于2021年评定为重庆市一流本科课程,2022年评定为重庆市课程思政示范课程;团队成员荣获院教学竞赛奖4项;获优秀个人奖励8人次;完成基于对话教学、BOPPPS模型、吟诵法等教学方法的语言实践活动理论总结,发表相关教研论文16篇。完成学院立项讲义2部。学院教学督导考评优良率≥90%,学员对课程教学的满意度>80%。

形成课内外相结合的实践活动长效持续开展机制。课堂教学方面,主要结合教学内容,穿插朗诵、演讲、辩论、写作、翻转课堂、戏剧表演等丰富多样的语言实践活动,创新组训模式,并在大学语文3轮24个班次中应用,积累了丰富的教学经验,凝练出有推广价值的做法,提升了教学效果。课外活动主要依托学院"勤务文化周"、学员俱乐部等平台,主办"陆勤杯"辩论赛、短视频大赛、海报设计大赛、公文写作大赛等校级赛事,指导"陆勤杯"演讲比赛,指导"碟影视觉设计"、"星火"新媒体、"惊鸿"剧社3个学员俱乐部开展活动、参加比赛等。

显著提升学员语言素养,语言实践成果丰硕。指导"碟影视觉设计"、"星火"新媒体、"惊鸿"剧社3个学员俱乐部平台;指导学员创作的各项微课、微电影等作品在"蓝桥杯"设计大赛、中国大学生计算机设计大赛、陆军法治微课比赛等赛事中,共获得国家级奖2项、省部级奖10余项、院级奖20余项。指导学员在近三年辩论、演讲、征文比赛等学院赛事中,共获奖50余项。指导学员在《解放军报》《人民陆军报》《国防时报》、中央军委机关网、中国军事网、强军网、《陆勤周报》、烽火陆勤等各级平台上发表文章300余篇。

四、未来计划或启示

(一)持续创新课堂教学

课堂是立德树人、铸魂为战的主渠道、主阵地,是课程改造效果的集中表现地。要用好课堂教学这个主渠道,首先,要进一步优化教学内容,持续深挖课程思政元素;其次,要在教材、教法上都有所突破;再次,要把创新教育贯穿在课堂教学全过程,注重内涵式发展,培养创新型、复合型、应用型军事人才。在教学方式的创新中,进一步丰富课堂教学的信息化手段,打造"智慧课堂"。

(二)提升资源库的建设质量

加强以课程和教材为重点的教学体系建设,把"大学语文"这门课程做优做精,把"大学语文"配套辅助教材、案例库、试卷库做优做精,切实提升"大学语文"学科专业质量,持续更新酷课平台的资源建设,利用军职在线平台建设一系列高质量的微课,丰富数字资源。

(三)打造"大学语文"品牌效应

人文类课程是学员精神家园的阵地,敬业、诚信、工匠精神、奉献等素养是学好其他各门课程的前提。打造"大学语文"一流课程品牌,使之成为其他各门课程的示范引领。

第五章

社会实践一流本科课程示范案例

师生躬行践履　服务大国"三农"
——首批国家级社会实践一流本科课程"农村经济发展调查"示范案例[①]

杨丹　张应良　刘自敏　刘新智

西南大学

一、案例介绍

2022年习近平总书记在中国共产党第二十次全国代表大会上指出:"教育、科技、人才是全面建设社会主义现代化国家的基础性、战略性支撑。"立足于"培养具有强烈社会责任感、深厚人文底蕴、扎实专业知识、富有创新精神和实践能力的高素质人才"的办学定位,2013年西南大学经济管理学院正式开设"农村经济发展调查"必修课。其起源可以追溯到1952年,时任西南农学院农林经济管理系主任的蒋杰教授带领师生开展大规模农村专题调查,成为当时中国农村调查的先驱和代表性人物。"农村经济发展调查"课程的建设,延续了西南大学农林经济管理系几十年来的农村调研传统。2018年农经专业获批重庆市一流本科专业,2019年获批国家级一流本科专业,不断优化提升的"农村经济发展调查"课程成为农业经济学学科的重点支撑课程,2020年"农村经济发展调查"获批首批国家级社会实践一流本科课程。

自课程开设以来,教学团队始终以做精于"传道授业解惑"的"经师"和"人师"的统一者为目标,筑牢"三合"要素基础,优化"三维"教学内容,打造"三面"育人框架,培养学生关注社会民生的服务意识与责任心,为乡村振兴和农业强国建设提供优质后备人才。同时,课程聚焦"四新"建设,强调"两性一度"和"课程思政"深度融合,切实引导师生躬行践履,服务大国"三农"。

[①] 本案例为重庆市教育委员会人文社会科学研究重点项目"构建重庆教育高质量发展体系研究"(项目编号:22SKZZ001)阶段性成果。

二、案例详述

(一)筑牢课程"三合"要素基础

一是以"团队聚合"为目标,凝聚课程团队力量。依托现有的国家级一流本科课程教学团队、省级一流本科课程教学团队、教育部乡村振兴与农民增收协同创新研究团队等多个教学和科研团队,通过聚合学校和学院的教学与科研团队力量以及校内外导师团队力量,为学生提供理论和实践两个方面的"引路人"。此外,学院高度重视团队之间的交流合作,作为合作单位组织教学团队参与中国人民大学牵头的教育部"农业经济学"系列课程虚拟教研室定期开展的教学研讨活动,同时,学院还在内部定期组织开展教学研讨、学术沙龙等活动,通过内外部的交流与讨论,不断提升课程团队力量。(图1、图2)

图1 课程调研实践动员会　　图2 校外导师指导调研

二是以"资源融合"为手段,完善课程资源建设。经过课程团队长期努力,融合了多样化的课程资源。硬件资源方面,拥有先进的多媒体教学设备、计算机实验室、图书馆以及实践基地;软件资源方面,具有丰富的案例库、国家一流课程微观调查数据集、调查报告集、教师个性化资源等。同时还形成了一系列与课程教学相关的支撑资源,包括系列教学成果奖、课程组自编教材、课程思政内容资源等。

三是以"平台整合"为基础,优化课程实施方式。目前,课程已整合部、省、校级研究中心、实践基地等研究和实践平台,包括西南民族教育与心理研究中心、农村经济与管理研究中心、重庆市农业投资集团有限公司等,为课程系统性实践育人体系的构建和创新,打造了综合平台要素基础。基于这些平台,课程采用了诸如劳动教育、调研访谈、小组讨论、案例研讨、座谈会等多种授课形式,充分提高了学生的学习主动性和调研积极性。(图3、图4)

图3 学生参与劳动教育　　　　　　图4 睦和村调研实践

(二)优化课程"三维"教学内容

一是促进教学内容的思政维度融合。为了将思政元素充分融入课堂,教师团队从专业知识讲述与思政教育培养两个角度出发,充分挖掘与课程内容相关的思政元素并进行合理融合,形成课程思政所需的图片、音频、视频、案例等素材。此外,鼓励学生挖掘与中国农业文化相关的选题,在调研过程中培养学生的爱农情怀。如典型文明村庄、农业科学家等相关选题,既可以展现优秀农业文化,营造浓厚的文化育人氛围,又能培养学生的专业情怀,强化学生热爱农业、研究农业、服务农业的意识,形成内化于心、外化于行的价值取向和行为示范。

二是鼓励教学内容的国际维度拓展。课程组高度重视教学内容的国际化发展。目前,课程的校内学术导师团队都具有海外学习经历,能够把国际先进的教育教学理念应用到实践教学中。学院还与多所海外名校开展了合作,如美国密歇根州立大学、范德堡大学、得克萨斯大学,德国哥廷根大学,英国诺丁汉大学,加拿大劳瑞尔大学等,让国外导师更多地参与课程教学内容的设计和优化,同时对有意参与境外交流的学生给予充分的鼓励和支持。此外,在教学内容的设计方面融入国际背景和对局势的分析,例如开展关于粮食供给的国际形势变化以及保障中国粮食安全的案例讨论,培养学生对研究问题进行深入剖析的学理意识。

三是推动教学内容的时间维度更新。教学团队在课程内容设计和实践调研选题过程中,始终关注国家重大战略,并主动适应农业农村发展的新形势、新阶段的变化,调整教学内容。例如,在全面实施脱贫攻坚阶段,在开展课程调研活动时,优先选取贫困村进行调研,了解贫困群众在脱贫过程中所面临的挑战。而随着脱贫攻坚任务的顺利完成,国家战略调整为"坚持农业农村优先发展　全面推进乡村振兴",课程内容的设计和实践调研的选题也与时俱进,转变为注重学习乡村振兴示范村的先进做法,围绕党和政府的战略需求展开教学与实践。

(三)构建课程"三面"育人框架

在课程目标方面,坚持一个根本任务,同步提升专业知识与"三农"情怀。"农村经济发展调查"课程强化厚植家国情怀、实践育人,培养学生响应国家重大战略、关注社会民生的服务意识与责任心,旨在将思政融于课程,锤炼新时代的建设者,践行社会主义核心价值观,坚持贴近实际、贴近生活、贴近群众。在教学目标的设置中,采用价值塑造、知识传授、能力培养三位一体的模式,侧重对学生进行价值引领和塑造,既包括调研过程中知农、爱农价值观的引领,也包括规范化科研精神的塑造。

在课程考核方面,实现二元主体考核,打造"学生+教师"协同评价平台。构建学生自评、互评和教师考核的多元协同评价体系,将授课团队教师评价的客观性、权威性和规范性以及学生评价的针对性和灵活性进行有机结合。在对其他同学进行点评的同时,学生也能够更好地认识到自己在学习中的不足,从而有所改进。此外,课程还将分数评定和荣誉奖励相结合,分数评定包括调研过程评分、调研报告评分以及课程汇报评分,使课程评价由单一的结果评价转变为"过程+结果"的评价方式,增强了课程考核的全面性和合理性。通过设置"优秀调研报告奖""最佳调研图片奖""最佳调研视频奖",鼓励学生积极探索,激发学生的调研热情。

在教学设计方面,抓好三个教学环节,构建"前—中—后"链条式教学体系。课程创新性地形成了"前中后"式教学体系,确保学生全程参与。以重庆渝北乌牛村驻村集体调研为例,在进入"田野"前,课程先开展团队讨论、调研设计、组织实施等工作,为调研做好充分的准备。在实际调研中,开展了"大咖面对面""仙桃脆李创意营销策划大赛"等实践活动,一方面让学生了解农业创业与产业发展的有关知识与经验;另一方面,通过劳动教育让学生感知务农不易。完成调研后,学生须将调研结果与心得在全体师生面前进行汇报展演,充分锻炼了其沟通交流、归纳总结等多方面能力,实现复合型"三农"人才培养目标。

三、案例成效

(一)学生综合素质明显提升

"农村经济发展调查"课程培养了一大批乡村振兴亟须的创新型人才,解决了一系列国家地方发展的重要问题,有效推动了地方经济社会发展。在农村实际调查中,学生潜移默化地感受到了农地劳作的艰辛和学者专家的责任担当与奉献精神。同时,分组调研的方式锻炼了学生的动手能力和团队协作能力。在教学团队的指导下,多名学生在"挑战杯"全国大学生课外学术科技作品竞赛、"挑战杯"中国大学生创业计划竞赛、中国国际"互联网+"大学生创新创业大赛等比赛中获得良好成绩,学生综合素质明显提升。(图5、图6)

图5 学生调研获奖证书　　　　图6 紫竹村实践教学基地授牌

(二)师资团队力量不断加强

"农村经济发展调查"课程建设至今,教学师资团队在教学和实践过程中凝练了一系列有显示度、有影响力的经验成果。教学团队的研究成果曾获重庆市教学成果奖一等奖2项以及重庆市教育科学研究优秀成果奖、重庆市思政课程与课程思政(学科德育)优秀论文奖,以及西南大学教学成果奖一、二、三等奖等多项奖项。

(三)推广应用效果逐渐凸显

课程构建了与农业部门、企业、科研院所等机构的协同育人机制,推进方法创新、教育资源共享,课程所得到的调研成果为农村经济发展提供了指导和借鉴,起到了有效服务社会的作用。此外,基于课程构建的系统性实践育人体系得到了中国人民大学、华南农业大学、浙江农林大学、重庆师范大学等兄弟院校和同行的一致好评,并在相关高校推广应用,取得了良好的教学效果。

法技融合，匠心育人
——证据技术训赛营助力新法科建设

喻彦林　吴玲　周晓宇　王跃　倪春乐

西南政法大学

一、案例介绍

证据技术教育是法学人才培养的核心课程。为提升卓越法学人才培养效能，自2017年起，西南政法大学在法学专业开展"证据技术应用"系列训赛营。训赛营以证据故事为引导，以实务案例为主线，对入营学生进行了文书、痕迹、电子数据、法医学基础培训，开展了"SWUPL追凶——模拟现场勘查"、"勘训VR/大空间反恐战术"虚拟仿真、"我是大侦探——模拟剧本侦查"等系列训赛。

训赛营已连续开办多年，每次约60学时，学时充足，每年服务学生超过200人；训赛营优选师资，精心组织，教学内容不仅兼顾传统证据技术，而且融入我校"智慧司法"最新建设成果，创新采用平行班教学、线上预约等举措，寓教于乐，在法学专业学生心中深植了"物证会说话"的理念，成为"法技融合"卓越法学人才培养的生动案例。

二、案例详述

（一）训赛营组织简介及历程回顾

"证据技术应用"系列训赛营自2017年起开办，每年开展一期，均由刑事侦查学院/证据技术国家级实验教学中心承办。每年内容均以"证据技术应用"为主题，又有所侧重：如2019年度训赛侧重"电子数据"应用，2020年度训赛偏向"智慧警务"应用。经过多年的摸索，证据技术应用训赛营逐渐成熟，2021年度训赛营在训赛内容、学生规模、师资力量、运行组织等方面达到了新高度。

2021年度训赛营活动历时近两个月(10月10日—12月5日),入营学生共240名,以法学专业为主,同时面向我校非公安类专业。训赛为全部学生提供了32学时的证据技术理论与实务培训,优选133名学生进入第二阶段;先后有21名教职员工参与授课、保障服务,17名学生志愿者参与;经过严格评定,训赛营共为80名学生颁发了奖品、奖状。

(二)优选师资,教学相长,团队建设效果显著。

优秀的师资团队是训赛营得以顺利实施的保证。项目组精心组织,优选授课效果好、经验丰富的师资组建团队,确保了教学效果。如我院深受学生欢迎的"全国最年轻的法医老司机"吕宙博士,"文件检验"市级一流课程团队中的王跃教授、喻彦林副教授、涂舜副教授,新工科项目负责人袁红照教授,全校发表A刊论文最多的彭迪副教授,等等。

更为可贵的是,训赛营的师资团队,展现了育人情怀和奉献精神。训赛营报酬微薄,且活动都是在周末开展,21名团队成员自愿牺牲周末时间,加入训赛营与学生共同成长。训赛营邀请的师资人员,没有一位拒绝加盟。

证据技术应用训赛营活动吸引了广大学生踊跃报名。为充分保障教学效果,履行"有教无类"的使命与承诺,训赛多数时间采用了平行班教学。

优秀的师资队伍带来出色的训赛效果。培训环节的4次活动中,240名学生中的133名圆满完成了3次以上的培训、考核。考虑训赛营活动的特殊性,得此成绩实属不易。

(三)经典实训融合智能科技,坚持案例主线,兼顾趣味性和挑战度

训赛营分为"培训"和"比赛"两个主要阶段。培训阶段以案例引导,理论实务结合,对学生开展4项基础训练,共32学时;比赛阶段以现场勘验为主线开展,约30学时。

1.培训环节

培训环节分为4个模块:文书物证、痕迹物证、电子数据与声像资料、法医物证。每个模块8学时(4学时理论+4学时实务)。

(1)文书物证。理论:精密司法视野下的文书鉴定与庭审质证。基于实证案例,引导学生掌握笔迹检验、印章印文检验、变造文件检验的基本知识;课程特别注重庭审质证结合,强调检验技术服务司法实务。实验:多光谱文检仪+印章印文制作与检验。多光谱检验从纸币检验入手,引导学生掌握文件检验的关键技术环节;印章印文制作中,以流行的光敏印章为例,通过实践传授印章制作原理。(图1)

图 1 训赛营开展文书物证理论与实务训练

(2)痕迹物证。理论:痕迹物证理论与实务。以真实案例引导的手印、足迹、工具痕迹实务,深入浅出地阐述物证技术的基本原理"洛卡德原理",启迪学生科学思维。实验:指纹分型、取样与检验,基础且实用的痕迹应用技能;刑事案件中潜指纹显现:从粉末法到502超级胶法、茚三酮法,刑事现场痕迹发现的核心技能。

(3)电子数据与声像资料。理论:电子数据取证基础。介绍电子数据的特点,电子数据的取证原则,电子数据检验的基本原理。实验:电子证据实务。主要包括数据恢复技术实务,电子数据保全方法,手机数据提取。

(4)法医物证。理论:法医证据与命案侦破。案例引导的死亡原因、死亡时间推断,以及法医昆虫学、DNA物证基础理论。实验:ABO血型分型实验,现场急救实训,DNA实验室参观。(图2)

图 2 训赛营法医物证理论与实务训练

在4周的培训中,每位学生获得了32学时的证据技术理论与实务培训。共有15位教师讲授、指导,另有1名工勤人员(唐靖)全程保障。

2.比赛环节

(1)模拟现场勘验专题活动。首先举办了"现场勘查"专题讲座,进行知识储备。然后4人一组开展了"SWUPL追凶——模拟现场勘查"沉浸式刑事案件侦查体验活动。本次实训课模拟真实案件,以报案线索为逻辑起点,将整个西南政法大学渝北校区布置为"命案现场",真人NPC设定更是让学生身临其境。同时,刑事案件案情设计不仅涉及了现场勘查的程序与方法,更是要求学生综合文书物证、痕迹物证、电子数据与声像资料、法医物证4项训赛活动第一阶段讲述的知识,以"侦查人员"的身份,在发生碎尸案件的"石瓦坡市"依法展开侦查,一路追击,找到凶手。(图3)

图3 "SWUPL追凶——模拟现场勘查"校园主题活动

(2)虚拟仿真实验专题体验周。本训赛营为学生增设了VR现场勘查和VR反恐实景体验。为充分利用我校"智慧司法"系列实验室建设成果、提高实验效率,本次活动以"线上预约"的形式进行。学生4人一个小组,在全周工作时段均可预约体验。活动中,学生热情高涨,体验有序进行。本训赛的VR反恐实战演练体验选择了"厂房""居民楼""丛林"3个场景进行模拟,让学生分队作战,提高团队协作意识与反恐意识;VR现场勘查实景体验包括重庆市公安局提供的9个真实案例,以单人模式进行体验,让学生在再次巩固现场勘查基础知识的同时,认识到现场勘查对侦查活动的重要性。(图4)

图4 VR大空间反恐体验活动

除了使用我校已建成的VR反恐实验室等实验设施外,训赛营还利用与重庆市公安局校局合作的机会,将校局合作的最新成果——重庆三原色数码科技有限公司"基于虚拟现实技术的现场勘验智能实训平台"提供给学生体验。(图5)

图5 基于虚拟现实技术的现场勘验智能实训平台体验

(3)毒品毒物检验/多道心理测试专题活动。活动分两个平行班进行。每个班66—67人,交叉轮换。毒品毒物检验4学时,心理测试4学时。毒品毒物检验以多个刑事投毒案件为主线,介绍了毒品毒物的特点、侦查与检验方法,学生由此体验了毛发中毒品的现场检验流程。之后进行了常见毒品(冰毒)、毒物(巴比妥、金属离子)的实验检测。学生亲自动手,进行了显色反应、结晶反应等化学实验,并利用胶体金三联检测卡进行了尿液中的毒品测试。

多道心理测试实验中,结合案例介绍了测谎的原理、应用,以及相关证据可采性的讨论。学生选派代表,进行了现场测谎演示。

三、案例成效

证据技术应用训赛营团队及实验教学中心视本次训赛为"担当育人使命,助力新法科建设"的良机。训赛营团队在学院、实验教学中心的全力支持下,在学生团队和学生的全力投入中,克服了资金、疫情等种种困难,圆满完成了"训""赛"环节,高质量履行了育人的初心使命。

(一)训赛营教育理念先进,组织协调具有创新性

训赛营以"育人质量"为核心追求,组织了20余名优秀教师参与,全面推行案例引导

的实践教学,寓教于乐,融入我校实验室建设的最新成果,确保了教学方法、教学内容的先进性;组织协调上,训赛营开展了"网络预约""平行班教学"等创新形式,取得了服务学生规模的最大化。

(二)训赛营教学效果显著,育人规模大

优秀的师资、精心的组织、鲜活的内容,让"证据会说话,科学自出彩"的训赛营口号深入人心;训赛营超高的完赛率、持续高涨的口碑,都是教学效果的直接证明。训赛营每年入营人数超过200人(2021年度240人),绝大部分为我校法学专业学生,形成了规模效应,体现了有教无类的育人理念。

(三)训赛营铸就了出色师生团队

训赛营20余名教师都是学院教学表现突出、经验丰富的教师,他们牺牲周末时间,不计报酬,毫无怨言;实验教学中心倾情保障,绝不推脱。更为可贵的是训赛营的学生团队,他们既有保研的学霸,也有MOS世界亚军,每一位都自带光芒,却又谦卑、团结,常常为了准备材料、修改剧本加班到深夜。他们,已然初步懂得"育人使命"。

总之,训赛营履行了开营承诺——"潜心育人,有教无类";工作组牢记育人使命,守正创新,终能不负所托。愿来年,我们可以做得更好。

四、未来计划或启示

从2017年首届训赛营活动至今,"证据技术"系列训赛活动已连续开办了5届,服务学生超1000名。"物证会说话"的训赛营口号已成为训赛营招牌;证据技术应用训赛营成为我校"法技融合"卓越法学人才培养的生动案例。

展望未来,证据技术训赛营将坚持"立德树人"初心使命,进一步完善训赛条件,完善、更新训赛内容,加强协同育人,尤其是借助"重庆市公安局—西南政法大学法庭科学协同创新与应用战略合作平台"及"证据科技创新及产业化平台"科学城项目,引进市公安局、企业优秀实务师资,强化协同育人,为我校新法科建设再添新动力,为全国卓越法学人才培养树立新标杆。

服务为魂，能力为基，五步教学法育新人
——社会实践课程新模式[①]

殷樱　宋家虎　冯雅丽　谭波涛　牛陵川

重庆医科大学

一、案例介绍

作业治疗学作为康复治疗学专业核心课程，先后经历多种课堂教学改革，逐渐厘清课程的社会实践属性。本课程实现了建设初期以"会学——夯实技能"，逐渐引导学生"会做——实践反思"，到今天以学生"会创——主动回馈"为核心育人理念的递进发展历程，创新设置了"课堂教学—实操演练—社会实践—创新反思—主动回馈"五步教学模式，将专业教育与课程思政、创新创业教育、社会服务有机融合。本课程获批重庆市社会实践一流课程和线下一流课程，教学团队荣获重庆市普通本科高校教师教学创新大赛二等奖。

二、案例详述

（一）课程团队建设与能力提升

我校康复治疗学专业于2012年创建招生，现已成为重庆市一流专业建设点。团队依托学院的教师教学发展中心开展师资队伍建设，青年教师在老教师的"传帮带"下，学方法，练技能。近三年团队教师累计参加线上线下教学培训20余次，在学院率先开展雨课堂教学。团队师资荣获全国（医学类）微课教学比赛一等奖2项、重庆市各类教学创新比赛一等奖2项和二等奖1项，团队先后主编、参编英文版、中文版国家级规划教材3本，获得6

[①] 本案例为重庆市高等教育教学改革研究一般项目（项目编号：203390）、重庆医科大学"三全育人"综合改革试点学院项目（重医大党委发〔2020〕24号）和重庆医科大学未来医学青年教学创新团队项目（项目编号：W0001）阶段性成果。案例相关成果《创新五步教学法建设作业治疗学社会实践一流课程的探索》已发表在2022年第3期《中国中医药现代远程教育》杂志。

项市、校级教改项目。

（二）教学设计创新

团队在教学理念和教学模式上积极探索，总结和提炼前期的教改成果，针对教学痛点问题，梳理课程改革的问题清单（表1），强化实践育人关键环节，并对课程进行总体设计。

表1 作业治疗学课程与教学改革问题清单

问题描述	教改措施
课程内容：繁杂、陈旧、枯燥、理论复杂、满足感低	1.重构课程内容，解析三大学习难点 2.增加辅具设计制作等创新实践内容，并进行专利转化 3.丰富教学资源
教学方法：单一、学生参与度低、学习效果不理想	创新五步教学法，促进学生递进式学习
学习态度：自主学习能力不强、学科及职业认同感不高	1.增加社会实践课程学时和内容 2.丰富评价形式：录制/上传实操视频，评价与反哺教学资源 3.运用前期创新思政金字塔模型，创新课程思政教学设计
评价方式：区分度不高、期末终结性评价占比大	改进多维度评价体系

本课程改革创新设置了"课堂教学—实操演练—社会实践—创新反思—主动回馈"五步教学模式（图1），学生通过"学—练—践—思—馈"五步学习环节，打破"理论—技能—实践"的壁垒，让学生主动参与、递进式学习，将专业教育与课程思政、创新创业教育、社会服务有机串联融合，形成了学生实践能力培养的重医特色。

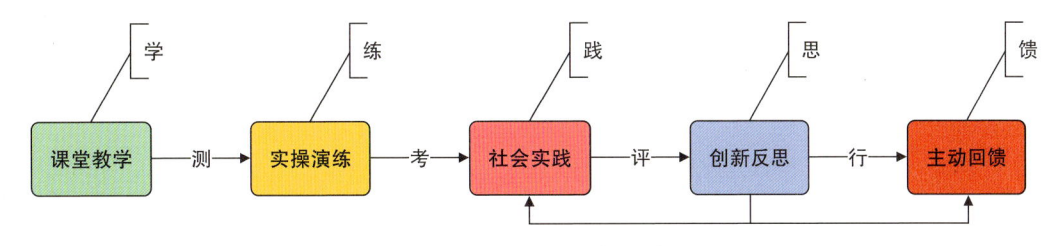

学　　　　练　　　　践　　　　思　　　　馈

课堂教学 —测→ 实操演练 —考→ 社会实践 —评→ 创新反思 —行→ 主动回馈

图1　社会实践课程五步教学模式

（三）课程内容与资源建设及应用

1.教学资源和学习平台

围绕教学内容精选代表性社会实践案例，同时从学生真实社会实践中，挖掘、提炼思政元素，撰写课程思政经典案例。让学生"有血有肉"地学习知识技能，包括脑卒中案例、截肢案例、劳损性疾病案例等。利用优慕课、超星等网络教学平台，实现学生学习方式和评价体系的转变。

2. 社会实践基地

依托附属医院、社区构建多层次教学资源,开设大学生创新创业训练营,开展形式多样的社会实践教学。让学生走出教室,深入社区养老服务中心、村镇社区开展三下乡、大学生暑期社会实践、探访康复研发企业、康复流行病学调查、科普宣教、康复志愿者服务等系列活动,充分认识、理解和服务社会。

(四)理论学习与社会实践内容的相关性

在五步教学模式中,学生首先通过课堂教学对理论知识进行学习,掌握技能操作原理、程序、注意事项等(第一步课堂教学)。对脑卒中患者作业分解与作业组合等教学难点,采用"积木"原则,将每个活动步骤类比成积木,建立"公式"让学生理解记忆。完成理论学习后学生通过在线教学平台进行测试,合格者将进行第二步实操演练(反之则在线进行补救学习),完成对作业治疗技术("公式")的理解和反复实操练习。通过考核后进入第三步社会实践,学生对已经熟练掌握的技术"公式"进行迭代升级。运用此模式,理论学习、实操演练与社会实践环环相扣、相辅相成,帮助学生的认知操作螺旋式提升。

(五)社会实践环节的动手训练内容

学生为社会实践基地的服务对象开展康复评估、日常生活能力/步行/轮椅训练及辅具适配等10余项作业治疗服务;在后疫情时代,团队对"云"社会实践进行了探索,在精神疾病作业治疗章节进行了首次尝试。基于情动式的教与学体验,学生反复实践,不仅达成理论与技能融通,更与患者产生共情,实现专业教育与思政教育的融合。例如,在社区养老院及"三下乡"社会实践中,学生需要主动解决突发、具体的问题,而非单纯重复课堂中的知识点。

(六)教学方法改革

在社会实践教学改革中,学生不仅要在教师的指导下将已经掌握的知识和技能服务于真实的患者,还需要主动解决突发、具体的问题,提出个性化的康复创意和辅具设想,实现研发与应用(第四步创新反思),并参加"互联网+"大学生创新创业大赛等科创比赛。课程中,学生给长期卧床的患者设计了良肢位摆放垫,并将此专利授权给乡村振兴企业转化生产,用于暑期社会实践以及社区康复志愿者服务,最终实现外化于行(第五步主动回馈)。

（七）课程教学内容及组织实施

作业治疗学是连接康复基础知识与临床疾病康复的重要课程。团队基于国际作业治疗教育课程基本框架领域（图2），对课程内容进行优化重构，解析三大学习难点（图3），分为作业基础理论、作业核心技术、临床作业治疗三个模块；增加实践教学内容，删减部分陈旧内容。

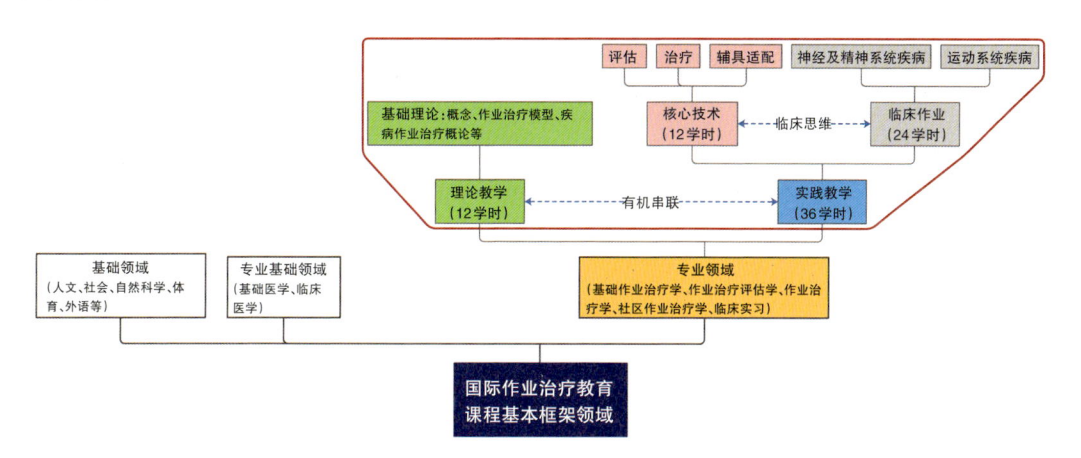

图2 国际作业治疗教育课程基本框架领域

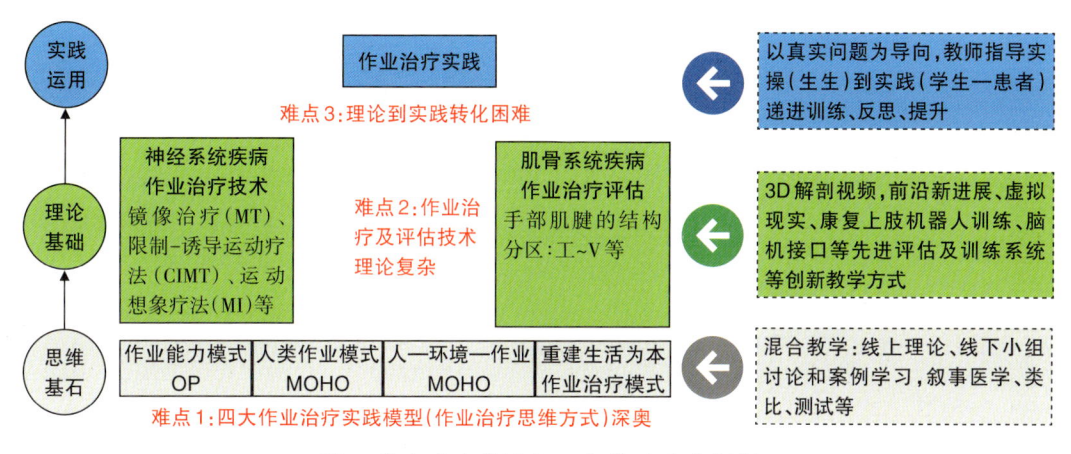

图3 作业治疗学课程三大学习难点解析

团队通过集体备课等教研活动，充分运用现代化信息技术，从知识框架、课程思政、课堂拓展三个层次，涵盖课前、课中、课后三个时间点。对课程内容进行整体教学设计（图4），围绕学生，采用BOPPPS、小组讨论、雨课堂等教学方法，融入康复上肢机器人、脑机接口等前沿技术，学生在师生、生生互动中轻松掌握重难点。

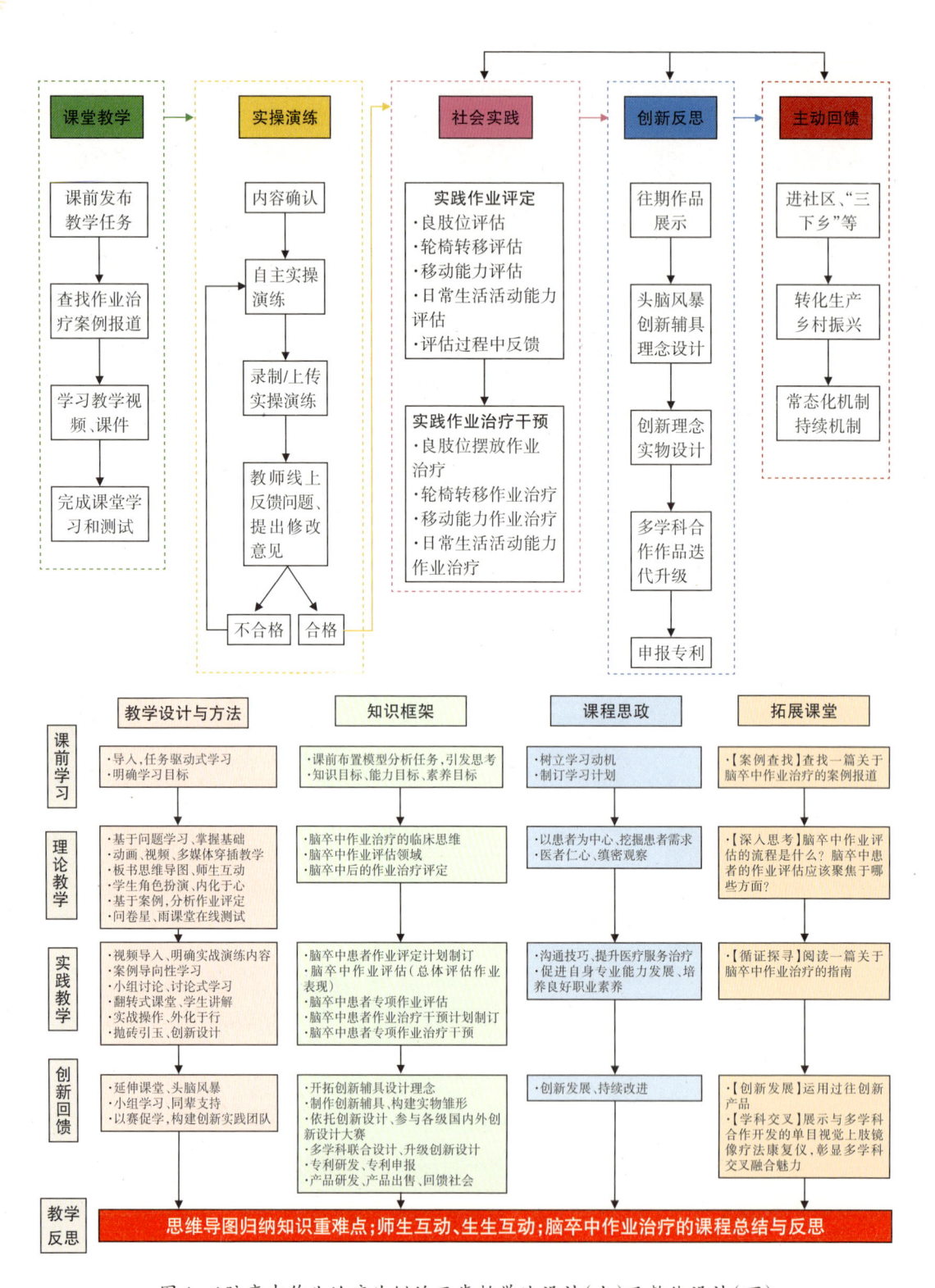

图4 以脑卒中作业治疗为例的五步教学法设计(上)及整体设计(下)

(八)成绩评定考核

坚持"导向明确,激发全过程学习"的原则,对学生采取过程性评价(技能考核20%+课堂参与20%+线上学习10%)和期末考核(理论30%+创新实践能力20%)的多元评价体系,其中创新实践能力采用社会实践报告及创新创业项目进行评价。

三、案例成效

(一)案例特色与创新点

创设"重实践、强能力、促创新、育人才"的社会实践课程五步教学模式。激活了学生主动参与学习的热情,促进理论、技能、运用的融会贯通,推动立德树人生根落地。

注重问题导向,激发创新活力,提升实践育人内涵。以临床实际问题为导向,以实践为依托,通过各类头脑风暴、科创竞赛、专利发明等活动,提高课程的"两性一度",并将成果反馈到社会实践、"三下乡"等活动中,学生树立了应尽全力满足社会及人民群众康复需求的认识,践行课程思政与专业教育的创新融合。

以丰富的教学手段促进知识、技能、素质的融合培养,提升学生的格局和能力。团队灵活采用角色扮演、小组讨论、情境教学、问题导向等教学手段,革新了教师单一的课堂讲授方式,应对信息时代学生学习方式、知识及技能结构的转变,激发学生从情动到心动,再到行动的内在动力。

(二)教学改革成效

1.育人成效

学生普遍认为本课程明显提升了参与感、获得感,提升了创新能力。学生过程性评分、终结性评分和综合素质评分不断提升,患者对学生的服务满意度为97.5%,用人单位满意度为96.7%。学生参与10余项新型实用专利的研发,在各类科创比赛中获奖,部分学生获"重庆市向上向善好青年"等称号。

2.课程建设

本课程在学院教学综合质量评比中名列前茅,获批重庆市社会实践一流课程和线下一流课程,青年师资在重庆市普通本科高校教师教学创新大赛(中级及以下组,作业治疗学)荣获二等奖。

3.推广应用

团队受邀在中华医学会第二十二次全国物理医学与康复学学术会议上发言,将本课程教学改革经验向全国康复治疗学教学领域进行推广,获得业内教育组专家高度认可。本研究成果获重庆市高等教育学会2021年学术年会优秀论文三等奖。

四、未来计划或启示

(一)持续建设计划

逐步扩大社会实践的范畴。拓展居家访视和康复、残疾人居家环境改造、智能康复设备研发等内容。不断孵化学生在社会实践中的创新胚芽,进行专利成果转化,并反哺于"青年红色筑梦之旅"、暑期"三下乡"等社会实践活动,更好地为康复患者服务,助力乡村振兴和社区卫生健康服务。

形成联网式社区康复实践基地。打造基于社会实践的大学生社区康复创新创业基地。

(二)建设成果的进一步推广运用

将行之有效的社会实践五步教学法运用到同类型的课程中,突出实践育人特色,固化范式并进行推广。

深入开展暑期"三下乡"等社会实践品牌活动,更好地为康复患者服务,助力乡村振兴和健康中国建设。

新时代心理育人"5P"生态教学模式创新与实践

陈志军　李祚山　陈娟　古焱　张兴瑜

重庆师范大学

一、案例介绍

本课程为我校通识必修课,是我校实施心理育人的重要载体。开设12年来,课程坚持立德树人根本任务,立足我校人才培养目标,秉承"专业与爱"教育理念,集知识传授、心理体验与行为训练于一体,对提升学生自我心理保健意识、强化心理危机预防具有重要意义。课程基于积极心理学视角,结合新时代背景,采用"讲解、参与、生成、训练、促进"的"5P"生态教学模式,引导学生掌握情绪管理、人际交往等专业技巧,促使学生深入了解自我、接纳自我,树立自尊自信、积极向上的良好心态,切实提升个人素养。

二、案例详述

(一)课程团队建设与能力提升

本课程由我校党委副书记陈志军教授亲自挂帅,由教师教育学院院长李祚山教授专业领衔,形成了一支结构合理、层次分明、专业性强的"教学—实践—研究"型师资团队。团队成员涵盖心理中心专/兼职心理咨询师、学工骨干、学院专业教师、辅导员、班主任等。教研室大力开展督导学习,创新优化集体备课,定期组织优秀教师示范课观摩学习,积极参加市内外培训,不断提升教学质量。涌现出中国心理学会心理学教学工作委员会委员、注册督导师李祚山、全国高校辅导员年度人物提名奖获得者刘艳坤、重庆市优秀教育工作者陈娟等优秀教师。(图1)

图1 定期组织教研室活动与督导培训

(二)教学设计创新

活力:秉承"专业与爱"的教育理念,从形式上设计了角色扮演、情境模拟等活动,从内容上设计了自信训练、情绪调节等板块,形成了自助互助、充满活力的良性循环。

活化:围绕"心理素质提升",聚焦知识、技能、自我认知三个层面,竭力让知识活起来,让技能动起来。

活现:坚持问题导向,紧密贴合学生实际,通过树洞时间等形式,精准响应学生"缺什么、要什么"的需求,狠抓现实痛点。(图2)

图2 现场实践课通过沉浸式教学增强学生心理保健意识

(三)课程内容与资源建设

1.课程思政意蕴彰显

坚持立德树人根本任务,围绕我校人才培养目标,保持课程内容与思政教育同向同行,挖掘心理课程的思政元素,引导学生树立正确的世界观、人生观、价值观,理解生命意义,勇担社会责任与时代使命。

2.课程内容以生为本

以学生问题解决为本,以学生成长发展为本,从问题中来,到实践中去,集结成校本教材。采用"以生为本"的翻转式教学模式,强化师生交互、生生互动。(图3)

图3 学生翻转课堂精彩展示

3.平台基地形成合力

以我校2000余平方米的集成化心理中心为实践教学基地,依托全国高校心理委员研究协作组理事单位、重庆市未成年人心理健康工作联盟等国家级、市级、校级平台,多元化、多样化开展各类实践活动,拓展教学时空。(图4)

图4 课程依托中心实践基地获得了国家级、市级、校级等平台的全方位支持

4.专题活动深度嵌合

通过专题活动形成延伸。开展"校—院—班—组"等多层次心理健康主题活动,强化教学实效。(图5)

图5 学生积极参与心理活动周、活动月各类特色实践活动

5.教学师资专业齐备

建有一支"教学—实践—研究"型专业课程团队,其中高级职称5名,博士18名,注册督导师1名,注册心理师2名,国家心理咨询师14名。团队涵盖资深名师、行业专家、行政管理者、学科骨干、一线教师等。

(四)理论学习与社会实践内容的相关性

坚持科学性与实效性相结合,直面学生心理行为问题,从学生日常需求出发,解决学生实际困难,挖掘心理潜能。

坚持主导性和主体性相结合,强化教师主导作用,依托重庆市名师工作室打造教学名师;突出学生主体地位,依托全校性心理健康活动调动学生积极性。

坚持普遍性和特殊性相结合,既面向学生全体又关照个体发展,通过心理成长报告、心理测评等为学生针对性定制成长菜单及方案。

(五)社会实践环节的动手训练内容

比赛:通过微课大赛、心理情景剧大赛,对接市级、国家级大型赛事,达到以赛代练的育人功能。

沙龙：通过读书分享会、心理委员交流等主题沙龙，发挥朋辈互助效应。(图6)

活动：通过"3·25善爱我""5·25我爱我"等心理健康活动，在实践中深化教学实效。

讲座：通过学生讲师团等，强化自我教育的主体性。

团辅：通过和谐人际、情绪管理等主题团辅助演练和实操，促进积极心理品质的生成。

图6 充分发挥朋辈效应促进自助互助共同成长

（六）教学方法改革

创新性提出"5P"生态教学模式，即讲解（Presentation）、参与（Participatory）、生成（Production）、训练（Practice）、促进（Promotion）五合一。在讲解方面，结合临床案例既"讲授"又"解析"；在参与方面，通过小组讨论、翻转课堂等形式调动学生积极性；在生成方面，使用智慧课堂、思维导图等方式推动学生的能力生成和迁移；在训练方面，采用角色扮演、情境模拟等促进学生自助助人技能提升；在促进方面，结合经典研究及前沿热点，通过文献解读等方式不断促进学生学习能力提升。

（七）课程教学内容及组织实施

课程包括"课堂教学、现场教学、实践教学"三大板块，涵盖"心理百科、心理案例、心理自助、心理训练、心理拓展"五大模块，设计心理健康常识、自我意识培养、情绪压力管理、人际关系优化、学习心理调适、亲密关系构建、生命意义探寻等七大主题，共16讲，32学时。

(八)成绩评定考核等方面亮点及特色

以"过程考核+实践训练"为核心,包含平时考核(30%)、理论测试(50%)、实践报告(20%)三部分。平时考核包括考勤记录、互动参与等;理论测试以成长报告考查学生知识掌握与能力提升情况;实践报告根据学生课外活动参与及收获进行评价。

三、案例成效

(一)案例特色与创新点

问题导向的案例讲解。从学生实际出发,结合临床案例,既"讲授"又"解析",引导学生自省,驱动"内部造血"能力。

开放多元的互动参与。建立学习小组,通过小组讨论、翻转课堂等形式调动学生积极性,在师生交互、生生互动中激活知识外部输出。

内化拓展的能力生成。运用智慧课堂、思维导图等方式促进学生知识内化,进一步推动学生能力生成和迁移,拓展生长空间。

仿真输出的强化训练。采用角色扮演、情境模拟等实践训练,推进学生自助助人技能强化。

良性循环的提升促进。结合新时代背景以及现实问题,启发学生思考,促进学生能力提升,形成持续发展的心理育人生态模式。

(二)教学改革中解决的重难点问题

平衡发展性与预防性,既有效预防心理极端事件,又大力促进学生成长发展。

健全心理育人长效机制,通过课内外教育活动,提高心理健康教育的吸引力和感染力,巩固和深化课程的有效性和针对性。

(三)取得的主要成效及成果

心理育人成效显著。学生接纳度高,课程评价满意度高,连续10年不低于99.8%。学生争当"小太阳",涌现出"全国百佳心理委员"张雨童、"感动重庆十大人物"李露等先进典型,形成了"自助—互助—成长"的朋辈互助氛围。

实践训练成绩突出。学生社团被评为重庆市"优秀学生社团",心理情景剧《麻花进化论》获评第五届全国高校心理情景剧"十佳剧目"第一名,微课"直面生命至暗时刻—化危机为转机"获重庆市比赛二等奖。

课程团队成果丰硕。课程团队出版有1部校本教材《大学生心理健康：体验与训练》，公开发表论文30余篇，研究成果获重庆市第二届高等教育研究与教学改革优秀论文一等奖，课程被评为重庆市一流本科课程。

四、未来计划或启示

（一）建优重庆市一流课程，打造市级教学成果奖

持续推进课程改革创新，统筹规划、合理布局课程体系，不断加强课程建设的顶层设计；突出以学生发展为中心，坚持先进教学理念，注重课程质量建设与优秀案例的推广，建优重庆市一流课程，并持续提升课程建设水平，全力打造市级教学成果奖。

（二）优化全方位支持网络，夯实学生安全稳定基础

进一步完善教育教学、实践活动、咨询服务、预防干预、平台保障"五位一体"的心理健康教育工作格局，形成互联互通的心理育人模式，筑牢学生心理健康安全防线。通过优化各微系统，形成能量双向流动、信息多元传递、整体良性循环的心理育人新生态。

（三）培养积极心理品质，提升心理育人成效

深入贯彻习近平总书记关于教育的重要论述，深入贯彻党的教育方针，坚持立德树人根本任务，强化知识、能力、素质有机融合。着力培养学生积极心理品质，更好地适应和满足学生需求，培养德智体美劳全面发展的社会主义建设者和接班人。

社会实践类课程"道术兼修"教学设计探索

李瑞芬　陈静　田宏明　周晶　刘倩

重庆师范大学

一、案例介绍

"'新闻1+1'专业见习"课程是重庆师范大学与重庆市委宣传部共建重庆新闻学院的重要成果。目前已获得重庆市一流本科课程（社会实践类）认证。两家单位以"新闻1+1"社会实践活动为课程共建突破口，实行业界老师和学界老师联合指导，创新卓越新闻传播人才培养方式。本课程是新闻学专业本科人才培养方案中的一门重要的独立实践环节课程，计1个学分。因人才培养方案调整，其间课程曾用名"专业小实习"。2015年至2021年本课程已开课8个教学周期，教学对象为新闻学本科专业学生。

课程以"田野式"的"新闻1+1"大型主题采访活动为社会实践活动组织形式，道术兼修，融"思想政治教育、职业道德教育、专业技能教育"为一体。学生通过深入基层、深入田间地头的社会实践活动，实施"过眼—过手—入脑"现场过程式教学，熟练掌握融媒体新闻采写专业技能；在基层实践中学习新闻行业"走转改"精神，加强了"四力"锻炼，在田间地头践行马克思主义新闻观；通过基层调研采访，近距离了解国情、社情、乡情，培养实事求是的作风，塑造正确的价值观、人生观。

二、案例详述

（一）打造"双师"教学团队，开展多样教研活动

课程团队建设以"校内导师+业界导师"为导向，打造"双师"教学团队。本课程的教学团队组建充分利用了部校共建新闻学院试点单位的资源优势，从学院和媒体分别遴选理

论功底深厚、业界经验丰富的指导教师组成实力雄厚的双师型教学团队。校内导师负责课程整体设计、组织、管理，业界导师参与主题策划、现场采写和作品评阅及发布环节，负责新闻舆论导向和新闻业务的把关指导，故本课程以"新闻1+1"命名。《重庆日报》、华龙网等重庆主流媒体的多名首席记者深度参与了本课程的指导工作。

课程团队建设重视集体教研，积极开展多样的教研活动。每期课程的社会实践活动预案均由教学团队全体成员集中商讨策划完成；定期请媒体机构和学院教学团队成员共同研讨设计课程；在全校教学观摩月活动中以全校公开示范课的方式进行课程研讨；参加中国新闻史学会学术年会等学术会议与同行交流课程教学改革经验。

(二)课程融入思政元素，教学实施遵循道术兼修

课程以"新闻1+1"大型主题采访实践活动为主要教学组织形式，学院和地方党委宣传部门及媒体机构"三元"联动协同育人。强化新闻学专业社会实践类课程教学中的思想引领和价值塑造。在田间地头践行马克思主义新闻观，到基层近距离了解国情、社情、乡情，培养实事求是的作风，塑造正确的价值观、人生观。学院以本课程的教学改革为抓手，将高校思想政治工作质量提升工程与一流新闻传播专业建设相融合，致力于构建思想政治教育、职业道德教育、专业技能教育"三位一体"的新闻传播育人体系。总体思路如图1所示：

课程总体设计思路图

课程形式	"新闻1+1"大型主题采访活动
教学方式	实景式+实战式+项目式
教学理念	沉浸式学习理论+项目学习法+知行教育理论
育人方式	"过眼—过手—入脑"过程式育人
"三元"联动协同育人	学院+地方党委宣传部门+媒体机构
"三位一体"育人体系	专业技能教育+职业道德教育+思想政治教育

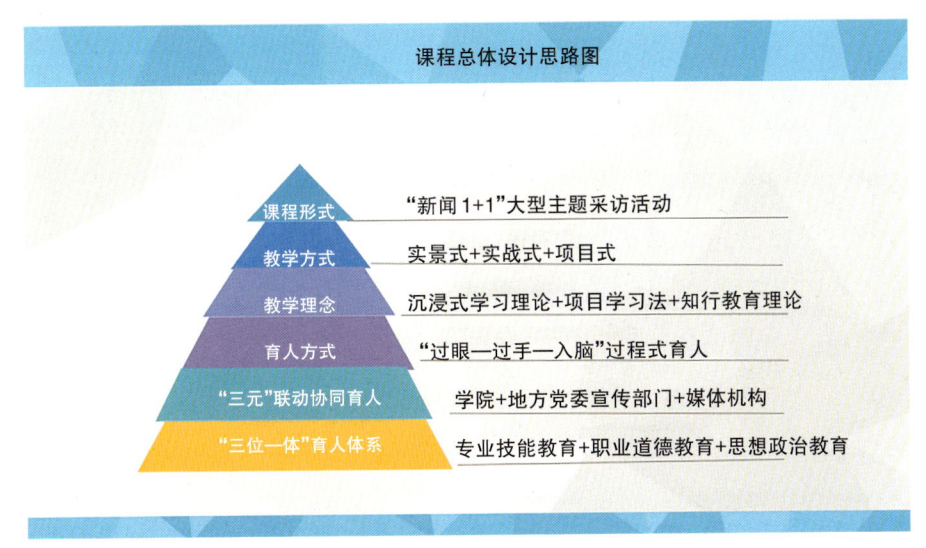

图1 "'新闻1+1'专业见习"课程总体设计思路图

以下为本课程典型教学组织实施示例——2018年度"乡情"大型主题采访活动万州组教学设计和实施。

1. 教学目标

实施"过眼—过手—入脑"现场过程式教学,完成融媒体新闻采写技能实操训练;学习新闻行业"走转改"精神,加强"四力"锻炼;通过实地调研采访,近距离进行国情、社情、乡情教育,在田间地头采访中践行马克思主义新闻观。

2. 教学任务

全组14位同学分为3个小分队,深入万州区的3个乡镇,寻乡村"达人",报道他们在乡村经济发展、乡村文化传承、宜居新农村建设和现代乡村组织治理等方面的才能、贡献与风貌。成员分组完成文图+视频+H5融媒体新闻作品3篇,所有成员完成采写手记1篇。

3. 教学活动实施

现场采写活动时间:2018年5月21日—2018年5月24日。(图2、图3)

图2 万州区委宣传部负责人向采访组同学介绍主题采访活动涉及的3个乡镇基本情况

图3 2017年度"万州十大新乡贤"杨真权老人向同学介绍他收集的甘宁镇的乡村历史资料

5月21日,全体成员上午乘动车抵达万州,与当地宣传部门商讨采访对象及采访线路安排,熟悉宣传政策,熟悉基层乡镇的基本乡情和社情。

5月22日—23日,全体成员分成3个小分队,赴五桥街道龚家社区、弹子镇新袁村、甘宁镇三地进行调研采访。晚上分组整理采访素材,商讨报道角度,联系后续补采。

5月24日,全体成员和万州区委宣传部同志进行座谈,汇报采访的收获和调研感悟。下午结束活动,全组人员返校,进行后期作品的制作与编发。

4. 教学考核

学生上交采访视频素材、图片素材及记者手记,记录现场采访的专业技能训练收获、思想感悟及对乡村振兴的观察,并完成符合媒体新闻业务标准和舆论导向标准的稿件,作为后期课程考核评价依据。

本期课程结束后,华龙网刊播学生专题融合新闻作品《新闻1+1——乡村达人》系列报道(20篇),完成采访手记104篇。(图4、图5)

摩托"骑士"程地富的故事

文/谭琴

这算是我第一次真正意义上的新闻采写实践了，前前后后准备了小半个月，心里很紧张。上山去程地富家的时候，心里一直想的都是今天采访要注意的事情，一遍又一遍地思考待会儿采访时要问什么问题，生怕有什么疏漏。

终于来到了采访对象程地富的家中，首先映入眼帘的是放在临时搭建的车棚里的摩托车，平时他就骑着摩托车走村串户，帮助村民，三十多年骑坏了四辆摩托车。

见到程地富时，他穿着一身迷彩服，身形偏瘦，神采奕奕，热情地招呼我们进屋。虽然是第一次采访，但是我并没有想象中的那么紧张慌乱，在院子里，听着渐沥沥的雨声，坐着小板凳，听他给我们讲自己的经历，回忆他第一次调解的故事……龚家社区里那一沓厚厚的档案记录，是他三十多年来调解工作的见证。

做好事不难，难的是一直坚持做好事。在对村里村民的采访中，我发现程地富还经常热心帮助村民。看到他在早春时赤身下河里打捞浮漂的照片，我更是震惊，被他淳朴、善良、尽职尽责的精神所感动。希望我们这个社会多一些像程地富这样的人，也希望越来越多的像程地富这样的人能够被媒体报道，在社会形成良好的模范示范作用。

图4 《2018年新闻1+1大型主题采访活动作品集》中学生的"采访心得"截图

万州组作品发表情况

一、文字稿（均刊登在华龙网）
1.《他辞去央企工作回乡建湿地公园 还要打造成4A景区》作者：李崎
2.《摩托"骑士"程地富：车行社区 贤传乡间》作者：向文利 谭琴
3.《你的诗与远方，他的爱与坚守——退休教师300万字记录家乡历史》作者：刘黎史 志强

二、H5作品
1. 醉美池海
制作：
王鹤梦
范雨萍
2. 摩托骑士
制作：
古雪睿
向文利

图5 万州组同学完成的主题采访活动作品展示

（三）重视课程资源建设，线上线下同步推进

课程资源建设充分利用部校共建新闻学院的优势，搭建课程实践教学的社会平台资源。以当年度的国家重大宣传报道导向构建活动项目内容，形成了一套成熟的课程实践方案和规范的课程教学内容。和区县宣传部及相关企业建立合作关系，建立了较为完善的合作机制。与华龙网等媒体共建课程实践基地及实践作品专题报道发布平台。

课程资源建设线上线下同步进行。目前本课程已建立较为完备而丰富的教学资源库，包括课件、视频、全媒体技术教学案例库、学生课程成果展、学生作品集等内容。利用QQ课堂等线上平台实现教学资源共享与互动，为课程建设提供支撑。

(四)转变教育理念,创新课程考核方式

基于业界标准及课程教学要求,制定课程考核评价方法:

过程性评价:采写活动参与度,计总分30%。根据教师指导日志、学生上交的活动现场记录的视频及图片、学生活动感悟日志等进行评定。

结果性评价:以实践活动分享会的形式,邀请业界和学界专家共同参与,对学生的活动成果进行评分,计总分70%。主要从学生作品在媒体的刊发质量、作品完成的个人工作量、作品的社会影响力3个方面考核,要求作品符合媒体新闻业务标准和舆论导向标准。

三、案例成效

(一)坚持"道术兼修",专业技能质量大幅提升

在社会实践活动中,一方面,实施"过眼—过手—入脑"过程式思政育人方式,主题采访活动方案融入国情教育、社情教育、乡情教育、马克思主义新闻观教育及新闻职业道德教育等思政教育元素,强化课程思政教学的德行涵育能力;另一方面,与业界协同探索"实景式""实战式""项目式"的沉浸式课程思政教学方式,加大全媒化的新闻专业技能实训力度。

近五年学生新闻作品被主流媒体采用的高质量报道共70余篇。华龙网刊播我院学生新闻作品:《新闻1+1——山城匠人》系列报道(12篇)、《新闻1+1——乡村达人》系列报道(20篇),反响强烈。

(二)创新"马观"教学模式,思政教育成效显著

马克思主义新闻观是新闻学专业人才培养中需要塑造的核心价值观。本课程践行"知行合一"教育理念,实施"田野式"课程思政教学模式。把马克思主义新闻观的思政教学课堂搬到乡镇、工厂。通过深入基层、深入实际、深入群众的主题新闻采访活动,学生真正领会了马克思主义新闻观中的喉舌观、党性观、人民性和正确的舆论观,在田间地头的采访中,增强了新闻工作者的脚力、眼力、脑力、笔力的"四力"锻炼,学习了党的新闻工作者"察实情、说实话、动真情"的扎实作风和朴实文风。2017届新闻学专业学生王悦在活动感悟中写道:"新闻1+1课程既是新闻专业课,也是生动的国情教育课。"

新闻"1+1"这种创新教学方式,被中宣部主办的《三项教育学习通讯》杂志报道,成为马克思主义新闻观新闻实践教学的典范。

(三)创新协同育人机制,课程改革成果丰硕

充分利用"部校共建"平台优势,构建"政、产、学""三元"联动课程思政教育长效协同机制。"新闻1+1"大型主题采访活动的教学设计为:宣传部统筹协调+媒体全程参与+学院组织实施。政、产、学三方联动,协同打造"田野式"实践教学平台,形成"三元"联动思政教育长效协同机制,解决了马克思主义新闻观教育与新闻实训脱节问题。

本课程已完成或立项"卓越新闻人才培养'三通'闭环德育模式建构"等5项相关市级教改项目,发表论文多篇;《"三元协同"卓越新闻人才培养实践教学体系构建与实践》等教学成果多次荣获各类教学成果奖;多位团队成员获得"优秀教学奖",获评"优秀教师"称号。

武汉大学、贵州大学等多家同行单位先后到我院考察学习。相关教学经验也先后在2017年度中国新闻史学会学术年会、中国广播影视学会卓越新闻传播人才培养重庆论坛等会议上与同行交流。

"课赛融合"品牌教学活动
——思想政治理论课实践教学模块建设与改革[①]

何宏兵　代金平　黄齐　郭海成　罗川

重庆邮电大学

一、案例介绍

2016年全国高校思想政治工作会议召开后,重庆邮电大学坚持"大思政"理念,在马克思主义学院设立了实践教学中心,将分散的实践教学环节统筹为"思想政治理论课实践教学"课程。自2017年以来,思政课实践教学逐渐形成了以"课赛融合"品牌教学活动为重点和标志的六大教学模块:"品牌教学活动""国情调研""经典阅读""正能量分享""典型案例网评"和"红色主题参访"。学校2018年7月24日印发《重庆邮电大学"思想政治理论课实践教学"实施方案》。从2017年5月到2022年9月,重庆邮电大学已连续开展了八届思政课实践教学"课赛融合"品牌教学活动。品牌教学活动以"实践育人"为主题,充分激发了大学生的爱国情怀和责任担当,提升了大学生的实践创新能力。品牌教学活动业已成为重庆邮电大学思政课的经典"名片"。

二、案例详述

(一)理论学习与社会实践内容的相关性

思想政治理论课实践教学与四门主干思政课程、形势与政策课程相辅相成、内在统一。理论学习是实践教学的前提和先导,实践教学是理论学习的运用、深化和升华。思政课实践教学主要解决"实践育人"的效能和效果问题。

[①] 本案例为重庆市教育委员会人文社会科学基地重点项目"'大思政课'视域下高校思想政治理论课实践教学课程化建设研究"(项目编号:23SKJD075)阶段性成果。

(二)教学设计创新

以"课赛融合"品牌教学活动为重点和标志的教学模块群是思想政治理论课实践教学课程的"内核"。通过明确思想政治理论课实践教学目标、整合各思想政治理论课的实践教学内容、搭建便捷高效的实践教学平台,集成优化实践教学过程,提升"实践育人"的效能和效果。

1. 明确思想政治理论课的实践教学目标

一是增强学生对中国特色社会主义的政治认同。引导学生关注国内外时事热点,通过"品牌教学活动""国情调研""红色主题参访"等的教学过程,增强学生对中国特色社会主义的情感认同、政治认同和思想认同。二是培养学生的社会责任意识。激发学生的参与性和创造性,通过"品牌教学活动""国情调研""正能量分享"等的教学过程,促使学生了解社情民意,培养学生的社会责任意识和时代使命感。三是提升学生实践创新能力。通过"品牌教学活动""国情调研""典型案例网评"等的教学过程,增强学生认识和研究社会、分析和解决问题的能力,培养学生的创新精神和实践能力。

2. 有效匹配思想政治理论课的理论教学

从整体上统筹和优化思政课实践教学内容,有效匹配思政课的理论教学,达成更有效率、更有效果的实践育人目标。明确教学内容和形式,通过研判思想政治理论课的教学内容侧重和理论教学特色,明确各实践教学模块的内容和功能。"国情调研"教学模块对应"毛泽东思想和中国特色社会主义理论体系概论"课程,并和大一暑期"三下乡"对接,"经典阅读"教学模块对应"马克思主义基本原理"课程,"正能量分享"教学模块对应"思想道德与法治"课程,"典型案例网评"教学模块对应"形势与政策"课程,"红色主题参访"教学模块对应"中国近现代史纲要"课程,"品牌教学活动"教学模块则在总体上对应和匹配思想政治理论课课程群。

其中,"课赛融合"品牌教学活动和国情调研两个教学模块主要根据年度(国际)国内重大时事确立教学目标、设置教学主题、规范教学流程、展示教学成果和反馈教学效果,形成完整、规范、高效的教学体系。

(三)教学方法改革

思想政治理论课实践教学主要通过教学平台组织实施,同时以课堂教学(共3次)、线下排练、教师指导辅助,突出学生在教学过程中主体性、组织性、创造性的发挥。

(四)课程教学内容及组织实施

"思想政治理论课实践教学"课程分为六大教学模块,共2学分,48学时,总成绩为100分。(表1)

表1　课程教学模块

教学模块	主题	内容	要求
品牌教学活动(成绩权重40%)	奋进新征程,迎接党的二十大	(任选其一): 1.奋进新征程　迎接党的二十大 2.乡村振兴	1.以"奋进新征程　迎接党的二十大"为主题,收集整理100年来关于党的建设、中国故事(中国声音、中国瞬间)的典型材料,用情景剧、小品、朗诵、微视频等形式展示党的光辉历程和中国人民的团结奋进(8—10分钟) 2.以"乡村振兴"为主题,收集整理党的十九大以来乡村振兴的经典文献、典型案例,用讲思政课,表演情景剧、小品,创作微视频等形式展示乡村振兴的历史伟业和光明前景(8—10分钟)
国情调研(成绩权重20%)	了解社情民意,增强社会责任意识和时代使命感,培养创新精神和实践能力	中国特色社会主义政治、经济、文化、社会、生态建设调研	1.学生以团队或个人的形式开展社会实践活动。在社会实践活动过程中,按照当地疫情防控措施要求,在自觉做好防护的基础上进行;不得前往疫情严重的地区开展社会实践活动 2.鼓励积极探索开展线上社会实践活动 3.学生自行拟定题目(围绕政治、经济、文化、社会、生态等内容),填写调研项目申请报告书 4.教师审核调研项目申请书,提出修改意见,进行审核 5.学生根据教师批准后的项目申请书进行调研,撰写调研报告(个人完成,字数在2000字以上;团队完成,5000字以上)、留存实地调研照片2—3张,报告和照片均在网络教学平台提交
经典阅读(成绩权重10%)	读经典,悟原理	选取经典文献进行阅读,参加校内外思政课相关的学术讲座	1.在推荐书目(教学平台提供)中选定阅读书目并进行精读 2.完成500字以上的读书报告(word文本提交)+300字以上的原文摘抄(拍照提交) 3.力求达到实效:通过阅读马克思主义经典文献,深刻领会马克思主义科学真理、理论魅力和时代价值

续表

教学模块	主题	内容	要求
正能量分享(成绩权重10%)	感恩社会、守护底线、担当责任	(任选其一)： 1.给父母、亲友、同学写一封信 2.寻找身边的感动人物、感动事件	1.发出信件的原文(不少于500字)和对方回信的原文 2.寻找身边的感动人物、感动事件,通过微信、QQ等信息交流软件进行传递。介绍正能量分享传递的过程和心得(不少于500字)并附上微信、QQ等信息交流记录的截屏
典型案例网评(成绩权重10%)	学会运用马克思主义基本立场、基本观点和基本方法来分析社会现象,树立正确的世界观、人生观和价值观	1.搜索半年内相关国际国内热点事件、热点新闻并进行评论 2.任课教师对学生寻找的案例进行意识形态把关	学生收集至少两种不同观点并进行评析,提交500字以上的分析报告
红色主题参访(成绩权重10%)	赓续红色基因,传承红色精神	实地或网上参访红色博物馆、红色纪念馆、红色纪念地等。(提供"国家虚拟仿真实验教学项目共享平台")	1.搜寻重庆市内(外)红色文化资源,确定参访目标 2.指导教师对学生参访地点及内容进行意识形态把关 3.按照参访地疫情防控措施要求,在自觉做好防护的基础上开展"红色主题参访"实践教学活动,不得前往疫情严重的地区开展社会实践活动 4.课余时间自行参访 5.在实践教学平台提交参观照片若干+800字以上参访心得

(五)成绩评定考核

思政课实践教学中的"品牌教学活动"教学模块主要在线下进行全过程考评;"国情调研"和"红色主题参访"教学模块主要侧重过程体验性考评;"经典阅读""正能量分享""典型案例网评"三个教学模块侧重终结性考评。

三、案例成效

(一)案例特色与创新点

形成典型的教学模块——"课赛融合"品牌教学活动。从2017年5月至2022年10月,已连续举办八届全校性"课赛融合"品牌教学活动。

建成并顺利运行网络教学平台。通过校企合作方式,成功建立起我校思政课实践教学平台,本平台已获国家专利。

(二)取得的主要成效

通过四年的教学改革,思想政治理论课实践教学形成了以"课赛融合"品牌教学活动为标志的六大教学模块,明确并达成思想政治理论课实践教学目标,有效匹配思想政治理论课理论教学,成功建立起国内领先的思想政治理论课实践教学平台,"大思政"协同育人落实落地。

1.达成思想政治理论课实践教学目标

一是增强学生对中国特色社会主义的政治认同。二是培养学生的社会责任意识。三是提升学生的实践创新能力。

2.有效匹配思想政治理论课理论教学

"品牌教学活动"等六个教学模块在总体上对应和匹配思想政治理论课课程群的理论教学。

3.成功建立起思想政治理论课实践教学平台

通过校企合作方式,成功建立起我校思政课实践教学平台。本教学平台于2020年4月获得国家专利(专利登记号:2020SR0636961),本教学平台有力支撑了我校思政课实践教学的顺利运行,并通过校企合作方式,研发了"思想政治理论课实践教学平台"。

4."大思政"协同育人落实落地

以"课赛融合"品牌教学活动教学模块为主要载体,有效建立起马克思主义学院、团委、学工部、宣传部和教务处协同实践育人的格局。(图1)

图1 人民网报道我校思政课"课赛融合"实践教学汇演

四、未来计划或启示

持续进行教学内容建设。在匹配思想政治理论课课堂教学的前提下,通过师生双向互动反馈、教学督导、同行测评交流等手段不断优化以思想政治理论课"课赛融合"品牌教学活动为核心内容的教学体系。

继续优化思政课实践教学平台。根据师生新的教学需求和现代信息通信技术的发展趋势,不断优化教学平台的逻辑架构和教学功能,为思想政治理论课实践教学"实践育人"提供坚实的平台。

完善思政课实践教学流程。完善"思政课实践教学教师教学规范"和"思政课实践教学学生指南"等规章制度,增强教师教学引导力度,提升学生学习参与的效度,提高教学过程和过程考核的科学性和有效性。

"耕筑巴渝"工作坊
——重庆交通大学社会实践课程案例①

姚阳　董莉莉　余俏　史靖塬　温泉

重庆交通大学

一、案例介绍

"耕筑巴渝"工作坊作为一门社会实践课，围绕"高素质应用型建筑设计人才"的培养目标，立足乡村振兴时代背景，依托乡建实践全过程，运用校地、校企、校校多方优势合作，旨在培养学生认识社会、理解社会、服务社会的意识和能力。课程以"调查+""规划+""艺术+""装置+"四大专题板块的理论学习及实践活动为教学内容主线，采用教师集中讲授与分散指导结合学生相互学习与自我体会的方式组织实施，经过方案汇报、项目分享、经验交流、课程总结等不同阶段，实战乡村真实环境，解决乡村实际问题，将家国情怀塑造、文化自信提升、社会意识培育等思想价值观念的教育浸润其中。

二、案例详述

（一）课程团队建设与教研成果

1. 课程团队建设情况

整合建筑学、风景园林、城乡规划、艺术学等学科专业打造课程主讲团队。教师成立设计下乡工作室，依托乡村振兴研习基地、重庆市人文社会科学普及基地、西南乡村振兴与可持续发展研究联盟等平台打造全行业专家团队。

---

① 本案例为重庆市教育科学规划重点项目"四合一体化的建筑类专业新工科创新创业人才培养体系建构与应用"（项目编号：181010）代表性成果。

2. 课程团队教研成果

团队主持或主研各级教研项目60余项，其中省部级以上科研教研项目30余项；发表学术论文50余篇；主持市级一流课程4门，其中"栖居漫谈"入选国家课程思政示范课程，"耕筑巴渝"为重庆市社会实践一流课程、重庆市课程思政示范课程；出版教材15部、专著20部；获国家级教学竞赛奖励2项，省部级教学竞赛4项；获重庆市高等教育教学成果奖一、二、三等奖各1项；中国交通教育研究会教育科学优秀成果奖一等奖1项。

（二）教学设计创新

1. 构建"五耕五筑"的实践育人

"五耕五筑"："耕学筑基"，深耕科学伦理、人文素养；"耕研筑能"，培育知行合一、能研敢创；"耕读筑魂"，厚植文化自信、家国情怀；"耕技筑梦"，铸造工匠精神、职业理想；"耕力筑心"，广筑责任担当、公益奉献。

2. 拓展"开放探究"的教学内容

突破固有理论和教材文本的限制，引导学生通过理论学习、乡村实际调研、项目式任务来认知和发掘乡村的特色、现实问题，鼓励学生独立思考开放式的分析结论和独创性的解决方案，实现教学内容的探究性和开放性。

3. 创新"成果导向"的教学方式

采用PBL项目式和OBE成果导向教学，搭建以学生为中心的实践课程，通过创新小组研讨、综合分析、实践示范、任务实训等教学方式培养学生自主探究和协作创新意识，提升调查、分析、规划、设计、建构、评价的专业实践能力。

（三）课程内容与资源建设

1. 搭建多方共享资源平台

依托西南乡村振兴与城乡可持续发展研究中心、重庆市设计下乡工作室、重庆市人文社会科学普及基地等搭建多方共享资源平台。输出重庆市中国传统村落110个项目数字资源库。

2. 建立四位一体协作机制

建立"政+校+企+村"长效合作机制，统筹规划管理机制、运行机制、考评机制的设计与落实。以乡村建设需求为导向，突出资源共享，坚持联动共建，畅通联络交流、信息对接、难题共解、成果互享的互动渠道。（图1）

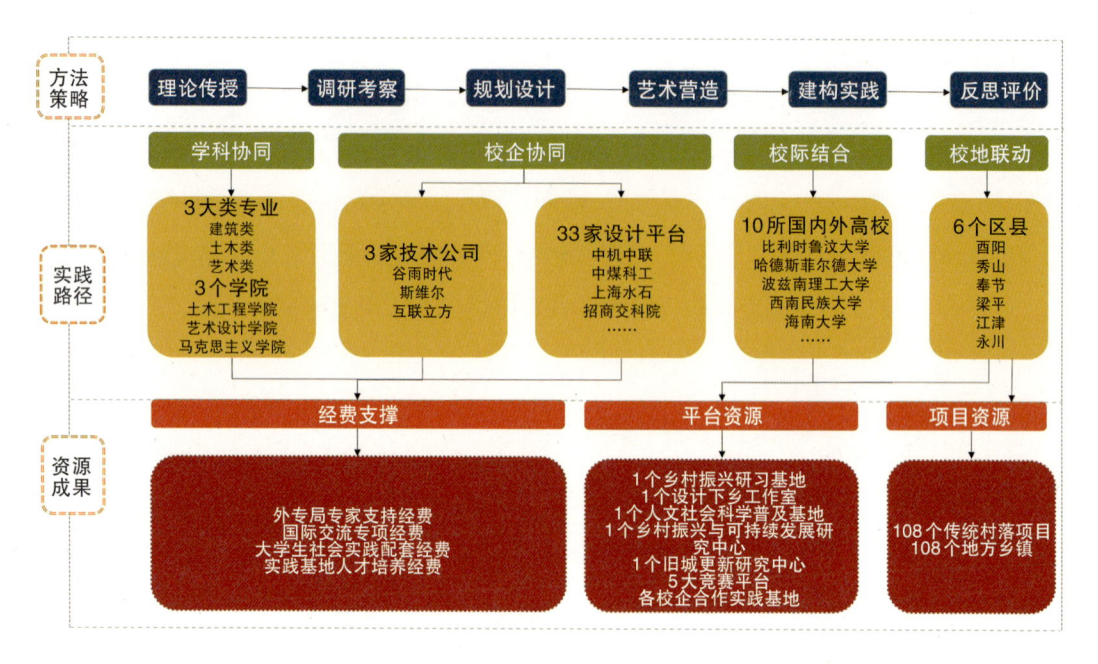

图 1 "政+校+企+村"课程资源平台

方法策略：理论传授 → 调研考察 → 规划设计 → 艺术营造 → 建构实践 → 反思评价

实践路径：
- 学科协同：3大类专业（建筑类、土木类、艺术类）；3个学院（土木工程学院、艺术设计学院、马克思主义学院）
- 校企协同：3家技术公司（谷雨时代、斯维尔、互联立方）；33家设计平台（中机中联、中煤科工、上海水石、招商交科院……）
- 校际结合：10所国内外高校（比利时鲁汶大学、哈德斯菲尔德大学、波兹南理工大学、西南民族大学、海南大学……）
- 校地联动：6个区县（酉阳、秀山、奉节、梁平、江津、永川）

资源成果：
- 经费支撑：外专局专家支持经费、国际交流专项经费、大学生社会实践配套经费、实践基地人才培养经费
- 平台资源：1个乡村振兴研习基地、1个设计下乡工作室、1个人文社会科学普及基地、1个乡村振兴与可持续发展研究中心、1个旧城更新研究中心、5大竞赛平台、各校企合作实践基地
- 项目资源：108个传统村落项目、108个地方乡镇

3. 对接创新创业竞赛舞台

"耕筑巴渝"工作坊课程成果对接"中联杯""园冶杯""美丽乡村"等大学生国际设计竞赛，"巴山渝水·美丽村居"设计大赛以及中国"互联网+"大学生创新创业大赛等行业或专业学科竞赛。

（四）理论学习与社会实践内容的相关性

1. 理论授课与实训授课紧密结合

"耕筑巴渝"工作坊在教学设计和课程组织上将理论学习与社会实践内容分单元紧密结合。总计26学时，其中理论学习6学时，社会实践20学时。

2. 理论知识与社会实践相关性强

在乡村综合调查单元，学习乡村实地调研方法，用于综合调查。在乡村保护发展规划设计单元，学习规划与设计方法，用于绘制乡村保护发展规划图纸。将艺术介入乡村单元，学习基本方法，用于产品包装、文创IP设计。在乡村艺术建构单元，学习空间设计和建筑技术，用于艺术装置建构。

（五）社会实践环节的动手训练内容

1. 乡村综合调查报告（图2）

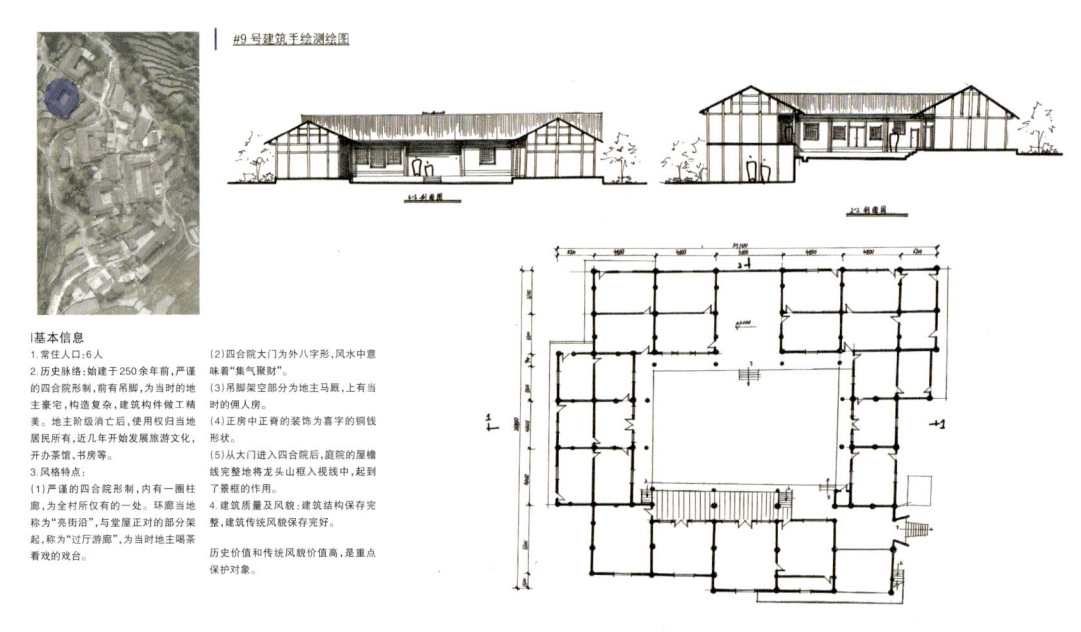

图2 乡村建筑测绘

2. 乡村规划设计方案（图3）

图3 梁平㽏槽村传统村落保护发展规划与设计图纸

3. 乡村艺术产品制作（图4）

图4 万盛绿水村文创产品

4. 乡村艺术装置建构（图5）

图5 万盛绿水村艺术装置建构

（六）教学方法改革

1. 教师"讲—问—释—评"

课程围绕"调查+""规划+""艺术+""装置+"开展专题讲座，以翻转课堂的方式，引发学生思考与提问；针对每个教学板块的任务，植入村民、政府、企业的评价机制，并引导学生参与评价总结，检验理论应用、逻辑思维和情感价值呈现。

2. 学生"查—做—演—论"

以真实环境、复杂条件的乡村建设实践项目为依托，以学生为主体，通过自主查阅资料，结合四大专题教学内容及任务目标，进行实地调查、项目规划、艺术创作、装置构建等实践，并融入方案演示、情景路演等方式，激发学生的探索激情，同时利用线上平台发布感悟讨论。

3. OBE理念贯穿教学过程

以学生为中心，突出学生的主体地位，通过具有挑战度的任务驱动，有效实现高阶性学习和创新性实践。强化学生自主探究、团队协作的学习能力，培养责任担当、公益奉献等价值情感，全面提升综合素质。

（七）课程教学内容及组织实施

课程以"调查+""规划+""艺术+""装置+"四大专题板块的理论学习及实践活动为教学内容主线，采用教师集中讲授予分散指导结合学生相互学习与自我体会的方式组织实施。

（八）成绩评定考核等方面亮点及特色

结合OBE教学理念，以"工科+文科"为导向优化课程考核方式和评价量规，在考核过程中强调对思政育人成效的测评。重视形成性评价，将态度、能力、知识、挑战纳入考核指标体系，综合测评学生在课程实践活动中的参与度、贡献率及协作度等。（表1）

表1　考核指标构成

考核内容	态度	能力	知识	挑战
具体指标	执行力、责任感、持续学习、理解他人、关注社会、发展自我艺术	发现与解决、分析与判断、计划与执行、决策与挑战、表达与沟通	专业理论、框架、工具、技术、材料、工艺	论文、竞赛、专利、投稿、展览展示
所占比值	25%	25%	25%	25%
总成绩	100%			

三、案例成效

（一）案例特色与创新点

1. 思政育人目标突出

课程围绕"个人能成才、乡村聚英才"的目标，构建"五耕五筑"课程思政框架，从三观引导、专业素养到民族意识全面覆盖，贯穿教学过程。通过实地调研、规划设计、艺术创作、装置建构，实现"家国情怀、知识传授、工程技能、项目训练、社会服务"五维一体的实践过程。

2. 资源共享平台宽广

依托"政+校+企+村"联合建立"中国西南乡村振兴和可持续发展研究联盟"，搭建"筑学慧"线上教育、Youyang Lab 网站等国际交流与合作平台，实现实践教学资源最大化交流与共享。通过建立循环机制，保障教学成果资源有序建设和开放共享。

3. 实践与理论紧密结合

秉持 CDIO "做中学"的思想，以 PBL 项目为驱动、任务为导向，贯穿"构思、运作、设计、实现"的教学流程，使理论学习与各板块乡建实践紧密衔接，同时实践成效用于反馈优化。利用知识与技能之间的关联性，将理论知识真正转化为实践技能。

（二）教学改革成效及解决的重难点问题

1. 教学设计突出"两性一度"

以乡村建设实践项目为依托，通过具有挑战度的任务驱动，有效实现高阶性学习和创新性实践，培养学生解决复杂问题的能力。

2. 教学模式突出"学生中心"

通过教学引导、过程指导、考核评价的模式创新，强化学生自主探究、团队协作、学习能力，培养边习边学、知行合一的专业实践能力。

3. 教学效果突出"五育并举"

以深入乡村的项目实践全过程，培养工程伦理、责任担当、家国情怀、公益奉献等价值情感，全面提升"德智体美劳"综合素质。

（三）取得的主要成效

课程教学长期坚持理论与实际结合，课程目标达成度高，学生解决乡建复杂问题的能力普遍提高，在国内外大赛中屡创佳绩，普遍得到用人单位的高度赞扬，社会成效显著。教学网评成绩居全校前5%，得到督导组的高度肯定。

(四)课程相关成果等

1. 课程对接创新创业(表2)

表2　成果参与竞赛获奖(部分)

年份	作品	创新创业与竞赛方案
2022	溯水逐乡　寻美中坝——江津中坝岛保护发展规划与A组团更新设计	"园冶杯"乡村振兴国际联合毕业设计竞赛三等奖
2022	定南山居	首届"客家杯"乡村设计大赛三等奖
2021	于游·亦学·宜居	第二届"客家杯"乡村设计大赛二等奖
2021	Reborn Boats	第57届IFLA世界大会学生设计竞赛荣誉奖
2021	成渝驿道传统聚落景观基因图谱构建及保护方法研究	校级创业训练项目
2021	渝东南地区传统村落地域景观活态保护设计研究	校级创业训练项目
2020	归岩田居——基于农旅结合发展背景下的"民宿复合体"	第八届全国高校数字艺术设计大赛一等奖
2020	从"燕不归巢"到"筑巢引凤"	全国高等院校大学生乡村规划方案竞赛优胜奖
2020	"一脉乡城"设计下乡Studio	省部级创业训练项目
2020	诉求——重庆酉阳恐虎溪村自氏祠堂地块	第五届"中联杯"国际大学生建筑设计竞赛优秀奖
2019	云帆桥	"华西设计杯"第三届全国大学生"茅以升公益桥——小桥工程"设计大赛二等奖
2018	年轮——传统窑居的保护及传承的未来乡村规划设计	"园冶杯"大学生国际竞赛一等奖
2018	忆起河谷	"园冶杯"大学生国际竞赛二等奖
2018	乡野脉活	第八届"艾景奖"国际园林景观规划设计大赛银奖
2018	茶乡	第八届"艾景奖"国际园林景观规划设计大赛优秀奖
2018	非物质文化遗产的传承与创新	省部级创业训练项目
2018	美丽乡村农居综合功能帮扶式提升改造技术研究	校级创业训练项目

2. 课程示范辐射

课程团队已参与66个村落的乡村建设实践,完成了80余套设计,受益村落覆盖川、贵、滇、豫等中西部地区。实践育人成果获社会高度关注,为相关行业主管部门提供技术服务、政策咨询和改革建议50余次。学习强国学习平台、人民网、新华网、《中国青年报》等主流媒体宣传报道60余次,相关公众号关注人数累计10万余人。(表3)

表3　工作坊开展的实践与成果(部分)

阶段	环节	实践地点	乡建成果
开始阶段	教学环节	测绘实践	农宅及场地现场测量方法及工程图纸绘制
		城乡社会综合调查	提供乡村社会调研的综合方法与实践思路
		建筑—环境—城市认知实习	讲授多要素城乡建设环境认知方法与设计思路
发展阶段	基地建设	重庆彭水县木欧水村	木作营建研学基地
		重庆酉阳酉水河镇河湾村	民宿创作基地
		重庆酉阳板溪镇山羊村	古宅共同缔造基地
		重庆江津区铜罐驿镇村落	城乡结合旅游发展与资源利用设计基地
		云南弥勒东风韵小镇	城乡结合教研基地
	学生竞赛	重庆奉节安坪镇三沱村	全国高等院校城乡规划专业大学生乡村规划竞赛方案
		重庆奉节安坪镇大坝村	全国高等院校城乡规划专业大学生乡村规划竞赛方案
成型阶段	规划设计	重庆荣昌铜鼓镇刘骥村	重庆传统村落保护发展规划方案
		重庆梁平蟠龙镇扈槽村	重庆传统村落保护发展规划方案
		重庆万盛丛林镇绿水村	重庆乡村艺术下乡及规划设计方案
		重庆黔江鹅池镇社溪村	重庆传统保护村落申报
		重庆武隆浩口乡邹家村	重庆传统保护村落申报
		重庆武隆江口镇蔡家村	重庆传统保护村落申报
		重庆荣昌观胜镇银河村	重庆传统保护村落申报
		重庆江津石蟆镇羊石中坝岛	重庆传统村落保护发展规划方案
		重庆江津区中山古镇	中山古镇抢救性修缮规划设计
		重庆垫江太平镇桂花村	明月花宿——"巴蜀美丽庭院示范片"
	调查研究	重庆酉阳酉水河镇恐虎溪寨	酉阳地区村镇风貌导则
		重庆永川板桥镇凉风垭村等	永川区农村危房改造调查研究报告
		重庆江津区乡村地区	乡村住宅安全导则编制
		重庆周边乡村地区	巴渝农村住宅图集编制
合计			参与实践村落:66个

四、未来计划或启示

(一)深化课程思政内容

紧扣国家乡村政策与群众所需,持续更新课程教学资源,在突显实践特色的基础上丰富专业内涵;创新课程教学资源在乡村实践板块中的呈现方式,进一步提升对学生的吸引力和感染力。

（二）建强课程教师团队

提高团队成员的思政素养与教学技能，吸纳具有实践特长的教师及思政教师，不断强化教学团队的协作能力并细化分工。定期举办培训与交流活动，通过参加各类教学创新赛事等方式提高团队成员综合素养。

（三）拓展配套教学资源

深入整合教学成果与经验，编撰优质教材；建设乡建典型项目案例库，添置实践设备；积极使用国家虚拟教研室、电子教材、乡村实践虚拟仿真实验等新型教学资源。

（四）示范课程推广应用

与成渝地区双城经济圈高校联盟中的院校展开合作，进行课程共建与资源共享，打造实践育人共同体；进一步扩大"耕筑巴渝"公众号的影响力，将课程推广至更大范围，引导建筑类专业学生扎根乡村服务。

思政课"三环四化"综合实践教学模式[①]

邱家洪　苏洁　郭瑞敏　黄丹　王戎

重庆交通大学

一、案例介绍

2011年提出基于立德树人,运用互联网+思维实现思政课实践教学"独立开课、独立运行"的教改思路。2012年,设置2学分,在本校各本科专业开设必修课"思想政治理论课综合实践"。2015年纳入学校重点建设项目,学分增至3学分,后按照教育部相关文件要求调整为2学分。

经过10年的课程运行和改革探索,我校具有显著特色的思政课实践教学运行模式——"三环四化"综合实践教学模式逐步形成,教学效果和育人成效日益显现,并在市内外产生了较大的影响。2017年入选教育部思政课教学方法改革项目择优推广计划,2020年立项为重庆市高等教育教改项目(重点),2021年先后立项为重庆交通大学一流课程、重庆市一流课程(社会实践类),2022年立项为重庆市高校一流本科课程示范案例。先后获学校第五届、第六届教学成果奖二等奖。

二、案例详述

(一)课程概述

"思想政治理论课综合实践"是本科各专业必修公共课。课程立足我校交通特色鲜明、以工为主的多科性大学定位,坚守思政课政治性本色、擦亮红色基因底色、彰显"思政+

[①] 本案例为国家社科基金高校思政课研究专项一般项目"思政课实践教学立德树人的内在逻辑及实现路径研究"(项目编号:22VSZ162)、重庆交通大学高校党建与思想政治工作专题科研项目"习近平关于新时代青年实践成才重要论述的逻辑体系及实践指向研究"(项目编号:101322039)成果。

交通"特色,借助教学网站平台+班级动员培训会、管理信息系统+新媒体技术,将"两路"精神全方位融入思政课实践教学,构建虚拟+现实的"三环四化"立体化实践教学模式,形成以学生发展为中心的"学—思—践—悟—化"实践育人闭环,培养具有交通人特质和社会担当精神的时代新人。

(二)课程具体环节

课程最初由"校内实践、校外实践和社会调研"三大环节构成,2021年秋季学期开始改革调整为"校内实践、线上实践和校外实践"三大环节,并以课程为支撑形成"三环四化"运行模式。所谓"三环",即思政课实践教学过程的"校内实践、线上实践和校外实践"三大环节有机统一。所谓"四化",即思政课实践教学"组织课程化、供给一体化、运行信息化、实践自主化"四化同步实现。修课学生在指导教师班级动员、培训和过程指导下,按顺序提交三个申请、完成三环活动、提交三个报告,经考核合格,即可获得课程成绩和学分,反之考核不合格者须重修,无补考。

(三)课程实践

修课学生按照思政课实践教学培训指导中心提供的"校内实践主题及要求"、"线上实践说明及要求"和"校外实践选项及要求"确定实践内容,自主开展实践。(图1)

图1 位于重庆交通大学科学城校区的思政课实践教学培训指导中心

1.校内实践

以自编自导"主题微电影"为主,各班分小组开展,每组成员10人左右。各小组根据思政课实践教学培训指导中心提供的"主题微电影"参考选项及要求,确定微电影名称,形成策划方案,自主完成"主题微电影"拍摄各项任务,并按时提交"主题微电影"视频和总结报告。

2. 线上实践

以"两路"精神虚拟仿真体验实践为主,分小组开展,各组以思政课实践教学培训指导中心提供的虚拟仿真实验室为平台,按照"线上实践"说明及要求,策划拟定实施方案,自主开展、完成"线上实践"活动,并撰写至少2000字的"线上实践"报告和符合要求的文创产品。(图2)

图2 已投入使用的思政课虚拟仿真实验教学中心

3. 校外实践

以调查、考察、访谈为主,分小组开展,每组成员10人左右,实行小组长负责制。每个小组根据思政课实践教学培训指导中心提供的"校外实践"参考选项及要求,确定社会调研或考察访谈选项,自主开展"校外实践"活动,撰写至少3000字的"校外实践"报告,并准备10—15分钟开展"校外实践"活动的视频,用于总结汇报。实践结束后,各班在指导教师组织下开展总结汇报。

(四)课程运行

课程借助教学网站平台+班级动员培训会、管理信息系统(含虚拟仿真系统)+新媒体技术,同步实现"组织课程化、供给一体化、运行信息化、实践自主化"。

"思想政治理论课综合实践"课程教学由思政课实践教学培训指导中心组织,马克思主义学院"思想道德与法治""中国近现代史纲要"和"毛泽东思想和中国特色社会主义理论体系概论"三个教研室分工实施,各负其责,协同育人。其中,"思想道德与法治"教研室负责组织"校内实践";"中国近现代史纲要"教研室负责组织"线上实践";"毛泽东思想和中国特色社会主义理论体系概论"教研室负责组织"校外实践"。

本课程跨学年、跨学期实施,始于"思想道德与法治"或"中国近现代史纲要"开课学期,终于"毛泽东思想和中国特色社会主义理论体系概论"修课学期。即"思想道德与法治"开课学期完成"校内实践";"中国近现代史纲要"开课学期完成"线上实践";"毛泽东思想和中国特色社会主义理论体系概论"开课学期完成"校外实践"。每一环节均含动员培训、实践申请、实践活动、撰写报告、总结评价。

"思想政治理论课综合实践"课程指导教师全面负责班级实践教学的组织管理、动员培训和考核评价,指导工作流程主要包括马克思主义学院"工作动员会"、指导教师"班级动员及培训会"、班级"实践活动"、指导教师"班级总结及评价会"、马克思主义学院"工作总结评价会"、校或院"表彰奖励会"。

修课学生在参加指导教师组织的各环节班级"动员培训会"的基础上,根据教学网站公布的参考选题或选项及要求,通过"管理信息系统"在线撰写、提交申请书,经指导教师审核通过后即可开展各环节实践活动,自主选择实践内容,开展实践活动,朋辈互助,自我管理。

课程教学依托思政课实践教学培训指导中心网站、"思政课实践教学管理信息系统"以及"虚拟仿真实践教学系统",采取信息化、无纸化的运行方式。(表1、图3)

表1 "思想政治理论课综合实践"行课周期

班级分组	第1学期	第2学期	暑假或寒假	第3或第4学期
A组班级	"校内实践" 主题微电影	"线上实践" 虚拟仿真体验	"校外实践" 个人或团队调查等	提交报告 评定成绩 总结表彰
B组班级	"线上实践" 虚拟仿真体验	"校内实践" 主题微电影	"校外实践" 个人或团队调查等	提交报告 评定成绩 总结表彰

图3 思政课实践教学培训指导中心网站和虚拟仿真实践教学系统

(五)课程评价

课程评价采用教师自评、学生评价、同行评价、督导评价、社会评价等多种方式进行综合评价。同时,持续开展全校性思政课"实践育人"评选表彰活动,优秀实践报告汇编成册,年度表彰大会已形成特色育人品牌。(图4)

图4 一年一度的思政课"实践育人"评选表彰活动

"思想政治理论课综合实践"课程成绩评定采用100分制,总成绩由"校内实践"成绩、"线上实践"成绩和"校外实践"成绩三部分构成,分别占课程总成绩的30%、30%和40%。

"校内实践"和"线上实践"成绩分别由班级动员培训会出勤(5%)、申请书(15%)、报告(50%)、过程表现(30%)构成。"校外实践"成绩由班级动员培训会出勤(5%)、申请书(10%)、报告(50%)、活动证明(15%)、小组总结汇报(20%)构成。

每一教学环节结束后,指导教师应及时下载、保存和评阅学生提交的报告,并按照统一的要求综合评定"校内实践""线上实践"和"校外实践"的成绩。成绩评定后,无需上传报告,但需在系统里填写成绩和代码。

"思想政治理论课综合实践"课程修课学生"校内实践""线上实践"和"校外实践"三个教学环节的成绩须同时达60分及以上,为课程考核合格。不合格者,须于"思想政治理论课综合实践"课程结束后,再单开重修班重修课程。符合条件者可申请免修一个环节。

三、案例成效

(一)案例特色与创新点

课程结合学校专业特色和人才培养目标,依托学校"两路"精神研究院理论研究成果,将"两路"精神、交通文化融入思政课实践教学,构建起"思政+交通""线上+线下"的立体化、特色化实践教学体系。

1. 坚守思政课政治性本色,筑牢意识形态主阵地

通过虚拟+现实的立体化实践教学,帮助学生加深对马克思主义理论,特别是对习近平新时代中国特色社会主义思想的理解和认同,统一思想认识,坚定政治立场,培育责任担当。

2. 擦亮红色基因底色,实现精神激励、价值引领

通过参与式和沉浸式实践体验,引导学生弘扬、践行革命精神,赓续红色血脉,坚定中国特色社会主义共同理想。

3. 彰显"思政+交通"特色,提升服务社会能力

围绕"两路"精神、交通强国主题,完成PBL项目式任务,激发学生服务社会的潜能,历练"甘当路石、进无止境"的品格,涵育"明德行远、交通天下"的情怀。

(二)改革解决的重难点问题

近年来,依托课程所形成的思政课实践教学"三环四化"运行模式在指导理念、内容框架、工作体系、体制机制、技术平台等方面不断得到优化、提升,教学效果和实践育人成效稳步提高,尤其是更好地解决了思政课实践教学存在的三个重点问题:一是思政课实践教学难以覆盖全体学生的问题;二是思政课实践教学内容碎片化、简单化,活动形式单一的问题;三是实践教学手段旧、组织难、效率低、条块分割、各自为政,学生被动参与参观、考察等少量实践活动,主体性被遮蔽的问题。

(三)教学改革的成效、成果

"思想政治理论课综合实践"课程经过10年改革实践,成效显著。一是学生对课程的参与度、获得感和满意度明显提高,修课学生表示,本课程让他们"收获颇多,终身受益"。二是学生思想理论素养提升。学生支部获评2个国家级、2个市级"样板党支部";培养出首批全国高校"百名研究生党员标兵"等先进典型。三是学生实践能力增强。学生实践成果丰硕,每年撰写1500余万字的思政实践报告,作品获中国国际"互联网"大学生+创新创业大赛重庆赛区金奖、"挑战杯"中国大学生创业计划竞赛重庆赛区特等奖,"两路一梦"团队获评市社会实践先进团队。四是课程在市内外产生广泛影响。在2017年本科教学评估中,思政课实践育人得到教育部评审专家的充分肯定,改革探索情况先后得到人民网、新华网、《重庆日报》、华龙网等媒体关注、报道,全国30多所高校同行专程前来学习交流。(图5)

图5 修课学生在开展"社会调查"(左)和"宣讲活动"(右)

四、未来计划或启示

面向新时代,思政课实践教学贯彻落实党的教育方针、中央重要会议精神,尤其是习近平总书记关于青年实践成才的重要论述,必须立足于"为党育人、为国育才",按照"因事而化、因时而进、因势而新"的总要求,努力做好顶层设计,不断创新体制机制,优化方式方法和实现路径,实现创新发展,切实提升实践育人的质量和水平。

开展红色口述史研究，在"四史"中体会中国力量[①]

邬勇　刘富胜　陈艳宇

重庆工商大学

一、案例介绍

"四史"（党史、新中国史、改革开放史和社会主义发展史）是中国人民在中国共产党的领导下，亿万中国人民不畏强暴、不怕困难、流血牺牲的历史伟业。"四史"书写了人类历史的宏伟篇章，展现了气势磅礴的中国力量。

红色口述史研究是采用现代口述史研究方法，利用现代化手段，录音录像，在"四史"正史教育的基础上，深入群众和民间，深入挖掘"四史"史料，为新时代社会主义现代化强国建设服务。

重庆工商大学马克思主义学院"思想政治理论课综合实践"是2020年教育部首批国家级一流本科课程，教师们克服新冠疫情干扰，指导学生，立足家庭、立足社会，记录"四史"点滴，从中汲取蕴藏的中国力量，成果被《光明日报》等媒体报道，引起良好的社会反响。

二、案例详述

（一）课程团队建设与能力提升

重庆工商大学"思想政治理论课综合实践"是2020年教育部首批国家级一流本科课

[①] 本案例为教育部高校思想政治理论课教师研究专项一般项目"脱贫攻坚口述史融入高校思政课教学体系研究"（项目编号：21JDSZK100）、重庆市高等教育教学改革研究一般项目"全媒体时代高校思想政治理论课教学改革与创新研究"（项目编号：193136）和重庆工商大学本科教育教学改革研究一般项目（思政专项）"2020年抗疫口述史整理与思想政治教育运用的研究"（项目编号：206007）阶段性成果。

程。本课程团队开展实践教学,有着深厚历史积淀。早在世纪之交,本团队打造的"家长学生两地书"品牌,被中央电视台《新闻联播》等广为报道,成果获得重庆市教育成果一等奖。重庆市委宣传部、教育工委联合发文,要求在市内各高校进行推广。

进入新时代,团队坚持立德树人目标不动摇,立足国家社会发展和思想政治教育实际,守正创新,开展教学科研,打造又红又专的师生学术共同体。所在学院被评为重庆市重点马克思主义学院,团队教师中2人获"重庆英才·名家名师"称号。有关成果入选2019年度高校思想政治理论课教学方法改革项目择优推广计划和2020年全国高校思想政治工作精品项目。

(二)教学设计创新

现代口述史研究是"二战"后欧美最富有活力的史学领域,具有悠久的传统。在红色政权建立的过程中,我党我军注重宣传,红色采访成为口述史研究的滥觞。进入新世纪,智能手机的普及使大学生推广红色口述史研究成为可能。其有如下特点:

(1)规范性。"思政课的本质是讲道理"。"讲道理"要求思政课坚持科学性。现代口述史研究有严格的伦理规范、工作流程和分析手段,使思政课的道理能够经历时光流逝的冲刷。

(2)草根性。口述史研究访谈身边人,调查身边事,追寻身边物。从时代洪流的细节中,体会时代宏大叙事的深刻变迁。一张奖状、一枚勋章、一件旧农具、一条家门前的乡路……"四史"和中国力量就这样成为鲜活生动的事实。

(3)挑战性。口述史研究要求史料(人物、文物、时间、事件等)之间的对勘,要求研究者提前进行准备,访谈后规范整理。"吹尽狂沙始到金"的过程,充满了研究的艰辛和探究的乐趣。

(4)开放性。口述史研究中的实物(家信、旧农具、旧厨具等)、照片、录音、录像饱含历史的温度,能够成为"四史"专题教育、村史文化展览的资料,甚至能成为家史的物证。

(三)课程内容、与理论教学的相关性、资源建设

1. 课程内容

"思想政治理论课实践教学"注重课程内容的完备性,按照2017年学校党委通过颁发的《重庆工商大学思想政治理论课综合实践教学实施方案(试行)》,课程内容总体分"体认自信""真情传递""品味经典""激荡理性""明晰意见""感悟使命"六大环节,各环节内容关联高校思想政治理论课各门课程。

本案例口述"四史"研究的课程内容属于"体认自信"环节的一部分,主要关联"毛泽东思想和中国特色社会主义理论体系概论""中国近现代史纲要"等课程,是高校思政理论课延伸的社会实践环节。

学院组建了"思政课实践教学培训指导中心",中心根据课程核心内容、年度思政热点,下达年度"体认自信"环节主题,并下达暑期社会实践调研方案。

2. 与理论教学的相关性

2017年,学校党委颁发《重庆工商大学思想政治理论课综合实践教学实施方案(试行)》。根据文件要求:课程管理由学校综合实践教学领导小组负责;领导小组由学院主管校长召集,由马克思主义学院主管院长、各思政课的教研部主任编制年度工作计划。

理论课的支撑性。理论课是核心,它为实践课提供了坚实的理论基础,并对实践教学课程的目标、内容、方法和评价等各方面具有统帅性和总摄性。

实践课的构建性。实践教学活动是师生学术共同体研究的前沿,它反映了党和国家发展的动态,并对思政课理论教学起到了建设作用。口述史研究成果进入理论教学,对提高习近平新时代中国特色社会主义思想的学习实效性和感染力,起到了单纯理论课教学难以达到的效果。

3. 资源建设

马克思主义学院自建"思想政治理论课综合实践教学网"。该网站经教师科学论证和几轮使用优化,功能改进,最大限度地克服了实践教学"教师少、学生多"的障碍,满足了综合社会实践教学活动的需要。(图1)

图1 重庆工商大学思想政治理论课综合实践教学网网页

团队先后在渝北区、巴南区、南川区、铜梁区、垫江区、涪陵区、黔江区、忠县等建立了10余个实践教学基地。

(四)课程教学内容及组织实施

1. 师生合作,设计口述史研究框架

(1)集体宣讲。

教师以班级为单位,让学生理解实践活动价值、课程归属(学时学分,与思政理论课的关系),以及口述史研究的基本要求、方法和实践步骤等。通过集体宣讲,学生对在疫情期间开展口述史研究以达到实践教学的目的充满兴趣。

【实践案例】我校2019级电视编导专业学生张某利用假期访问爷爷和外公,详细梳理了祖辈保家卫国、英勇杀敌、立功受奖的经历。张某全程录音录像,整理出了爷爷和外公的个人回忆录,其中包含抗战日寇对山东农民的罪行、山东解放战争、朝鲜上甘岭战场、抗美援朝东海岸防空作战的细节。这些都是家族珍贵的精神财富。(图2)

图2 勋章:家庭红色记忆中永恒的荣耀

(2)定向设计。

学生根据自身实际,按照教研部的选题方案,选择研究题目,在实践教学专题教学网络平台填写《实践活动计划表》。我校网络平台设计的计划书,涉及实践题目、选题原因、选题意义、研究方法、实践对象、主要内容和工作日程等内容,为师生深入讨论口述研究细节留下了空间。

教师引导学生,切合自己实际,坚持"小而深"的选题原则,完成项目设计。

教师利用班级企业微信群等,进行有针对性的指导,让学生掌握口述史技术细节。

【实践案例】2021年度社会调研的主题为"庆祝中国共产党诞辰100周年",2020级社工专业张同学选择了"新中国农业现代化发展"方向。经过和教师反复讨论,最后张同学选择了家乡农具作为研究对象,确定题目《荷塘村农具》,计划调查村里面所有的农具,拍照并开展口述史访谈,找寻农具演变规律。张同学计划将成果(文字、视频和收集的实物)运用到村史馆,为乡村文旅建设增添素材。

2.深入社会,开展口述史研究实践

(1)访谈准备。

主要是查找资料,掌握研究对象的背景。要求将口述访谈对象放在时代背景和社会背景中去,用实事求是的原则,掌握口述访谈对象的情况。用文献法和观察法等多种方法,了解口述访谈对象的情况。

开展区情社情调研。不少同学到社区、街道和农村服务中心去观看展板、查资料,到抗疫一线、产业振兴示范基地、农村"厕所革命"、村村通建设现场拍摄视频和照片……这些前期坚实的资料收集工作,为口述史研究奠定了基础。

(2)拟定提纲。

访谈要围绕中心展开,要注意细节,注意受访者的主观情感感受。学生在访谈时扮演"研究者"角色,切忌应付摆拍。要注意访谈技巧,让受访者敞开心扉。教师对访谈项目的提纲应加强预案的详细指导。

(3)实施访谈。

学生对访谈对象进行一次或者多次有计划的口述访谈。学生在征得访谈对象同意的情况下,利用智能手机等现代工具,进行录音录像。

(4)成果总结。

先整理出访谈文字记录,再综合前期的文献等素材和调研结论,用全媒体思路,撰写专题论文;制作班级交流PPT;剪辑专题短视频等。

3. 交流成果,扩大口述史研究的影响

(1)班级开展成果观摩活动,交流口述史成果。

(2)推荐发表优秀成果。

(3)制作微视频等,在微信朋友圈、QQ空间中推送,传递正能量。

(五)教学方法改革

1. 实现了政治性与学理性的完美统一

"八个相统一"是思政课的客观要求,政治性和学理性相统一是"八个相统一"的首要要求。本案例运用了开放综合的现代口述史研究方法,以人民群众在"四史"中的主观感受为调研对象,整理口述资料,收集红色文物,将民间口述史纳入"四史"研究中,树立大学生正确的历史观,提高了思想政治理论课的思想性、理论性和亲和力。

2. 体现了大中小学思想政治一体化的要求

新闻采访、小论文写作、视频制作等在中小学信息技术、综合实践教学中都有要求,在大学阶段,通过现代口述史方法,将其应用到思想政治教育中,并要求学生使用全媒体思路进行成果表达和交流,符合大学学科要求和大学生心理发展阶段要求,有效激发了学生主体参与的积极性。

3. 整合了社会、学校、家庭思想政治教育因素

在实践中,学生家长中有丰富的红色资源,其中有扶贫干部(驻村第一书记)、抗疫先锋、社区一线抗疫工作者、各级劳模、老干部、老军人、共产党员、脱贫致富能手等,他们通过口述史研究,走进了思政教学素材库,极大地提高了思想政治教育的说服力和亲和力。

4. 符合"后疫情"时代要求

口述史研究法对象较少,不需要发放问卷进而接触大规模人群。口述史研究法研究深入,科学规范,能够在"后疫情"时代长期使用。

(六)成绩评定考核等亮点

1. 开辟学科竞赛平台

2017年,我校思想政治理论实践教学优秀成果评选已经被认定为重庆工商大学校级学科竞赛。目前,马克思主义学院已经承办了5届以上的评奖,已经有500多项学生作品获奖,涵盖了调研报告、微视频等,红色口述史成果屡屡获奖。

课程组坚持探索思想政治教育规律,坚持"思政课的本质就是讲道理",深耕大学生思想政治教育领域,学校大学生创新创业团队参加国家级创新创业互联网大赛红色文旅赛道的数量增多,成绩亮眼,很有收获。

2.出版学生优秀作品成果集

2021年,团队出版了《家国情怀与责任担当:战"疫"期间的思想政治理论课实践教学》(西南财经大学出版社,李志雄主编)。该书共计24万字,内有十几篇优秀报告为学生开展红色口述史研究成果。

三、案例成效

(一)《光明日报》专题报道

2021年3月,《光明日报》记者张国圣在第1版《奋斗百年路,起航新征程》专栏中,以"在实践一线感悟党的历史"为题名报道了我校利用口述史开展党史学习教育的成果。该文章在百度、腾讯、网易等十几个网站平台转载,引起了较大的社会反响。

【实践案例】2019级学生马某利用假期采访祖母,并将采访内容整理成视频和文字。马某的祖父和祖母都是藏区第一代少数民族干部。新中国成立前,祖父和祖母都是土司的锅庄娃子,扛苦力干重活,牛马不如。新中国成立后,祖父参了军,祖母也成了少数民族干部,从此,一家人都翻身走上了革命道路。80多岁的老祖母对党和社会主义制度充满了感激,每年都要坐车100多千米,应邀义务到山区藏乡给年轻党员讲党史上党课。视频中,祖母说:"是解放军和共产党让我们藏族同胞过上了好日子,要一辈子都感谢党的恩情,永远跟党走。"

马某的口述采访活动得到了整个大家庭的支持,爸爸妈妈主持策划,堂弟协助拍摄,堂妹负责服装和文字整理……马某说,老祖母的嘱托是家族的财富,老祖母的口述视频要一代代传下去。(图3)

图3 学生在家中采访奶奶谈藏区巨变

（二）光明网报道

2021年7月21日,《青春向党,一路前行》(张国圣)报道了我校实践教学小分队在重庆市石柱土家族自治县中益乡华溪村和巫山县竹贤乡下庄村进行口述史访谈活动情况。(图4、图5)

图4 在华溪村感恩桥上和全国优秀共产党员王祥生书记共话党恩

图5 在下庄村听全国脱贫攻坚楷模毛相林谈开凿天路的艰难历程

四、未来计划或启示

进一步提高口述史研究的技术水平。力求出版口述史方法应用于大学生思想政治教育的专著,配套小视频和网站,让学生更好地掌握口述史方法。

在建立实践基地的基础上,进一步通过建立乡村振兴高校教师工作室的方式,抓好区域定点深度挖掘,实现在乡村组织振兴研究方面的深度突破。

出版学生专题成果集,固化成果,进一步扩大影响。

基于ACT实践教学模式的"中外儿童绘本赏析与创作"课程建设创新与展望[①]

郑秀敏 刘耀 周栩丹 邸媛 宋萍

四川外国语大学

一、案例介绍

"中外儿童绘本赏析与创作"是以儿童绘本为载体、实现学前教育新样态的实践课程，课程以"坚定文化自信、讲好中国故事、传播中国声音"为理念，贯通第一、第二、第三课堂场域，反复实践并提炼ACT实践教学模式。该模式从"鉴赏与联结（Appreciate & Associate）""对话与创作（Communicate & Create）""试验与转化（Trial & Transfer）"三阶段衔接三大课堂，形成人才培养的"识、创、转"环路，达成"新学力建构、新故事创作、新市场突破"的三大课程价值创新。

本课程于2021年被认定为重庆市社会实践一流课程，其ACT实践教学模式延伸出的校企合作案例被评为第57届高等教育博览会"校企合作、双百计划"典型案例；课程教学团队荣获第二届全国高校教师教学创新大赛国家一等奖。

二、案例详述

"中外儿童绘本赏析与创作"作为学前教育专业本科课程体系中的专业特色课程，是运用ACT实践教学模式，培养准师范生成为儿童绘本创作者及文化启蒙者的重要课程。从理念初构到模式创新，课程实现了与优秀文化的碰撞、对绘本行业的正向影响，提高了学生绘本赏析、创作的思维素养、方法策略及产品转化能力。

[①] 本案例为重庆市教育科学"十三五"规划2018年度一般课题（课题批准号：2018-GX-319）、重庆市高等教育学会2017—2018年高等教育科学研究课题（项目编号：CQGJ17087B）阶段性成果。

（一）聚焦教学现实问题，厘清课程教学痛点

1. 培养主体割裂：人才培养未联动供给与需求市场

传统课程未整合第一课堂、第二课堂并拓展第三课堂，未与出版社等绘本供给方和幼儿园、社区等绘本需求方建立人才培养共同体，未为学生绘本作品的转化与应用提供平台与渠道。

2. 市场需求脱轨：主题选择未重视受众需要

学生绘本创作的选题未接轨受众需求，缺乏对家庭、幼儿园、社区、出版社等的深入调研；未结合儿童发展规律，关注幼儿成长困惑，导致学生原创绘本作品资源难以实现转化与应用。

3. 文化价值缺位：创作未重视文化传承与交际作用

学生绘本作品未回应"提升中国国际传播力"的时代要求；未以中华历史、优良传统、优秀文化为镜鉴讲好中国故事、实现儿童文化启蒙。

（二）着眼实践素质养成，构建课程创新路径

1. 更新课程育人目标，重构课程教学内容

第一，凝练教学目标。"中外儿童绘本赏析与创作"课程秉持"坚定文化自信、讲好中国故事、传播中国声音"的理念，对接出版社、幼儿园、社区，展开深度调研，把握绘本行业标准，明确受众需求；立足学生学情，确定三维教学目标。

第二，重构教学内容。根据教学目标，教学内容划分为导学与专题两大模块。导学模块梳理绘本认知与创作的基础理论。专题模块分为中国幼儿食育、中华传统故事两大主题。（图1）

图1 主讲教师带领学生赏析经典绘本

2.构建立体教学场域,整合课堂内外资源

课程突破传统教学空间界限,构建立体教学场域,充分凸显"应用型"特色,用第二课堂的"实践操作"要素补充第一课堂人才培养活动,以第三课堂的"市场需求"杠杆调度第一课堂、第二课堂要素。从教室到工作室,从校内到校外,课程基于三大课堂实现了人才培养的场域联动及资源整合。

(1)促进"认知"建构,打造高品质第一课堂。

转变学习观,立足教室场域,实施小班化探究式学习。在教学设计中重视学生的文化背景、学习经验,运用案例分析、小组研讨等教学方法,促进有意义的学习行为产生;引导学生基于前摄认知,通过对中外绘本的阅读、讨论、探究,建构绘本鉴赏的个性化认知。

(2)搭建"创作"平台,形成特色化第二课堂。

创设第二课堂实践活动,开展原创双语绘本大赛、绘本作品展演等。依托学前实训室创建学生工作室、蒙智苑绘本屋等平台,充分利用社团活动、社区服务等实践渠道补充第一课堂,为学生的绘本创作实践、默会知识内化、显性作品输出提供机会,侧重学生实操能力和创作素养的生成。

(3)建立"转化"机制,拓展第三课堂。

拓展第三课堂,衔接学校与市场场域。分析家庭、幼儿园、社区需求,催生课程的社会服务功能,激活绘本作品的成果转化属性。整合第二课堂作品素材,借助各类创新创业大赛等项目平台推动学生绘本项目孵化。联动出版社,推进优秀绘本及其衍生成果的产出与转化,并加深学生对第二课堂实践、第一课堂理论的理解。

3.创生ACT教学模式,重塑实践学习路径

课程贯穿"学习中心、产品导向、学用一体"的教学理念,基于"输出驱动、探究参与、行动渗透"的学习原则,创生ACT实践教学模式,提炼教学核心步骤,形成"识、创、转"环路。该模式包含三阶段九步骤。(图2)

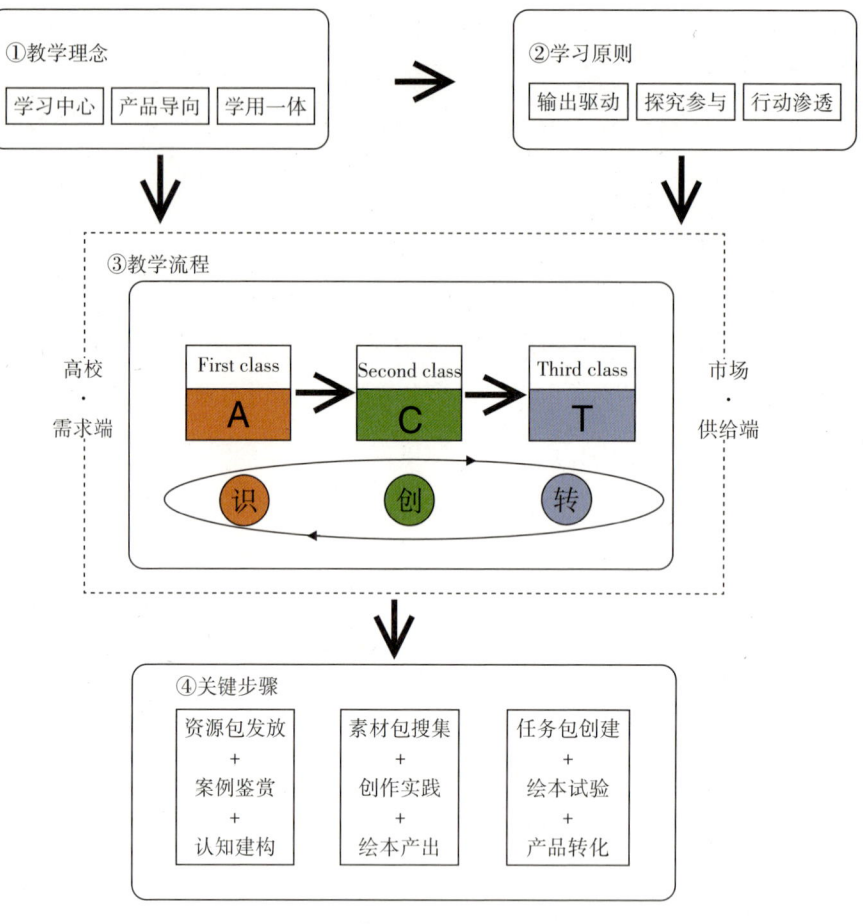

图 2 ACT实践教学模式图

(1)A阶段:鉴赏与联结(Appreciate & Associate)。

该阶段沿"资源包发放—案例鉴赏—认知建构"的教学步骤推进,帮助学生完成课程的理论认知部分,即实践学习的"识"。

①步骤1。资源包发放,教师依托雨课堂信息技术平台发放自主学习材料包,补充案例鉴赏活动的前摄认知。

②步骤2。案例鉴赏,借助师生、生生对话,开展中外优秀绘本的案例鉴赏学习活动,提升学生对中外优秀绘本的文学性和艺术性的鉴赏能力。

③步骤3。认知建构,通过案例学习唤醒学生的背景文化信息、个人经验、先有认知,联结第一课堂的结构性、运用性知识,辅助其建构绘本理论认知框架及个性化理解。

(2)C阶段:对话与创作(Communicate & Create)。

该阶段沿"素材包搜集—创作实践—绘本产出"的教学步骤推进,帮助学生完成课程的绘本创作部分,即实践学习的"创"。

①步骤1。素材包搜集，师生以中外、史今为向度，搜集文化资源，形成绘本创作的素材包。

②步骤2。创作实践，通过双语绘本大赛、蒙智苑原创双语绘本工作室等实践平台开展创作研讨，推进文化交流、主体间对话，开展绘本创作实践活动。

③步骤3。绘本产出，指导学生从绘本的创作意图、故事情节、图文表达等三方面完善创作思路，形成绘本作品。

(3) T阶段：试验与转化（Trial & Transfer）。

该阶段沿"任务包创建—绘本试验—产品转化"的教学步骤进行，帮助学生完成课程的绘本转化，即实践学习的"转"。

①步骤1。任务包创建，教师梳理任务目标、要求、资源，形成任务包，辅助学生开展绘本试验活动。

②步骤2。绘本试验，对接市场，掌握社区、家庭和幼儿园需求，开展绘本幼儿试读、精品调研，分析调查数据；依托"基于'文化自信'的中国传统文化幼儿双语绘本设计研究"等省部级课题，对接创新创业类比赛项目，生成绘本产品转化方案。

③步骤3。产品转化，借助蒙智苑原创双语绘本工作室等线上、线下平台进行宣传及推广，联合出版机构实现绘本的产品输出与市场价值转化。

4. 紧扣ACT实践环节，实现"三全"思政育人

课程实现了思政元素的全场域、全过程、全要素渗透，紧扣ACT实践环节，对接第一课堂、第二课堂、第三课堂，强化"文化认知"，践行"文化重述"，实现"文化传播"，真正让学生在文化自信与国际传播意识上坐而能言、起而可行。

三、案例成效

课程依托立体教学场域，聚合实践多路径，践行ACT实践教学流程，在更新课程理念，打破教学藩篱的创新实践下，关注课程多维生长，实现了新学力建构、新故事创作、新应用突破的课程新价值。

（一）回应新要求，培养新学力

课程回应时代和市场对学生的新要求，培养学生形成了绘本图文审美的鉴赏力、绘本开发的创作力及绘本文化价值的传播力，为依托绘本实施儿童文化启蒙教育培养高水平人才。（图3）

图3 三新学力图

(二)顺应新时代,创作新故事

绘本创作主题紧扣新时代中华文化,融通古今;坚持中英文双语表达,以原创双语故事展现创作的时代性与文化性。课程依托大赛产出了《会飞的鱼》《耗子小姐出嫁啦》《灶王爷》等近100本反映中华优秀传统文化与当代生活的双语原创绘本。(图4)

图4 学生部分原创双语绘本封面

（三）提供新动力，突破新应用

课程的应用价值不单体现在所获省级、国家级的各类奖项上，更重要的是搭建了高校与市场的桥梁，实现了学生原创绘本从作品到产品的转化与应用。（图5）

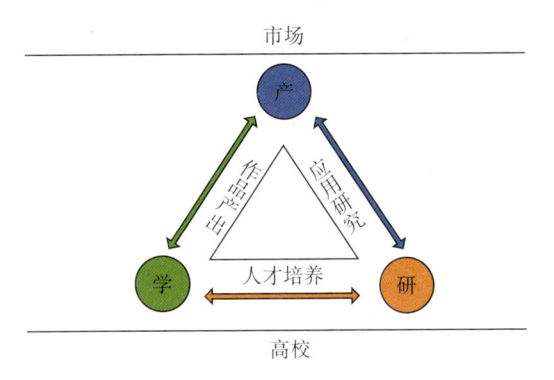

图5 "产学研"绘本人才培养框架

对接市场、服务社会是对本科课程提出的更高要求，社会实践课程更是服务社会的战场。本课程成果：10余本原创双语绘本在《世界儿童》杂志发表，被100余所幼儿园采用，单期销量高达9万册；绘本工作室公众号发布宣传推文51篇，单篇阅读量高达3.8万次；对接20余个幼教机构，实施绘本阅读活动60余次；开展40余期原创绘本社区阅读活动，服务500余名儿童，真正实现人才培养、资源研发、社会服务的一体化发展。学生原创双语绘本的应用价值获得了出版社、幼教机构、社区、家长和幼儿的正向评价，同时得到了省级日报的官方报道。（图6）

图6 绘本《会飞的鱼》封面

四、未来计划或启示

"中外儿童绘本赏析与创作"课程从"知识"中心转向"思考力"中心,积极发挥学生的能动性,充实学科知识的意义脉络,帮助学生建构"个人知识"。团队沿自下而上的实践路径凝练课程特色,试验教学效果,立项省级一流课程,致力于让"课堂转型""教学改良""学习变革"等课程建设思路发挥示范性效应,以拓宽学生的可塑性、教育的可能性。

课程接下来还将进一步完善过程性评价,关注学生成长轨迹,重视素养的形成性发展;同时,课程还将加强与市场的联结,进一步提高学生作品的市场转化率。

教学创新,道阻且长。课程建设与教学改革之路上会一直有我们的身影。

课程思政视阈"创新创业导论"铸魂育才的砥砺实践[①]

王琥

四川外国语大学

一、案例介绍

(一)课程概况

"创新创业导论"(简称"导论")是四川外国语大学双创教育示范课程,国家级一流专业建设支撑课程。课程为教育部全国高校就业创业金课,重庆市首批课程思政示范课,重庆市一流课程。课程以"寓德于课"模式深耕教学创新,教学案例获重庆市优秀课程思政案例特等奖,教学成效获市内外专家高度评价。

课程开设七年来,将深怀家国热爱、致力创新创业内化为青年学子使命担当,以"导论"为核心的双创课程群培育1900多项学生文创项目,获"三创赛"全国特等奖、全国一等奖等对文科专业而言殊为不易的国家级、省级奖280余项(占全校同类竞赛奖总数的近65%)。"导论"是省级教学成果奖二等奖核心支撑课程,助力学校汉语国际教育等多个国家级一流专业双创教育改革;课程团队应邀到校内多个二级学院推广课程双创教育经验,示范辐射面广。"导论"是全国同类外语院校中特色鲜明、成效显著的双创金课范本。

(二)课程特色

"导论"遵循学校国际化人才培养定位,坚持双创教育是基于新文科的"专业教育、思政教育与双创教育"三融合的"价值创造"教育理念。课程以一流学科"外语学科"和重点学科"中文学科"为支撑,以央地共建传统文化体验研究中心、省级人文社科普及基地为依

[①] 本案例为重庆市高等教育学会高等教育科学研究项目"新文科视域下外语类专业专创融合教育体系的构建与实践"研究成果(项目编号:cqgj23026B)。

托,从"厚植家国情怀、开阔国际视野、浸润人文底蕴和培养双创思维与实践能力"三位一体课程目标出发,突出传统文化浸润,融入跨学科思维,是一门将双创的课堂教育、竞赛体验和训练实践相融合的特色课。课程尤其强调新文科建设的价值塑造、学科交融、学以致用,以"思想铸魂""实践育才""创新赋能"为鲜明特色。

二、案例详述

(一)教学模式

"导论"以金课"高阶性、创新性、挑战度"标准为纲,确立价值塑造、能力培养、知识传授三位一体课程建设目标。创立三融合理念下"寓德于课""六位一体"教学模式,经七载实践,砥砺求索文科院校双创教育铸魂育才路径。

"三融合"指课程改革创新的指导理念,具体涵义:一是"思创融合",德育元素融入润物无声,提升课程温度。重点将习近平新时代中国特色社会主义思想、以爱国主义为核心的民族精神、党史学习教育、优秀传统文化深度融入课堂;二是"专创融合",深度挖掘专业教育中的双创元素,提升课程深度。专业前沿、外语特色和国际双创方法融入;三是"赛创融合",构建"课—赛—研—创"合一的实践教学新范式,提升课程难度。深度融入中国国际"互联网+"大学生创新创业大赛内容,将课程、大赛、科研和创新实践融为一体。

"六位一体"教学模式指"导论"课程的改革举措:在教学标准、教学内容、教学方法与实施、实践教学、考核评价和教师言传身教等六个核心教学环节实现寓德于课,引导学生以外语优势和专业所学参与双创,弘扬和传播中华优秀传统文化。

(二)铸魂育才路径

1. 重塑"专思创"融合的课程教学标准

以《高等学校课程思政建设指导纲要》、一流课程标准和双创课程教学标准为纲,深入挖掘课程自身的思想政治教育内涵,将价值塑造、能力培养、知识传授三位一体的课程目标熔为一炉,建立具有思政元素、专业素养深度融入的"导论"教学标准,编制教学新大纲。

2. 重构"专思创"融合的"主题式"教学内容

首先,以"三融合"理念重构教学内容。第一,深度融入思想政治教育元素。第二,深度融入专业教育、外语优势、国际双创方法等内容。第三,与"互联网+"大赛融合,引导学生参与双创实践。其次,建立课程主题式教学模块,分为:双创理论和方法、双创模拟训练、"外语+"双创实训、文创项目演示与实践、"外语+"科创竞赛训练与实践等五部分。

3. 探索融现代技术的"小班化—探究式—小组合作式"教学模式和教学方法

坚持以学生为中心,小班化组织课堂。采用学习通等智慧工具,运用探究式的"小组合作学习"法。探索混合式教学改革,增强教学感染力,让学生在亲身参与中培养"敢闯会创"能力。

4. 创立"课—赛—研—创"合一的实践教学新范式

以"课程实践化,实践课程化"的理念,将"互联网+"大赛、"挑战杯"等高水平竞赛内容有机融入实践教学,建立"课—赛—研—创"合一的实践教学范式。组织"重庆地名大会"等高阶学生实践活动。同时,常态化邀请市内外专家、业界导师开展实践研讨课,启迪跨学科思维。

5. 革新考核评价体系

建立知识、能力与德育考核并重的"三融合"考核目标下的综合评价体系。综合评价体系的特征为:多方式,即定量与定性相结合、形成性与结果性相结合的评价方式;多主体,即学生自评、教师评价、专家评价的多维评价主体。"四化":考核标准德育导向化、考核过程全程化、考核内容实践化、考核形式多样化。

6. 以教师高尚师德、无私奉献的砥砺实践,铸魂育人

团队教师在课堂教学、课后辅导、竞赛指导等教学环节,无私奉献,身体力行实践"课程思政"。坚持一对一全心指导每名学生,温润每名学子的双创成长路。如团队王琥老师,十四载如一日,无私深耕学生社会实践和假期竞赛辅导,以组织千里家访、本科生组会、四年师生学习共同体等,如家人般时刻关爱学子,累计一对一辅导学生学业、竞赛近1万人次,指导学生获国家级、省级竞赛奖超过400项。

三、案例成效

(一)经验与创新

1. 课程理念创新

以新文科理念下"专思创"融合作为课程顶层设计,探索厚植家国情怀、润物无声的外语院校双创金课路径。

2. 师资建设创新

建成文理交融、校内外融合的"虚拟教研室"。校内跨院系团队授课,校外业界导师深度参与实践教学,产教协同育人。

3.实践教学范式创新

创立"课—赛—研—创"合一模式。将科研项目、学科竞赛体系纳入实践教学,突破文科双创教育固有范式。

4.铸魂育才的金课范本

以"寓德于课"模式践行新文科视阈有灵魂、有使命的双创教育。强调双创教育的价值性、思想性和使命性。

5.师爱育人的初心砥砺

坚持"小班化—探究性"教学,一对一精细化指导学生;建立"师生学习共同体",大学四年不间断关注每名学生双创实践,全心指导每名学生的学业发展。

(二)铸魂育才突出成效

"导论""寓德于课"模式和育人成效突出。课程负责人王琥获重庆市高校年度十大"双创"明星评选优秀奖,获重庆市普通本科高校教学新星奖(全市共评选5名教师)。其十四载初心如磐,忘我奉献,砥砺推进双创教育的事迹获社会高度评价。"导论"评教分数高,居全校前5%,每学期均有学生自发到课旁听,学生普遍反馈"导论"是有情、有义、有深度的课堂。

具体而言,课程在铸教、育人、铸魂方面成效突出:

第一,建设了高水平"专思创"融合型教学示范团队,形成双创示范课程群。课程团队获市级首批课程思政教学团队;建成"地名与文化""互联网+汉语国际教育实践"等多门特色鲜明的"专思创"融合课。

第二,以"师生学习共同体"模式,精细化指导学生,培育高水平学业成果。近七年,双创课程群直接培育学生项目获国家级、省级竞赛奖280余项,学生获双创奖学金和双创研修资助150余个团队,优异的学业成果助力学生实现更高质量的考学就业。

第三,助力专业美誉度提升,为学校争得荣誉。课程的280余项双创获奖成果成为学校专业评估和一流专业建设的重要支撑。近十年的"互联网+"大赛、"挑战杯"等竞赛中,每年全校参赛团队总数的20%(均),省级获奖项目总数的近65%,均来自王琥老师所指导项目。2019年和2020年连续两年,在中国高等教育学会发布的全国高校学科竞赛榜纳入评价的川外学生国家级重要获奖中,仅王琥老师一人所指导的获奖数独占全校总数的近25%。

最为重要的是,课程坚持立德树人,赓续红色血脉。"导论"将中华魂厚植于学子血脉,将中华文化浸润于学子骨髓,培养的优秀学生在中外人文交流、中华文化传承等报效家国的伟大事业中砥砺奋进。

四、未来计划或启示

(一)坚持科研学术引领课程建设

将学术前沿有机融入教学,提升课程高阶性,注重理论教学与科研实践结合;持续创新教学模式,革新课程考核评价机制。

(二)探索新文科视阈"文理融通"的协同育人

推进校内外多学科协同育人的教学团队建设;推进人文学科与人工智能等理工类学科融通,启迪学生"文理融通"的创新意识和科学精神。

(三)优化课程在线资源和科研育人资源

强化课程在线资源建设,推进深度融合国家级一流线上课程资源的混合式教学改革;建设学生双创项目典型案例库,出版双创育人案例集。

(四)持续改进教学方法与模式

深度融现代教学技术于小组合作学习;以多种形式的"情浸式"实践教学,让学生于身临其境中升华思想,增长才干。

(五)高阶社会实践支撑强课

持续建设"地名大会"等市内有美誉度的学生实践精品活动;培育"互联网+"大赛高水平文创项目,探索文科专业双创教育典型经验。

(六)突出双创国际化特色

引入国际双创教育经验,探索课程双语教学;培育有国际特色、示范效应的双创项目,以国际化特色文创项目传播和弘扬中华优秀传统文化。

行走田野·设计赋能
——"设计与社会创新"课程案例

段胜峰　吕曦　蒋金辰　吴菡晗　皮永生

四川美术学院

一、案例简介介绍

四川美术学院"设计与社会创新"课程为首批国家级一流本科课程、重庆市级课程思政示范课程。

秉持立德树人，按照"思政+设计"的路径，将社会创新内容与实施乡村振兴战略实践相结合，坚持思政引领和人民立场，将教学内容与当下经济社会发展的急需有机结合。通过知识学习和实践参与，培养学生"问题解决+意义建构"的设计思维及用中国方式解决中国社会问题的能力，坚定文化自信。体现了设计学科服务经济社会发展，服务国家重大战略，服务人民群众对美好生活向往实现的学科本质。

二、案例详述

（一）课程团队建设与能力提升

课程教学团队以"设计助力乡村振兴"为主线，以本课程为核心，在团队科研水平、实践能力及教学成果等方面都得到了极大提升。

教学团队率先提出设计介入精准扶贫，以"创新设计+乡村"为主线，探索出绿色减贫新路子，集结设计服务扶贫产业案例，是唯一获"第三届中国优秀扶贫案例报告会·'产业扶贫'优秀案例奖"的高校，成果获2018设计扶贫爱心奖。

师生赴酉阳、石柱等地开展设计赋能乡村振兴，走出了四川美术学院乡村振兴的实践样本。成果参加全国美展，设计类作品入选数量居高校之最。

获批教育部人文社科规划项目"设计驱动乡村振兴策略与方法研究",重庆市社科规划诠释党的十九大专项"优秀传统文化融入生活用品的创意设计策略研究"等项目。科研与教学相互照鉴,不断将研究成果转化为课程内容,教学成果为科研做支撑。

(二)教学设计创新

通过理论学习和实践验证,建立起"DESFR(D——设计师,E——企业,S——社会组织,F——农户,R——乡村资源)"设计模型,有效促进了乡村产业和乡村文化的互促共进和融合发展,实现了文化与产业互惠共生,形成了"文化+农产品""文化+手工艺""文化+数字经济"的教学设计案例和创新模型。(图1)

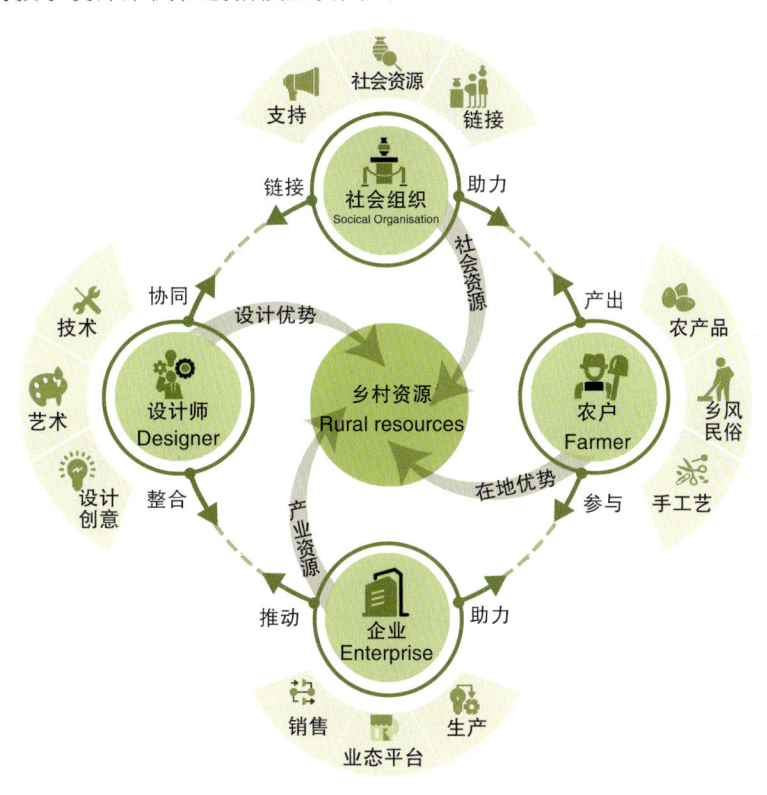

图1 "DESFR"设计模型的互动关系

基于该模型,多方主体通过发挥自身优势实现乡村资源利用的升级,促进人、艺、文、产的融合。具体分为三个阶段:第一阶段是文化萃取阶段,设计师与当地村民、非遗传承人进行设计合作,社会组织提供载体、内容等社会资源,设计师在互动中进行文化萃取,同时会同各主体研究并达成合适的意义适配;第二阶段是设计创新阶段,企业提供生产条件,设计师为企业提供新的产业发展策略,充分考虑村民主体参与产业链,社会组织提供从创意到产品的载体、内容渠道等;第三阶段为设计产出阶段,应用设计方法产出并完成

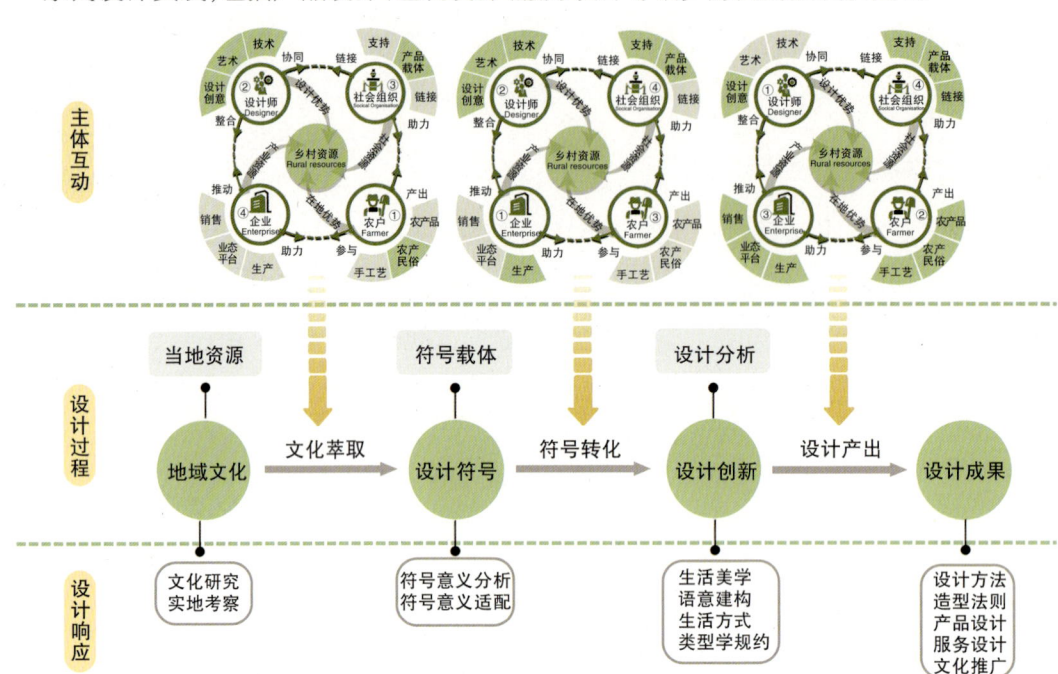

一系列设计实践,包括产品设计、包装设计、服务设计等诸多方面的实践。(图2)

图2 "DESFR"设计模型的流程与方法

(三)课程内容与资源建设及应用

1.课程内容

由四川美术学院设计学院绿色设计工作室与智造工作室依据不同行业属性分别设置课程内容,主要包括:知识获得和实践参与两个方面。以社会问题的解决为导向,通过反思梳理自身设计信念,学会设计研究的相关方法。在一定的设计范式内,对当下社会发展重大需求进行反思,并设计相关的方式、产品、服务等将其解决。通过课程学习,全面提升学生的服务意识、创新能力、社会责任。

2.资源建设及应用情况

本课程为社会实践类课程,通过建立校内外实践基地开展课程实践部分的教学。先后在重庆市梁平、荣昌、酉阳、巫山,四川省雅安荥经、贵州省赤水等地建设校外实践基地,并在当地形成示范作用。选派师生扎根乡村,完成典型案例并形成区域辐射,持续为地方带去经济效益。相关实践案例《四川美术学院:创新设计助推扶贫产业高质量发展》被重庆市扶贫开发工作领导小组的《扶贫专报》采用,作为经验推广,并获得省部级领导的肯定及批示。

(四)教学方法改革

1.思政融入课堂教学

教学中坚持以社会主义核心价值观为引领,采取理论讲授与行走田野相结合的教学手段,将思政内容融入课堂。

2.社会主题型课题实践

将为社会民生服务的主旋律贯彻到课堂学习与设计实践中,引导学生立足时代、扎根乡村、深入生活,开展社会民生主题型课题实践。

3.传统文化创新发展

从中华传统文化生态理论中找到历史的逻辑支撑,将弘扬传统文化与解决中国乡村面临的实际问题相结合,提高学生参与度与获得感。

(五)课程教学内容及组织实施

1.课程教学内容

深入田野体察民生,关注区域发展中的不平衡、不充分。培养学生的同理心、解决复杂问题的能力和素养,以设计第一性"可持续发展"原则完成课题。

2.组织实施情况

开设课程的各工作室根据不同行业要求设置选题。主导教师与校外导师共同担任指导,学生完成课堂学时后,进入实践基地形成案例成果。(图3)

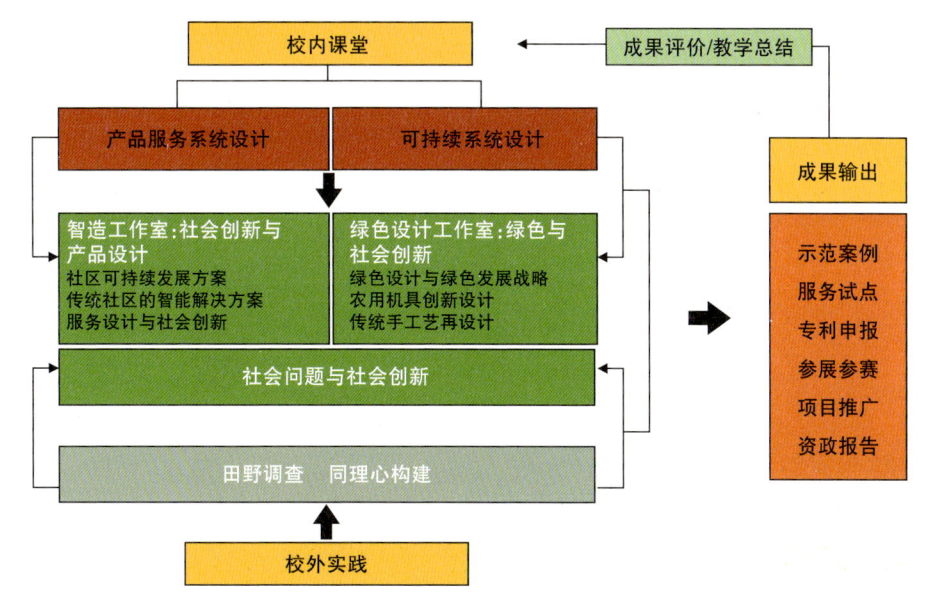

图3 教学内容组织示意图

(六)成绩评定考核

依据课题要求,学生应熟练掌握社会创新的相关研究工具或设计方法,并在课程不同阶段提出观点,完成对应任务与方案呈现。成绩评定采用百分制,主要从选题(30%)、完成过程(20%)以及成果(50%)三方面进行成绩评定,其评定标准为:选题具备高阶性、创新性、挑战度;过程投入度、专注度;成果完成度及应用性。

三、案例成效

(一)案例特色与创新点

1.案例特色

(1)行走田野:体验民生生活。深入乡村,与村民同吃同住。实践"在地取材、在地学艺、在地协同、在地创新"。

(2)设计聚能:助力乡村建设。指导学生将理论学习内化为自身的实践自觉和设计创意出发点,增强设计介入生态文明建设和乡村振兴的能力。

2.创新点

(1)理念创新:由培养专业技能型人才转向培养社会主题型人才。培养学生具备文化自觉意识,秉持可持续设计原则,提升解决社会问题的能力和素养。

(2)模式创新:大主题+分课程+多现场。设计介入社会创新大主题下,两个工作室设置关联课程,与乡村实践基地相结合,形成"大主题+分课程+多现场"的创新教学模式。

(3)组织创新:问题导向下的联动耦合机制。"主导教师+学术名师+行业导师+乡村匠师"指导机制,激发学生系统、宏观认识问题的能力。新兴技术、社会效应等知识点融入课堂,实现高阶性整合创新,综合实践、循环上升。

(4)内容创新:国家重大需求融入教学。在本科艺术设计课堂内融入国家大政方针,以社会问题为制定教学内容的导向。

(5)过程创新:课程情景化,实践实战化,作业产品化。校内课堂与实践现场结合,作业由"结果"形成"成果"——教改、参展、社会转化等,并持续延伸——学术论文、资政报告等。

(二)教学改革成效及解决的重难点问题

1.教学改革成效

学生社会服务意识提升,教学与实践成果丰硕:

(1)本课程获得首批国家级一流本科课程立项,重庆市级课程思政示范课程立项,教学团队获重庆市级课程思政示范课程教学团队。

(2)获得省级教学成果奖特等奖1项、一等奖1项。

(3)实践作品获第十三届全国美展进京作品荣誉3件,全国大学生工业设计大赛金奖1项、银奖2项;中国设计红星原创奖银奖1项、原创红星奖3项等重要奖项。

2.解决的重难点问题

(1)强化教学根植中国智慧。改变设计教学普遍沿用西方模式的惯例,建构承继中国传统、回应时代需求的课程设计模式,培养学生以中国方式、中国智慧、中国方案解决中国问题的能力。

(2)强化实践响应国家重大需求。始终围绕党和政府的战略需求展开教学与实践。实践教学聚焦时代导向、问题导向,关切行业领域,改变传统设计教学与社会脱钩的现象,实践教学融入精准扶贫与乡村振兴问题。

(3)强化知识融通多学科交叉。整合多学科知识与方法,着力融通"问题解决"与"意义建构"两大设计范式,建构社会复杂问题解决的中国方案。

(三)取得的主要成效及成果

1.服务成效

"5·12"地震后,师生以"设计助力灾区经济复苏"为目标,为灾区怀远镇藤编厂设计制作创新家具。创新藤编家具实践活动自2008年持续至今,成果入选全国美展5件,获国家专利授权50项。

师生共创"农村新供销模式",以服务设计介入酉阳农村供销系统,提升了农产品价值,实现上千万元的月现金流。

2.推广成效

成功举办五届"腹地智慧"国际学术论坛,通过课程理念传播,带动学科群的发展。2020年,课程案例参加北京国际设计周"民生之维——脱贫攻坚中的设计创新"主题展,受到广泛好评。《人民日报》《光明日报》《中国教育报》、国务院新闻办公室、重庆市《扶贫专报》、联合国教科文组织等持续对我校社会创新成果进行了专题报道,在全国做经验推广。

四、未来计划或启示

进入新时代,设计语境发生变化,对设计人才的核心素养和能力构成提出了新要求。

如何满足新时代对设计人才的新要求？势必要从社会需求的角度去思考并重构专业课程。

我国正处在经济社会转型时期，无论是乡村振兴、城市发展还是产业结构升级，都离不开用社会创新来激活在地资源，形成新的生产生活方式。本课程将继续围绕国家重大战略需要，不断扩展教学内容，提供可供借鉴的实践样本，从而助力经济社会转型和第二个百年奋斗目标的实现。同时将进一步强化课程教学团队建设，探索依据教学内容改变而灵活搭建师资队伍的灵活机制、路径与方法。

"生态环境景观设计"课程案例

黄红春[1]　段美春[2]　高小勇[3]　黄洪波[1]　王玉龙[1]

1. 四川美术学院　2. 西南大学
3. 重庆文理学院

一、案例介绍

课程根植环境永续发展的设计观,从环境生态和人文生态等前沿问题出发,以西部地区的环境空间为主要实践对象,展开跨学科的生态环境景观设计教学。

在课程思政方面:通过"实践问题培养思辨能力、实际项目服务地方需求、生态实验探索科学规律"解决课程思政建设突破点。

在教学内容方面:以"宏观的生态景观跨学科知识框架、中观的生态修复系统建构、微观的生态实验知识技能"解决课程知识点的建构问题。

在课程组织方面:"以地方服务带动课程思政,以自然研学带动实践教学",解决教学平台的可持续建设问题。

在教学方法方面:以"自然主义教育"为理念,以"现场教学"为形式,展开了生动有趣的实践教学,包括田野调查、自然研学、生态实验、现场展览、田间评图等,培养具备跨学科能力、对国家和社会有担当的专业人才。

二、案例详述

(一)课程团队建设与能力提升

依托环境设计专业"国家级一流本科专业"建设,"生态环境景观设计"课程于2021年被认定为重庆市社会实践类一流课程,在改革创新的过程中始终坚持新文科视角与金课标准,取得了良好效果。

(二)教学设计创新

跨学科专家团队教学,全面提升综合素养。联合校地、校企、校际合作平台,展开了跨学科合作教学。教师团队包括设计学、生态学、农学、昆虫学、植物学等专家,通过团队式授课拓展学生知识领域。通过跨学科合作的方式完成课题设计,让学生通过设计实践合作,观察和学习其他学科的工作方法,合作完成设计成果,从而提升设计创新能力,全面提升学生的创新意识与综合素养。(图1)

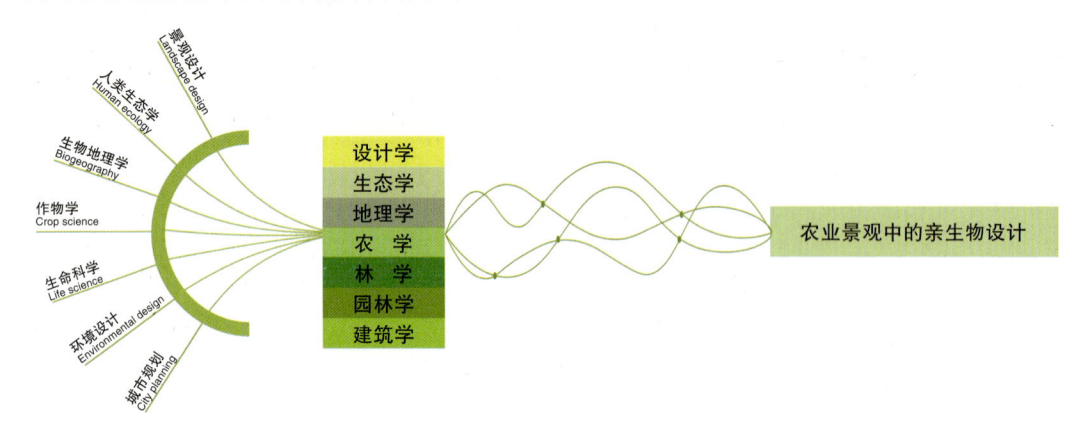

图1 跨学科教学

(三)课程内容与资源建设

1.课程内容

(1)"三观"框架,建立跨学科学习体系。突破设计教学重形式美感、弱科学原理的教学惯性,通过跨学科教学,引入"宏观的生态景观跨学科知识框架、中观的生态修复系统建构、微观的生态实验知识技能",将设计建立在科学的生态观及知识规律上,其中微观的生态实验知识技能是重要切入点。引入生态景观实验环节,引导学生运用科学的方法探索解决生态问题的思路与策略,突破艺术类院校学生对科学认知手段和方法的局限,培养学生通过跨学科视角重新审视环境设计专业坐标,建立跨学科整合能力和环境设计创新能力,并能非常有效地培养学生从表面现象推导本质问题的能力,在庞大的景观生态知识群里快速找到自主学习的切入点,并能快速掌握生态景观设计的方法。(图2)

图2 "三观"框架图

(2)"三元"互补,理论、实践、实验三者结合。(图3)

①理论部分。其包括园林生态学和景观生态学,是生态景观设计的两大理论基础。通过学习此部分内容,使学生掌握生态环境景观设计的理论框架。

②实践部分。主要通过田野调查、生态实验、团队教学、群组讨论、现场展览、田间评图等方式展开,实现课程知识目标与能力目标。具体包括现场调研、生态景观实验、生态景观设计、案例参观与学习、田间评图、项目实施等。

③实验部分。对问题原因或解决问题的方法策略做出合理的假设,设计实验过程,观察论证,并在此基础上提出全面的景观设计策略,指导下一步景观设计。在实验过程中,培养学生的逻辑推导能力、从表象探讨本质的能力、资源整合能力等综合能力。

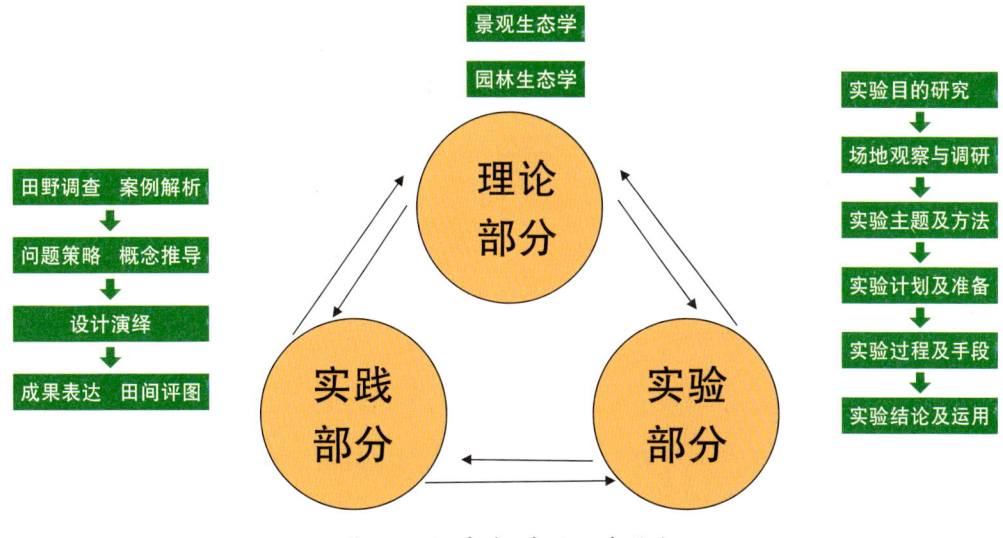

图3 理论、实践、实验三者结合

2. 资源建设：以研带创、促进多平台持续建设（图4）

（1）国家级产学研创为一体的教学实践平台。以生态问题的综合性、系统性为导向，建立文工融合、艺科联合的课程资源与平台，展开跨学科教学。经过历年建设，2021年，联合课程组专家成立了国家级基地"成渝地区双城经济圈乡村振兴专家服务基地"之"都市农业生物多样性示范基地"，课程主持人为项目服务团队领衔专家。2021课程课题以"都市农业生物多样性修复"为主题开展，课程成果在2021第五届中建杯西部"5+2"环境艺术设计双年展中获"特色课程"奖。

（2）实践平台资源建设。结合历年的课程开展，在生态环境景观设计方面建立了系列校企合作单位。进而联合优势院校，建立了系列校际合作平台，展开跨校跨学科教学工作。如联合重庆及西南地区的与生态环境相关的企事业单位，如林同棪国际工程咨询（中国）有限公司、沙坪坝乡村振兴示范点萤火谷农场等建立了系列教学实践合作平台。

（3）实验平台资源建设。生态实验是本课程的重要环节，针对艺术院校学生相关的知识薄弱问题，课程组成员通过努力，将平台建设从最初的参观学习平台扩充到了实验实践平台，如联合优势高校及社会团体，如重庆师范大学生命科学院、西南大学、重庆市沙坪坝区生态农业萤火虫保护协会等，建立多样化的实验教学资源。

（4）信息化教学管理平台。通过多用途的"OR教学管理系统"，支持线上作业系统，展开校企、校际间的联合评图等，也可供学生跨班、跨级、跨校学习。

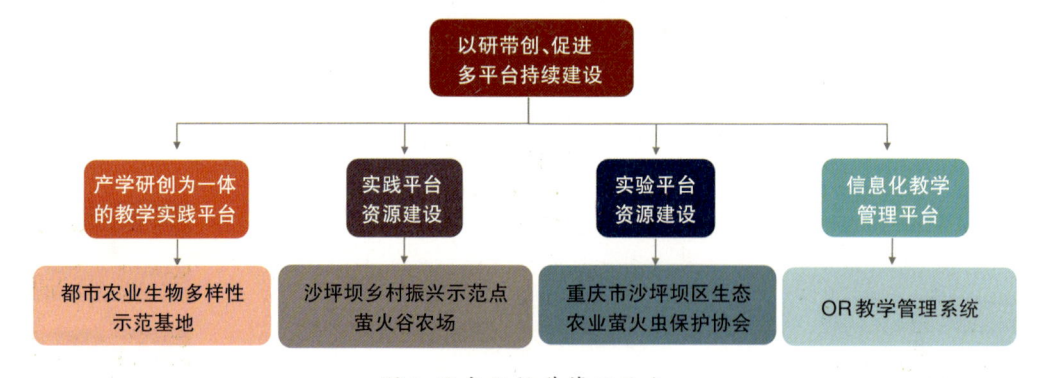

图4 信息化教学管理平台

（四）理论学习与社会实践内容的相关性

（1）理论目标。课程根植环境永续发展的设计观，引导学生从环境生态和人文生态等前沿问题出发，以西部地区的环境空间为主要实践对象，掌握生态环境景观设计的前沿理论框架。

（2）实践目标。课程将思政融入课堂，通过实践教学，帮助学生树立可持续发展的设计观,使学生了解生态环境景观设计的基本原则和方法、能够对区域环境的生态景观设计做出客观科学的评价,并对环境生态胁迫的具体问题提出综合解决策略。

(3)能力目标。通过设计实验与实践,引导学生从景观设计的视觉表达,提升到掌握生态可持续发展的生态环境景观设计,了解与生态景观设计相关的技术、前沿科学,能够将科学与艺术有机结合。

(五)社会实践环节的动手训练内容

通过"实践问题培养思辨能力、实际项目服务地方需求、生态实验探索科学规律"这"三实"解决课程思政建设突破点。(图5)

(1)实践问题培养思辨能力。课题强调选择实际项目、实践课题,并结合地方的实际需求展开设计探索,鼓励学生在实际场地中发现生态环境问题。

(2)实际项目服务地方需求。引导学生结合地方实际项目需求展开设计探索,完成实际落地的设计。

(3)生态实验探索科学规律。课程中引入"生态实验"环节,引导学生面对未知的科学领域,探索科学的解决方法。培养学生思辨能力、实事求是精神、为社会服务意识,达到思政教育的目的。

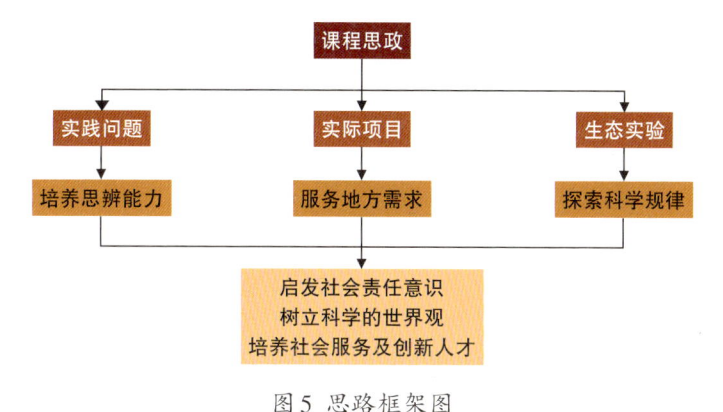

图5 思路框架图

(六)教学方法改革

课程创新性地引入了"自然主义"的教育思想,将"自然教育"与"人为教育"相结合。通过田野调查、自然研学、生态实验、现场展览、田间评图等现场教学形式,将课程与现场充分结合起来,展开生动有趣的现场教学,建立学生自主、探索式学习机制,提高学生自主学习能力,利用本地资源丰富教学手段。(图6)

图6 现场教学

（七）课程教学内容及组织实施

通过田野调查和自然研学，培养系统的自然感知方法，用大自然的智慧指导设计实践；通过生态实验展开对自然科学规律的探讨，重建生态景观秩序。

（八）成绩评定考核

通过在田间地头举行评图和展览，邀请乡民、村镇管理干部、农委的工作人员等人参与，将设计实践与农业需求真正挂钩。

三、案例成效

（一）案例特色与创新点

创新性地引入"自然主义"教育思想与方法，从技术培育转变为综合素养培育。设置生动有趣的景观生态实验环节，培养学生从表象研究本质问题的能力。使学生能够在微观、中观、宏观三个层面观察自然、学习自然，掌握探索自然科学本质的方法，自主学习能力被最大限度地发挥出来。

引导和培养学生从表面现象研究问题本质，进而培养学生的自主学习、独立思考的设计能力。

（二）教学改革成效及解决的重难点问题

1. 课程思政建设突破点的问题

对于环境设计专业来说，社会实践类课程是展开课程思政的良好契机，结合课程教学找准课程思政的突破点，探索如何将思政教育融入实践教学体系，培育学生的社会责任意识、树立科学的世界观、培养社会服务及创新的人才是本课程的重点。

2. 跨学科教学难度大的问题

"生态环境景观设计"是一门综合性强、知识跨度大的课程。如何在有效的课程时间内完成教学目标、使学生建立良好的知识框架、在庞大的知识群获取相关的设计知识及能力，是本课程教学的难点和重点。

3. 多平台可持续建设的问题

由于本课程的"跨学科"特色，需要多方面的教学资源支撑。生态课题的选择往往需要多学科的专家综合"会诊"；实践基地作为实践课程的支撑需要持续和覆盖面较广的基地类型；课程教学如"生态调研""生态实验"等环节需要可持续支持的团队和专业平台。因此，如何建设可持续、有效且优质的教学资源和教学平台是课程重点要解决的问题。

（三）取得的主要成效、成果等方面内容

1. 课程建设获奖

依托国家级一流本科专业建设点，课程获2021年重庆市高校一流本科课程，被评为2021第五届中建杯西部"5+2"环境艺术设计双年展特色课程。

2. 课程成果入选大展、获评国内大奖

历年师生以"生态环境景观设计"课程成果为作品，入选国家级展览8人次，获省部级以上奖项24人次。《野生构建艺术——新型山地农业育苗棚设计》入选第十三届全国美展；《"昆虫木居"——重庆三河村萤火谷农场"昆虫研学基地"景观设计》入选"为中国而设计"第九届全国环境艺术大展"并获入会资格；《为农业设计——稻屋》《竹下蘑生——木结构仿生形态营造与为农设计》入选"为中国而设计"第九届全国环境艺术大展和"第七届重庆市美术作品展"；《与自然共生——重庆三河村萤火谷农场　农业环境生态复育与乡村振兴》获首届中国(怀化)乡村振兴设计创新大赛"最佳绿色设计奖"；等等。

3. 课程展览获人民网等多家媒体报道

2020年结合课程的毕业设计展览，获国内多家媒体报道，并获得各界好评。2018年结合课程平台资源建设，成立了"重庆市沙坪坝区生态农业萤火虫保护协会"，获人民网等多家媒体报道，阅读量达20多万次，反响热烈。

4. 艺术院校开设生态课程、开展跨学科教学的典范

以本课程改革为基础，分别在2019同济大学全国高校环境设计教学研讨会、2019全国景观设计大会教育分会场上做主旨演讲"生态环境景观设计——跨学科教学的探索与思考"，并获得专家一致认同。

5. 结合课程的地方服务成果

近年来，教学团队发挥教学科研优势，联合农业专家、昆虫学专家等，率先在西部地区展开了农业生态环境复育研究。联合国内外一流院校及一流企业，建立了跨校教学实践平台。结合校企实践基地建设，建立了重庆市"都市农业生物多样性示范基地"，课程主持人获批为国家级"团队领衔专家"。

教学中，以生态敏感指标的昆虫生境复育为切入点，引导学生通过实验，找寻昆虫生存所需的环境指标，并将此指标作为乡村生态复育的指标，展开了水质、土质、空气的净化，并在此基础上，引导学生展开生态环境景观设计。教学团队先后在重庆市沙坪坝区三河村、贵州安顺市、重庆市巴南区、四川南充市等地区建立了系列萤火虫观察基地。并成为当地的网红打卡点，带动经济发展，为当地的乡村振兴做出了巨大贡献。

实践教学成果产生了良好的社会反响，重庆山城巷、保利、光环、融汇等城市商业项目纷纷前来洽谈，希望引入教学团队及师生创新实践的成果，在都市中展开生态复育，使都市环境重返自然。

四、未来计划或启示

（一）探索实践课程建设思路

进一步探索艺术类院校跨学科类型课程建设思路，通过"走出去+引进来"的方式，组织教师调研考察、进修培训，了解更多同类型跨学科课程建设的思路，突破跨学科教学的技术瓶颈，探索艺术类院校"文工融合"的发展之路。

（二）优化思政课程教学方法

进一步优化思政进课堂的教学实践方法，进一步优化教学方法和思路，充分借助跨校、跨域力量，通过多种形式展开课程优化的探索，借助教学实践不断更新思政进课堂的教学实践方法。

社会保障调查：养老服务的"最后一公里"[①]

罗静　陈元刚　孙金花　马大来　张真真

重庆理工大学

一、案例介绍

本案例是劳动与社会保障专业必修实践教学课程"社会保障调查"中的一个调查主题：养老服务的"最后一公里"。案例为解决理论教学与实践教学脱节、学生价值观引领、学生实践认知能力提升等问题，提供了一些解决方案。课程组教师以科研课题为学生量身定做调查主题，为学生搭建实践教学平台，通过"教+学+研+行"教学模式，推动"素质+"教育，形成"理论—实践—竞赛—服务"四大教学模块，实现实践与民生结合、实践与科研结合、实践与服务结合的"三结合课堂"。先后建立了十几个实践基地，学生专业学习和课外服务都有所斩获，社会对校企合作、校府合作的实践教学模式给予了肯定和赞扬。

二、案例详述

（一）团队建设与能力提升

课程组共6名教师，教授2名、副教授1名、讲师3名。围绕课程组建基层教学组织，共同完成教学任务。团队将教学任务从教学拓展到"教学+教研+指导"，教研、教改、教学质量工程和学生第二课堂指导等均视为教学任务，进行"教学教研指导一体化"任务推进。

团队主研方向是实践教学、产教融合。近5年团队成功申报教育部实践基地建设项目"成渝双城劳动争议调解仲裁案例仿真实践基地建设"1项；教改课题4项，其中，省部级1

[①] 本案例由重庆市一流本科课程"社会保障调查"、重庆市教育委员会人文社会科学研究一般项目"重庆市社区居家养老服务运作模式及实现路径研究"（项目编号：22SKGH306）和重庆市社科联重大项目"巴南区城乡一体化养老服务体系构建的策略研究"（项目编号：2021WT23）支持。

项;发表教研教改论文5篇,其中,核心及以上2篇;2门课程被认定为校级一流课程;获得校级以上教学奖励5次;编写教材1部;指导学生获奖数项。

(二)教学设计创新(图1)

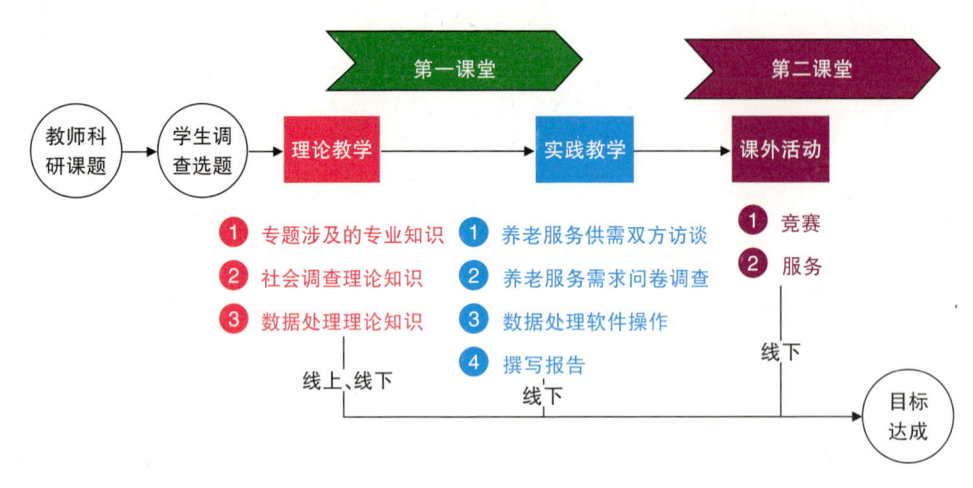

图1 教学设计思路

延长专业知识链条。教学设计从教师科研项目出发,确定学生调查选题,经过理论教学、实践教学和课外活动三个环节,实现第一课堂和第二课堂的有机结合,将专业知识递送链条延长到学生课外活动。

激发学生能动性。调查选题从教师科研出发,经过学生实践,回归到学生科研,能够有效实现教学高阶要求,激发学生能动性。

特色一手资料库。调查地多为重庆市,能够形成地方特色小型数据库,经过多年积累,可以成为教学科研重要的资料来源。

(三)课程内容与资源建设

1.理论—实践—竞赛—服务四大教学模块(图2)

理论:根据时代发展讲授社会保障前沿理论、社会保障调查的基本方法、SPSS。

实践:加强思政教育,着眼于养老服务、儿童福利、社会救助等社会需求及热点话题,广泛开展调查实践和服务实践,传播时代正能量和正面价值观。

竞赛:鼓励和帮助学生完成社会调查大赛、"挑战杯"、公共管理案例大赛等竞赛活动。

服务:为相关部门建言献策,参与社会组织项目策划和志愿服务。

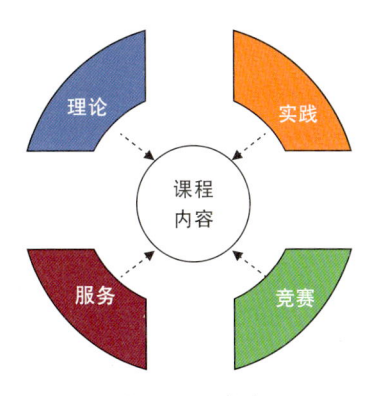

图2 课程内容

2. 线上线下资源库

课程建有题库、文献库、微课资源库、案例资源库和学生资源库5类线上资源库,以及实践基地、专项资金支持2类线下资源(图3)。线上资源均可在雨课堂查询。

课程资源

线上资源
- 题库——100道题
- 文献库——80余篇专业文献
- 微课资源库——《改革开放后中国共产党扶贫方略的变迁与解读》《抗击新冠肺炎科普知识之个人费用篇》《工伤认定应释放更多人本情怀》《中国农村合作医疗制度的发展与变迁》《你能拿多少退休金?》
- 案例资源库——12个案例
- 学生资源库——140个自制视频、263份录音文件、245份转录文档、1434张图片资料

线下资源
- 实践基地——重庆市南川区大有镇,巴南区李家沱街道社区养老服务中心,智孝(重庆)企业有限服务公司,巴南区龙洲湾街道社区养老服务中心,九龙坡区石坪桥街道,巴南区中医院,江北区人力资源和社会保障局,南岸区人力资源和社会保障局等
- 专项资金支持——院校两级专项资金

图3 "社会保障调查"资源库

(四)理论学习与社会实践内容的相关性

社会保障是关乎民生的安全网与稳定器,理论知识随时代而发展,社会实践有助于加深理论阐释,引导学生将理论与社会保障实际相结合,以理论指导实践,形成理论教学与实践教学的有机融合与衔接。

课程探索"理论引导实践,第一课堂+第二课堂"的教学方法。以社会调查理论方法为基础,通过教师对理论的讲述,让学生掌握社会调查的基本方法和技能,在每个阶段下达

教学任务，最终完成教学目标。

（五）社会实践环节的动手训练内容

首创"三结合课堂"，促使学生更好地认识社会、研究社会、理解社会、服务社会。

一是实践与民生结合，引导学生关注社会保障热点问题，实地调研，增强其社会认知能力和社会实践水平。

二是实践与科研结合，科研成果及时引入，鼓励学生发现问题、用理论知识分析问题，孵化学术论文和专业科研课题。

三是实践与服务结合，提供实体实践服务平台，带动学生参与社会服务项目，增强学生社会保障专业责任感，发挥社会效益。

（六）教学方法改革

以目标为导向，整合课程内容，充分运用线上线下资源，搭建实践调查平台。基于BOPPPS反向设计教学活动，培养学生认识社会、研究社会、理解社会、服务社会的能力，形成"四阶四力"教学模式。

（1）四阶。实施"理论—实践—竞赛—服务"四阶段教学过程，全过程分阶段设渐进式的教学目标、教学活动与评价方式。

（2）四力。在教学、实践、研究和服务社会四方面着力推动，形成"教+学+研+行"的教学推进方式。

（七）课程教学内容与组织实施（图4）

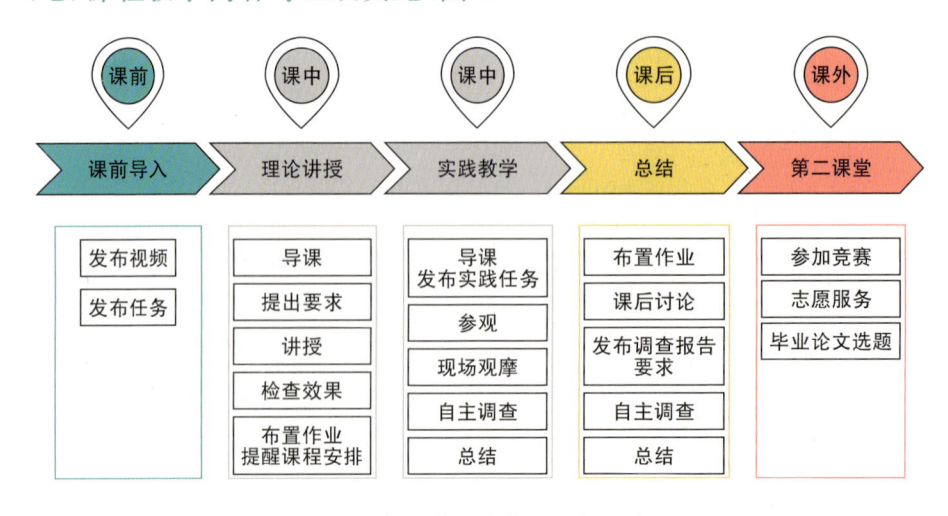

图4 "社会保障调查"课程实施过程

(1)课前,发布任务。一是在雨课堂发布理论和实践学习任务,二是上传理论教学材料,三是安排实践教学计划和实践教学准备。

(2)课中,理论讲授。第一步,通过问题探究法导入课程;第二步,给出学习目标,明确学习意义和要求;第三步,讲授养老服务理论知识;第四步,通过2—3个小问题检查学习效果;第五步,总结理论知识,布置课后作业,提示下节课教学安排。

(3)课中,实践教学。第一步,导入,发布实践教学任务;第二步,进入实践教学基地参观;第三步,现场教学,观摩调查;第四步,自主调查;第五步,总结。

(4)课后,总结。回归线上,在雨课堂发布作业,巩固基础知识;线上组织课后讨论,布置调查报告任务和具体要求;自主调查;总结。

(5)课外,第二课堂。进行第二课堂活动,开展志愿服务,参加课外竞赛,以及进行毕业论文选题。

(八)成绩评定考核

采取多元评定,强化过程考核。从选题研讨、文献梳理、实践调查方案形成、实践参与程度、实践环节学生互动,到报告和论文质量及汇报答辩等环节进行全过程考核,成绩由每一环节负责教师打分得出。实践参与程度占20%,实践报告质量占50%,答辩环节的表现占20%,课外服务占10%。

三、案例成效

(一)案例特色与创新点

科研教学服务"三结合课堂"助推专业知识高阶发展。从教师科研课题出发,学生进行调查实践,整合教与研;转化调研学生成果,参加各类竞赛,开展志愿服务,回馈社会,整合第一课堂与第二课堂。将理论教学链条向上延伸到科研,向下延伸到实践,实现理论研究、实践教学和社会服务三结合。

"理论+实践""第一课堂+第二课堂"教学方法实现学生综合素质拓展。形成"理论—实践—竞赛—服务"四环节课程教学体系,实现理论与实践的融合,过程管理与目标管理的融合,学生学习与服务社会的融合。

"教+学+研+行"教学模式增强专业认同感,引领学生价值观念。从专业视角出发,让学生"体验式、情境式"认识社会、理解社会、服务社会,真实感受专业实践,增强学生专业责任感和使命感。激发学生自主和主动思考、学习的能力,把关注社会和服务社会、公共精神和价值的引领加入评价。

重庆特色社会保障小型数据库。调研形成了重庆山地特色、老旧城区、农村空巢等地方特色一手资料资源库。目前有山地农村养老满意度访谈样本236份,武陵山区少数民族生育观念调查样本859份,劳动争议调解角色模拟视频140个。

(二)教学改革中需解决的重难点问题

如何帮助学生树立正确的价值观?受新媒体时代信息的影响和冲击,部分学生的理想、信念不够坚定,价值观稍有偏差。要帮助学生在人生实践的道路上,树立并践行公共意识和服务精神,投身社会保障事业是社会保障教育必须面对的问题。

如何实现理论与实践的有机结合?学生对"实践"概念认知比较模糊。部分学生无法摸清"理论""实践""竞赛"和"服务"之间的区别和联系;具体操作中,无法准确定位和完成任务。如何将社会保障理论问题与学生实际操作关联,是课程需要解决的问题。

如何培育学生正确认知世界的能力?没有调查就没有发言权。面对社会保障矛盾,学生不能走走看看,要想发现问题、认识问题和解决问题,必须走到社会保障的一线。课程需要为学生调查研究提供资源支持。

(三)取得的主要成效、成果

1.实践基地质量高

自从课程开设以来,已建成十余个稳定性高、可持续性强的社会实践基地。(表1、图5)

表1 实践基地(部分)

序号	实践基地名称	建立时间
1	重庆市第一社会福利院	2020年9月—2021年9月
2	巴南区花溪街道社区养老服务中心	2018年9月—2022年9月
3	巴南区民政局	2019年7月—2021年7月
4	巴南区医保局	2018年7月—2021年9月
5	巴南区人社局	2020年9月—2023年9月
6	南岸区人社局	2020年9月—2023年9月
7	江北区人社局	2020年3月—2022年9月

续表

序号	实践基地名称	建立时间
8	巴南区中医院	2020年3月—2023年3月
9	巴南区李家沱街道社区养老服务中心	2022年4月—2023年9月
10	九龙坡区石坪桥街道	2022年5月—2023年5月
11	南川区大有镇	2022年7月—2023年7月

图5 学生在劳动维权服务大厅调查实践

2.实践增长才干

(1)课业成绩显著提升,优良的比例提高了近10个百分点;学生自建资源将留给下一届学生使用,学生成就感高,提交数量激增。(2)专业结合实践,锻炼学生发现问题、认识问题和解决问题的能力,提高学生专业知识运用水平,为学生毕业论文打下基础。近5年有4人获校级优秀毕业论文(表2)。(3)助力课外活动。"点心灯"特殊老人志愿服务项目获得了2019年大学生志愿服务社区示范项目。

表2 调查项目形成的优秀毕业论文

年级	姓名	题目
2014级	毕然	重庆城乡社区卫生服务利用存在的问题及解决策略
2015级	易贵芩	重庆养老服务公众满意度调查研究
2016级	王珊	重庆市基础教育均等化公众获得感调查研究
2017级	杨令秦	重庆市惠民殡葬政策公众满意度调查与改善研究

3. 实践育人社会认可度高

校企合作、校府合作模式的实践教学受地方政府认可,新华网、华龙网等主流媒体,以及合作企业、政府机构都进行了相关报道。依托课程创建师生共建基层党建品牌"新青年在基层",获得了 2021 年校级、市级先进基层党组织称号。

四、未来计划或启示

(一)未来发展计划

今后 5 年课程的持续建设计划:

出版教材 1 部。结合时代背景和民生热点,应用已有的数据库和资料,撰写 1 本社会保障调查教材,以供学生使用。

持续更新调查资源库。将每年的学生调查问卷、访谈大纲、调查记录、调查数据和调查报告等上传更新,形成地方特色社会保障调查数据库。

按照"理论+实践"课时要求进一步合理布局教学内容,形成多类型、多样化教学内容与课程体系,并申报校、市两级教改课题和教学质量工程。

以课程为基础,建设基层教学团队,持续提升教学水平。

(二)启示

持续融入劳育价值引导,培养学生成为合格的劳动者,为高校专业劳动教育提供价值引领。

强化课前设计,完善课程资源建设。强化雨课堂、学习通和抖音等平台的利用,促进学生创新性、批判性思维能力的培养。

推进基层教学团队建设,以课程为中心,持续开展团队式的科研、教研建设活动。组建或参与课程教学联盟,加强校地合作。

"公共关系与礼仪""三化"社会实践教学的构建与实施

冉汇真　刘梦真　刘世衡　祝国超　田华银

长江师范学院

一、案例介绍

"公共关系与礼仪"是重庆市一流本科课程。本课程坚持"职业化岗位实践、常态化志愿服务、专业化组织形象调查与策划"的"三化"实践教学。其中,职业化岗位实践指通过不同岗位,训练学生公关礼仪规范与应用技巧,让学生体验在不同岗位实践中所需要的公关礼仪规范与应用技能;常态化志愿服务指在常态化的志愿服务中,训练并强化学生的公共关系知识和交往礼仪,提升学生服务社会的能力;专业化组织形象调查与策划指应用公关礼仪知识,开展组织形象调查,撰写调查报告、组织形象提升策划等,培养学生成为乡村文化振兴和基础教育所需要的复合型人才。

二、案例详述

(一)围绕"一个定位"融合"三种能力"建设高素质教师团队

围绕思想政治教育专业人才培养规格的定位,把教学能力、科研能力和服务社会能力相融合,打造一支具有较高教学水平、较强科研能力和实践能力的高素质教师团队。

在师资方面,现有教授3人、副教授3人,6人获硕士及以上学历,建有基地教师库1个。在成果方面,主持省级教研教改项目3项,主研4项;发表教研教改论文23篇。团队获中国青年志愿服务项目大赛国家级银奖1项、重庆市级金奖1项,获校级教学成果奖三等奖3项。

(二)实践育人"闭环"与持续效应"延伸"相结合的教学设计

1.教学环节设计上的"进"与"动"

一是实践教学环节坚持与时俱进;二是围绕"职业化岗位实践、常态化志愿服务、专业化组织形象调查与策划"的"三化"实践教学,适时动态更新理论与实践相结合的教学内容。

2.教学过程中的"闭环"与"延伸"

课程按照"课前导学—理论教学—情景演练—项目实施"闭环与"总结反思—制作简报(新闻)—考核评优—技能拓展"延伸的教学过程进行。既使学生知行合一,实现理论升华和行为自觉的统一,又拓展延伸了学生的专业技能,实现实践育人持续效应。

(三)课程内容专题化与资源建设完善化

1.四个专题的课程内容

公共关系概述、组织形象塑造、礼仪概述、公共关系礼仪。

2.理论与实践相结合的课程资源建设

一是围绕"三化"实践教学构建资源库,包括课前观摩教学视频54个,课堂教学活动42个,教学案例67个,试题库1个。同时,依托学习通等网络教学平台建设课程数据库1个,用于课前学习、课后巩固、模拟演练和测试等。

二是建设了实践教学基地,包括校外课程专属实践基地15个,校内实践基地8个,实训中心1个,用于学生开展实践和模拟训练。(图1)

图1 实践教学基地挂牌仪式

三是建立常态化志愿服务平台,志愿服务有载体。依托重庆市涪陵星辰社会工作服务中心、重庆市高校师生思想政治工作研究资政中心、教师教育实训中心、实践基地、"涪陵星辰社工"公众号等开展公关与礼仪社会实践活动。

(四)理论学习与社会实践内容的关联性

通过理论与实践相互促进达到知行合一。围绕加强学生公关意识与礼仪素养这一中心,依托所建教学资源库开展理论教学,解决"知"的问题;依托实践教学基地和志愿服务平台开展社会实践活动,解决"行"的问题。最后通过报道、简报、公众号展示等方式,总结交流实践经验,最终实现"知行合一"。

(五)以学生发展为中心的社会实践内容

1. 职业化岗位实践

通过学校、机关和企业行政助理、教育教学、商务活动等不同岗位实践,学生认识到了礼仪的重要性,并体验了训练礼仪要素及不同行业的礼仪规范,使社会实践达到职业化的效果。

2. 常态化志愿服务

学生全员参与,分组实施。根据服务需求方的需要,常态化运用专业技能、社交礼仪、教师礼仪,提升学生志愿服务水平。(图2)

图2 新冠疫情期间的志愿服务活动

3. 专业化组织形象调查与策划

应用所学知识,开展组织形象调查设计,撰写调查报告、组织形象提升公关策划并通过方案展示与择优选用等,强调规范性和创新性,从而增强学生的脑力、眼力、笔力、体力,培养学生成为乡村文化振兴和基础教育所需要的复合型人才。

(六)1+4课堂教学和互动反馈式实践教学法将"三化"落到实处

课堂讲授方法强调1+4教学模式。"1"是启发式课堂讲授法,具体表现为案例教学、讨论教学、自主探究教学、情景演练教学等4种教学方法。

实践教学采用校地互动式、师生互动式、双向反馈式等教学方法。校地互动:实践教学基地为岗位实践、志愿服务提供了职业化和常态化的平台保障。师生互动:师生线上线下随时互动,全程指导保障了教学质量。双向反馈:校地之间、老师与基地之间、师生之间、学生与基地之间随时反馈社会实践信息,丰富了过程性考核维度,促进了教学目标的达成。(图3)

图3 校地之间互动反馈教学

(七)课程教学内容的组织实施

1. 立德树人、知行合一贯穿课程教学内容

把立德树人深度融入四个专题的教学中,贯穿在社会实践中,从而实现知行合一。培养学生形成求真务实、诚信向善、和谐尚美的公共关系与礼仪价值观,树立服务社会的责任感。

2. 课程理论教学自然衔接实践教学

在"课前导学—理论讲授—模拟演练"这一环节中,模拟演练起到了衔接理论教学与社会实践教学的衔接作用。

3. 课程实践教学组织实施全面清晰

构建了"突出一个主题、聚焦两个基本点、做到四个统一要求、开展六项行动"的"三化"实践教学组织实施路线图,使学生体验在社会生活、工作和各种活动中,公共关系与礼仪对于人际沟通、组织形象塑造、服务社会的重要作用,全方位感悟公共关系与礼仪无处不在的魅力。以《公共关系与礼仪"三化"实践教学助力乡村文化振兴》为例,通过本次社会实践教学,使学生运用公共关系与礼仪知识和技能,融入基层,服务百姓,感悟每一位普

通党员的家国情怀，增强学生的自豪感和使命感，激发学生努力拼搏、奋发向上、报效祖国的热情。（图4）

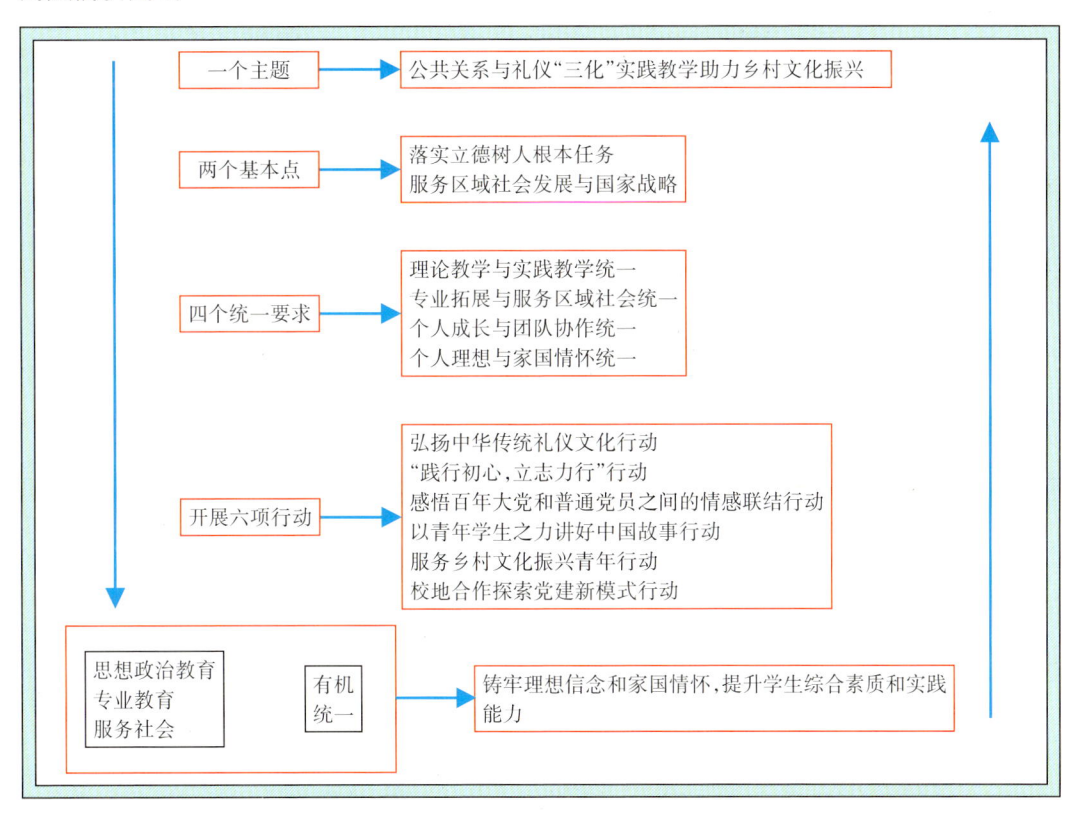

```
一个主题 → 公共关系与礼仪"三化"实践教学助力乡村文化振兴

两个基本点 → 落实立德树人根本任务
            服务区域社会发展与国家战略

四个统一要求 → 理论教学与实践教学统一
              专业拓展与服务区域社会统一
              个人成长与团队协作统一
              个人理想与家国情怀统一

开展六项行动 → 弘扬中华传统礼仪文化行动
              "践行初心，立志力行"行动
              感悟百年大党和普通党员之间的情感联结行动
              以青年学生之力讲好中国故事行动
              服务乡村文化振兴青年行动
              校地合作探索党建新模式行动

思想政治教育
专业教育      有机统一 → 铸牢理想信念和家国情怀，提升学生综合素质和实践能力
服务社会
```

图4 "三化"实践教学助力乡村文化振兴实践教学组织实施路线图

（八）课程考核的"三评价"体系

为了全程全面、客观公正考查学生的学习效果。采用了"过程性评价+终结性评价+三方评价"的考评方式：一是将过程性评价与终结性评价相结合，二是评价主体由上课教师、基地教师、学生三方构成，避免了课程评价主体的直线性和单一化。（图5）

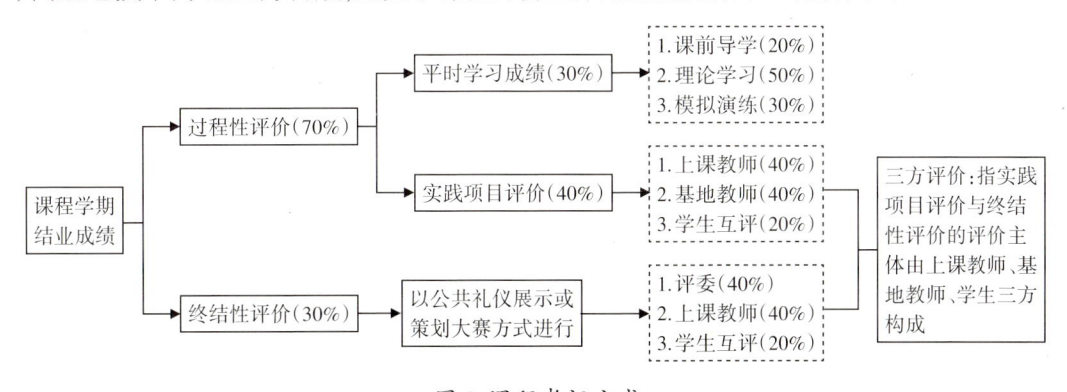

```
                                    平时学习成绩(30%) → 1.课前导学(20%)
                                                      2.理论学习(50%)
                   过程性评价(70%)                     3.模拟演练(30%)
                                                                          三方评价:指实践
                                    实践项目评价(40%) → 1.上课教师(40%)    项目评价与终结
课程学期                                               2.基地教师(40%)    性评价的评价主
结业成绩                                               3.学生互评(20%)    体由上课教师、基
                                                                          地教师、学生三方
                                                      1.评委(40%)        构成
                   终结性评价(30%) → 以公共礼仪展示或 → 2.上课教师(40%)
                                    策划大赛方式进行   3.学生互评(20%)
```

图5 课程考评方式

三、案例成效

(一)案例特色与创新点

构建了"三化"社会实践教学模式。为同类课程的教学提供了具有操作性的教学模式,真正做到理论联系实际,知行合一。

创设了"四维需求"内容。围绕社会发展、课程改革、职业岗位和学生就业等需求设计实践项目,强化对学生的社会服务意识、职业能力、创新能力的培养和中华传统礼仪文化的熏陶作用。

融入了"五体验"实践过程。在实践过程中,将观察式、参与式、互动式、亲历式、情景式五种体验融为一体,让公关礼仪内化为学生的良好品质和行为素养。

(二)教学改革解决的重难点问题

一是落实立德树人根本任务,从根本上解决为什么要实践的问题;二是打通学校与社会边界,从行动上解决如何实践的问题;三是以产出为导向,从成效上解决如何检验实践效果的问题。

(三)课程改革取得的主要成效

1. 本课程获评重庆市高校一流本科课程

有效支撑了思想政治教育专业国家级特色和重庆市高校一流本科专业建设,课程教改项目获得学校教学成果奖三等奖。

2. 学生能力素养显著提高

通过课程教学,学生能说会写、沟通交流的基本素养得到显著提升。学生获全国大学生红色旅游创意策划大赛西南赛区二等奖1次;重庆市团干部岗位实践能力大比武总决赛优秀奖1次;省级以上师范生技能大赛一、二、三等奖12人次;高校志愿服务活动省级先进个人2人;以及20余项校级、区县级奖项。

3. 课程改革成效被多家媒体报道,社会反响好

(1)中国新闻网·重庆新闻、搜狐、网易等媒体报道了本课程的教学理念、教学模式和评价方式。

(2)涪陵区融媒体中心对课程实践活动进行全程报道,今日头条、搜狐、网易、中国大学生网等也报道本课程为学生提供了实践锻炼、服务社会、素质与能力提升的有效途径。

4.教学模式得以推广应用

本课程教学模式和社会实践方式具有良好的社会影响力和广泛的推广价值,被重庆三峡学院、重庆邮电大学、重庆工贸职业技术学院等多所高校参考借鉴。

四、未来计划或启示

(一)拓展社会实践项目和构建实践教学案例库

一是对社会实践项目进行持续优化探索,与时俱进、不断更新和增加,保持和完善社会实践的科学化、规范化和时效性。二是基于课程已有成果,构建实践教学案例库。

(二)强化线上课程建设,助推实践教学新突破

加强线上课程建设,实现数据资源共享,完善微视频、公众号等互动平台;利用新技术手段,改革过程性评价的新途径,实现教学效果的新突破。

(三)多元合作,扩大受益面

完善课程体系建设,吸收他校经验,发挥自己的优势,充分发掘本地红色资源和民俗资源等,使社会实践活动呈现本土特色,打造特色名片,积极拓展与兄弟院校、中学、社会、企业等的多方合作,打造受益面更广的"金课2.0"版本。

典型案例类型：社会实践
——就业能力孵化的"快学"实践

何进　邹其彦　朱斌谊　夏倩　廖双

重庆对外经贸学院

一、案例介绍

"就业能力孵化"是贯穿商务英语专业大一至大三的系列实践课程。课程的设计基于社会就业形势的结构性矛盾和应用技术型高校必须主动将学生就业能力培养融入整个专业教育之中的宏观教改趋势，"毕业生开放意识强、技术应用能力强"的本校人才培养目标，商务英语专业"商学融合、课证一体、实践早行"的培养模式，"教学内容业务化、业务实训课程化、课程设计场景化"等课程教学要求，以及本专业学生"喜活动、爱游戏、尚互动"的基本学情，提出了"课训一体，商学协同"的实践理念，"强化就业能力、支撑角色切换、提升获得感"的实践目标，引导学生对其职业的认知不断深入，覆盖不同主题的每学期"快学"（快记忆、快掌握、快复制、快循环）实践周活动。

二、案例详述

基于课程的实践理念和实践目标，以就业能力提升为导向，课程设计了延续三年的职业能力孵化计划，从了解自己、认识就业能力、培养就业能力、展示就业能力四个层次，全学程、渐进经历职业意识唤醒、职业探索体验、职业角色准备、职前职业培训四个阶段的结构化就业能力训练。（图1）

职业意识(第一学期)	职业探索(第二学期)	职业准备(第三至第四学期)	职业培训(第五至第六学期)
了解自己	认识就业能力	培养就业能力	展示就业能力
人格测试 职业兴趣测试 技能测试 价值观测试	社区服务 企业见习 行业调研 企业HR讲座	个人管理 团队合作 沟通交流 问题解决 数据分析	虚拟实习 模拟招聘 创业培训 职业生涯规划大赛

就业能力训练模式

·引导学生找到自己的职业兴趣与爱好 ·组织学生讨论职业趋向 ·引导学生分析兴趣关联的产业、行业 ·带领学生分析目标产业行业的人才素质能力结构	·让学生了解职业世界和潜在的职业选择 ·基于学校课堂组织学习活动 ·引导学生了解当地和区域内的职业选择 ·确定目标行业企业所需的就业能力	·通过真实或虚拟场景加深学生对职业的认识 ·通过精心设计的互动将学生与员工和工作场所联系起来 ·学生开始培养未来职业所学的就业能力	·为学生提供有督导的工作体验 ·有针对性地强化就业能力训练 ·展示专业的技术技能 ·展示就业能力

图1 就业能力孵化实践设计框架

（一）课程背景

国内应用技术型大学本科生的就业能力教育存在一些普遍问题，突出表现在三个方面：一是与企业发展需求脱节，学校就业教育在操作上出现狭隘化的趋势，表现在只组织几次讲座、只面向应届毕业生、只着眼于就业形势和应聘技巧、只局限于学生工作者、只开设就业指导选修课，导致毕业生与企业匹配困难，难以满足企业要求；二是与培养目标定位脱节，培养方式与学术性大学趋同，学生在校期间专注教材内容，忽略应用环境与技能技术积累，导致在求职道路中适应能力差，自信心缺乏，影响学生职业目标的实现；三是与实践环节脱节，实践基地名不符实，产学融合流于形式，学生对于职业场景没有目睹、没有感受、没有手感与体验。以上"三脱节"问题导致本科生就业出现严重的结构性矛盾：一方面人才产能过剩，毕业生就业困难；另一方面，市场上人才不够用、不适用、不好用的现象突出。

（二）课程主要思路

1.融入全链条思政要素，解决"目标导向虚化"的问题

鉴于高校的就业指导多侧重就业政策宣传、就业信息传达、就业形势分析，忽视思想政治教育在就业指导中的引导作用，忽视正确的择业观、就业观的养成，课程团队将吃苦耐劳、甘于奉献的精神和意识融入实践活动全链条五大环节：内容设计、资源建设、过程运营、活动实施、活动评价。

2.对接未来职业场景,解决"就业教育狭隘化"问题

团队引入企业先进文化与人才理念,从人才供给侧主动革命,与产业、企业人力资源部门协同共创,将企业的管理理念、流程思想和进取精神融入职场典型情境和挑战,通过结构化特色实践课程群的开发、开设和评估,帮助学生掌握职场核心软实力,提前准备好自己的职场技能库,加速从好学生到好职员的角色转换。

3.以终为始逆向设计,解决"学用场景异质化"的问题

就业能力培养的逻辑思路是从行业的入职要求分析出发,从毕业生的理想状态出发,倒推适应未来职场要求、助力企业发展的毕业生所必备的职业素质,然后把这些能力素质嵌入实践活动中,让学生获得可以迁移到未来职业场景的工作技能。

4.构建角色任务模型,解决"讲师角色学术化"的问题

围绕职场技能在企业的运用场景,团队为讲师设计了包含讲师、课程开发师、就业导师三个角色,以及课堂面授、课程设计与开发、电子学习资料开发、学习案例开发、敏捷课程开发设计、岗位经验萃取、职业规划引导、职业取向诊断咨询、职场技能辅导共九项任务的"角色任务模型",引导教师从单一授课,向资源开发、游戏优化及学习顾问等更高级的方向多元化发展。(图2)

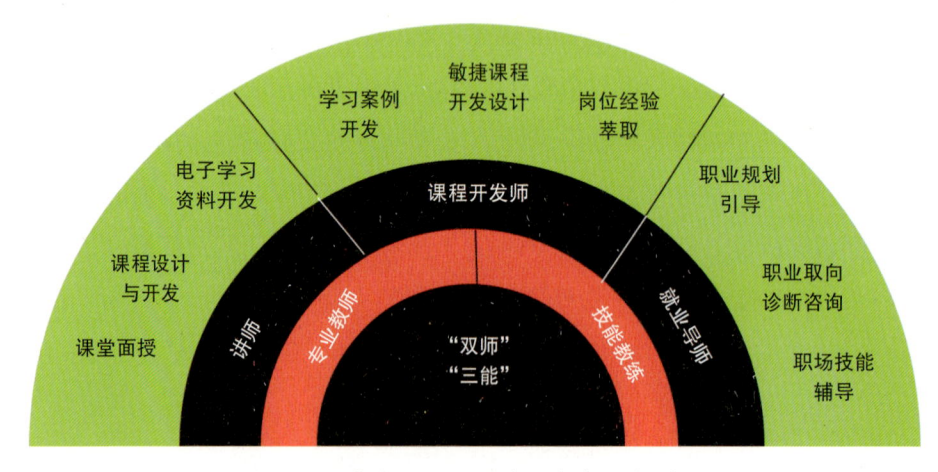

图2 就业能力孵化团队讲师角色人物模型

(三)课程内容框架

与其他任何课程一样,就业能力的训练也需要对这些能力在职场的运用标准进行分析,并将其系统地整合到训练活动中,才能确保学生有序地接受与习得。在就业能力的训练中,这意味着首先要找出学生只能通过经验学习的那些技能,并考虑他们需要什么样的经验来实践和展示每项能力,还意味着通过提供学习这些技能的内容或环境,让学生体验

如何将技能应用到其他内容或环境中,促进技能的迁移。

基于在课程设计前期所做的大量文献分析,团队编制了一个就业能力训练体系图谱。(图3)基于这个图谱,团队设计了一系列通过学习体验来掌握这些技能的课程,帮助学生学习、扩展、深化和补充这些技能。通过在模拟场景中练习沟通、体现项目合作及解决挑战性问题,给学生提供展示就业能力的运用场景,帮助他们为就业做好准备。

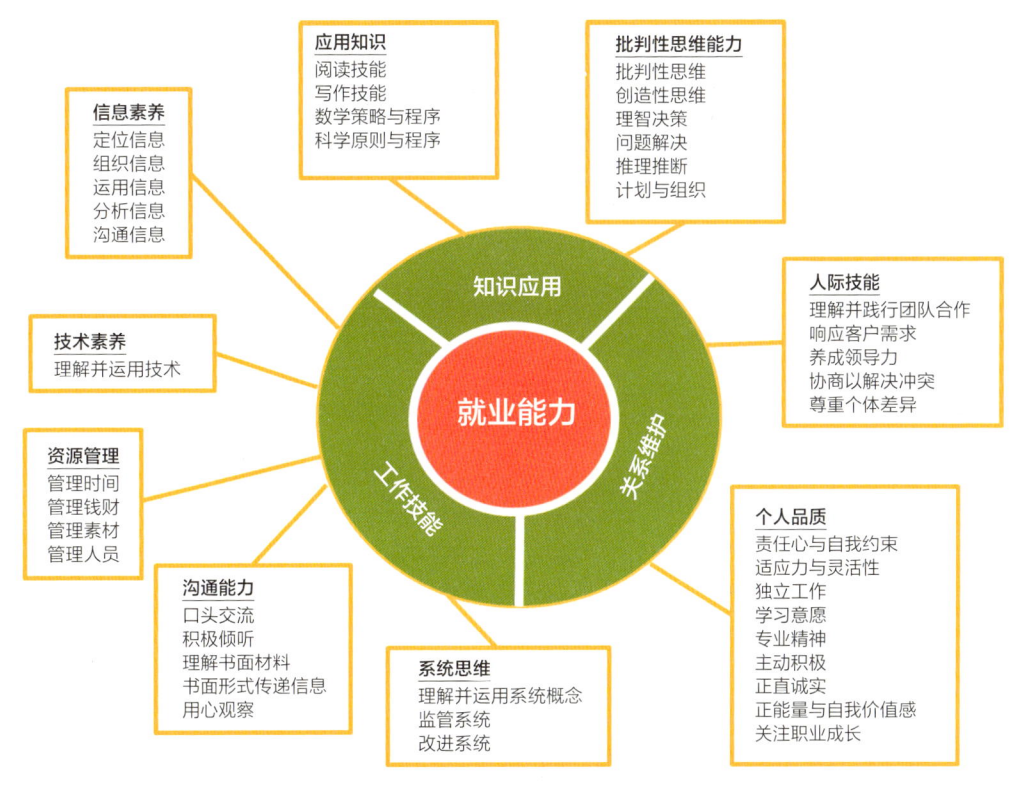

应用知识
阅读技能
写作技能
数学策略与程序
科学原则与程序

批判性思维能力
批判性思维
创造性思维
理智决策
问题解决
推理推断
计划与组织

信息素养
定位信息
组织信息
运用信息
分析信息
沟通信息

人际技能
理解并践行团队合作
响应客户需求
养成领导力
协商以解决冲突
尊重个体差异

技术素养
理解并运用技术

资源管理
管理时间
管理钱财
管理素材
管理人员

个人品质
责任心与自我约束
适应力与灵活性
独立工作
学习意愿
专业精神
主动积极
正直诚实
正能量与自我价值感
关注职业成长

沟通能力
口头交流
积极倾听
理解书面材料
书面形式传递信息
用心观察

系统思维
理解并运用系统概念
监管系统
改进系统

中心:**就业能力**（知识应用、工作技能、关系维护）

图3 就业能力训练体系图谱

(四)案例实施模式

由于学生课业繁重,能够且愿意用于就业能力训练的时间都不会太长。因此,技能训练活动设计面临的最大问题就是如何提升效率。团队以"三分学、七分习"的快学活动理念,做到了快记忆、快掌握、快复制、快循环,将以前需要八小时完成的单项技能训练压缩到三小时。(图4)

"三分学"是输入,"七分习"是输出。"三分学"输入的主要是技能的学习规律,比单纯的技能本身更易理解,学习更快。"七分习"则是通过基于最能影响学生就业的五类就业能力(自我管理、团队合作、沟通交流、问题解决、数据分析),提炼出游戏化训练模式,并以团队比拼的方式完成训练评估。

图4 就业能力训练"快学"模式

（五）课程团队建设

案例团队采取校企共创、师生共创的形式构建。一是案例的设计、验证、游戏策划、技能提炼及应用场景介绍由学校"软技能孵化中心"教师和合作企业人力专员共同担纲。孵化中心讲师角色任务模型见图2。二是案例的运营团队由学院学生会学习部承担，负责服务组织志愿者、发布实践课程信息、引导微信群的讨论、活动布景，以及游戏过程监督。这种共创方式实现了三个方面的提升：学生实践技能提升、教师课程设计能力提升、志愿者组织能力提升。

（六）课程评价方式

鉴于就业能力训练课程的实施过程，学生都是通过模拟公司某（些）部门，以团队合作的方式练习技能或完成任务，课程的评价方式也采取小组合作评价。教学团队模拟企业的绩效评价模式，设计了"层级打分+平行打分"的方式（图5）。教师发布任务后，由组长分派任务，为组员明确完成标准及赋分值，组员完成任务，并提供佐证材料。组长与组员之间相互评价，为教师公平评分提供部分依据。

图5 小组合作评价模式

三、案例成效

(一)案例特色与创新点

就业能力孵化活动的特色体现在三个方面:学习形式有趣、学习内容有料、学习氛围有伴。

1.学习形式有趣

一是借鉴互联网运营思路,做招募式培训,非强制参训。每次实践皆在学校小程序发布招募令,开发抢座功能,确保参与学生有动力、有热情,能够促成成果落地。二是借助微信群的方式对活动进行社群化运营。成功抢占座位的学生进入微信群,开训前、中、后发布各种课程相关调研、课件、量表、抽奖信息,营造氛围。三是采取"任务牵引+参与式"学习设计,训练期间学生随机分组,每个组模拟企业的某个业务部门,必须完成规定的虚拟任务,且部门之间需相互协作完成企业年度目标,部门间的PK启发了学生的求胜动机,解决了学生学习动力不足的问题。

2.学习内容有料

首先,团队把活动和开发分为四个主题,即职业意识、职业探索、职业准备、职业培训,打造出完整的活动图谱。其次,为确保学习内容能够落地应用,活动基于学用结合的理念,进行系统化的学习方案设计:一是根据活动开发流程对学习内容进行拆分;二是每项活动聚焦一个主题;三是每次活动提供一个具体职场问题的解决方案和解决工具,帮助学生快速上手。此外,活动还邀请企业人力专员进行辅导和反馈,通过知识点的锦囊式提炼,有针对性地进行学习辅导和互动讨论,确保每个内容都能够被消化吸收。

3.学习氛围有伴

一是倡导众筹众学的学习模式,学生以抢课的方式众筹一项技能实践活动,营造了乐享、智学的学习氛围;二是活动设置了"学霸奖""互动奖""勤奋奖""笔记侠""军师"等奖项和头衔,让尽可能多的学生有岗位、有责任,发挥榜样示范作用;三是每项技能活动都配备了专门的运营团队,进行游戏化设计和组织,将学习效果最大化。

(二)案例成效及成果

本课程实践得到了学生的高度认可,他们给予了本课程较高的评价——学生对本教学团队的教学评价每次评分都在95分以上。

本课程主讲教师录制的就业能力训练全程视频课,已经在全校推广,同时也供其他高校的教师教学参考。

案例团队基于近两年的实践活动，编写了《大学生职场核心能力训练教程》（含《自我管理》《团队合作》《沟通交流》《问题解决》《信息管理》五个分册），已于2021年正式出版。

四、未来计划或启示

在案例课程建设中，我们初步探索形成了以科学理论为指导，以学生为中心，以提升学生就业能力为目标，以高质量孵化课程为支撑，以专项技能为抓手，以案例式、项目化教学为方法，以游戏化运营和微信社群为平台，以"快记忆、快掌握、快复制、快循环"为特征的就业能力"快学"实践教学模式。目前，这种教学模式已经取得初步成效，且具有一定的推广价值。但在实施中，我们也发现不少需要进一步改进的问题，比如：正确择业观、职业观等思政元素如何融入就业能力训练；企业的先进文化和岗位标准如何进入训练体系；如何跟踪学生参训后的行为变化；等等。但我们正在努力。我们希望通过深度教学创新，努力提高就业能力孵化课程的实效，从而实现"强化就业能力、支撑角色切换、提升获得感"的实践目标。

"三个课堂联动"高校思政课实践育人案例
——重庆财经学院实践教学课程建设与应用案例[①]

常晓薇　陈开江　杨邓旗　李百灵　谯婷

重庆财经学院

一、案例介绍

重庆财经学院积极推进思政课实践教学改革,其实践课教学秉持"学生主体,实践育人,德育为先"的育人理念,运用马克思主义基本原理,落实立德树人根本任务,着力培养学生的知识能力、实践能力、社会服务意识。本实践教学案例针对高校不同学段设计了实践专题,低年级为感恩篇、爱国篇、诚信篇、情感篇、文明篇及法律篇等六大实践模块,高年级设计了经典著作"悦"读、新时代社会热点讨论和社会实践调研报告等模块,并以课程为依托连续八年举办了"播种道义,收获温馨"系列思政课德育活动。师生协同制定实践课教学方案,构建了"三个课堂联动"的实践教学模式,将"学、思、用"贯通、"知、信、行"统一,在感受中国变化、讲好中国故事、奉献青春力量的过程中提高大学生的思想政治素养和科学思维能力,增强大学生的社会责任感,从而提升思政课的育人效果。(图1)

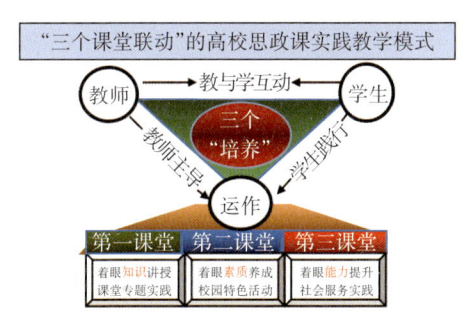

图1 "三个课堂联动"的高校思政课实践教学模式

[①] 本案例为重庆市教育科学"十四五"规划2021年度重点课题"'四史'教育融入高校思政课的三个课堂联动推进路径研究"(课题编号:2021-GX-152)、重庆市教育委员会人文社会科学研究项目"新时代民办高校党建引领思政课育人模式研究与实践"(项目编号:21SKSZ073)阶段性成果。

二、案例详述

(一)课程教学内容

针对不同的年级,设计了相应的实践专题,低年级设计了感恩篇、爱国篇、诚信篇、情感篇、文明篇及法律篇等六大实践模块,高年级设计了经典名著"悦"读、新时代社会热点讨论和社会实践调研报告等实践模块,每年开展一届"播种道义,收获温馨"系列思政育人德育活动。

1. 低年级项目化实践教学

根据思政课的宗旨和课程属性,在低年级设计了项目化实践教学。项目化实践教学以社会主义核心价值观为主线,以理想信念教育为核心,以爱国主义教育为重点,设置了"亲情之感""爱国之心""诚信之识""情感之路""文明之旅"和"法律之门"等六个特色实践项目。指导学生全面开展"给家长的一封信",并设置情境,引发学生对父母的养育之恩、感恩之情;指导学生参访爱国主义教育基地、赏析红色经典电影,引发学生思想上的共鸣,从内心深处埋下热爱祖国的种子;与实践基地重庆市第一社会福利院、重庆市巴南区人民法院等联合开展主题实践教学,由此培育学生对社会的责任意识,实现"知""行""情""意"合一教学目标。

2. 高阶性社会研修

高年级以毛泽东思想、邓小平理论、"三个代表"重要思想、科学发展观和习近平新时代中国特色社会主义思想为指导,切合专业特点,由实践教学教师带领学生参与红色革命基地旧城区改造、到巴南区乡镇支援乡村振兴建设工作等的社会实践调研和服务地方工作,将社会实践调研和服务社会作为认识国情、增长才干、奉献社会、增强社会竞争力的重要手段,优化学生知识结构,提高学生践行能力,实现高阶性思政育人目标。(表1)

表1 高阶性实践教学专题

实践教学专题	实践教学环节	能力培养
观看"四史"教育相关影片和短视频	教师指导谈感想、写体会	总结思辨能力
"改革开放"成果摄影展	收集改革开放以来祖国、社会和人民生活发生的巨大变化	对国家发展现状的关注
经典名著"悦"读	阅读指定的马列经典书目,由教师指导分组讨论,分享心得	提升理论厚度
"关注社会热点,正确认识当代经济改革"调研报告	以课题的方式指导学生对社会热点进行调查、分析、研究	调研能力 团队精神 独立思考能力

(二)课程资源建设

1.校内外实践教学资源建设

在实践平台方面建立了校内外实践基地。校内与学团、党群和宣传部等构建了联动机制,形成了实践育人的校内大环境;校外积极与实践教学基地合作,使思政课教学实现了理论与实践的有机融合。

2.校内外师资资源建设

校内发挥辅导员队伍的优势,聘任优秀辅导员担任实践教学指导教师;校外聘请实践基地人员做校外实践导师或特聘教师。目前已形成了校内师资资源+校外师资联动。(图2)

图2 校内外师资共同探讨实践育人工作

3.基础性资源建设

本案例制定了"三个课堂联动"的思政课实践教学模式,完成了实践教学方案、实践教学大纲、实践手册、特色专题活动等基础性研发,出版并推广应用实践辅助教学读本,保障了教学改革的稳定实施。

(三)课程教学模式

在师资建设上,通过整合校内外、思政课教师和辅导员队伍,实现了师资联动;教学平台上,拓展教学场地,开阔学生视野,实现了校内外课堂的联动;教学运行上,师生协同制定教学主题,实现了教学场地、师生共同参与的联动教学模式。

建立"三个课堂联动"思政课实践教学模式,保障了实践教学的有效实施:(1)在参与主体上,第一课堂为以教师为主导的研讨教学,第二课堂为以学生为主体的任务驱动教学,第三课堂为以校外社会实践基地为支撑的参与体验教学;(2)在平台搭建上,夯实第一课堂理论教学平台,拓展第二课堂活动平台,创建第三课堂社会体验平台;(3)在教学重点上,第一课堂着眼理论知识传授,第二课堂着眼综合素质养成,第三课堂着眼实践能力提升;(4)在承接载体上,第一课堂以课堂授课为基础、第二课堂以校园为舞台、第三课堂以

校外社会实践基地为实战场地，形成"三个课堂联动"思政课实践教学模式。(图3)

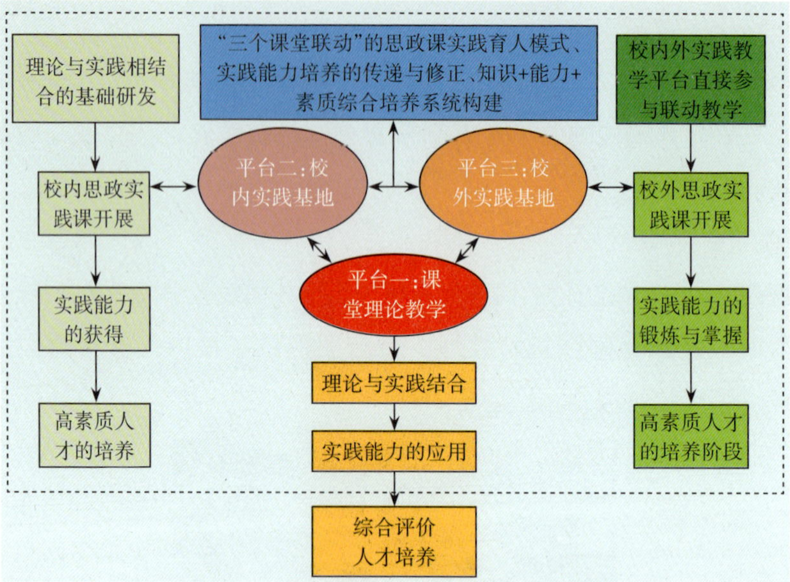

图3 "三个课堂联动"思政课实践教学模式图

(四)课程教学方法

根据高校学生及思政课的特点，采用如下教学方法：研讨式教学、项目任务驱动式教学、启发式教学、案例教学、参与式教学、情境教学等方法。借助学习通平台、虚拟现实体验、远程连线等多样化信息手段，达到实践与理论一体化、做与评一体化。

三、案例特色与创新点

(一)案例特色

1."多维联动"的思政课实践育人模式

(1)以学生为中心的"知识+素质+能力"三位一体的思政课教学模式；(2)以学校、社会、爱国主义基地相结合的育人平台；(3)以第一课堂、第二课堂、第三课堂为载体的"三个课堂联动"的思政课实践育人模式。

2.多资源整合的实践育人方法载体

(1)实践教学项目的设置；(2)线上线下互动的智慧教学平台运用的教学模式；(3)校内学团、党群工作部联动大思政育人环境；(4)依托校外实践基地，形成学校社会共同育人的载体；(5)完善的运行机制，保障了思政实践协同育人的顺利开展。

(二)案例创新点

1.教学理念创新

目前已确立了以"多维立体、多元开放、协同共建、资源共享"为核心的开放性实践教学理念,突出了师生共同探索、教材和辅修教材并用、课堂与课外并行、传授知识与培养能力并重的理念。

2.教学模式创新

(1)在理论教学模块上,采用"案例说理论"的方式,注重基础理论的扎实性,注重教学团队的理论成果建设,以理论指导实践,以实践反哺理论;(2)在能力训练模块上,采取任务驱动法,以"课题项目研究"的形式,加强课堂讨论和交流环节,提高学生的思辨能力、语言表达能力和学术研究能力;(3)在社会实践模块上,积极开展第三课堂活动,通过社会调查、参观访问、基地教学等形式,让学生体验并尝试解决社会现实问题。

四、案例成效

(一)学生参与积极性高

本成果自2014年在重庆财经学院思政课教学中全面实施,已连续培育了七届学生。学生实践参课率达100%,实践教学评教平均分在95分及以上,实践育人成效显著。

(二)媒体、家长、同行评价好

实践教学案例先后被新华网、《中国教育报》、人民网、党建网、学习强国、华龙网、《中国妇女报》、《重庆日报》、重庆市教委官微等多次报道;实践教学读本被全国多所高校选用;实践基地、学生和家长也给予了高度好评。

(三)所获荣誉、奖项丰硕

教学上,获重庆市高校思政课教学能手大赛特等、一、二、三等奖多项;获市级微课比赛多项奖项;获第十五届全国"多媒体"课件大赛三等奖1项,获校级实践教学成果奖一等奖2项;学生成果上,2018年《美丽校园,和谐公约》获教育部大学生讲思政课优秀奖,部分实践成果获市级奖项15余项;团队建设上,2019年先后获评"全国五四红旗团支部""重庆市五四红旗团委",2020年获重庆市共建思政课第九组组长单位,两次荣获全国"三下乡"社会实践优秀团队称号,连续六年被评为重庆市"三下乡"社会实践"优秀组织单位"和先进个人荣誉奖励;课程建设上,2022年建立重庆市社会实践一流课程并被新华课程思政采纳。